计算机“十四五”精品教材

Project 项目管理软件基础教程

（微课版）

主　编　郭晓光　王　芳　罗校清
副主编　吴会廷　宋佳珍

哈爾濱工程大學出版社
Harbin Engineering University Press

内容简介

本书以 Project 2019 版本为例，用图文并茂的讲解方式和通俗易懂的语言全面细致地介绍使用 Project 实现项目管理的方法和操作技巧。全书共 10 章，主要包括项目管理与 Project 软件基础、项目文档的创建和管理、编制项目任务、定制项目资源、管理项目成本、管理多重项目、调整项目问题、跟踪项目进度、使用项目报表以及美化项目文档。

本书内容丰富、结构清晰、语言通俗、简单实用、举例恰当、可操作性强，可作为应用型本科院校、职业院校计算机专业的教材，也可供项目管理人员、办公自动化操作人员阅读使用。

图书在版编目（CIP）数据

Project 项目管理软件基础教程 ：微课版 / 郭晓光，王芳，罗校清主编. —哈尔滨 ：哈尔滨工程大学出版社，2023.6

ISBN 978-7-5661-3986-3

I. ①P… II. ①郭… ②王… ③罗… III. ①企业管理—项目管理—应用软件—教材 IV. ①F272.7-39

中国国家版本馆 CIP 数据核字（2023）第 105175 号

Project 项目管理软件基础教程（微课版）
Project XIANGMU GUANLI RUANJIAN JICHU JIAOCHENG（WEIKE BAN）

责任编辑 刘凯元
封面设计 赵俊红

出版发行 哈尔滨工程大学出版社
社　　址 哈尔滨市南岗区南通大街 145 号
邮政编码 150001
发行电话 0451-82519328
传　　真 0451-82519699
经　　销 新华书店
印　　刷 唐山唐文印刷有限公司
开　　本 787 mm×1 092 mm　1/16
印　　张 16.5
字　　数 422 千字
版　　次 2023 年 6 月第 1 版
印　　次 2023 年 6 月第 1 次印刷
定　　价 59.80 元
http://www.hrbeupress.com
E-mail:heupress@hrbeu.edu.cn

前　言

党的二十大报告提出，“建设现代化产业体系，坚持把发展经济的着力点放在实体经济上，推进新型工业化，加快建设制造强国、质量强国、航天强国、交通强国、网络强国、数字中国”。

Word、Excel、PowerPoint是Office办公软件中三大常用组件，除此之外，使用频率较高的就是Project和Visio这两个工具了。Project是一款国际通用的项目管理工具，结合了许多成熟的项目管理的理论和方法。掌握Project的使用技巧，可以帮助项目管理者在项目开展的过程中更有效地对时间、成本、资源等进行管理与控制。

本书针对初、中级读者的学习特点，以理论知识结合实操案例为写作思路，循序渐进地对Project的操作技巧进行了全面介绍。本书主要有以下几个特点。

（1）一步一图，通俗易懂。本书语言简洁，内容系统，知识点由浅入深，循序渐进，一步一图展开介绍，对初学者十分友好。

（2）注重实践，提高学习效率。本书理论与实例相结合，以理论知识为基础，以职场真实案例为背景，使读者能轻松学习，效率倍增。

（3）实战演练＋课后作业，巩固学习成果。每章最后都安排了实战演练以及课后作业，完整的案例制作可实现将所学知识融会贯通，从而巩固所学成果。课后作业能够帮助读者检测知识的掌握情况，以便加强薄弱之处。

本书结构合理，讲解细致，特色鲜明，侧重于综合职业能力与职业素质的培养，融“教、学、做”于一体，适合应用型本科院校、职业院校、培训机构作为教材使用。本书由郭晓光（朝阳广播电视大学）、王芳（秦皇岛市抚宁区职业技术教育中心）和罗校清（湖南软件职业技术大学）担任主编，由吴会廷（信阳航空职业学院）、宋佳珍（湖南外国语职业技术学院）担任副主编。本书的相关资料和售后服务可扫封底微信二维码或登录www.bjzzwh.com下载获得。

由于编者水平有限，书中难免存在疏漏和不当之处，敬请各位专家及读者批评指正。

编　者

目 录
CONTENTS

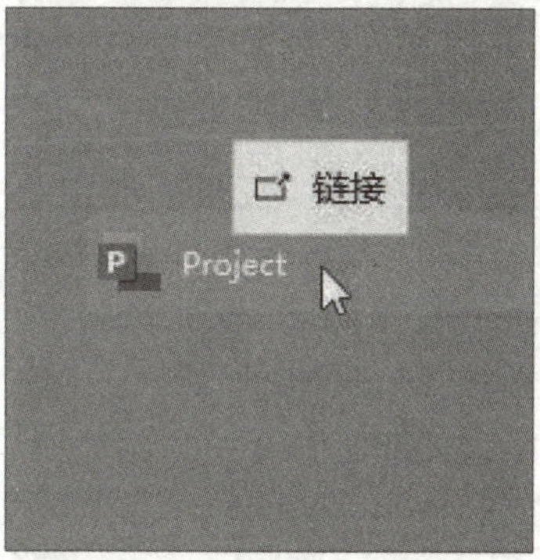

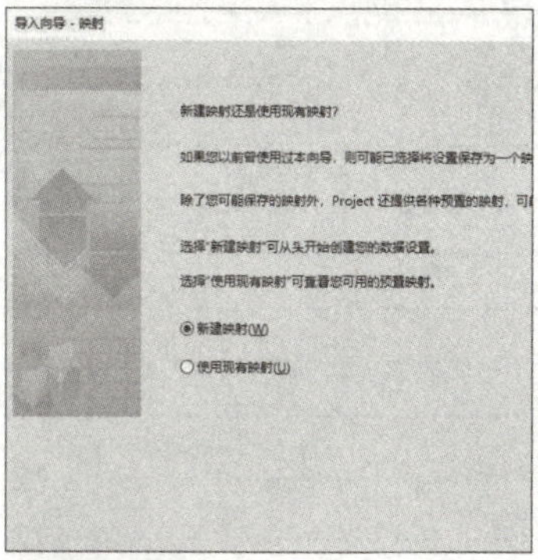

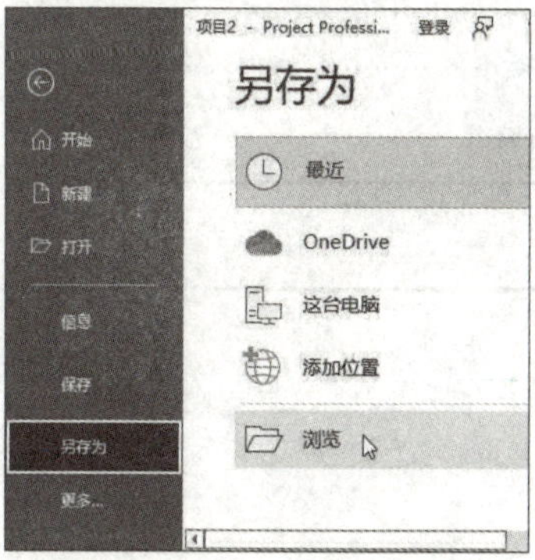

第1章 项目管理与Project软件基础

第2章 项目文档的创建和管理

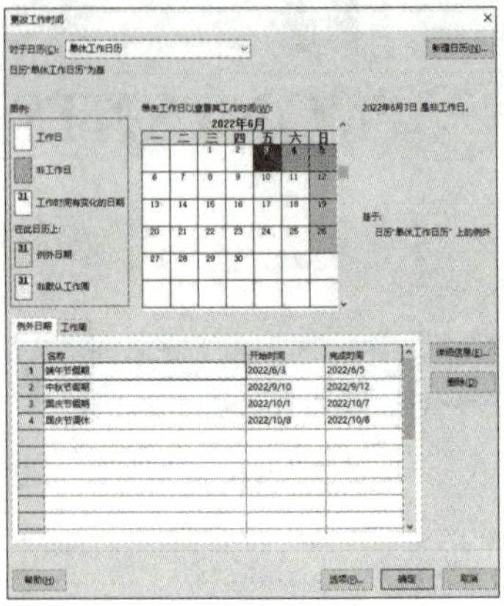

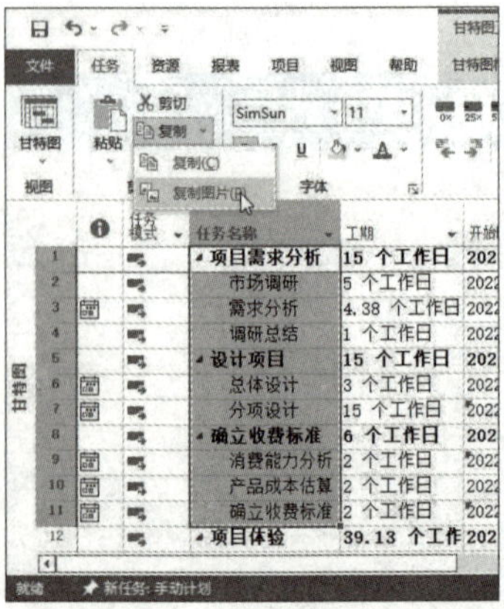

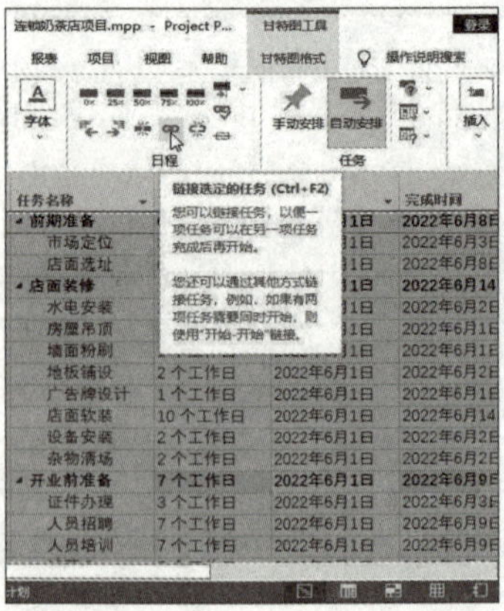

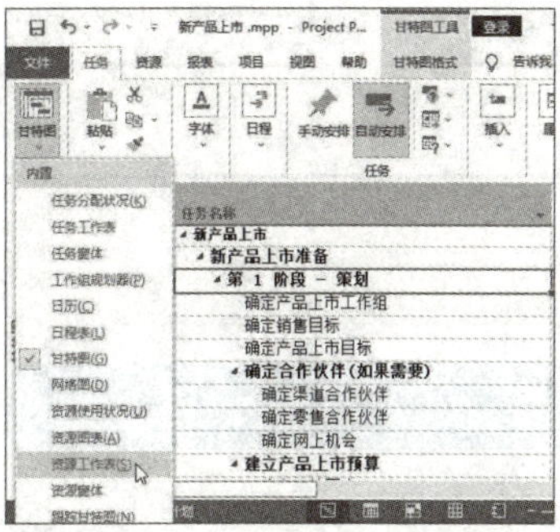

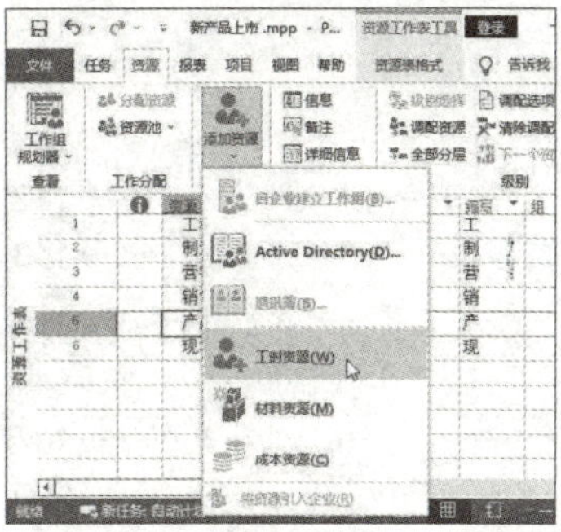

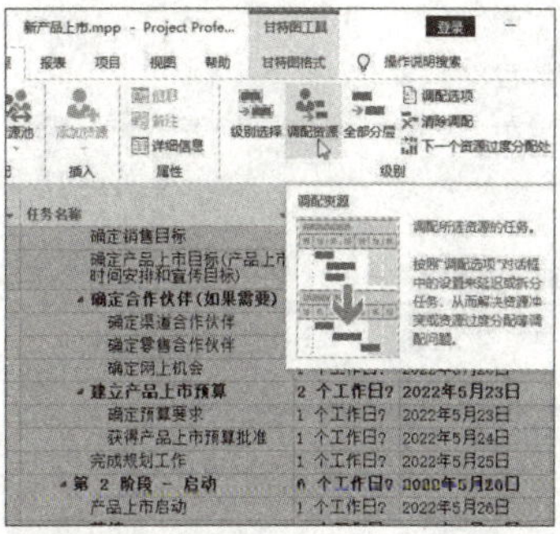

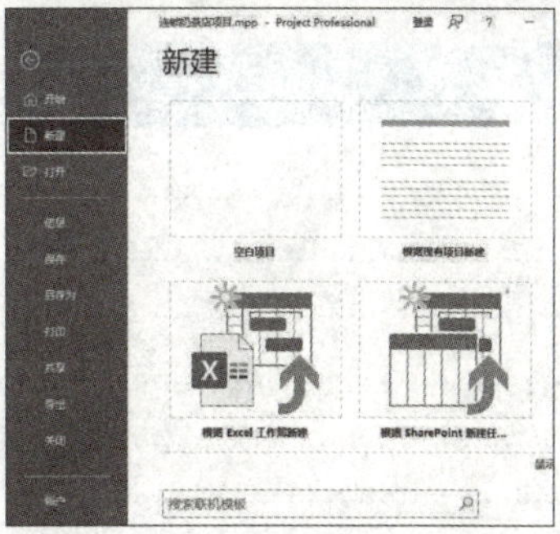

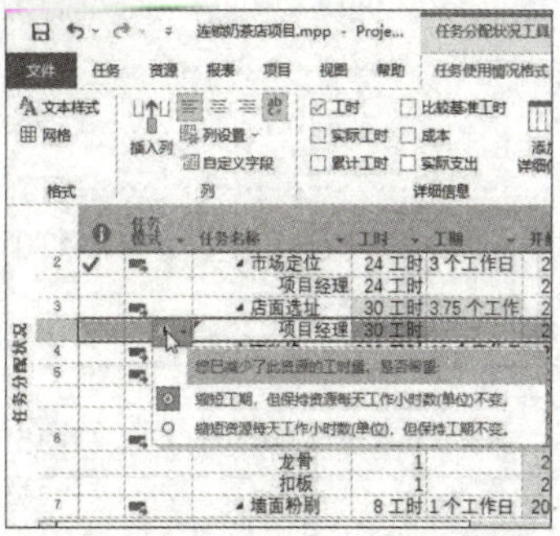

第4章 定制项目资源

第5章 管理项目成本

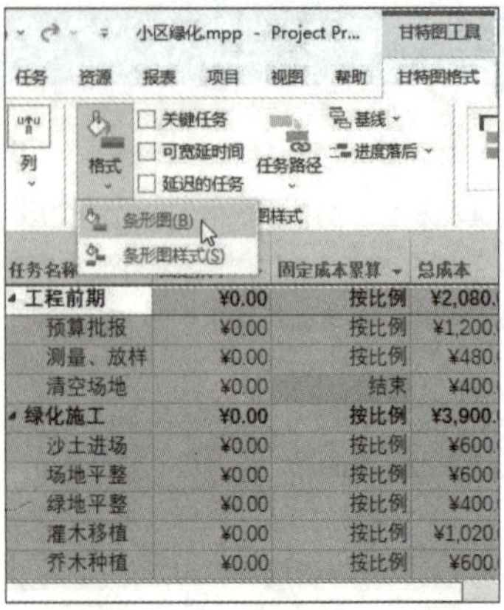
小区绿化.mpp - Project Pr...
甘特图工具
任务 资源 报表 项目 视图 帮助 甘特图格式
关键任务
可宽延时间
延迟的任务
基线
进度落后
任务路径
格式
条形图(B)
条形图样式(S)
任务名称
固定成本累算
总成本
工程前期
预算批报
测量、放样
清空场地
绿化施工
沙土进场
场地平整
绿地平整
灌木移植
乔木种植

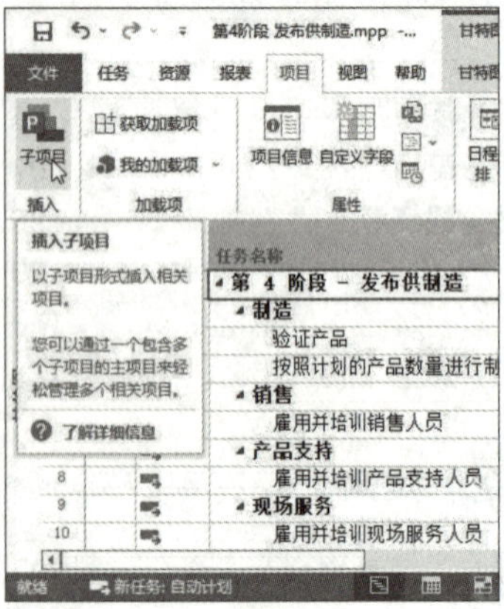
第4阶段 发布供制造.mpp
文件 任务 资源 报表 项目 视图 帮助
子项目
获取加载项
我的加载项
项目信息 自定义字段
插入 加载项 属性
插入子项目
以子项目形式插入相关项目。
您可以通过一个包含多个子项目的主项目来轻松管理多个相关项目。
了解详细信息
任务名称
第 4 阶段 – 发布供制造
制造
验证产品
销售
雇用并培训销售人员
产品支持
雇用并培训产品支持人员
现场服务
雇用并培训现场服务人员
就绪 新任务: 自动计划

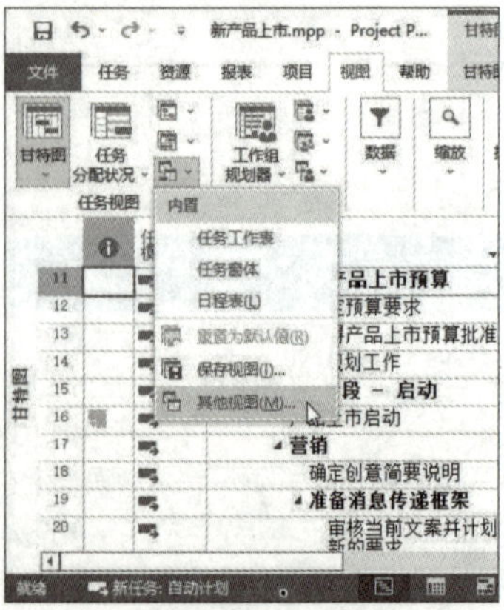
新产品上市.mpp - Project P...
文件 任务 资源 报表 项目 视图 帮助
甘特图
任务分配状况
工作组规划器
数据
缩放
任务视图
内置
任务工作表
任务窗体
日程表(L)
重置为默认值(R)
保存视图(I)...
其他视图(M)...
产品上市预算
预算要求
产品上市预算批准
计划工作
营销
确定创意简要说明
准备消息传递框架
审核当前文案并计划
就绪 新任务: 自动计划

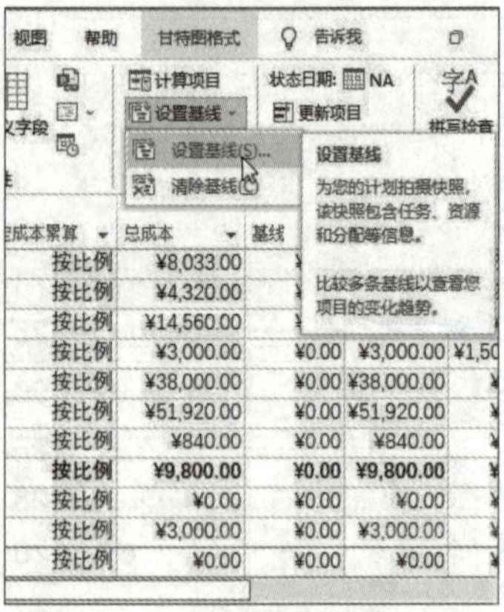
视图 帮助 甘特图格式 告诉我
计算项目
设置基线
状态日期: NA
更新项目
设置基线(S)...
清除基线(C)...
设置基线
为您的计划拍摄快照，该快照包含任务、资源和分配等信息。
比较多条基线以查看您项目的变化趋势。
总成本
基线
拼写检查

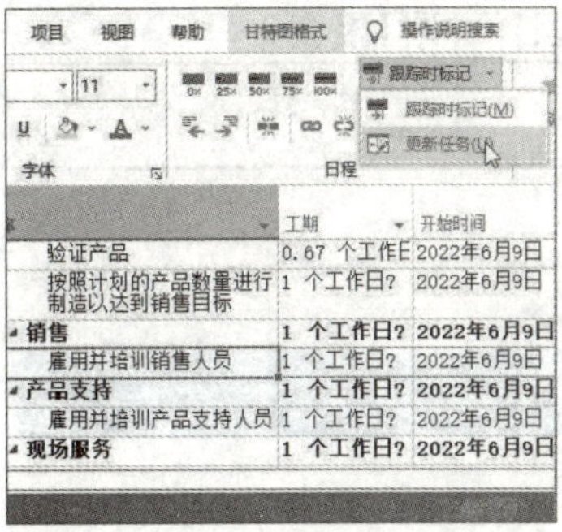

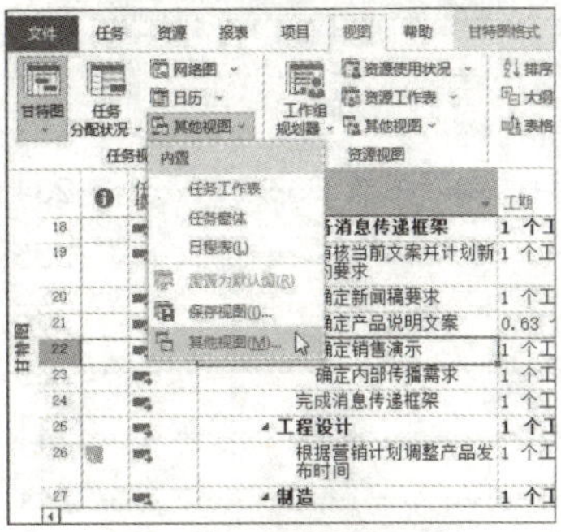

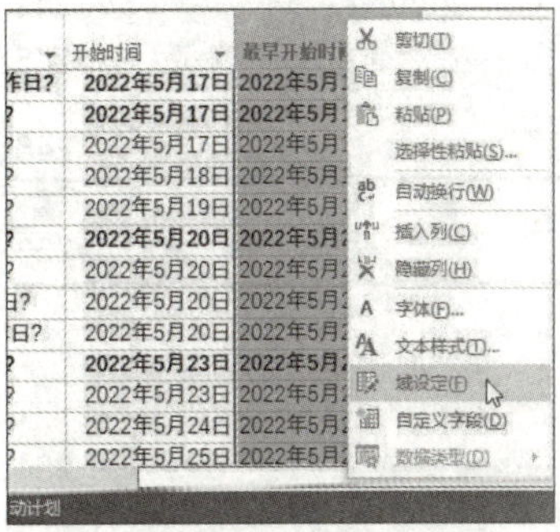

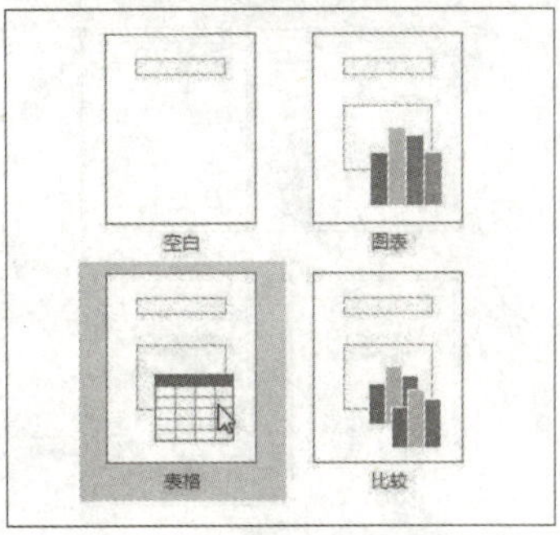

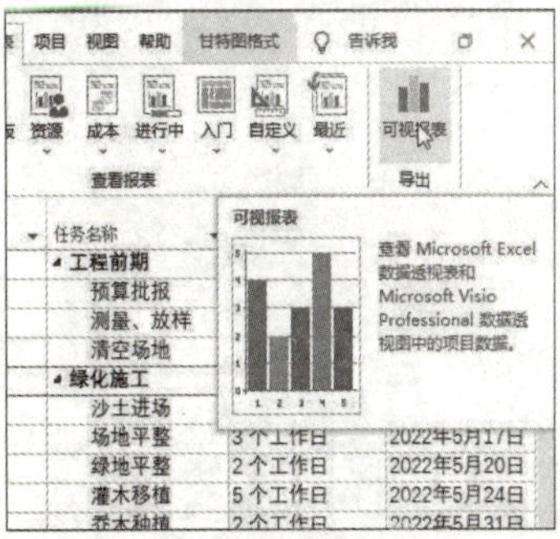

第8章 跟踪项目进度

第9章 使用项目报表

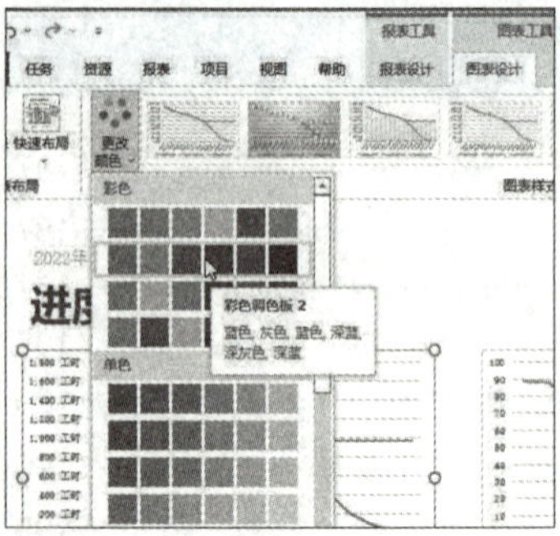

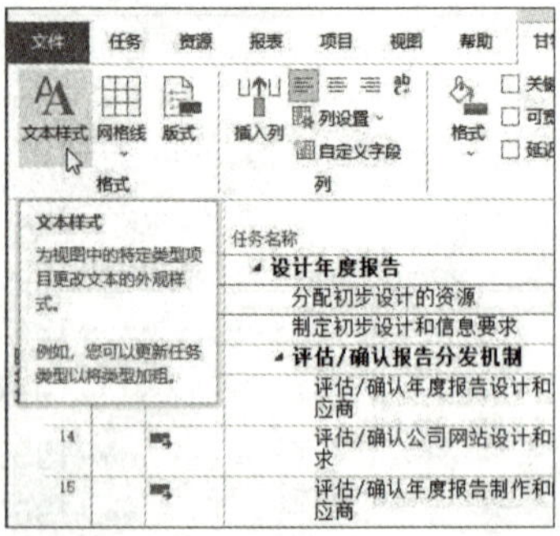
文件
任务
资源
报表
项目
视图
帮助
文本样式
网格线
版式
插入列
列设置
自定义字段
格式
列
任务名称
设计年度报告
分配初步设计的资源
制定初步设计和信息要求
评估/确认报告分发机制

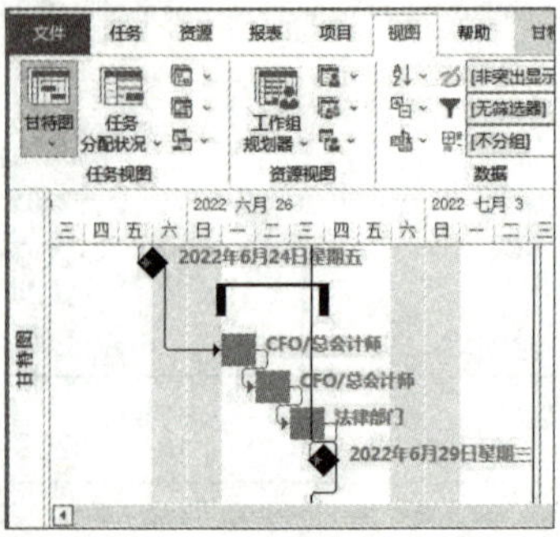
文件
任务
资源
报表
项目
视图
帮助
甘特图
任务视图
资源视图
数据
2022年6月24日星期五
CFO/总会计师
法律部门
2022年6月29日星期三

第10章 美化项目文档

第1章

项目管理与Project软件基础

内容概要

Project是微软公司推出的项目管理软件，它是Microsoft Office组件的一员，在软件开发、机械制造、工程建设等领域被广泛应用。本章先熟悉Project软件，再了解项目管理的基本概念。

数字资源

【本章素材】："素材文件\第1章"目录下

【本章实战演练最终文件】："素材文件\第1章\实战演练"目录下

1.1 项目管理概述

项目管理是项目与管理的结合，无论是政府机构、学校、商业团体或是其他机构，都不可避免地需要接触项目管理。使用何种管理方式管理项目更优，是众多学者和管理者共同探讨的话题。

■1.1.1 什么是项目管理

1. 什么是项目

“项目”这个词对于现代职场人来说肯定不陌生，但是却很少有人能够真正将它解释清楚。

项目有时候也被称为“工程”。例如，我国古代的伟大工程万里长城、京杭大运河、秦始皇陵、都江堰等的建设，可以看成是不同的项目；三峡大坝的建造被称为“三峡工程”，其实这就是一个典型的项目。在现代社会生活中，城市轨道交通建设规划、道路建设、楼房建造、房屋装修等一些建筑工程也被称为项目，甚至平常孩子的教育计划、筹备的一场婚礼、组织的一次集体活动等都可以被称为项目。从以上例子可以看出，项目是指一系列独特的、复杂的并相互联系的活动，这些活动必须在特定的时间、限定的预算资源内依据规范完成。

2. 项目管理的目的

为了更好地生存和发展，人类在不断通过各式各样的活动改善生存环境和生活条件。这些活动要求人们以群体的方式、分工协作完成各自的目标，因此就需要以社会组织的方式来管理人类的这些活动群体。这些社会组织一般都是以政府、军队、企业或其他机构形式存在的，通常把这些社会组织统称为机构。

在今天的市场经济环境下，很多机构必须通过各种经营或运营活动来实现其社会价值。为了更有效地管理这些经营或运营活动，这些机构会为经营或运营方向制定战略目标。为了实现这些目标，机构就必须将其制订的这些战略性的目标细化为可操作的项目目标，通过实施这些具体的项目，从而实现机构的战略目标。

正因如此，在机构的活动中，项目管理往往贯穿始终，起着举足轻重的作用。不管战略目标有多么宏伟，都需要通过对具体项目的有效管理来实现。

项目管理的目标是：满足项目的要求与期望；满足项目利益相关各方不同的要求和期望；满足项目已识别和未识别的要求和期望。

■1.1.2 项目管理对于现代企业的重要性

项目管理是一门实践性非常强的学问。好的项目管理不一定能够确保项目成功，但是糟糕的项目管理却注定会导致项目的失败，一个项目的成功与否，关键一点就是看项目管理是否得当。所以说，项目管理是项目成功的核心部分，是项目的灵魂。

有专家指出，人类的活动有1/2是通过项目的形式开展的。例如，人们居住的房屋，使用的各种电器、日用品等都是通过项目形式来运行的。因此，许多大型跨国公司认为企业的成功在于有效地推行项目管理。

20世纪90年代末期以来，美国的一些金融组织也在大力开展关于项目管理的培训。这些项目管理完全随着信息技术的变化而变化，是整个企业运作中的一个重要构成部分。

越来越多的企业要引入项目管理，一些跨国企业也把项目管理作为自己主要的运作模式和提高企业运作效率的解决方案。由此可见项目管理在当今经济社会中的重要性。

■1.1.3 项目管理的要素及特征

对项目和项目管理的概念有了初步了解后，接下来介绍项目管理的要素和特征。

1. 项目管理的要素

项目管理的三要素包括时间、成本、范围，即在一定时间内，使用一定的费用，完成一个或多个特定的目标与任务。三大要素之间的关系如图1-1所示。

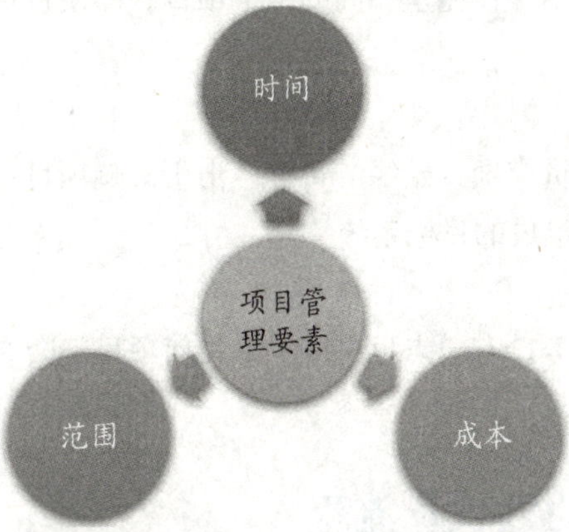

图 1-1 项目管理三要素之间的关系

这三个要素在一个项目管理的进行中也经常发生冲突。通常情况下，人们总希望在非常短的时间内，以尽可能低的成本获得最好的质量结果。这三种要素中的任何一个都可能上升为重中之重，一旦确定其中一点，那么另外两点就需要进行相应调整。比如扩大范畴，一般会引起时间和费用的增加；而在范畴不变的情况下缩短时间，费用一般要提高等。大部分项目都被迫要服从至少一个要素。项目三要素的具体说明如下。

(1) 时间。

表示完成项目所需用的时间。在项目中，以任务的进度和工期体现。

(2) 成本。

表示完成项目所需资源的成本。在项目中，以完成任务所需的人员、设备、材料等体现。

(3) 范围。

表示一个项目所需达到的目标和需要完成的任务。在任务中，以任务的技术指标、数量、性能等体现。

2. 项目管理的特征

不同的项目之间包含的内容各不相同，但是这些项目都具有以下六大特征。

(1) 灵活性（不确定性）。

在执行项目的过程中，所有的要素都是在不停地发生变化的，一般很难预测在项目完成过程中所需要的条件。因此，需要在完成项目过程中不停地权衡时间、成本和质量之间的利害关系，所以项目具有灵活性。

（2）临时性。

项目有明确的起点和终点。当项目目标达成时，或当项目因不会或不能达到目标而中止时，或当项目需求不复存在时，项目就结束了。项目所创造的产品、服务或成果一般不具有临时性。大多数项目都是为了创造持久性的成果。

（3）独特性。

每个项目都会创造独特的产品、服务或成果。尽管某些项目在实施过程中可能存在重复的元素，但这种重复并不会改变项目工作本质上的独特性，项目完成的过程是不可重复的。

（4）一次性。

每个项目都有特殊性，不存在完全相同的两个项目。即使目标相同的两个项目，在完成过程中也是不可重复的。

（5）目标性。

任何项目都有明确的、贯穿项目始终的目标。由于影响项目目标的因素的多样性，因此这里的目标一般是由多个目标组成的目标系统。

（6）周期性。

项目是一个一次性的任务，有起点也有终点。任何项目都会有一个定义目标、制订计划、实施计划、完成计划的过程。

■1.1.4 项目管理的领域及流程

在学习如何对项目进行信息化管理之前，需要先了解项目管理的领域及关键流程。

1. 项目管理的领域

在实施项目管理的过程中，任何一个项目都会涉及九大不同的知识领域，这九大领域分别为综合管理、范围管理、时间管理、成本管理、质量管理、风险管理、人力资源管理、沟通管理、采购管理。这九大领域中最重要的四个领域分别为范围管理、时间管理、成本管理、质量管理，这些是核心知识领域，其他为辅助知识领域。九大领域的详细介绍如下。

（1）综合管理领域。

它是综合运用其他八个领域的知识、合理集成与平衡各要素之间的关系、确保项目成功完成的关键。

（2）范围管理领域。

在完成项目过程中，对项目范围的定义和控制的过程。

（3）时间管理领域。

为了保证项目进度，对项目的开始时间、进度、结束时间的管理。

（4）成本管理领域。

项目在批准的预算范围内努力减少和控制成本的过程。

（5）质量管理领域。

确保项目在实施过程中满足客户明确或隐含的要求。

（6）风险管理领域。

有效控制和降低项目完成过程中各种风险发生概率的过程。

(7) 人力资源管理领域。

开展项目时，有效发挥每个参与项目人员作用的过程。

(8) 沟通管理领域。

项目的沟通管理非常重要，这是确保项目信息及时有效地合理收集并且最终传达到各处的过程。

(9) 采购管理领域。

从外界获得产品、成果或服务的过程。

2. 项目管理的流程

项目管理总体有五个过程：启动过程、计划过程、实施过程、控制过程、收尾过程等。项目先后衔接的各个阶段的全体一般称为项目生命期，如图1-2所示。不同的项目类型可以具体化为不同阶段的子项目，子项目也可以拥有不同的项目生命周期。

图 1-2 项目生命期

(1) 项目的启动过程。

项目的启动过程是项目获得授权、定义一个新项目或现有项目的一个新阶段，并正式开始该项目或阶段的一组过程。启动过程的最主要内容是进行项目的可行性研究与分析，并要提供科学合理的评价方法，以便未来能对其进行评估。

(2) 项目的计划过程。

项目的计划过程是明确项目范围，优化目标，为实现目标而制定行动方案的一组过程。通过对项目的范围、任务进行分解，及对资源分析制订一个科学的计划，能使项目团队的工作有序地开展。因为有了计划，在实施过程中才能有一个参照，并通过对计划的不断修订与完善，使后面的计划更符合实际，更能准确地指导项目工作。

(3) 项目的实施过程。

完成项目管理计划中确定的工作以实现项目目标的一组过程。项目的实施，一般指项目的主体内容执行过程，但实施包括项目的前期工作，因此不光要在具体实施过程中注意范围变更，记录项目信息，鼓励项目组成员努力完成项目，还要在开头与收尾过程中，强调实施的重点内容。

(4) 项目的控制过程。

跟踪、审查和调整项目进展与绩效，识别必要的计划变更并启动相应变更的一组过程。控制可以使实际进展符合计划，也可以修改计划使之更切合目前的现状。修改计划的前提是项目符合期望的目标。

(5) 项目的收尾过程。

为完结所有过程组的所有活动以正式结束项目或阶段而实施的一组过程。一个项目通过一个正式而有效的收尾过程，不仅仅是对当前项目产生完整文档，对项目干系人的交待，更是以后项目工作的重要财富。项目收尾过程包括对最终产品进行验收，形成项目档案及吸取的经验教训等文档。

1.2 Project软件简介

Project是一款功能强大、使用灵活的项目管理软件，它可以帮助用户实现项目信息共享、编制和组织信息、跟踪项目、优化方案等。利用该软件，可以轻松地做好项目管理工作。

■1.2.1 Project的启动和退出

启动和退出是应用软件的前提，而且操作方法十分简单。下面介绍启动和退出Project的方法。

1. 启动Project

启动Project的方法不止一种，用户可双击桌面快捷图标启动Project软件，如图1-3所示；也可以从“开始”菜单中单击Project选项启动软件，如图1-4所示。

图 1-3 Project 桌面快捷图标

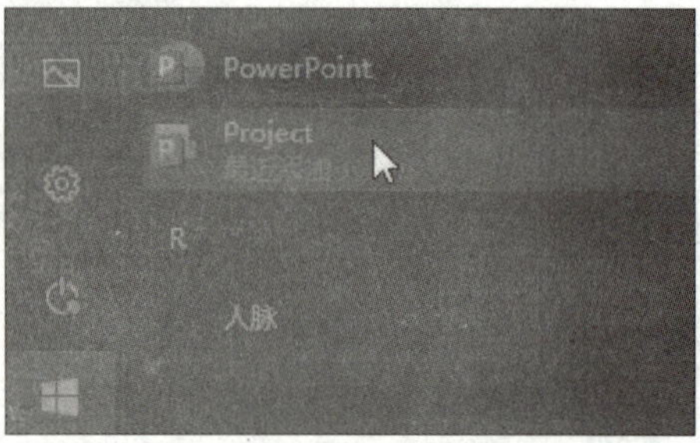

图 1-4 “开始”菜单中的 Project 选项

软件安装完成后，若桌面上没有自动生成快捷图标，可以从“开始”菜单中添加。具体操作方法如下。

步骤01 单击屏幕左下角的“开始”按钮，在“开始”菜单中找到Project图标，如图1-5所示。

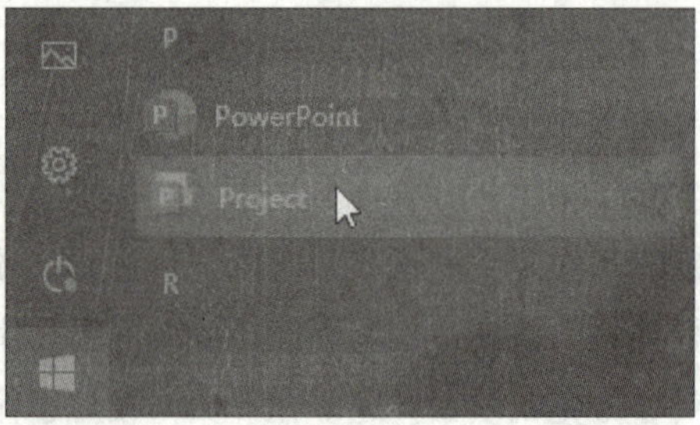

图 1-5 “开始”菜单中的 Project 图标

步骤02 按住鼠标左键，向桌面拖动，如图1-6所示。

步骤03 松开鼠标后桌面上便可生成Project快捷图标，如图1-7所示。

图 1-6 将 Project 图标拖至桌面

图 1-7 Project 快捷图标

2. 退出Project

项目管理操作完成后可以退出Project软件，单击软件右上角的“关闭”按钮即可退出，如图1-8所示。

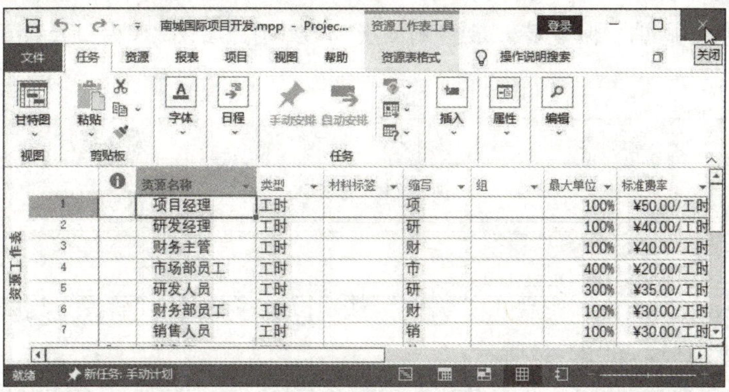

图 1-8　关闭 Project 软件

若没有保存项目就直接退出，在执行“关闭”命令后，系统会弹出一个警告对话框，用户可通过单击“是”或“否”按钮选择在退出之前是否保存执行过的操作，而单击“取消”按钮则会取消本次退出操作，如图1-9所示。

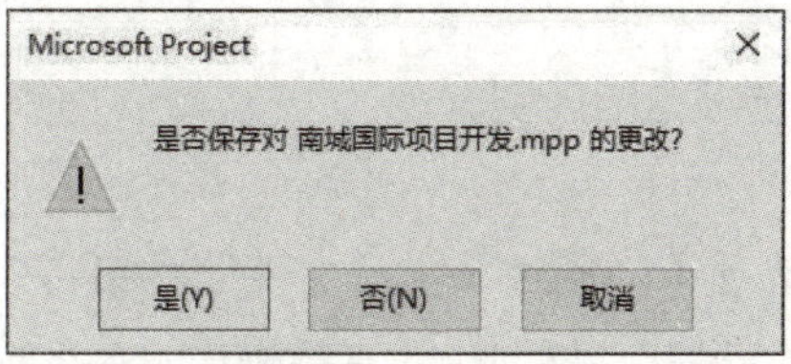

图 1-9　警告对话框

■1.2.2　认识Project工作界面

Project 2019的软件界面包含标题栏、功能区、工作区和状态栏等区域，其中工作区由数据编辑区和视图区两部分组成，如图1-10所示。

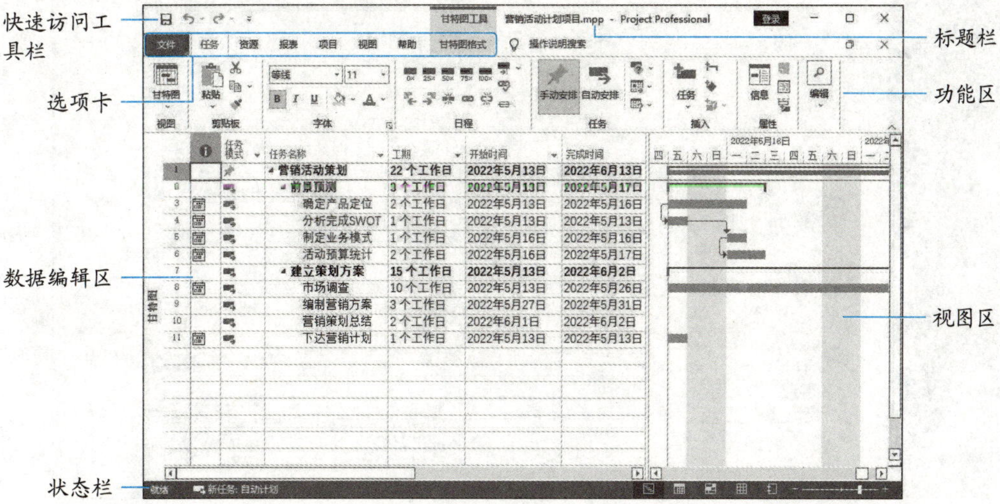

图 1-10　Project 2019 工作界面

下面对几个主要区域的作用进行详细介绍。

1. 标题栏

标题栏位于窗口最上方，用于显示文件名称。最左侧为快速访问工具栏，用于放置一些常用命令，包括保存、撤销、恢复等。最右侧依次为最小化、缩小/放大以及关闭3个窗口控制按钮，如图1-11所示。

图 1-11　标题栏

2. 功能区

功能区位于标题栏下方，主要由“文件”按钮以及“任务”“资源”“报表”“项目”“视图”等多个选项卡组成，如图1-12所示。

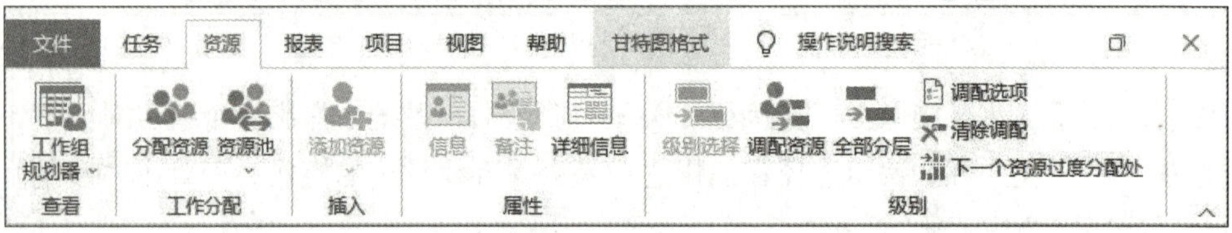

图 1-12　功能区

下面介绍“文件”按钮与选项卡的区别。

(1)“文件”按钮。

“文件”按钮有别于其他选项卡，通过单击“文件”按钮可以打开“文件”菜单。在“文件”菜单中可进行新建、打开、保存、打印、共享等操作，如图1-13所示。

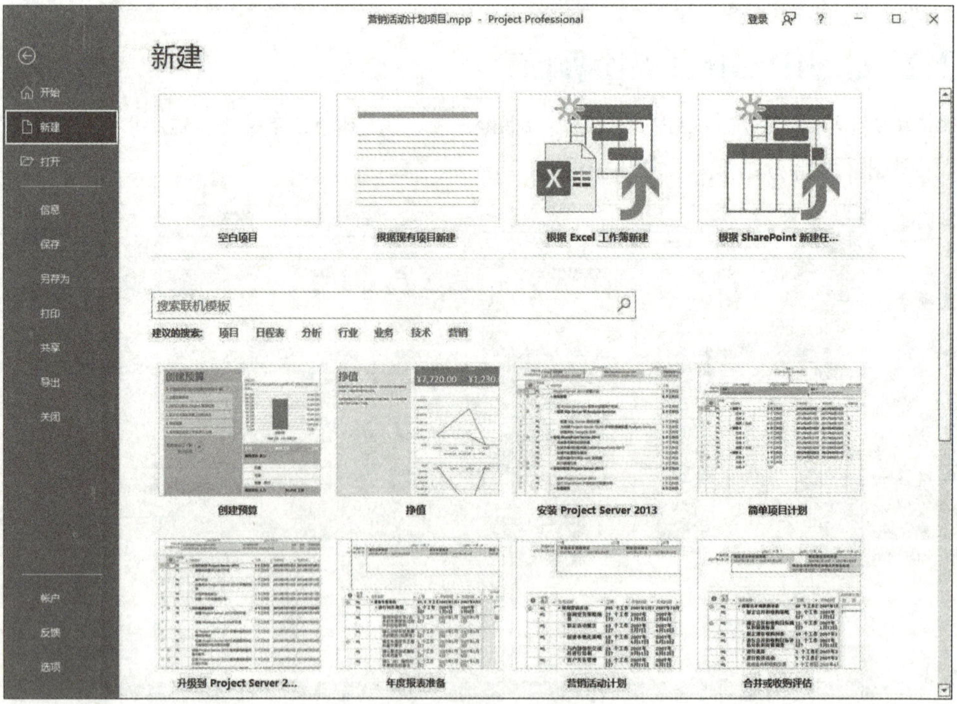

图 1-13　“文件”菜单界面

（2）选项卡。

不同选项卡中所包含的命令根据功能划分成不同的组，方便用户快速选择及使用。功能区中还会根据不同情况，实时显示活动选项卡，例如，在甘特图视图模式下，会显示“甘特图工具-甘特图格式”选项卡，如图1-14所示。

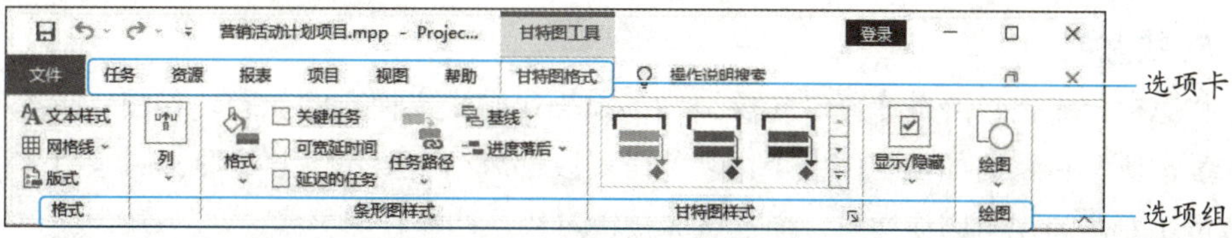

图 1-14 “甘特图格式”选项卡

3. 日程表

功能区下方为“日程表”，日程表是一个简化的项目计划横道图，可以综合显示项目计划安排。

4. 工作区

工作区由数据编辑区和视图区组成，如图1-15所示。

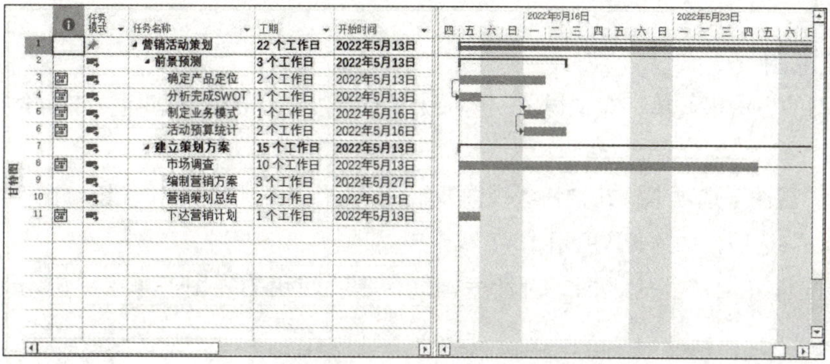

图 1-15 工作区

下面对工作区中的各个部分进行详细介绍。

- **数据编辑区：**位于工作区左侧，主要用于设置任务模式、任务名称、工期、开始时间、完成时间等项目信息。
- **视图区：**位于工作区右侧，主要用于显示甘特图/资源图表/资源使用情况/任务分配状况视图等，根据用户选择的视图模式显示相应的视图。
- **垂直拆分条：**位于工作区中央，用于分割数据编辑区和视图区，拖动垂直拆分条可以调整数据编辑区和视图区的横向显示比例。
- **域标题：**数据编辑区中每列的标题，单击域标题可选择该列。
- **时间刻度：**视图区顶部包含时间刻度的灰色分割线，时间刻度下方以图表方式显示任务或资源信息。
- **行标题：**数据编辑区每行左侧的标题，单击行标题可选择数据编辑区中的行。
- **全选按钮：**是指行标题和域标题的交叉处的空白按钮，单击此按钮，可选择整个数据编辑区。

- **水平滚动条：**位于数据编辑区和视图区的底部，拖动相应区域的水平滚动条可水平滚动以查看数据或图表。
- **垂直滚动条：**位于工作区最右侧，拖动垂直滚动条，数据编辑区和图表区中的数据和图表同时上下滚动。

5. 状态栏

状态栏位于窗口的最底部，主要显示当前操作模式或模式的状态，如图1-16所示。最右侧为缩放滑块，可快速缩放视图区中图表的时间段部分，主要用于甘特图、网络图等视图模式。缩放滑块左侧为视图切换按钮，通过这些按钮可快速切换视图方式。

图 1-16 状态栏

■1.2.3 认识Project中的视图

Project中的视图模式主要分为任务类视图和资源类视图两大类。其中，常用的任务类视图包括：甘特图、网络图、日历、任务分配状况等视图；常用的资源类视图包括：资源工作表、资源使用状况、资源图表等视图。

1. 切换视图

切换视图的方法很简单，在“视图”选项卡中选择要使用的视图即可。下面介绍具体操作方法。

步骤01 打开“视图”选项卡，在“任务视图”组中单击“甘特图”下拉按钮，在下拉列表中选择“其他视图”选项，如图1-17所示。

步骤02 系统随即弹出“其他视图”对话框，选择需要使用的视图，单击“应用”按钮，如图1-18所示。

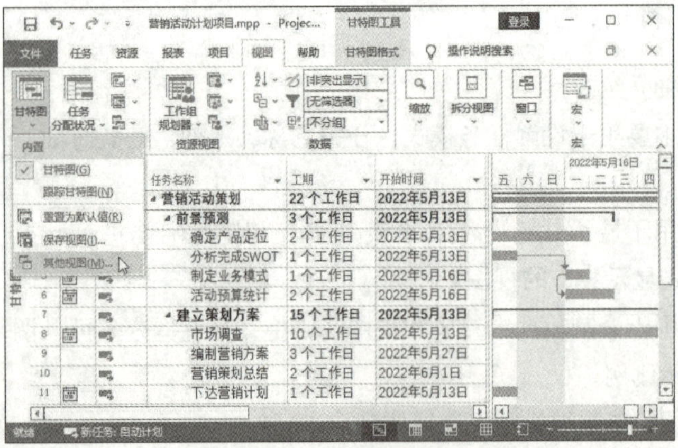

图 1-17 “甘特图”-“其他视图”操作

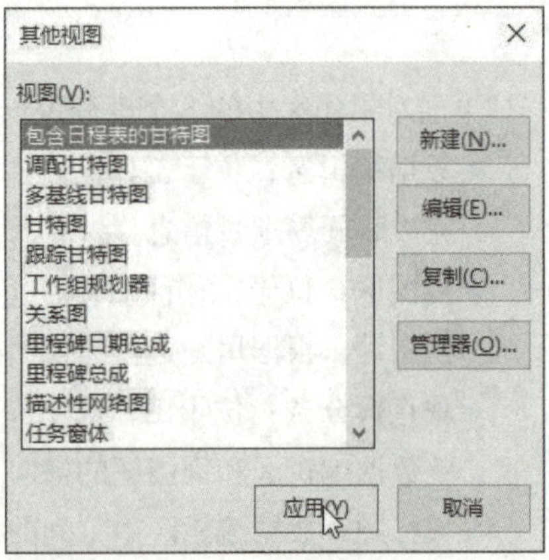

图 1-18 “其他视图”对话框

步骤03 Project随即切换为相应视图，效果如图1-19所示。

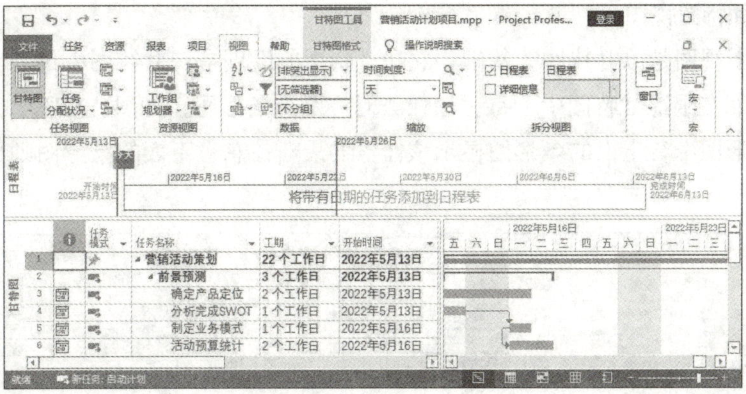

图 1-19 包含日程表的甘特图

2. 常用视图及其特点

（1）甘特图视图。

甘特图视图是Project的默认视图，也是最常用的视图，用于显示项目的信息。视图左侧用工作表显示任务的详细数据，例如，营销活动计划的周期，活动计划开始时间和结束时间，以及活动概念、促销策略的定制等；视图的右侧用条形图显示任务的信息，每一个条形图代表一项任务，通过条形图可以明确显示任务的开始和结束时间，各条形图之间的位置则表明任务是一个接一个进行还是交叉进行，如图1-20所示。

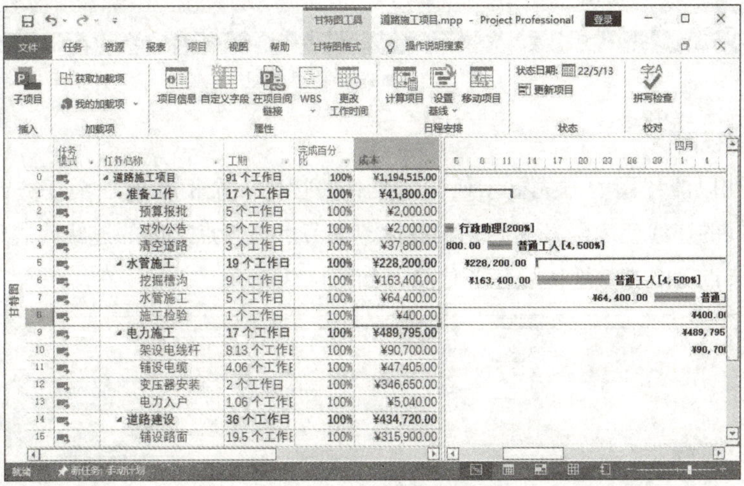

图 1-20 甘特图视图

在开展项目管理工作过程中，许多前期项目计划都是在甘特图中实现的。在甘特图中可以完成以下工作，如图1-21所示。

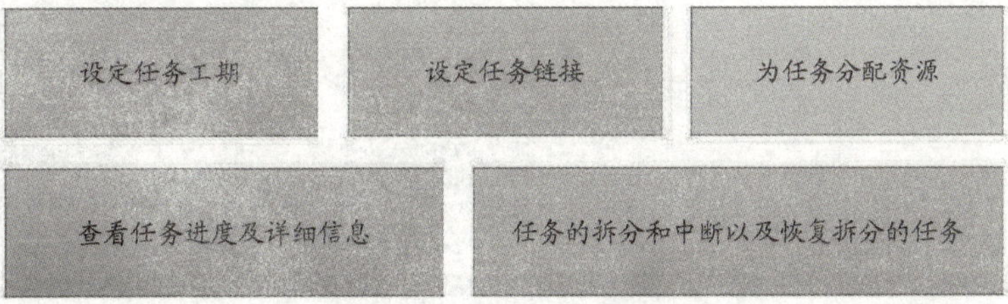

图 1-21 甘特图中的项目计划

（2）跟踪甘特图视图。

跟踪甘特图视图是以甘特图为基础，它和甘特图的区别是：甘特图中每一项任务都有一个条形图对应；而在跟踪甘特图中，每一项任务对应两个条形图，如图1-22所示。在每一项任务对应的两个条形图中，上面的条形图显示该任务的最新信息，下面的条形图则显示计划的任务信息。

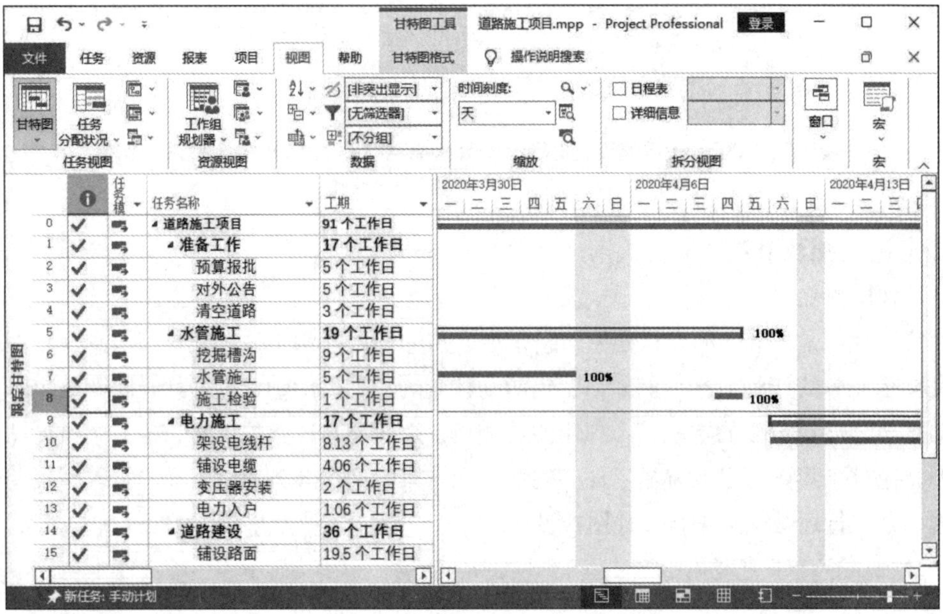

图 1-22 跟踪甘特图视图

（3）网络图视图。

网络图视图以流程图的方式显示任务以及相关性。一个框代表一个任务，也称为一个节点，框与框之间的连线代表任务之间的相关性，即节点与节点之间的连线代表任务之间的相关性。通过这些节点可以完整地体现任务信息，如图1-23所示。

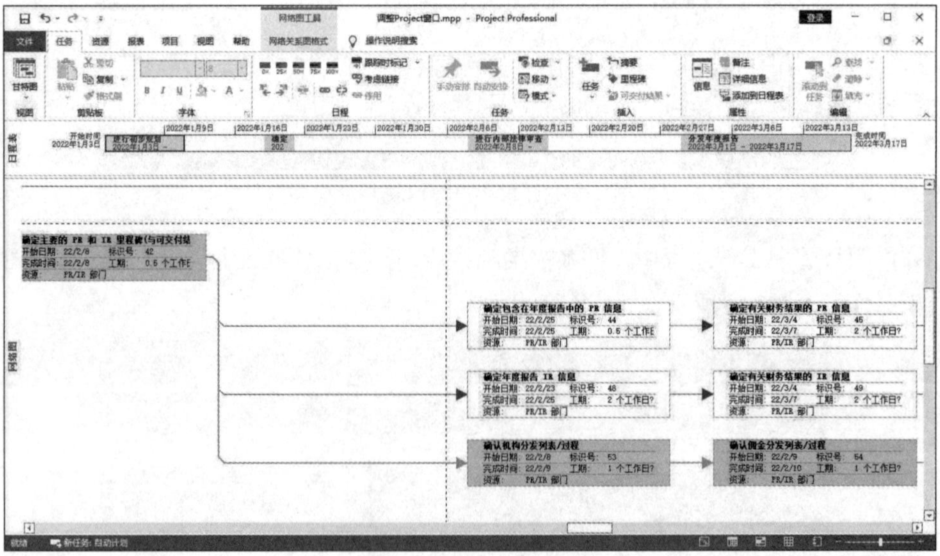

图 1-23 网络图视图

在该视图模式下，用户可以完成的工作，如图1-24所示。

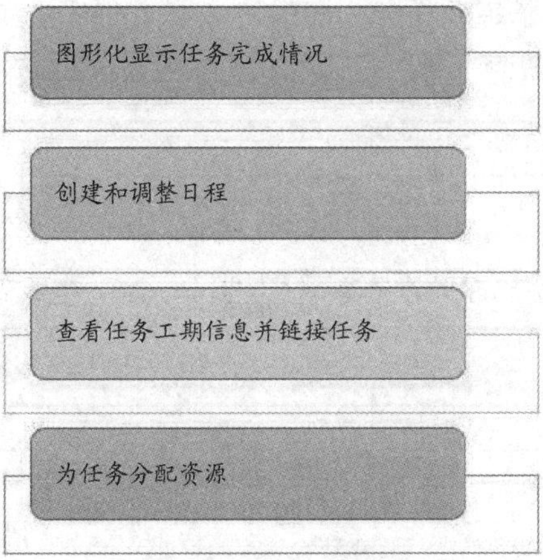

图 1-24 网络图视图中表示的工作

（4）日历视图。

日历视图是以月为时间刻度单位按日历格式显示项目信息。任务条形图将跨越任务日程排定的天或星期。使用这种视图格式，可以快速查看在特定时间内排定了哪些任务，如图1-25所示。

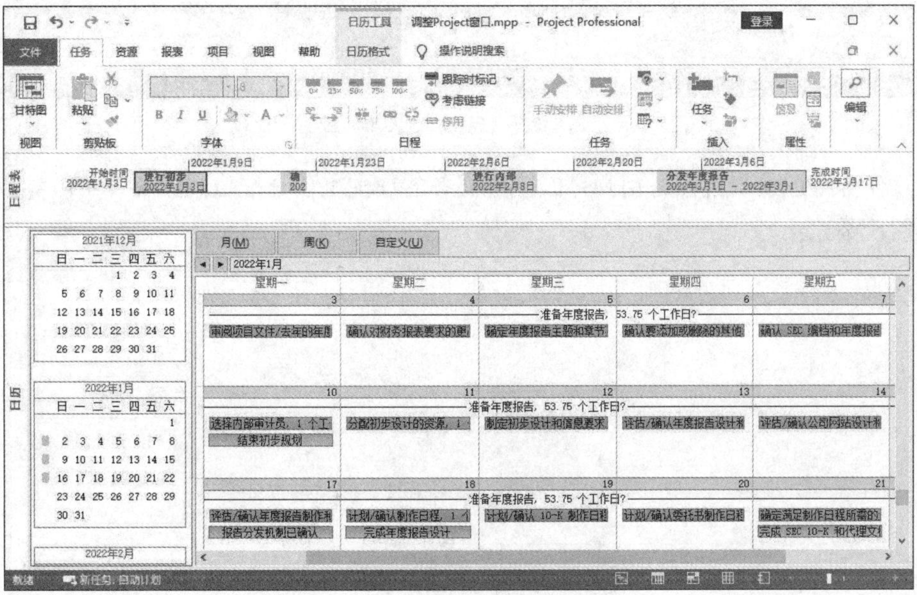

图 1-25 日历视图

通过日历视图，用户可以完成以下工作，如图1-26所示。

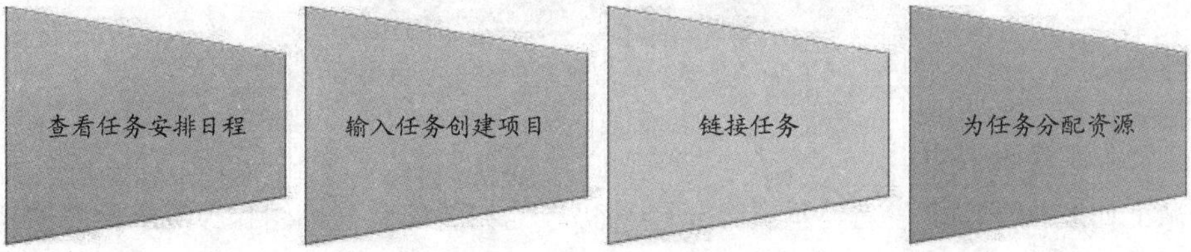

图 1-26 日历视图中表示的工作

（5）任务分配状况视图。

任务分配状况视图给出了每项任务分配的资源以及每项资源在各个时间段内（每天、每周、每月或其他时间间隔）所需工时、成本等信息，从而可以更合理地调整资源在各项任务上的分配，如图1-27所示。

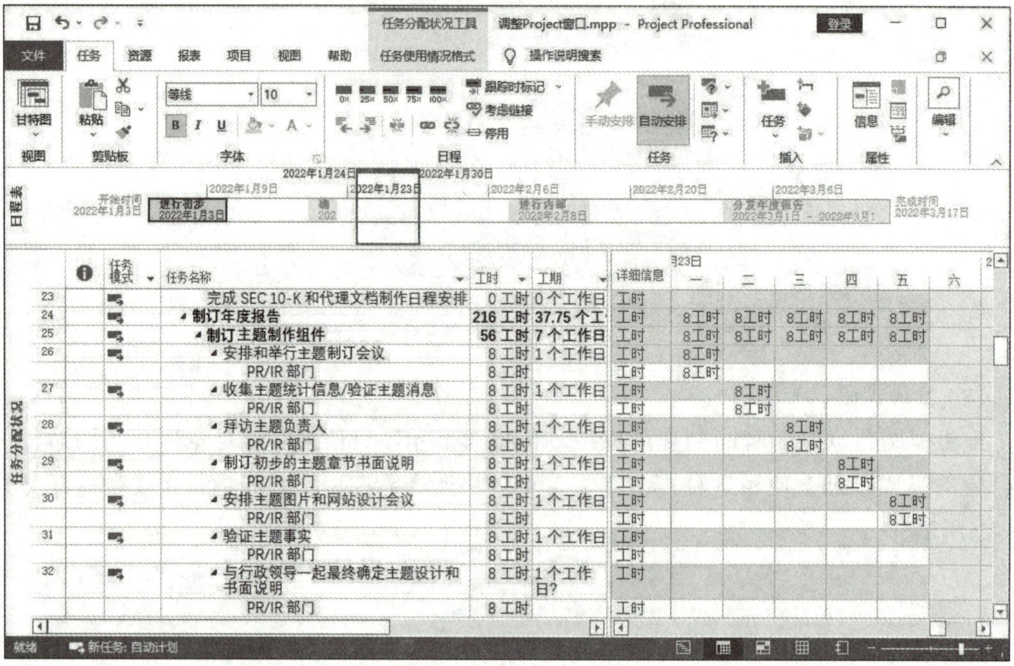

图 1-27　任务分配状况视图

通过任务分配状况视图，用户可以了解任务的详细工作分配信息，并且可以完成以下工作，如图1-28所示。

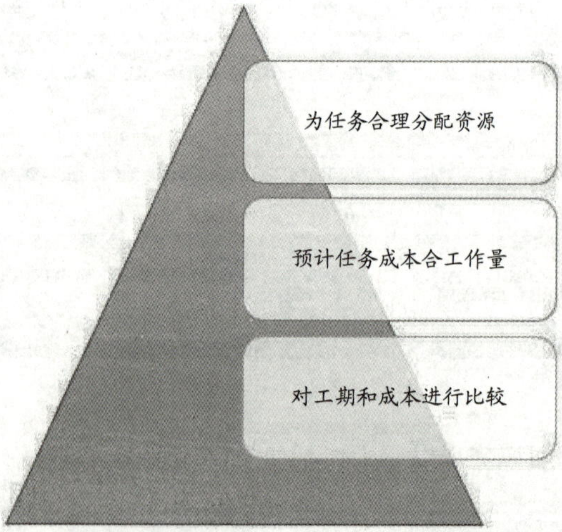

图 1-28　任务分配状况视图中表示的工作

（6）资源工作表视图。

资源工作表视图以电子表格形式显示每种资源的相关信息，如图1-29所示。在该视图模式下，用户可以完成资源的创建、修改、删除等操作。

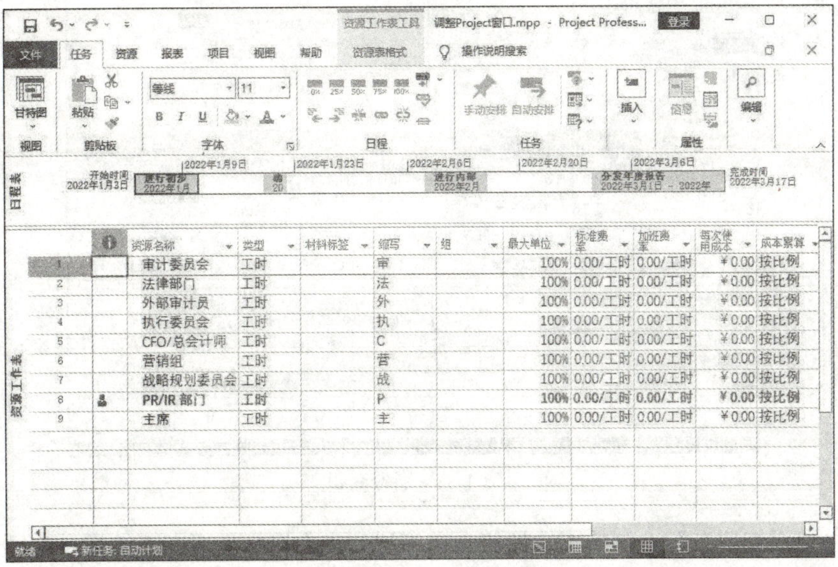

图 1-29　资源工作表视图

（7）资源使用状况视图。

资源使用状况视图用于显示项目资源的使用情况，分配给这些资源的任务组合在资源的下方，如图1-30所示。

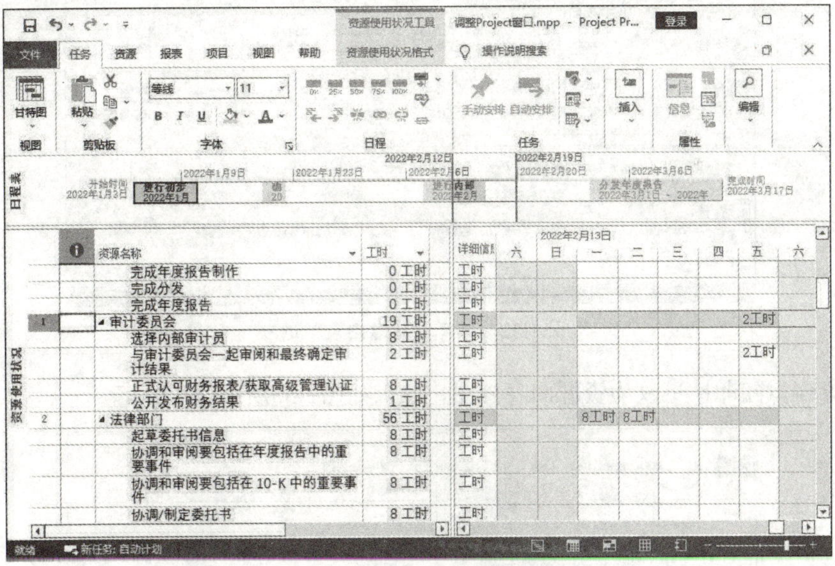

图 1-30　资源使用状况视图

上手操作 创建复合视图

通过拆分视图可以创建复合视图，在复合视图中一个窗口可以显示两个视图。下面将介绍拆分视图的具体操作方法。

步骤01 打开“视图”选项卡，在“拆分视图”组中勾选“详细信息”复选框，即可将视图拆分成上下两个部分。上面部分显示的是当前使用的视图模式，下面部分显示的是系统默认的任务窗体，如图1-31所示。

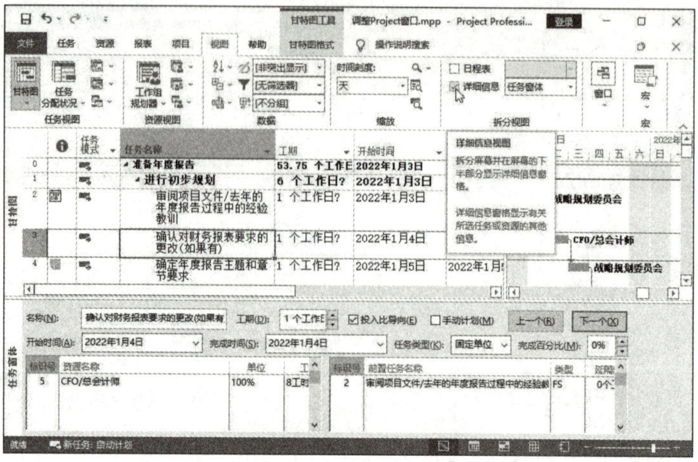

图 1-31　拆分视图

步骤 02 单击“详细信息”右侧的下拉按钮，在下拉列表中选择需要在下方窗口中显示的视图类型，此处选择“资源图表”选项，如图1-32所示。

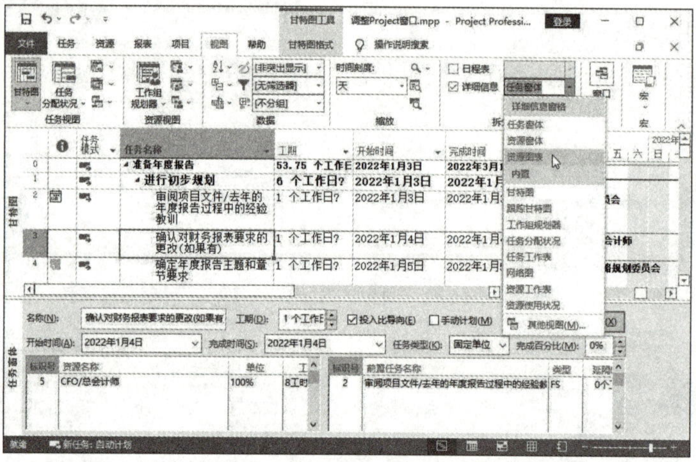

图 1-32　选择“资源图表”选项

步骤 03 下方窗口随即被更改为资源图表视图，效果如图1-33所示。

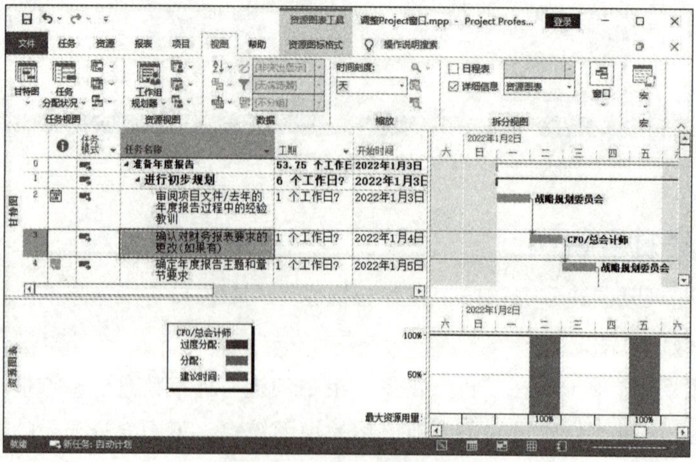

图 1-33　拆分视图显示

实战演练 按照操作习惯调整 Project 窗口

当需要同时查看一个项目中不同位置的内容或对不同位置的内容进行操作时，可以对Project窗口进行更改，同时显示两个或更多个窗口。

扫码观看视频

步骤 01 打开需要使用的项目文件，打开“视图”选项卡，在“窗口”组中单击“新建窗口”按钮，如图1-34所示。

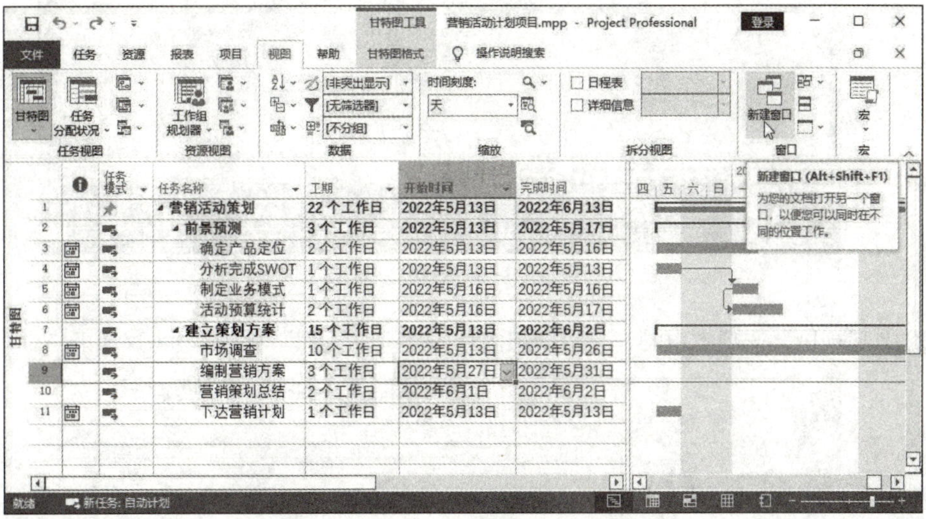

图 1-34 “视图”-“新建窗口”操作

步骤 02 系统随即弹出“新建窗口”对话框，选择好需要新建窗口的项目，单击“视图”下拉按钮，在下拉列表中选择“甘特图”选项，如图1-35所示。

步骤 03 设置好后，单击“确定”按钮，如图1-36所示。

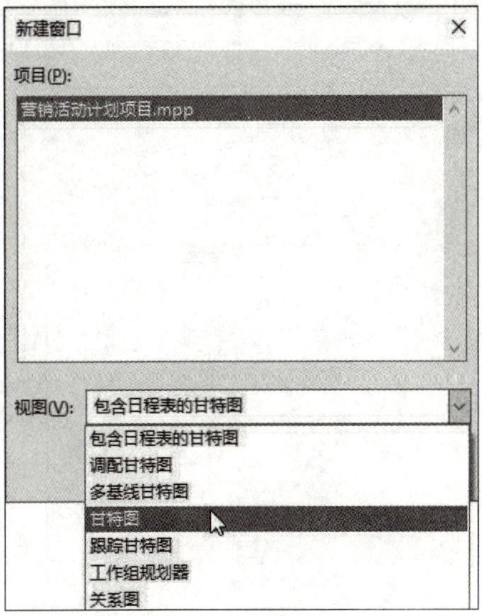

图 1-35 选定项目与视图

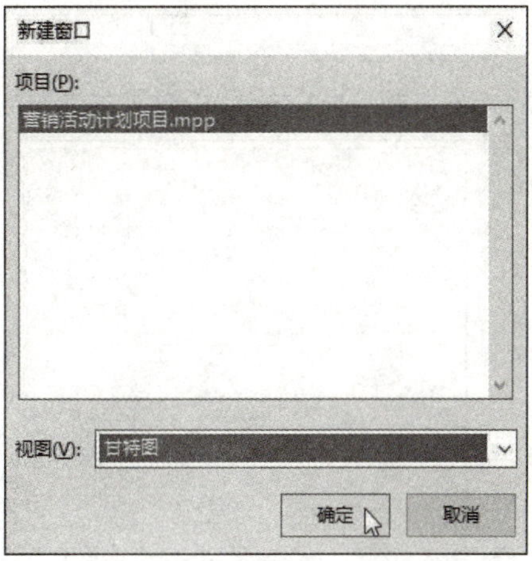

图 1-36 “新建窗口”对话框

步骤 04 系统随即新建窗口，在屏幕下方的任务栏中会显示这些新建的项目。默认情况下Project只能显示窗口，如图1-37所示。

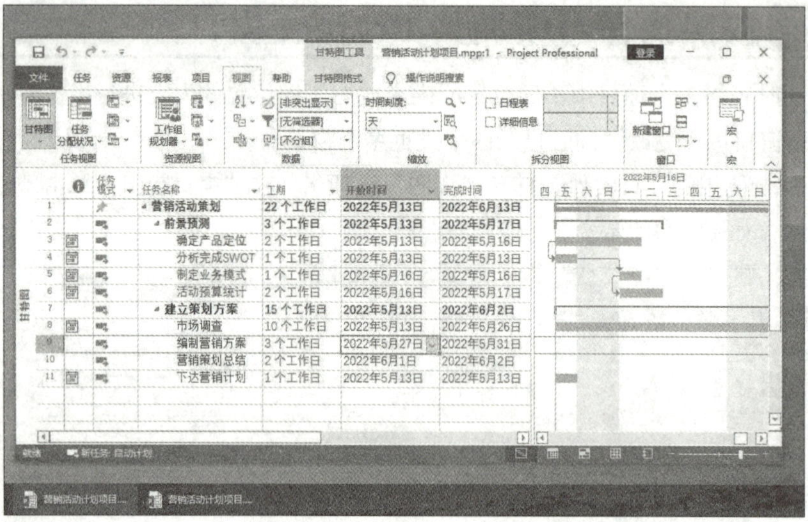

图 1-37 新建窗口显示界面

步骤05 在“视图”选项卡中的“窗口”组内单击“全部重排”按钮，如图1-38所示。

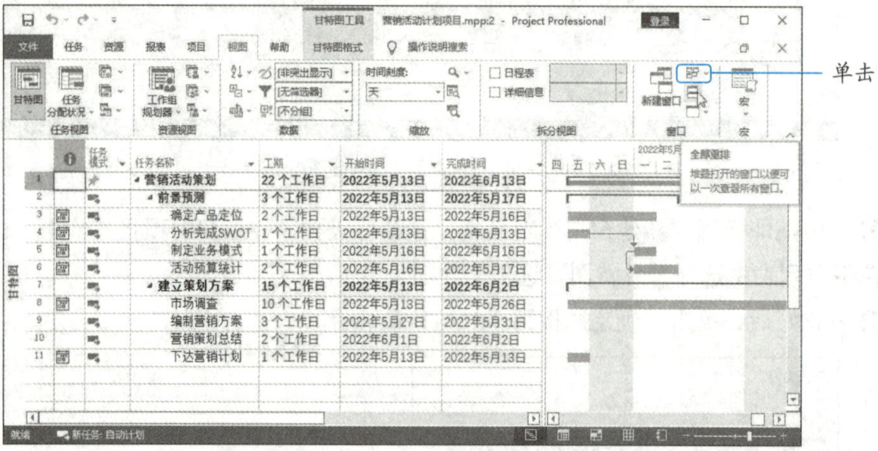

图 1-38 “视图”-“全部重排”操作

步骤06 所有窗口即可同时显示，效果如图1-39所示。

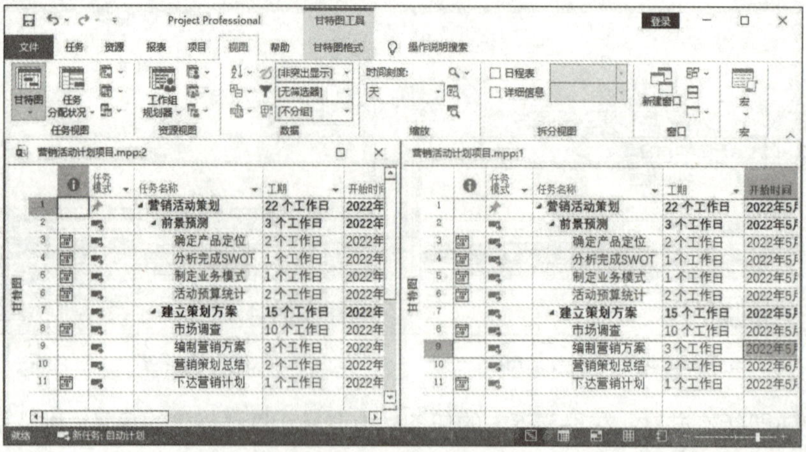

图 1-39 同时显示所有窗口

课后作业

本章主要对Project软件的基础知识进行了详细介绍，包括项目管理概述、软件的启动和退出、认识工作界面、认识各种视图模式等。下面可自行设置软件的主题颜色（界面颜色），具体操作要求如下。

（1）通过“文件”菜单中的“选项”命令打开“Project选项”对话框。

（2）在“Project选项”对话框中的“常规”界面中设置主题为“深灰色”，效果如图1-40所示。

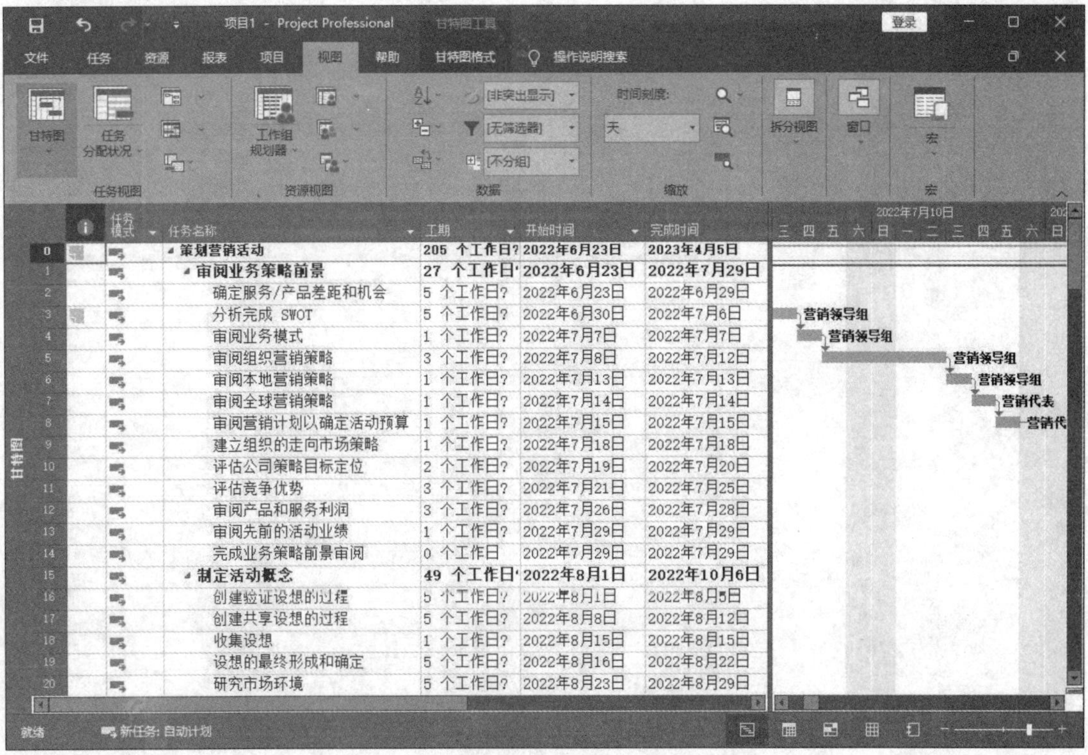

图 1-40 设置主题后的效果

第2章

项目文档的创建和管理

内容概要

使用Project进行项目管理之前需要先创建新项目并对文档进行相关管理，本章将介绍项目文档的创建以及常用的基本操作。

数字资源

【本章素材】:“素材文件\第2章”目录下

【本章实战演练最终文件】:“素材文件\第2章\实战演练”目录下

2.1 项目文档的创建

准备好项目的相关资料以后便可以创建项目文档并对项目进行管理了。下面介绍创建项目文档的方法。

■2.1.1 项目启动的注意事项

创建项目之前，要在规定的时间、费用、资源配置等要求下完成项目，还需要注意以下事项。

1. 明确目标，确定项目步骤

在开始制订项目计划之前，要明确定义项目的一些基本属性信息，如项目的名称、内容、开始以及结束时间等；然后确定项目的主要步骤，以保证项目顺利完成。

2. 确定任务细节

在拟定出一份主要任务列表后，下一步是对这些任务进行细分，将这些任务分解成更详细的步骤。

在细分项目步骤的时候，需要注意以下问题。

（1）任务的提醒作用。

创建项目任务的主要用途是提醒项目中的主要活动，无须将任务进行更详细的划分，以防止跟踪日程安排的负担过重。

（2）里程碑任务。

项目需要利用里程碑任务，标出项目中需要做出重要决定的点，以保证项目的顺利进行。

（3）部门任务。

要在项目中显示每个部门所需要执行与了解的任务，便于准确地掌握与汇报项目进度。

3. 规定时间限制

项目的三要素之一就包括时间要素，利用Project中的日程表可以规划项目的实施时间。当项目的总体时间超出整个项目的时间要求时，用户可以重新调整每项任务的时间，直至总体实施任务的时间与计划时间相吻合。

4. 配置资源

在项目制订初期时需要知道哪些资源可用，以及资源的成本如何，明确这些资源并将其分配到任务中。

5. 理清任务间的关系

项目管理者要弄清各任务之间的关系，清楚地知道哪些任务需要在其他任务完成后才能开始，哪些任务可以同步进行。

■2.1.2 新建项目文档

创建项目文档的方法有很多，若用户需要创建一个全新的项目，可以新建空白项目文档，之后再逐步完善项目。下面介绍如何创建空白项目。

步骤01 双击Project图标，启动Project，在开始界面中单击“空白项目”选项，如图2-1所示。

图 2-1 开始界面

步骤02 系统随即创建空白项目文档，效果如图2-2所示。

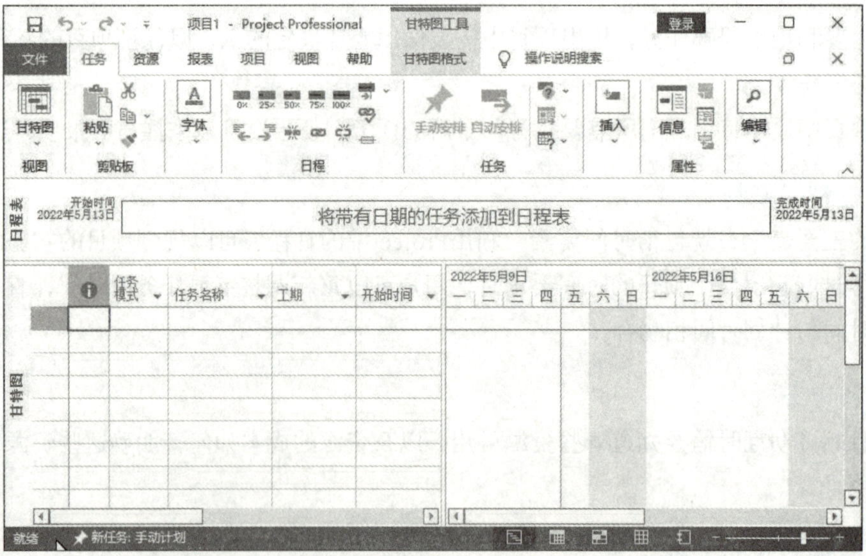

图 2-2 创建空白项目文档

■2.1.3 使用现有内容创建文档

除了新建项目文档，用户也可以在之前使用过的相关项目文档基础上创建新的项目文档。下面介绍具体操作方法。

步骤01 启动Project，在开始界面中单击“根据现有项目新建”选项，如图2-3所示。

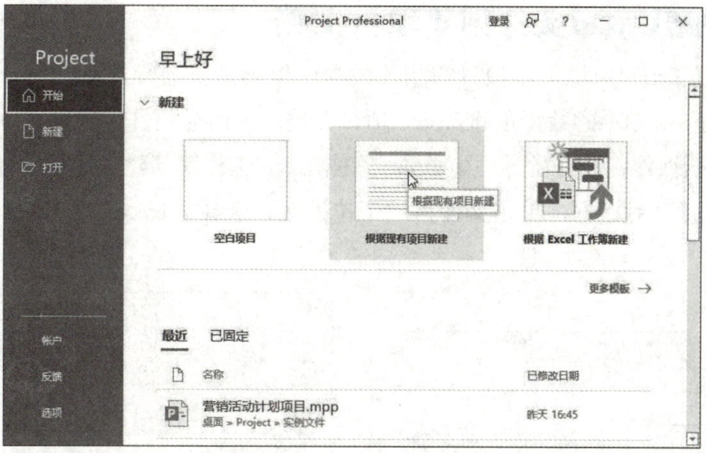

图 2-3 “开始”界面

步骤02 弹出“根据现有项目新建”对话框，选择需要使用的Project项目文件，单击“打开”按钮，如图2-4所示。

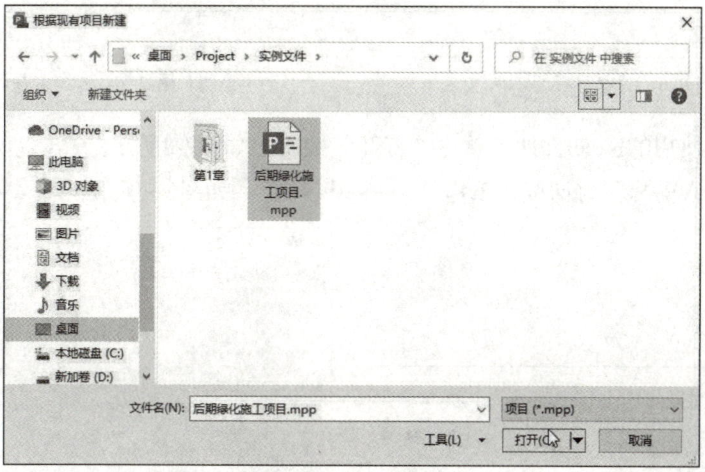

图 2-4 打开选定项目

步骤03 系统随即创建以所选文件为基础的项目文档，用户可以对该项目文档进行修改或继续编辑，如图2-5所示。

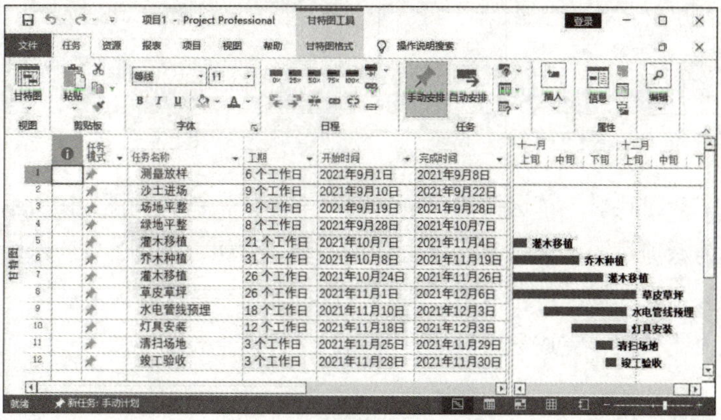

图 2-5 创建的项目文档

■2.1.4 根据Excel文件创建项目文档

若用户已经在Excel中记录了项目的相关数据，但仍需要进行更复杂的计划、资源共享和跟踪等，可以根据Excel中的数据创建Project项目文档。下面介绍具体的操作方法。

步骤01 启动Project软件，在开始界面中单击“根据Excel工作簿新建”选项，如图2-6所示。

步骤02 弹出“打开”对话框，单击文件格式下拉按钮，选择“Excel工作簿（*.xlsx）”选项，如图2-7所示。

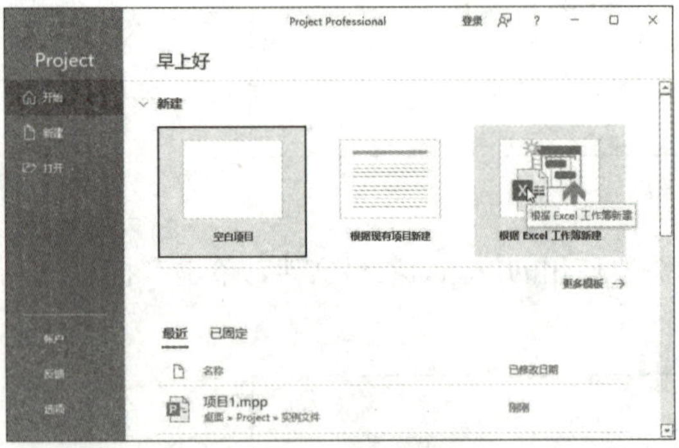

图 2-6 开始界面

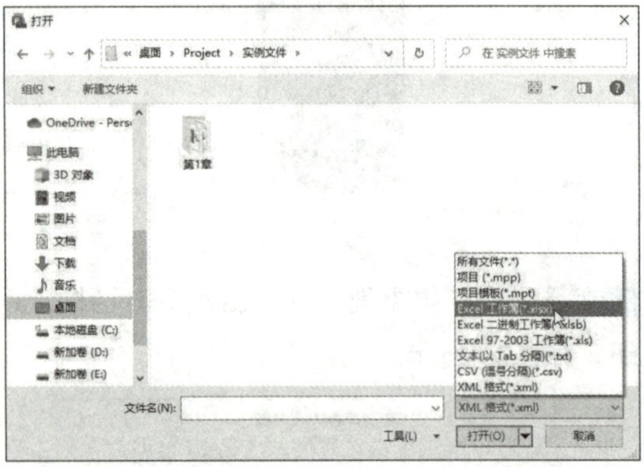

图 2-7 选择文件格式

步骤03 选择需要使用的Excel文件，单击“打开”按钮，如图2-8所示。

步骤04 打开“导入向导”对话框，单击“下一步”按钮，如图2-9所示。

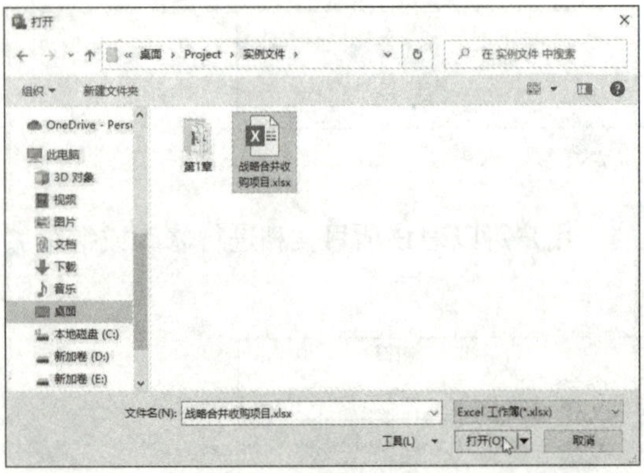

图 2-8 选择 Excel 文件

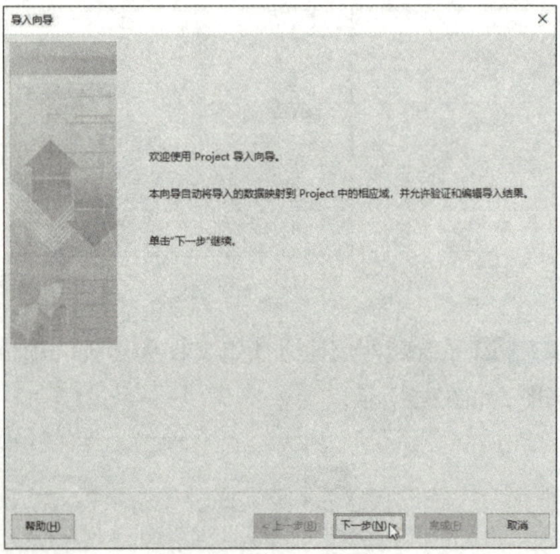

图 2-9 “导入向导”对话框

步骤05 保持选中“新建映射”单选按钮，单击“下一步”按钮，如图2-10所示。

步骤06 选择“作为新项目”单选按钮，单击“下一步”按钮，如图2-11所示。

步骤07 勾选“任务”复选框，单击“下一步”按钮，如图2-12所示。

步骤08 单击“完成”按钮，完成导入设置，如图2-13所示。

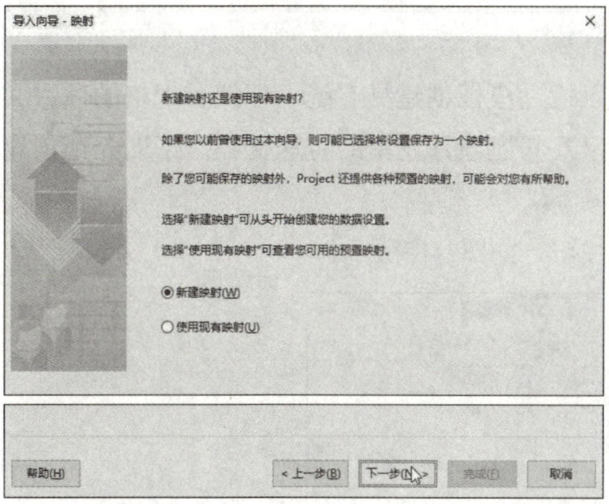

图 2-10 “导入向导－映射”界面

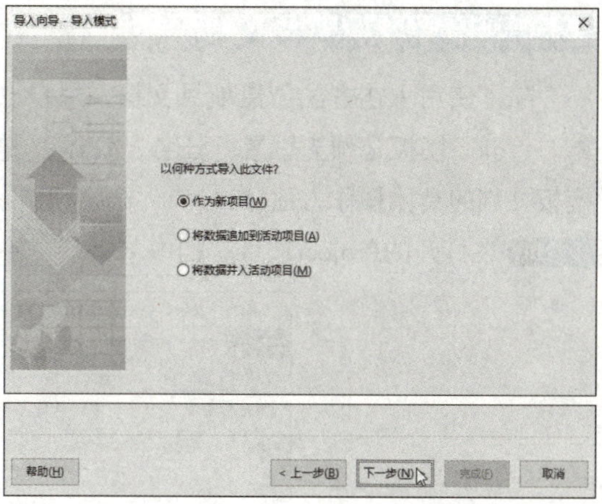

图 2-11 “导入向导－导入模式”界面

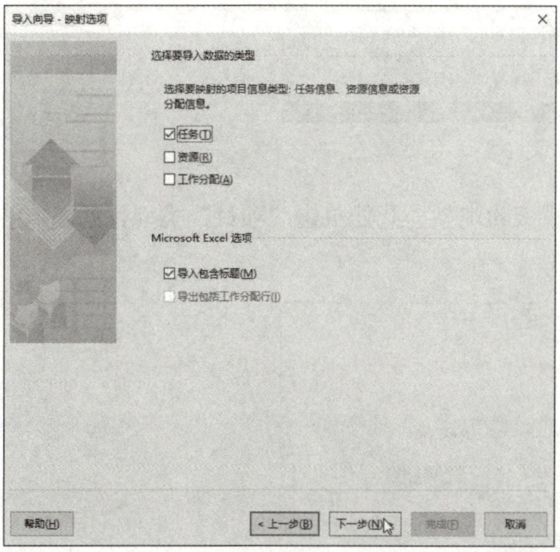

图 2-12 “导入向导－映射选项”界面

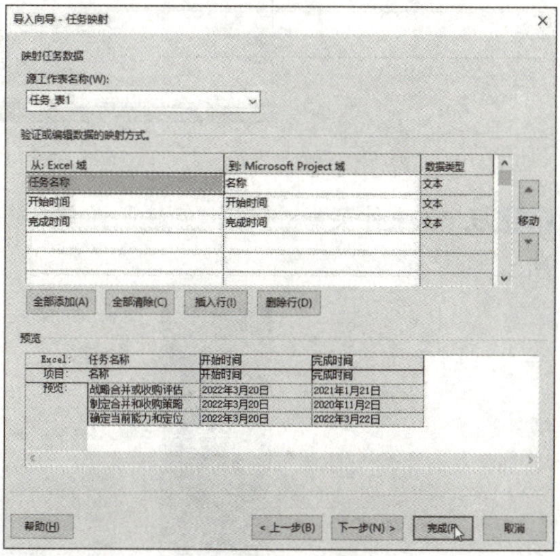

图 2-13 “导入向导－任务映射”界面

步骤 09 所选的Excel文件随即被导入Project中，并自动打开，如图2-14所示。

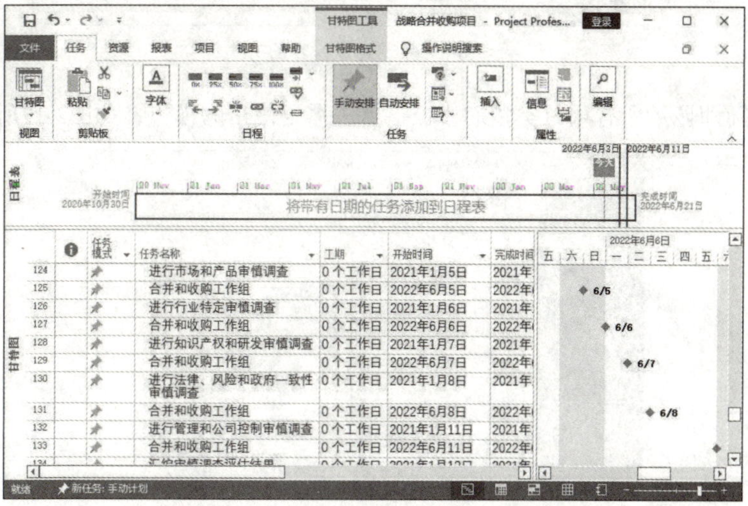

图 2-14 Excel 文件被导入 Project 中

上手操作 创建模板文档

除了使用上述方法创建项目文档，用户也可以通过模板创建具有统一框架和规格的项目文档。Project模板是预先设置好任务、资源、样式以及其他项目元素的特殊文档。下面介绍创建模板文档的具体操作方法。

步骤01 在打开的Project项目文档中单击“文件”按钮，如图2-15所示。

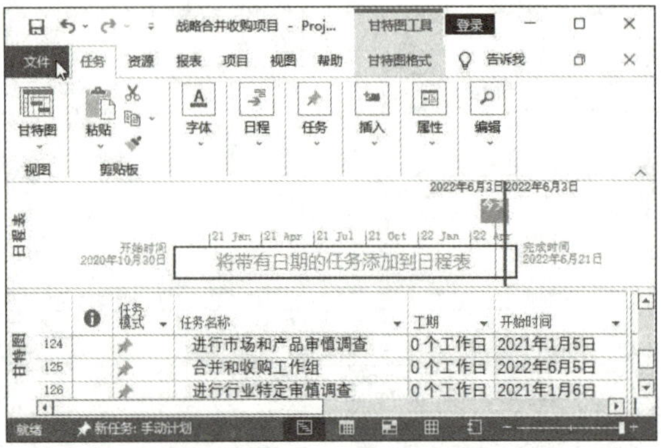

图 2-15 项目文档窗口

步骤02 进入文件菜单，打开“新建”界面，单击模板的类型，此处单击“项目”类型，如图2-16所示。

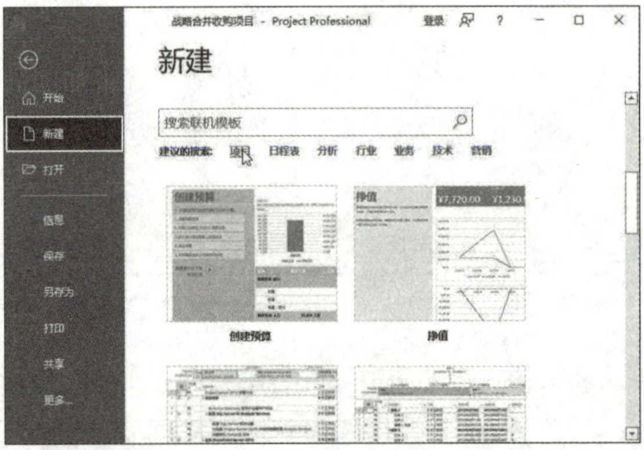

图 2-16 “新建”界面

步骤03 窗口中随即显示所有项目类型的模板，单击需要使用的模板，如图2-17所示。

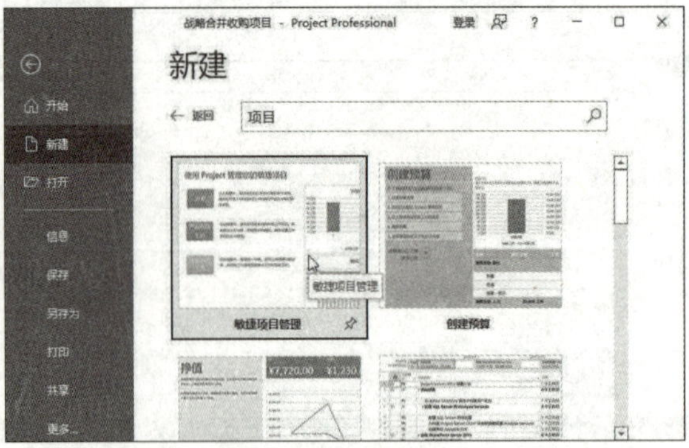

图 2-17 选择模板

步骤04 在随后弹出的窗口中单击“创建”按钮，如图2-18所示。

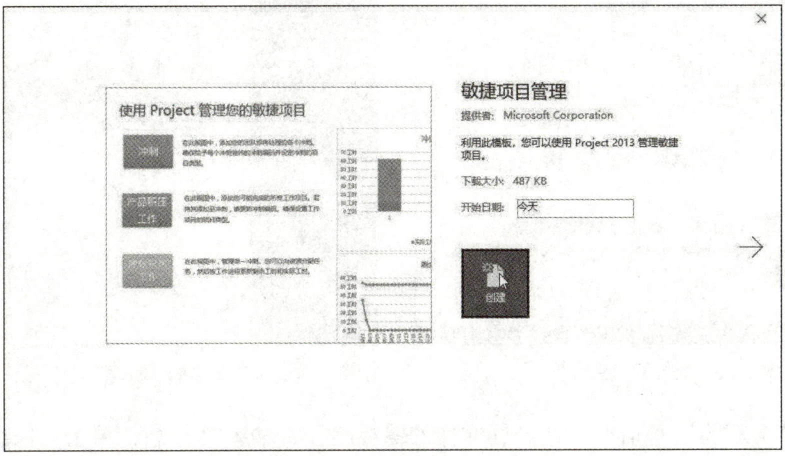

图 2-18　模板创建界面

步骤05 系统随即创建相应的模板文档，并自动在桌面打开，效果如图2-19所示。

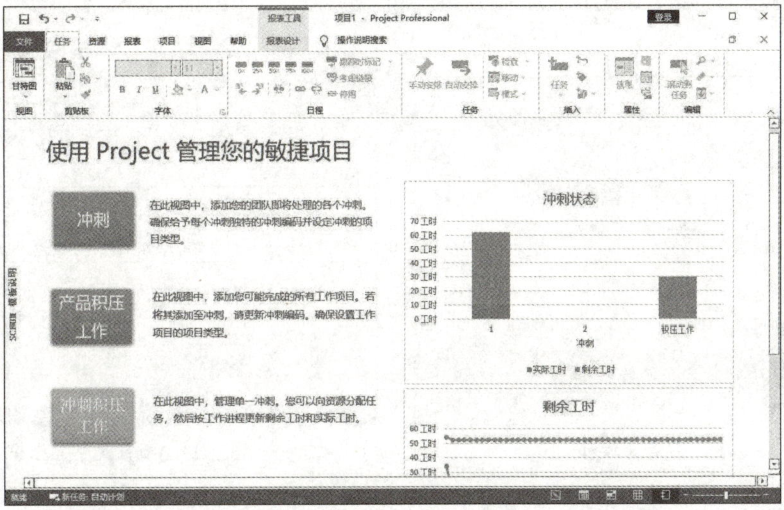

图 2-19　创建模板文档并打开

2.2　项目文档的保存及保护

保存、打开、关闭以及保护等操作是使用Project项目文档时最基础也是最常用的操作。下面对这些操作进行详细介绍。

2.2.1　保存新建文档

项目文档的保存分为“保存”和“另存为”两种操作。保存操作可以及时存储信息，生成备份文件防止信息丢失。下面介绍保存项目文档的具体操作方法。

新建项目文档后需要为其指定保存路径以及文件名称。具体操作步骤如下。

步骤01 在新建的项目文档中单击窗口左上角的“保存”按钮，如图2-20所示。

步骤02 切换到“文件”菜单，并自动打开“另存为”界面，双击“浏览”选项，如图2-21所示。

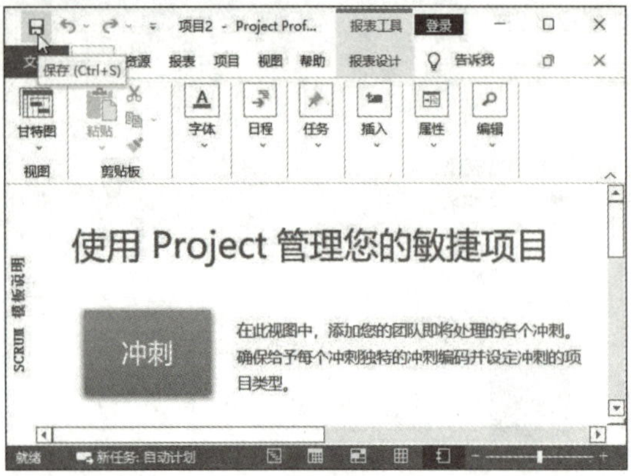

图 2-20 “保存”操作

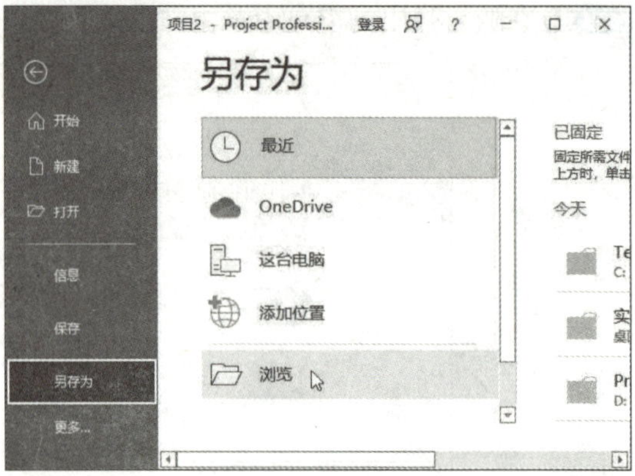

图 2-21 “另存为”界面

步骤03 弹出“另存为”对话框，选择好文件的保存路径，输入文件名，单击“保存”按钮，如图2-22所示。

步骤04 保存成功后新建文档的标题会同步发生变化，此后在文档中直接单击“保存”按钮即可保存执行过的操作，如图2-23所示。

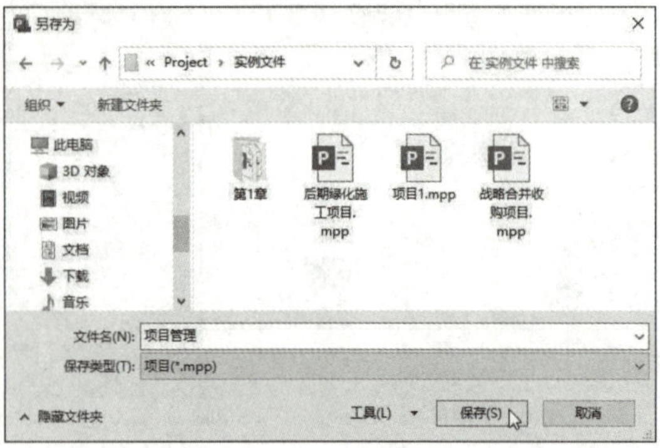

图 2-22 另存为操作

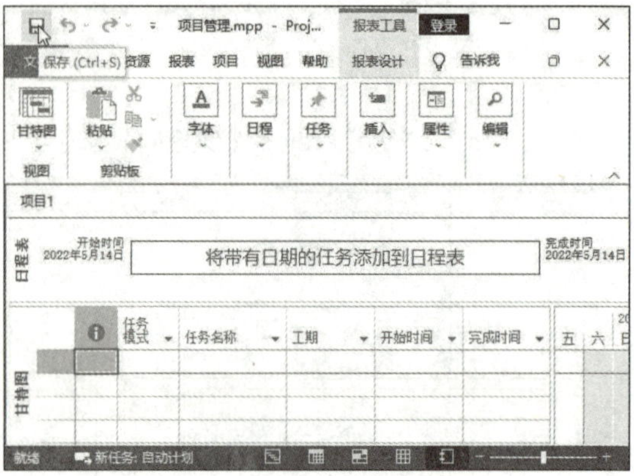

图 2-23 项目文档显示窗口

■2.2.2 为现有项目创建备份

为项目文件创建备份文件，可以有效地防止源文件被破坏且无法修复造成的损失。下面介绍如何通过“另存为”选项创建备份。

步骤01 在Project中打开文件菜单，选择“另存为”选项，如图2-24所示。

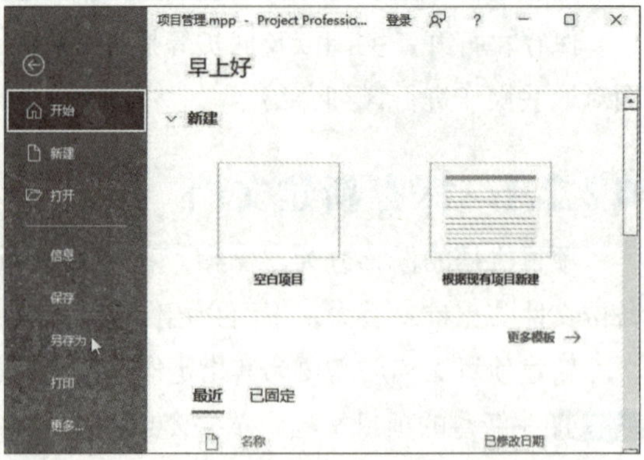

图 2-24 选择“另存为”选项

步骤 02 在“另存为”界面中单击“浏览”选项，如图2-25所示。

步骤 03 弹出“另存为”对话框，选择好文件保存路径，单击“工具”下拉按钮，在下拉列表中选择“常规选项”选项，如图2-26所示。

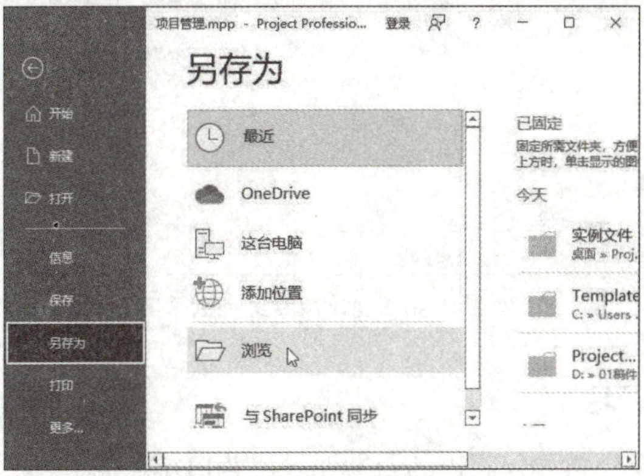

图 2-25 “另存为”界面

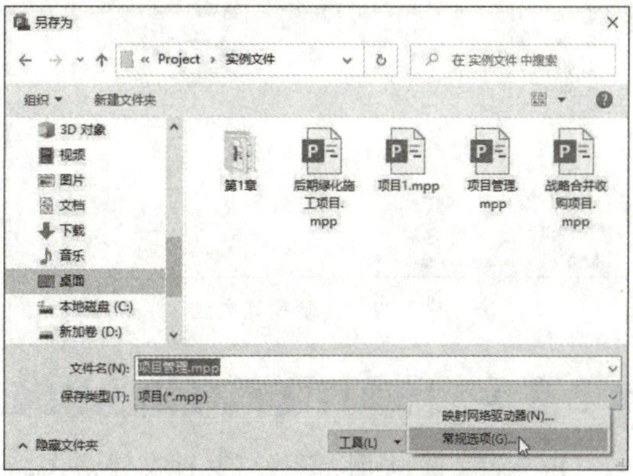

图 2-26 选定工具选项

步骤 04 打开“保存选项”对话框，勾选“创建备份”复选框，单击“确定”按钮，如图2-27所示。

步骤 05 返回“另存为”对话框，修改文件名，单击“保存”按钮，即可为当前项目文档生成备份文件，如图2-28所示。

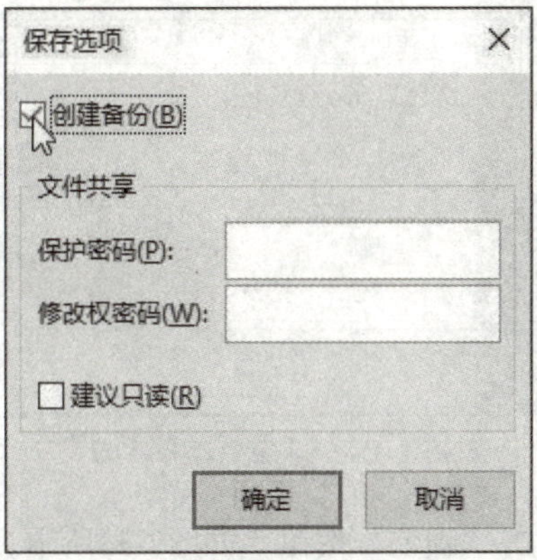

图 2-27 “保存选项”对话框

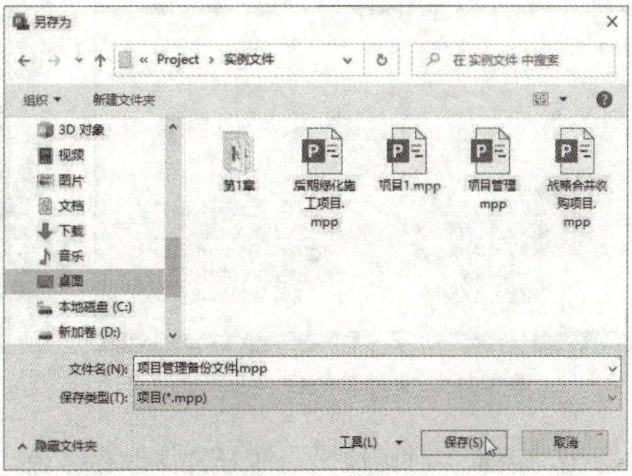

图 2-28 “另存为”操作

2.2.3 为项目文件创建副本

为Project项目文件创建副本即复制一份项目文件，创建副本的方法非常简单，用户可以使用快捷键进行操作。

步骤 01 在计算机中找到需要创建副本的项目文件，将其选中，按［Ctrl+C］组合键进行复制，如图2-29所示。

步骤 02 按［Ctrl+V］组合键执行粘贴操作，当前位置即可创建所选文档的副本，如图2-30所示。

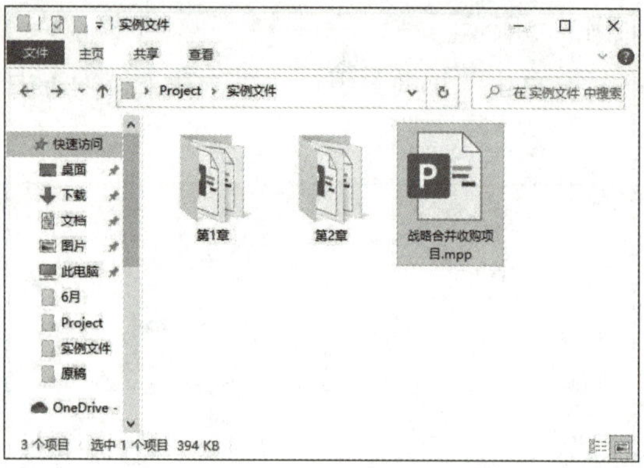

图 2-29 复制项目文档

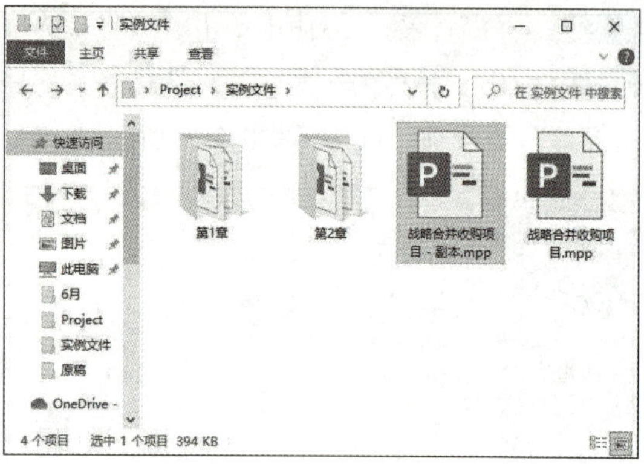

图 2-30 创建项目文档副本

■2.2.4 将项目文档导出为PDF格式

Project文件也可以转换成其他文件格式，下面介绍如何将Project文件导出为PDF格式。

步骤01 在Project中单击“文件”按钮，如图2-31所示。

步骤02 进入“文件”菜单，单击选择“导出”选项，单击“创建PDF/XPS”按钮，如图2-32所示。

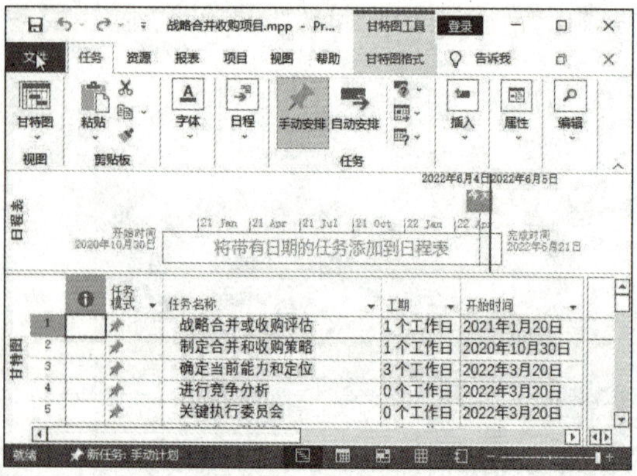

图 2-31 “文件”操作

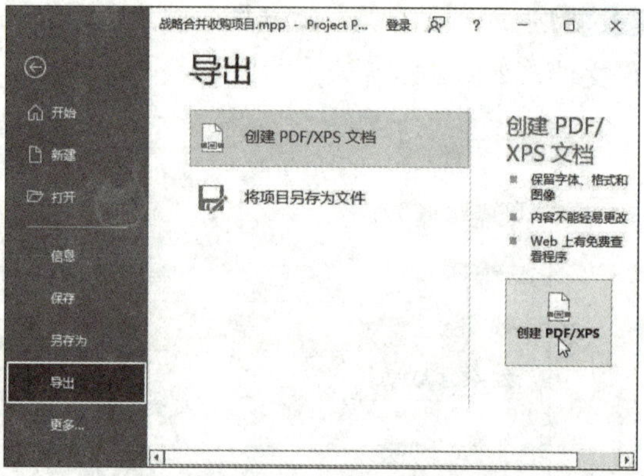

图 2-32 “导出”操作界面

步骤03 弹出“浏览”对话框，选择好文件保存路径，单击“确定”按钮，如图2-33所示。

步骤04 打开“文档导出选项”对话框，保持所有选项为默认，直接单击“确定”按钮，如图2-34所示。

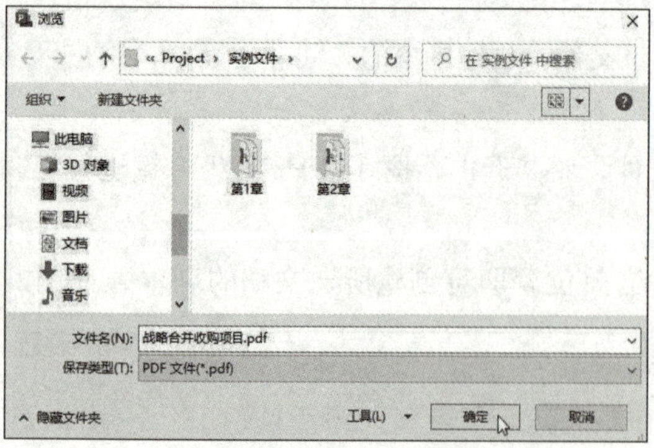

图 2-33 “浏览”对话框

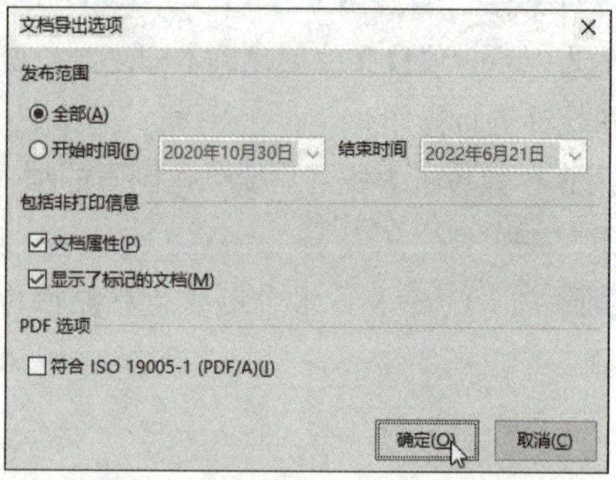

图 2-34 “文档导出选项”对话框

步骤05 文件随即开始导出，系统弹出“操作正在进行”对话框，进度条显示导出的进度，如图2-35所示。

步骤06 文件导出完成后，在指定的文件夹中即可看到PDF文件，如图3-36所示。

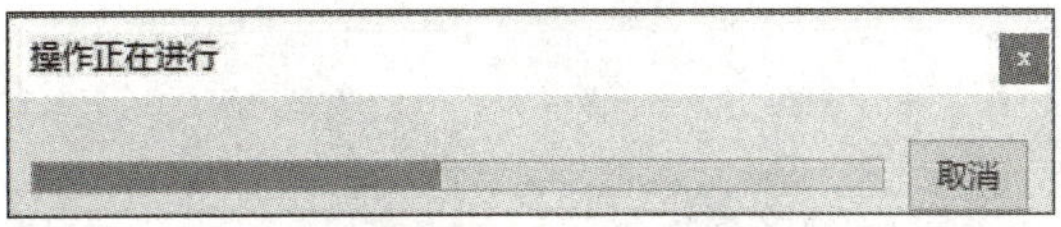

图 2-35 操作进度条

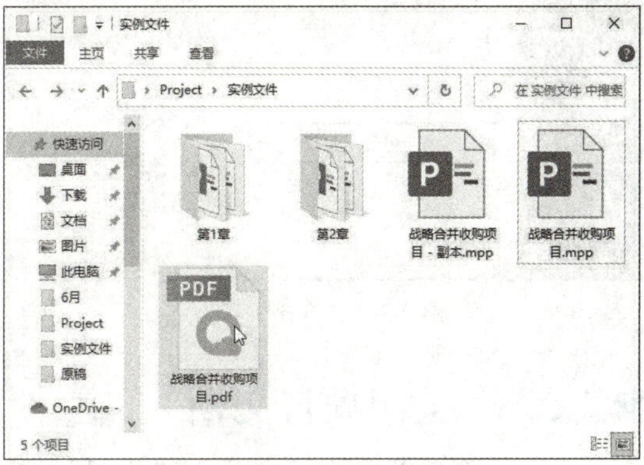

图 2-36 查看导出文档界面

■2.2.5 打开项目文档

打开项目文档的方法有很多，除了双击项目文件图标打开之外，也可以通过正在使用的Project文件打开指定的项目文档。下面介绍具体的操作方法。

1. 打开最近使用过的文件

若要快速打开最近使用过的文件，可以在“文件”菜单中打开。具体操作如下。

步骤01 打开“文件”菜单，单击“打开”选项，如图2-37所示。

步骤02 在“打开”界面中选择“最近”选项，页面右侧显示最近使用过的项目文件，可在该界面中快速打开这些文件，如图2-38所示。

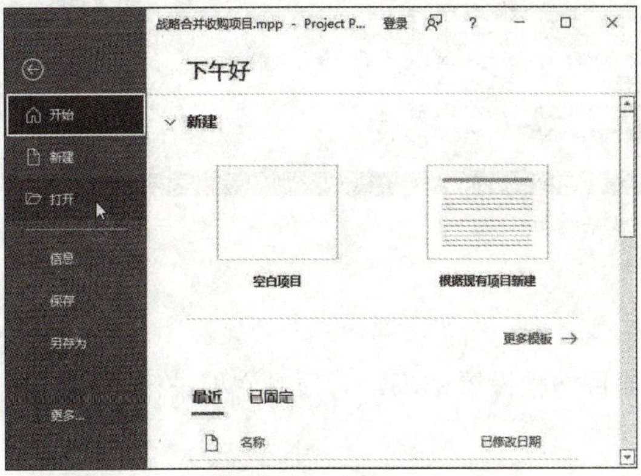

图 2-37 选择“打开”选项

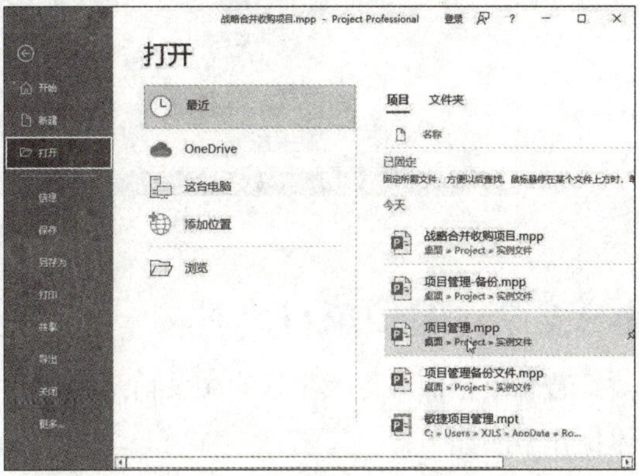

图 2-38 “最近”选项界面

2. 打开指定位置的文件

指定文件夹中的项目文档也可在开始菜单中打开。具体操作步骤如下。

步骤01 在“文件”菜单中的“打开”界面内单击“浏览”选项，如图2-39所示。

步骤02 弹出“打开”对话框，选中计算机中保存的项目文件，单击“打开”按钮即可将其打开，如图2-40所示。

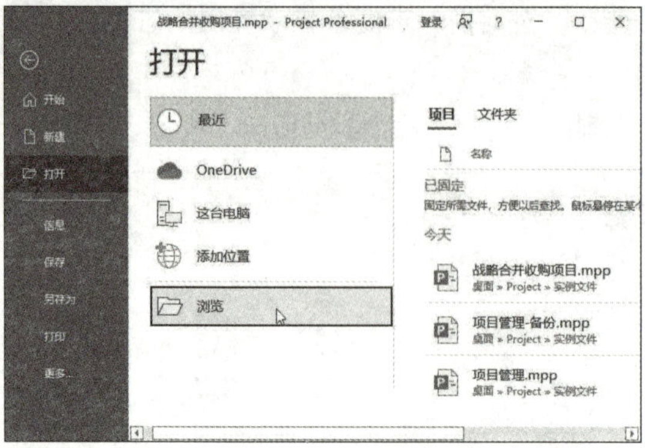

图 2-39 “打开”界面

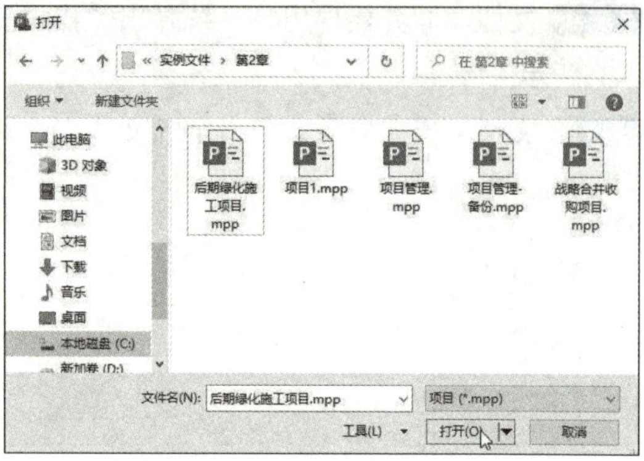

图 2-40 打开操作

■2.2.6 关闭项目文档

Project窗口的右上角有两个“关闭”按钮，当同时打开了多个项目文档时，单击上方的“关闭”按钮可将所有项目文档全部关闭。而单击下方的“关闭窗口”按钮则只会关闭当前窗口中显示的项目文档，如图2-41所示。

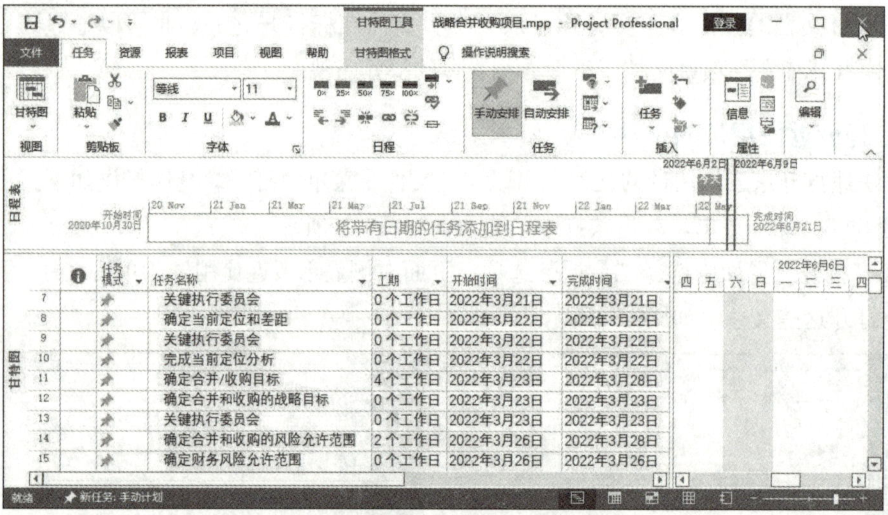

图 2-41 文档显示窗口

■2.2.7 保护项目文档

若想阻止他人更改项目的相关信息，可以为项目文档设置密码，对项目文档进行保护。具体操作方法如下：

步骤01 打开“文件”菜单，在“另存为”界面中单击“浏览”按钮，如图2-42所示。

步骤02 打开“另存为”对话框，单击“工具”按钮，在展开的列表中选择“常规选项”选项，如图2-43所示。

步骤03 打开“保存选项”对话框，分别输入“保护密码”和“修改权限密码”，单击“确定”按钮，如图2-44所示。

步骤04 随后分别确认输入保护密码以及修改权限密码，如图2-45所示。

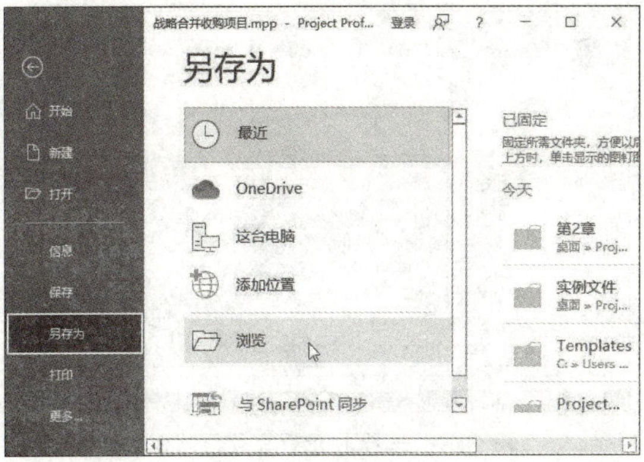

图 2-42 “另存为”界面

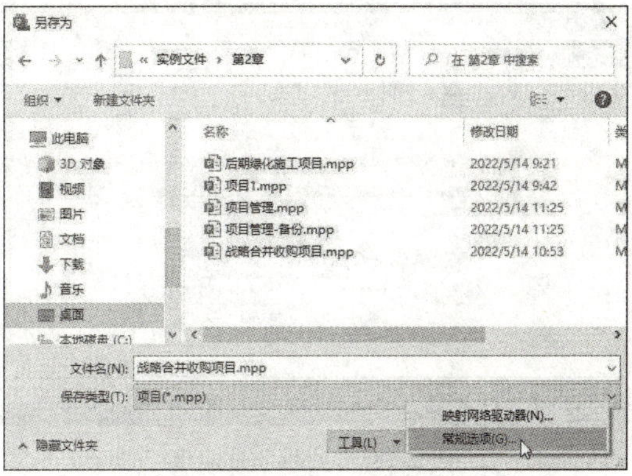

图 2-43 选定工具选项

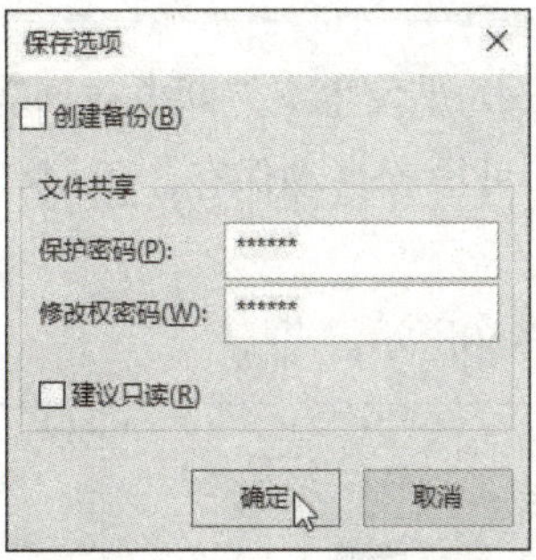

图 2-44 “保存选项”对话框

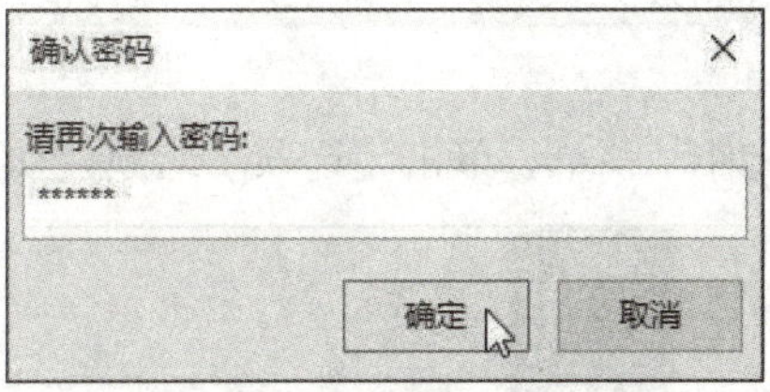

图 2-45 “确认密码”对话框

步骤05 返回“另存为”对话框，单击“保存”按钮，如图2-46所示。

步骤06 弹出“确认另存为”对话框，单击“是”按钮，该加密文档会替换原始文档，如图2-47所示。

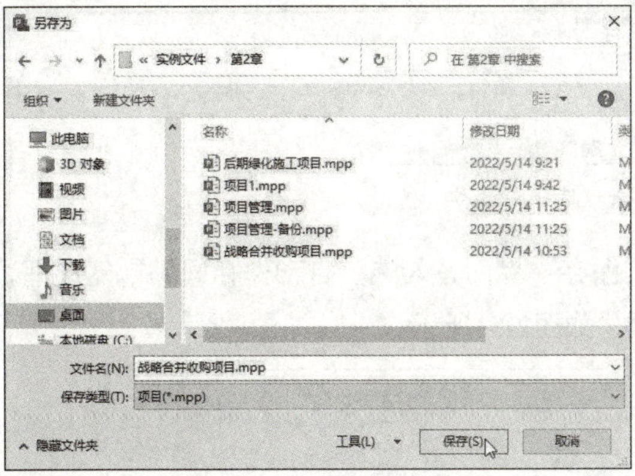

图 2-46 “另存为”对话框

图 2-47 “确认另存为”对话框

步骤07 打开设置了密码保护的文档，会弹出“密码”对话框，输入密码，单击“确定”按钮，如图2-48所示。

步骤08 随后的“密码”对话框中可以选择打开项目文档的方式，用户可以选择以只读方式打开，或输入密码后打开，如图2-49所示。若以只读方式打开，对文档执行编辑后不能直接在原文档基础上保存新操作，只能另存为其他项目文档。

图 2-48 “密码”对话框

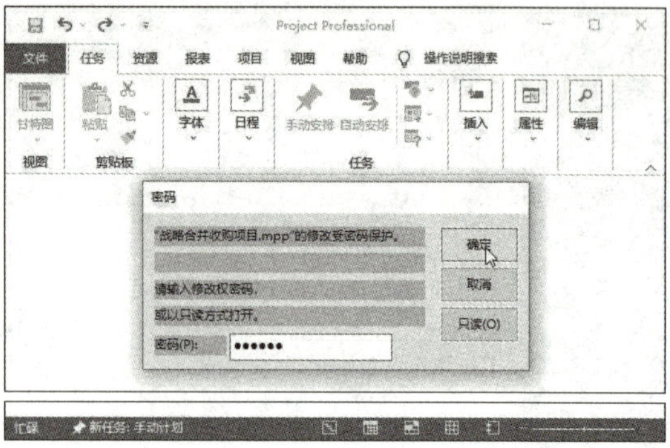

图 2-49 选择打开项目文档的方式

上手操作 设置文档自动保存

用户在使用Project的过程中有时会忘记保存文档，如果发生突然断电或计算机死机，那么之前的操作有可能会丢失。为了避免发生这种情况，可设置自动保存。下面介绍具体的操作方法。

步骤01 打开“文件”菜单，单击“选项”选项，如图2-50所示。

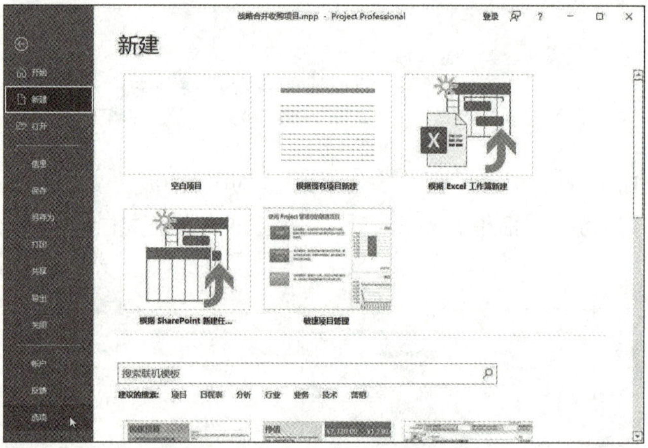

图 2-50 单击“选项”选项

步骤02 打开“Project选项”对话框，切换到“保存”界面，勾选“自动保存间隔”复选框，设置好自动保存的时间，单击“确定”按钮即可，如图2-51所示。

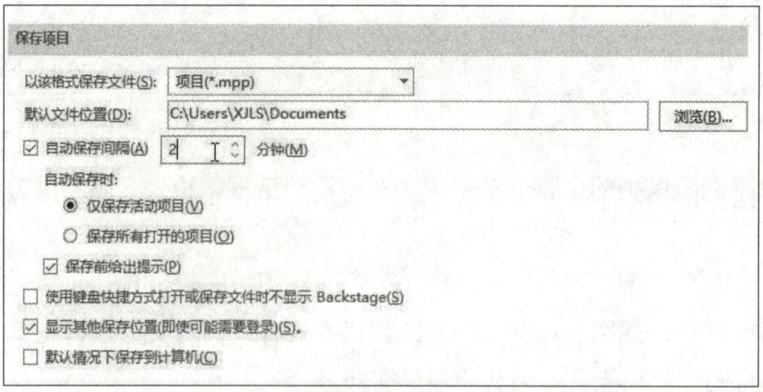

图 2-51 定义项目的保存方式

2.3 设置项目日历

Project提供了默认的日历基准，当有些项目不适用于系统默认的标准日历时，可以根据项目的特点，设置符合当前项目要求的日历。

■2.3.1 创建日历

新建日历的内容包括设置请假日期、更改项目或特定资源的工作时间等。下面介绍新建日期的具体步骤。

步骤01 打开“项目”选项卡，在“属性”组内单击“更改工作时间”按钮，如图2-52所示。

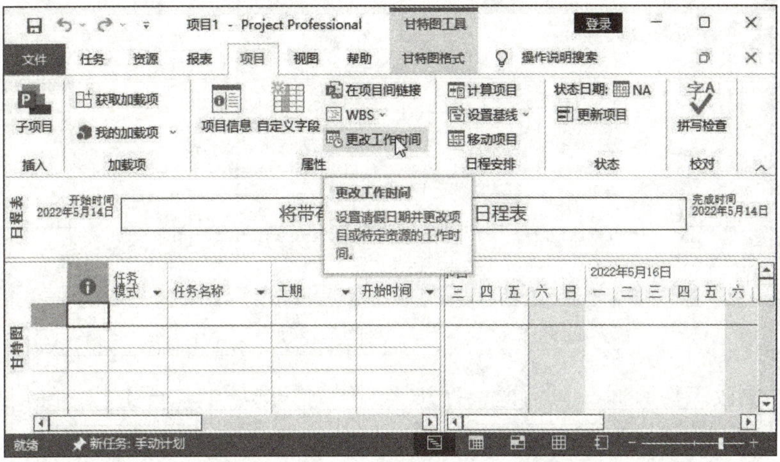

图 2-52 “项目”－“更改工作时间”操作

步骤02 弹出“更改工作时间”对话框，单击“新建日历”按钮，如图2-53所示。

步骤03 打开“新建基准日历”对话框，在该对话框中可设置新建日历的名称。在名称下方有两个选项，若选择“新建基准日历”可新建一个完全独立的日历；而选择“复制”则可依据当前的基准日历新建一个日历副本，根据其右侧下拉列表中的“标准”“24小时”以及“夜班”三种基准创建日历副本，如图2-54所示。

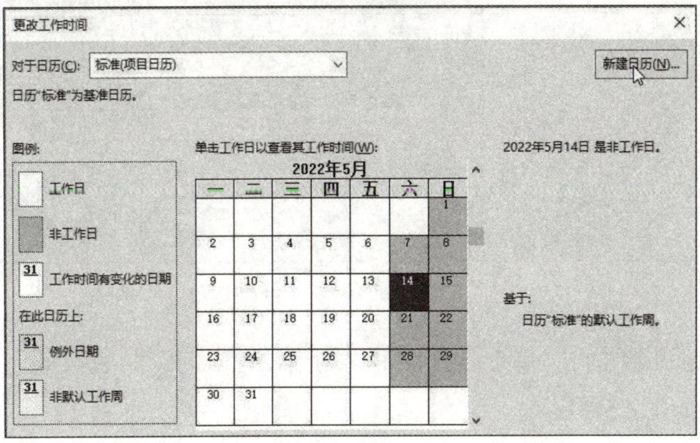

图 2-53 “新建日历”操作

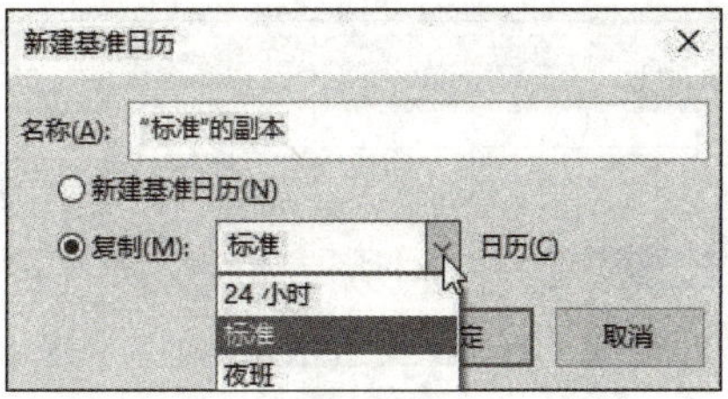

图 2-54 “新建基准日历”对话框

■2.3.2 调整工作周

创建新项目后用户需要根据实际情况对日历中的工作周进行调整。例如，当前项目每周五都需要利用1小时的时间进行工作盘点和总结，那么这1个小时就需要设置为特殊工作时间。下面介绍具体操作方法。

步骤01 打开“项目”选项卡，在“属性”组中单击“更改工作时间”按钮，如图2-55所示。

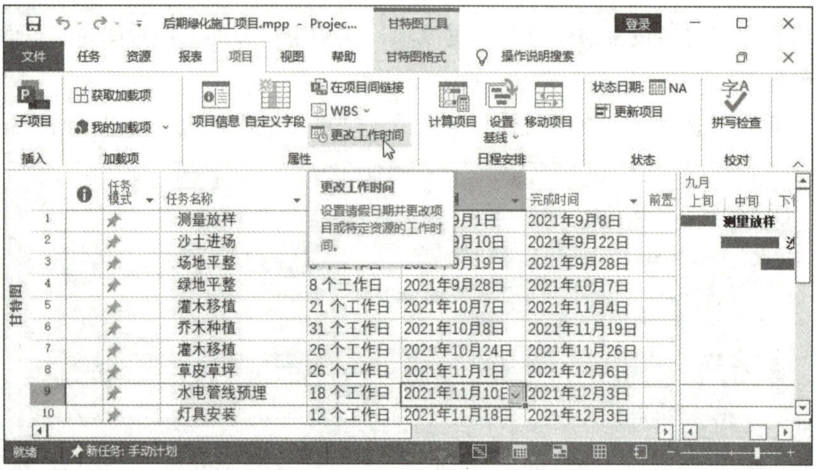

图 2-55 “项目”－“更改工作时间”操作

步骤02 弹出“更改工作时间”对话框，打开“工作周”选项卡，单击“详细信息”按钮，如图2-56所示。

步骤03 在随后弹出的对话框中先选择“星期五”选项，如图2-57所示。

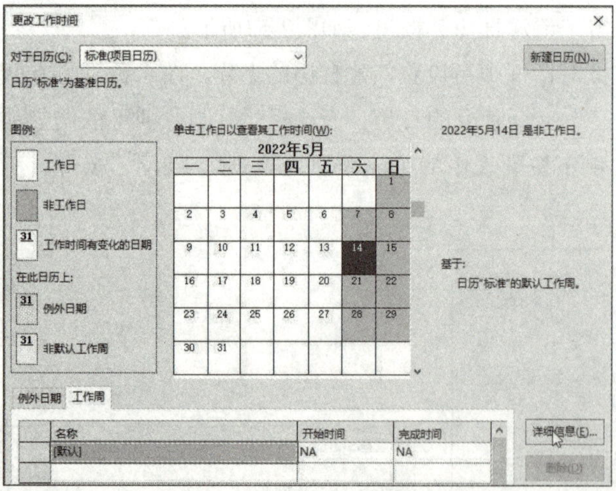

图 2-56 “详细信息”操作

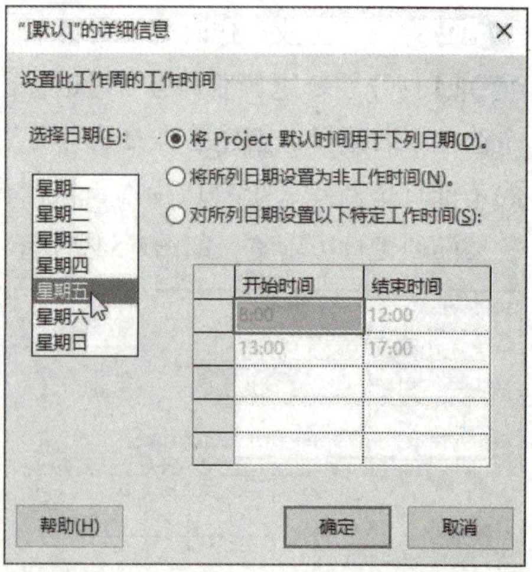

图 2-57 “详细信息”对话框

步骤04 选中“对所列日期设置以下特定工作时间”单选按钮，将表格第2行中的“结束时间”调整成“16:00”，单击“确定”按钮，如图2-58所示。

步骤05 完成更改后自动返回到上一层对话框，单击日历中的任意一个星期五，在右侧可查看修改后的工作时间，如图2-59所示。

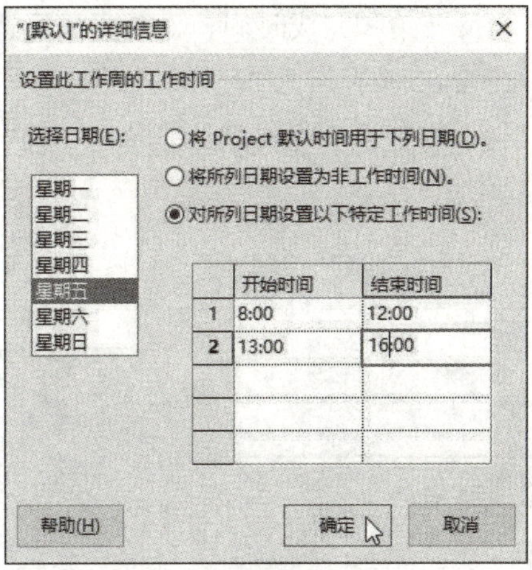

图 2-58 调整表格中信息项

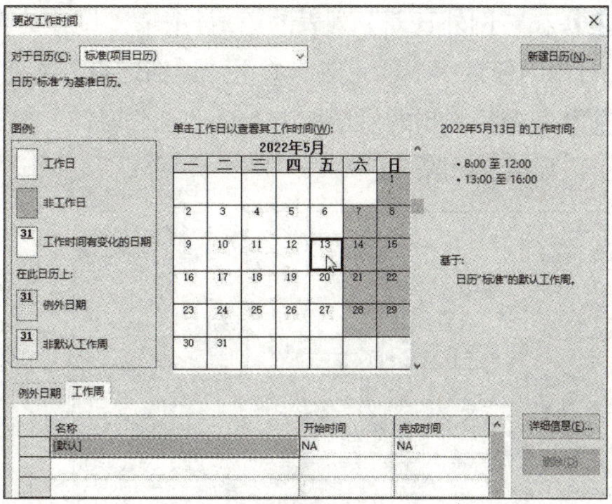

图 2-59 设置后的效果

2.3.3 设置例外日期

在安排项目工作时间时，若期间包含假期或者有其他安排，可设置为“例外日期”，通过“例外日期”列表输入事件的名称、开始时间以及结束时间。下面以设置“五一”假期和调休为例介绍具体的操作步骤。

步骤01 在“项目”选项卡中的“属性”组内单击“更改工作时间”按钮，如图2-60所示。

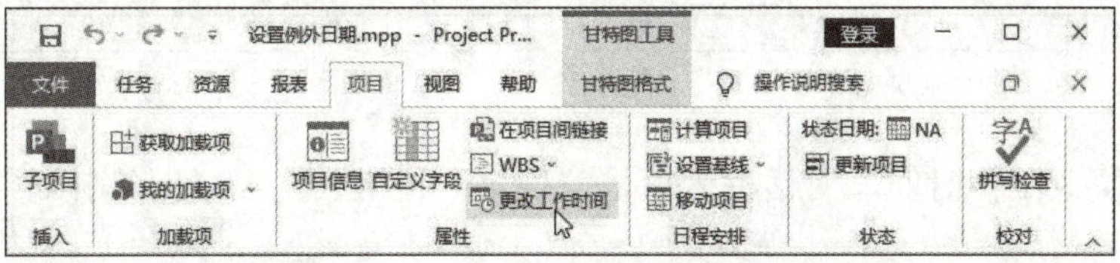

图 2-60 “项目”-“更改工作时间”操作

步骤02 打开“更改工作时间”对话框，在“例外日期”选项卡对应的表格第1行中输入假期名称，随后分别设置好假期的“开始时间”和“完成时间”，完成该假期的设置，如图2-61所示。

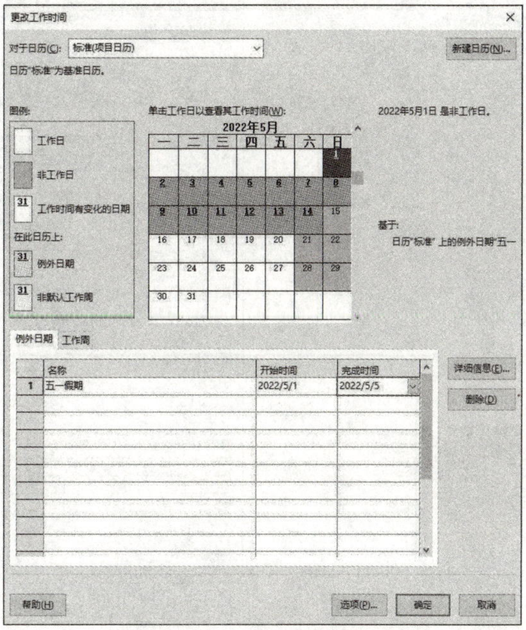

图 2-61 设置例外日期

步骤 03 在“例外日期”列表的第2行中输入调休的名称以及开始和完成时间，设置完成后选中第2行中的任意一个单元格，单击“详细信息”按钮，如图2-62所示。

步骤 04 在随后弹出的对话框中选择“工作时间”单选按钮，其他选项保持默认，单击“确定”按钮，如图2-63所示。

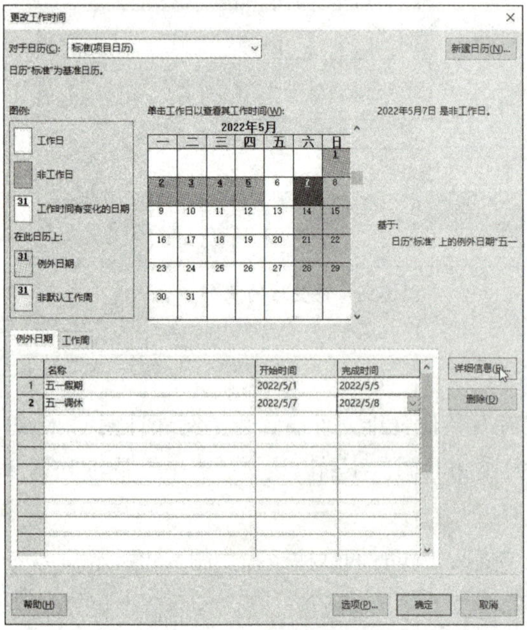

图 2-62　设置例外日期

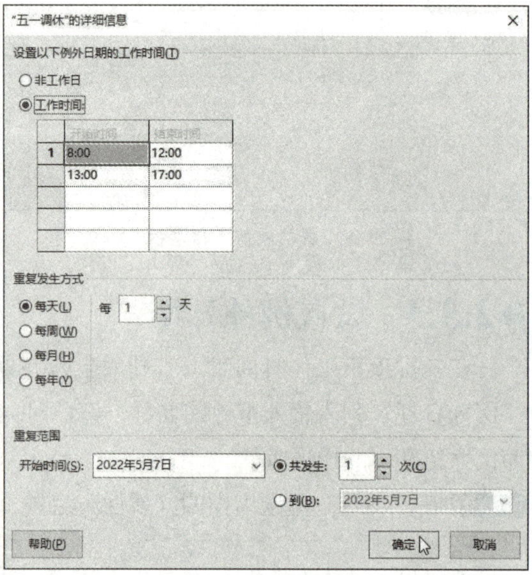

图 2-63　查看详细信息

步骤 05 返回“更改工作时间”对话框，单击“确定”按钮，完成“例外日期”的设置，如图2-64所示。

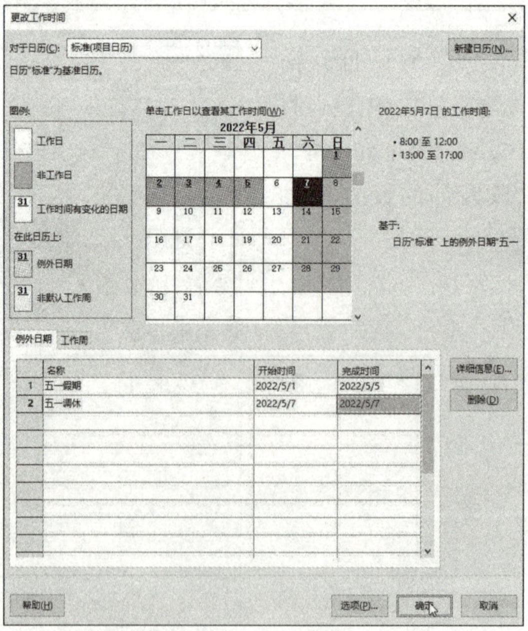

图 2-64　例外日期设置完成

上手操作 设置单休工作制日历

Project日历默认周六和周日为非工作日，但是现实中很多项目不是周六、周日双休的制度，而是周末只休息一天，所以编制进度计划时需要把周六或周日添加为工作日。下面以创建一个单休工作制的日历为例，把周六添加为工作日，并按国家法定节假日放假并适当调休。

步骤01 打开“项目”选项卡，在“属性”组中单击“更改工作时间”按钮，如图2-65所示。

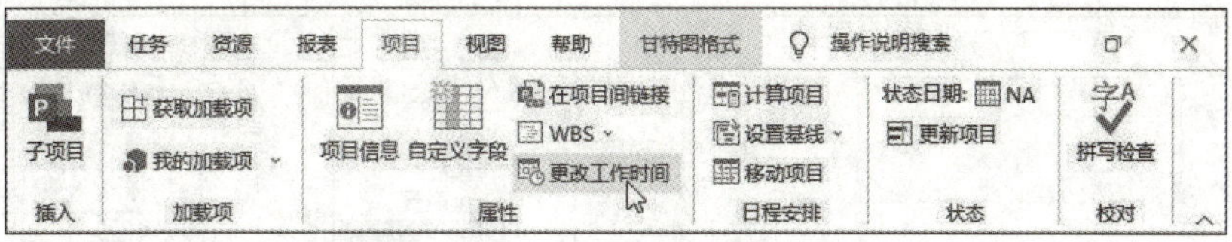

图 2-65 “项目”－“更改工作时间”操作

步骤02 打开“更改工作时间”对话框，单击“新建日历”按钮，如图2-66所示。

步骤03 打开“新建基准日历”对话框，设置名称为“单休工作日历”，单击“确定”按钮，如图2-67所示。

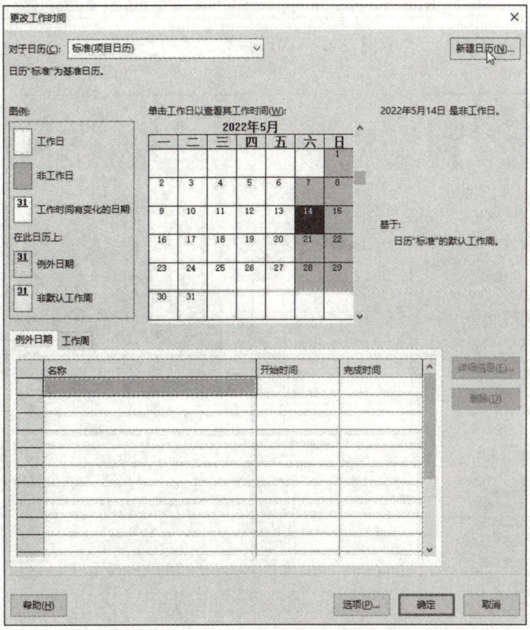

图 2-66 “新建日历”操作

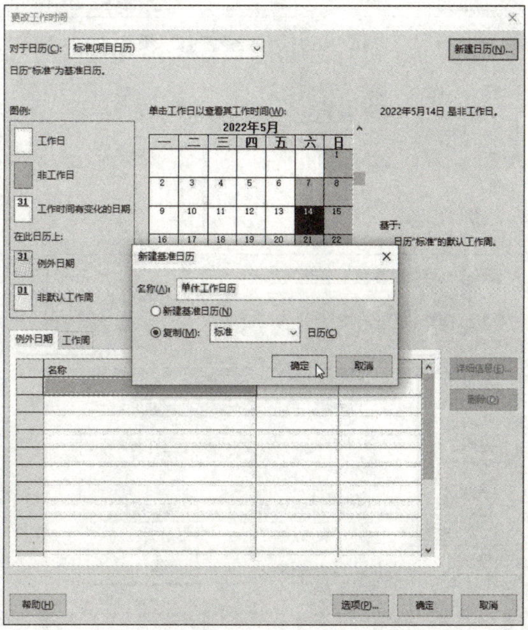

图 2-67 “新建基准日历”设置

步骤04 在“更改工作时间”对话框中，打开“工作周”选项卡，单击“详细信息”按钮，如图2-68所示。

步骤05 弹出“‘[默认]’的详细信息”对话框，选择“星期六”选项，如图2-69所示。

步骤06 选中“对所列日期设置以下特定工作时间”单选按钮，在列表中设置好开始时间和结束时间，单击“确定”按钮，如图2-70所示。

步骤07 返回“更改工作时间”对话框，切换到“例外日期”选项卡，依次在列表中输入各假期和调休的开始以及完成时间，如图2-71所示。

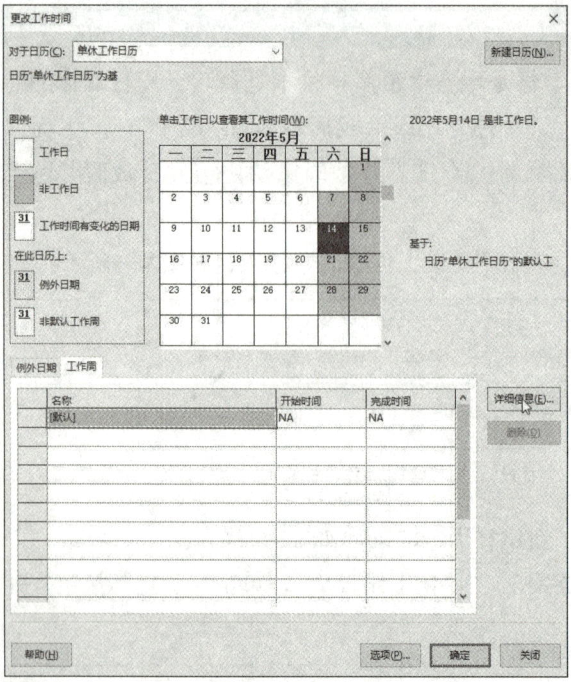

图 2-68 “详细信息”操作

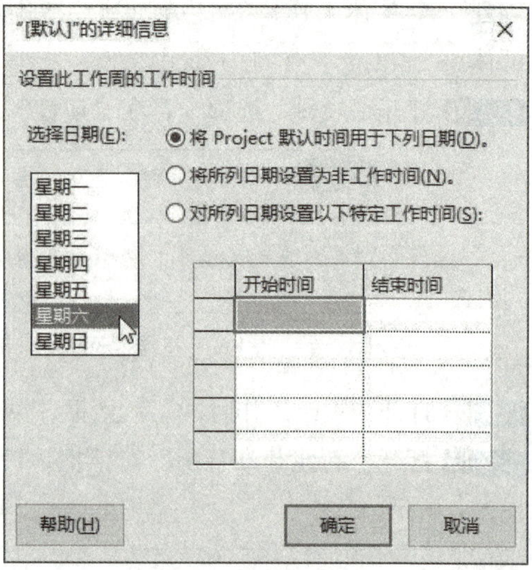

图 2-69 “详细信息”对话框

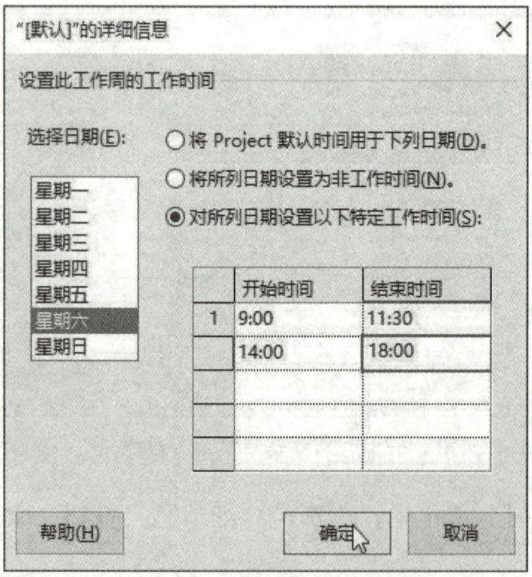

图 2-70 特定日期工作时间设置

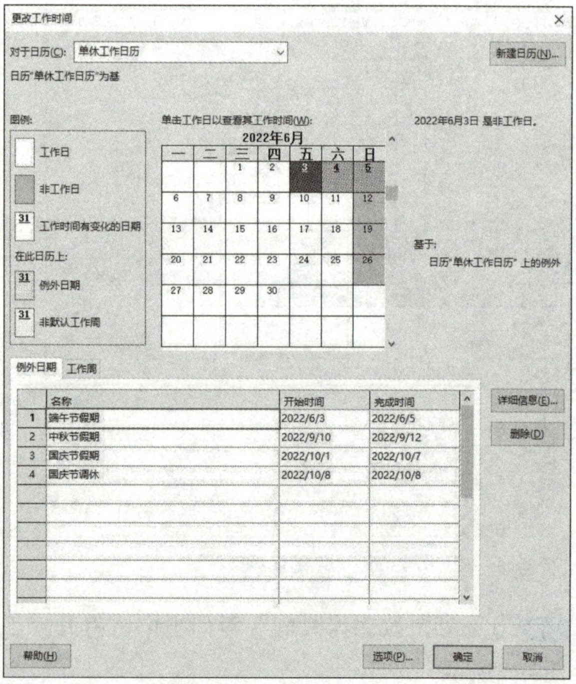

图 2-71 例外日期设置

步骤 08 选中第4行“国庆调休”中的任意单元格，单击“详细信息”按钮，如图2-72所示。

步骤 09 在弹出的对话框中选择“工作时间”单选按钮，在下方列表中设置好开始时间以及结束时间，单击“确定”按钮，如图2-73所示。

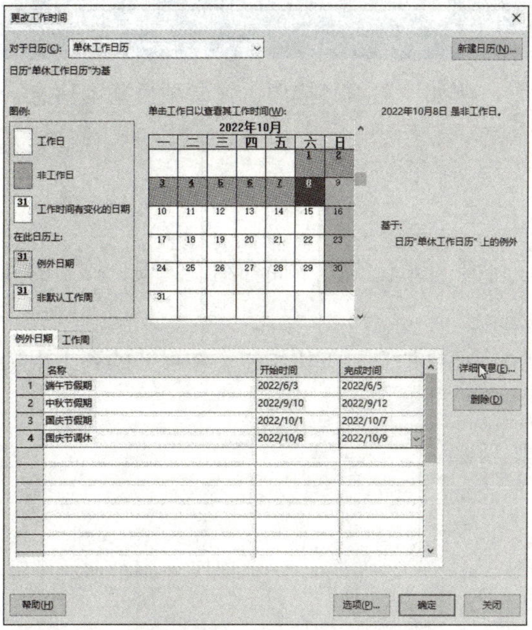

图 2-72 “详细信息”操作

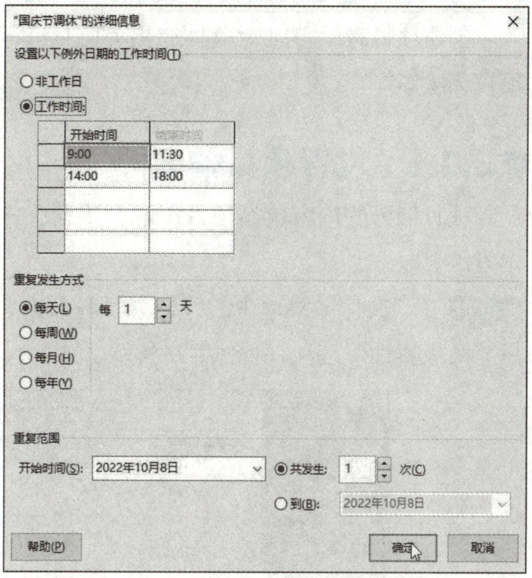

图 2-73 设置工作时间

步骤10 单击“确定”按钮关闭对话框，完成单休工作日历的设置，如图2-74所示。

步骤11 若要为该项目使用该单休工作日历，可以打开“更改工作时间”对话框。单击“对于日历”下拉按钮，从下拉列表中选择“单休工作日历”选项，如图2-75所示。

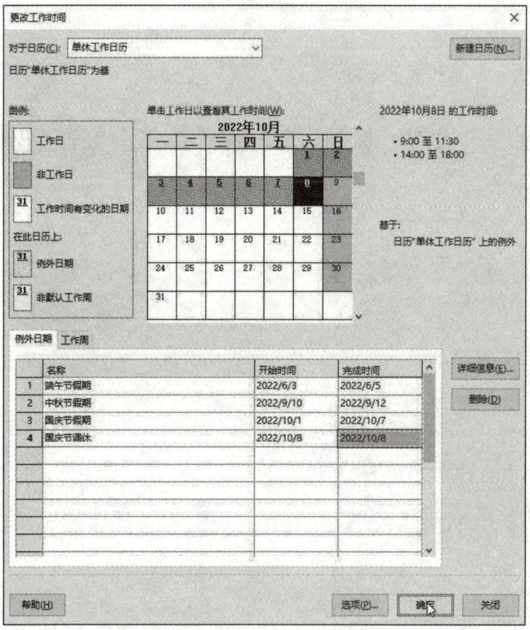

图 2-74 调休日历设置完成

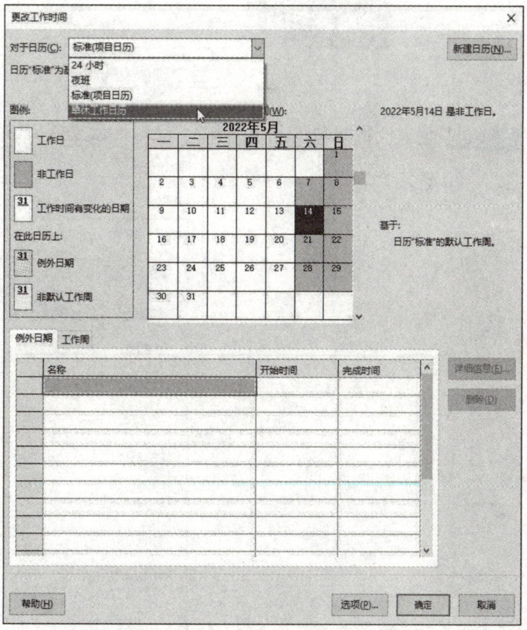

图 2-75 选择“单休工作日历”选项

知识点拨

若要同时将星期六和星期日设置成工作日，可以在“‘[默认]’的详细信息”对话框中按住［Ctrl］键，依次单击“星期六”和“星期日”选项，将这两个日期同时选中，再执行后续操作即可。

2.4 设置项目信息

创建项目时，可以对项目的相关信息进行设置，例如设置项目摘要、设置项目基本信息、项目环境等。

2.4.1 设置项目摘要

项目摘要的内容包括项目标题、主题、作者、主管、单位等。下面介绍设置项目摘要的具体方法。

步骤01 在“文件”菜单中的“信息”界面内，单击“项目信息”下拉按钮，在展开的列表中选择“高级属性”选项，如图2-76所示。

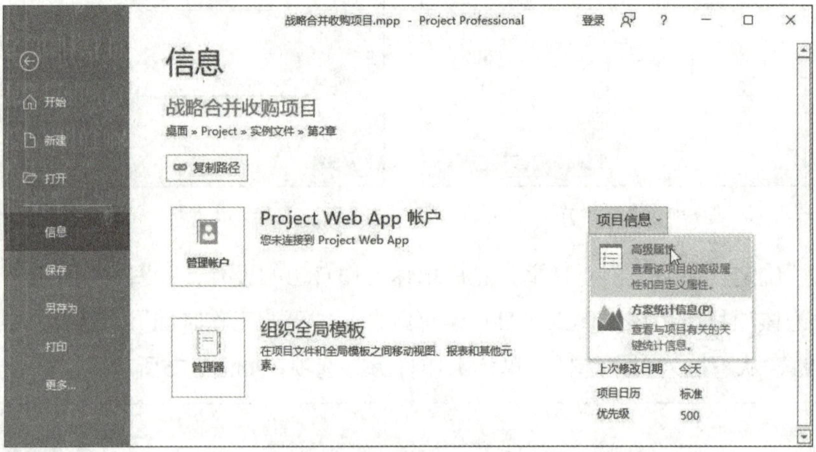

图 2-76　选择“项目信息”－“高级属性”选项

步骤02 弹出“属性”对话框，在“摘要”界面中即可设置“标题”“主题”“作者”等摘要内容，如图2-77所示。

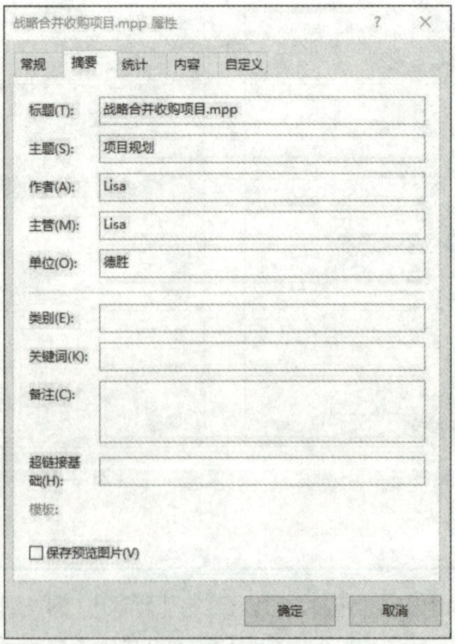

图 2-77　“摘要”界面信息设置

■2.4.2 设置项目基本信息

项目的开始时间、完成时间以及优先级是管理项目过程中首先需要明确的信息。下面介绍如何设置项目基本信息。

步骤 01 打开“项目”选项卡，在“属性”组中单击“项目信息”按钮，如图2-78所示。

步骤 02 单击“开始日期”右侧下拉按钮，在展开的日历中可以选择项目的开始日期，如图2-79所示。随后用户可以在对话框中继续设置“状态日期”“优先级”等信息。

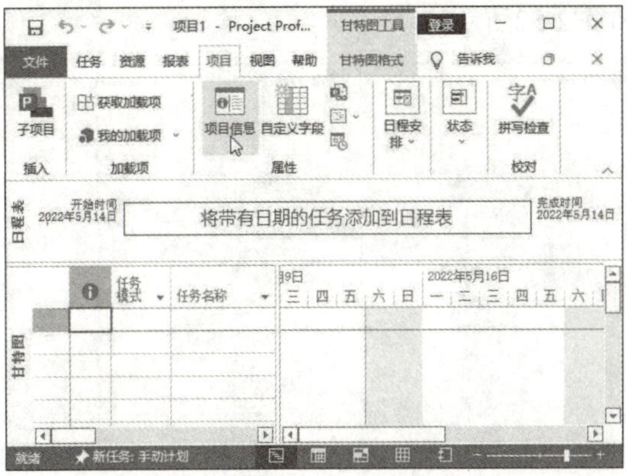

图 2-78 “项目”-“项目信息”操作

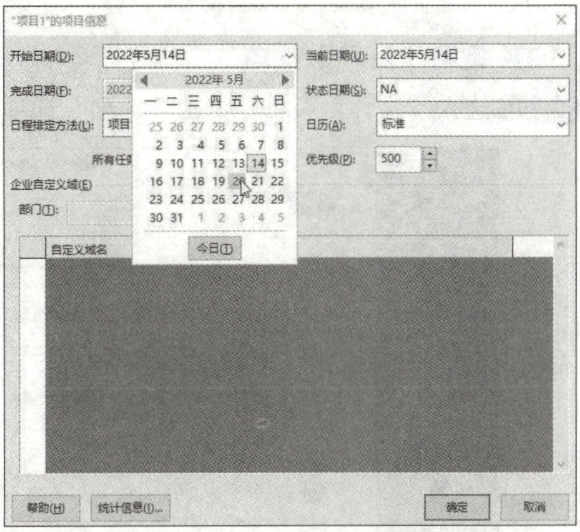

图 2-79 在日历表中选择日期

默认情况下，“完成日期”为不可设置状态，这是因为Project具有预测功能，系统会根据用户设置的开始日期，以及任务的开始和结束时间自动预测工期。如果用户同时设置了开始和完成日期，预测功能将不再发挥作用。若要手动设置完成日期需要先将“日程排定方法”设置为“项目完成日期”，具体操作方法如下。

步骤 01 单击“日程排定方法”下拉按钮，在下拉列表中选择“项目完成日期”选项，如图2-80所示。

步骤 02 此时“完成日期”变成可操作状态，在文本框中设置好完成日期即可，如图2-81所示。

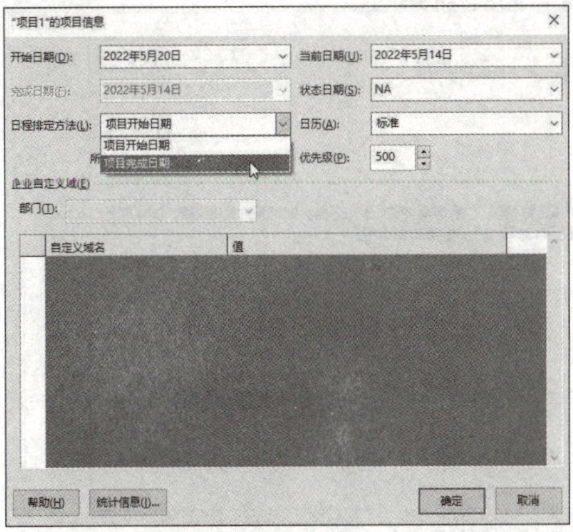

图 2-80 设置日程排定方法

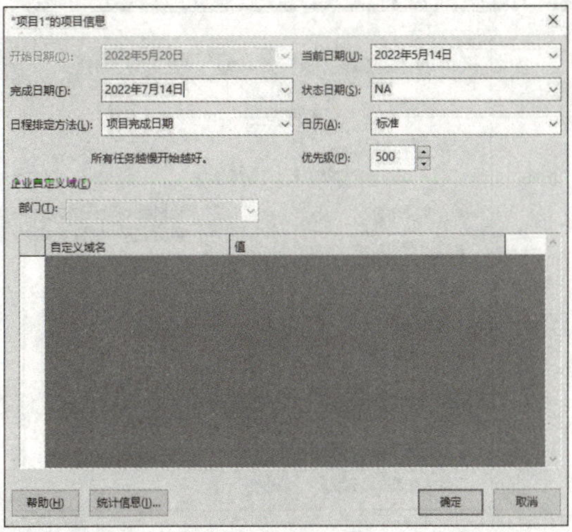

图 2-81 设置完成日期

设置了项目的开始日期后，在创建任务时，所有被创建的任务的默认“开始时间”都会大于或等于该日期。并且在项目管理的过程中，如果项目的开始日期发生改变，所有任务的开始日期都会发生统一变化。

■2.4.3 设置项目的默认选项

创建项目后可以对项目默认的日历选项、日程以及常规选项进行设置。这些选项可以在“Project选项”对话框中设置。

1. 设置“日程”选项

步骤01 进入“文件”菜单，单击“选项”选项，如图2-82所示。

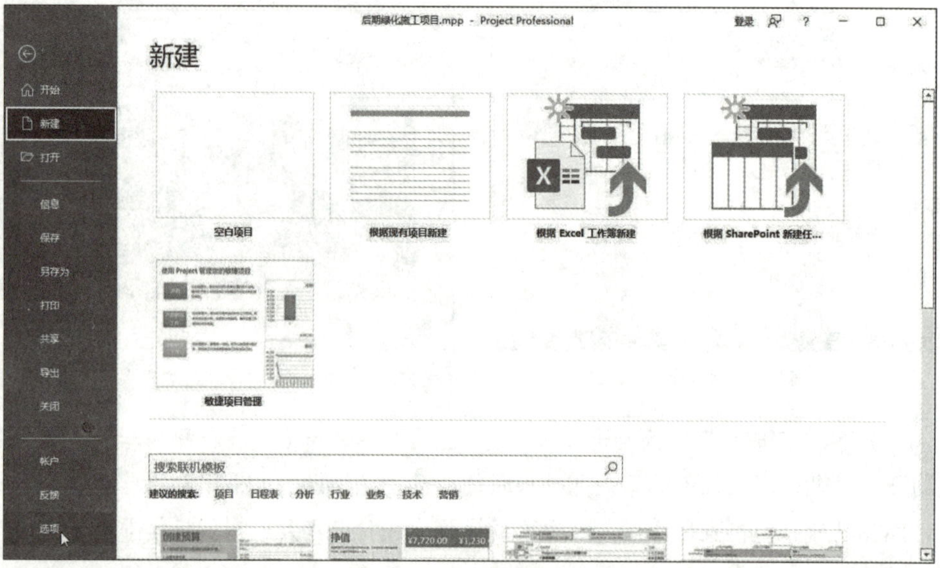

图 2-82 单击“选项”选项

步骤02 打开“Project选项”对话框，在“日程”界面中的“该项目的日历选项”组内可以设置项目的“每周开始于”“财政年度开始于”“默认开始时间”“默认结束时间”等。而在“日程”组中则可对输入任务信息的方式进行相关设置，如图2-83所示。

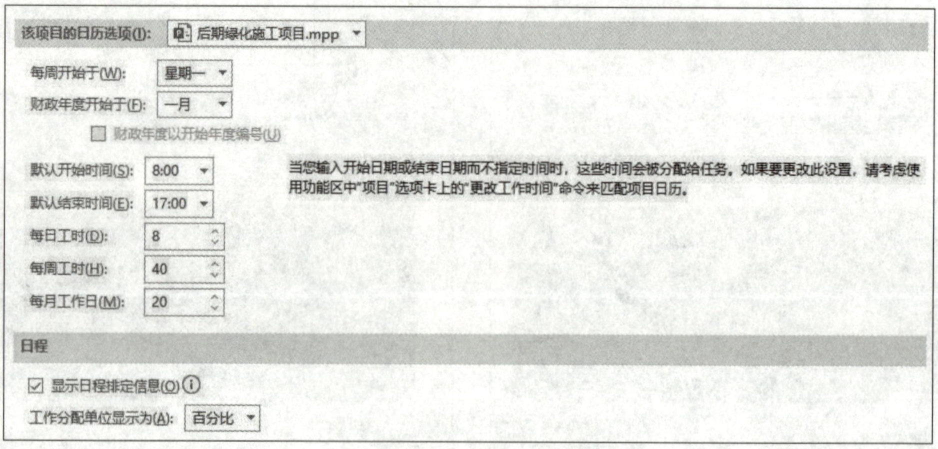

图 2-83 “Project 选项”对话框

2. 设置“高级”选项

在“Project选项”对话框中打开“高级”界面，在该界面中可以对项目的标准费率、加班费率等进行设置，如图2-84所示。

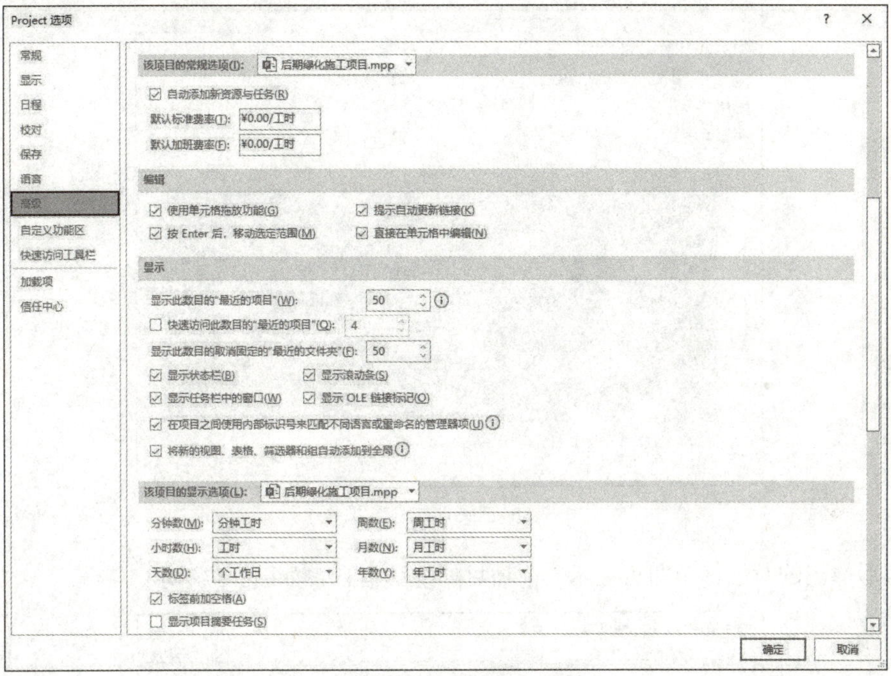

图 2-84 “高级”界面

上手操作 统计项目信息

若要了解项目的开始日期、完成日期、工期、工时以及成本等基本信息，可以查看项目信息。下面介绍查看项目信息的具体操作方法。

步骤01 打开“项目”选项卡，在“属性”组中单击“项目信息”按钮，如图2-85所示。

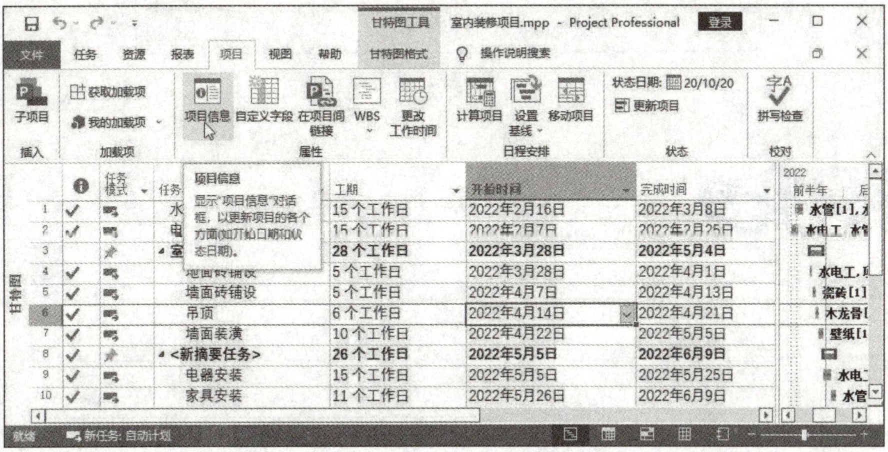

图 2-85 “项目”－“项目信息”操作

步骤02 在打开的对话框中单击“统计信息”按钮，如图2-86所示。

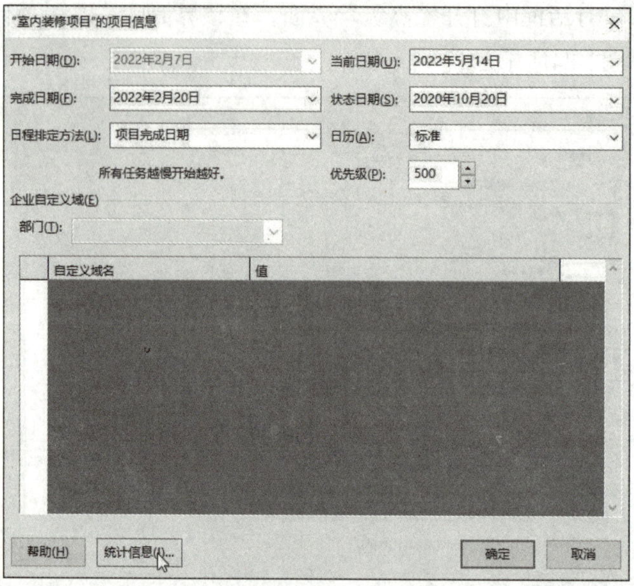

图 2-86 “统计信息”操作

步骤03 随后弹出的对话框中即可显示当前项目的统计信息，如图2-87所示。

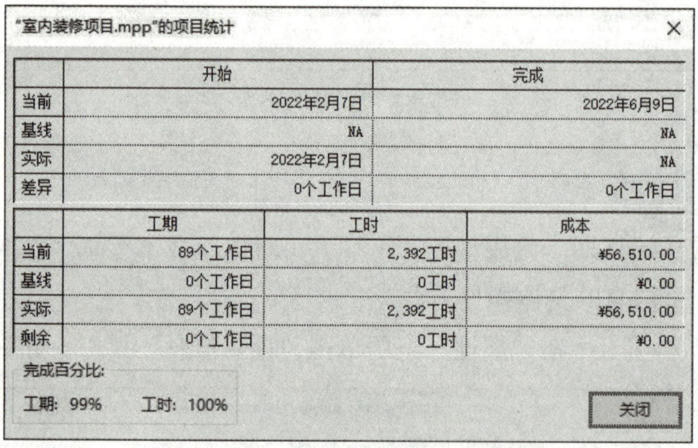

图 2-87 项目统计信息对话框

你学会了吗?

实战演练 创建“道路绿化项目”

下面将创建“道路绿化项目”，假设工期为60天，该项目要求在2022年8月10日之前完工，为保证项目顺利完成，现在需要使用Project软件创建项目文档、项目任务、项目日历等。下面介绍具体的操作步骤。

扫码观看视频

1. 新建项目文档

步骤01 启动Project，在“开始”界面中单击“空白项目”选项，如图2-88所示。

步骤02 系统随即新建项目文件，在新建的项目中单击“保存”按钮，如图2-89所示。

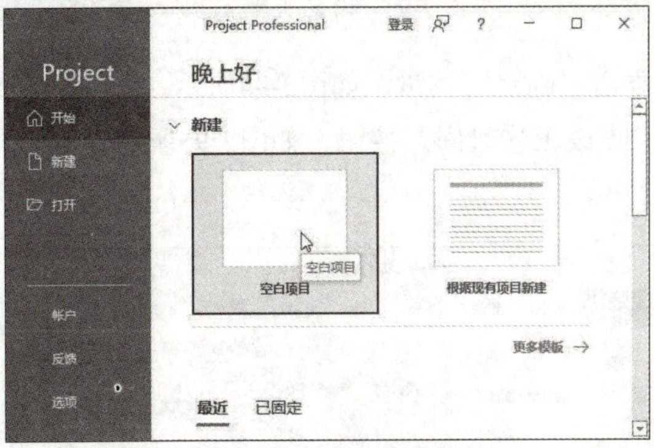

图 2-88 新建空白项目

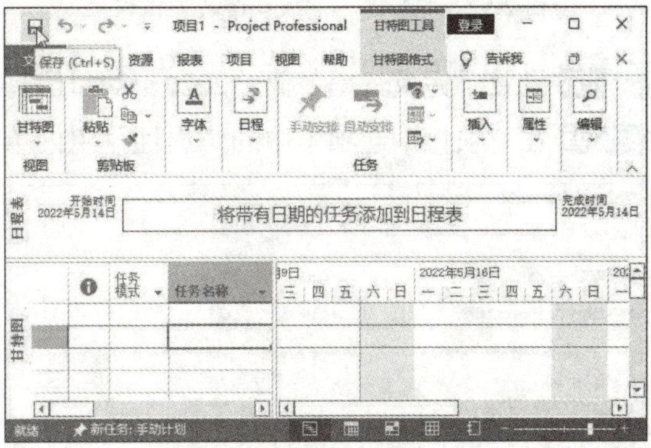

图 2-89 保存新建项目

步骤03 自动进入文件菜单中的“另存为”界面，单击“浏览”选项，如图2-90所示。

步骤04 弹出“另存为”对话框，选择好文件保存路径，设置文件名为“道路绿化项目”，单击“保存”按钮，保存新建项目，如图2-91所示。

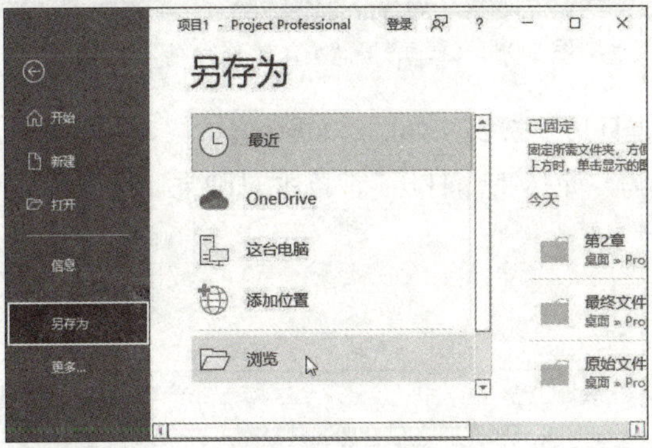

图 2-90 “另存为”界面

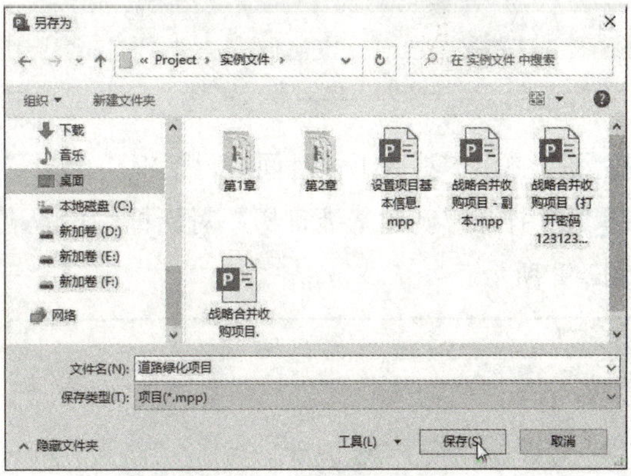

图 2-91 “另存为”操作

2. 设置项目时间

步骤01 打开“项目”选项卡，在“属性”组中单击“项目信息”按钮，如图2-92所示。

步骤02 弹出“‘道路绿化项目’的项目信息”对话框，单击“日程排定方法”下拉按钮，在下拉列表中选择“项目完成时间”选项，如图2-93所示。

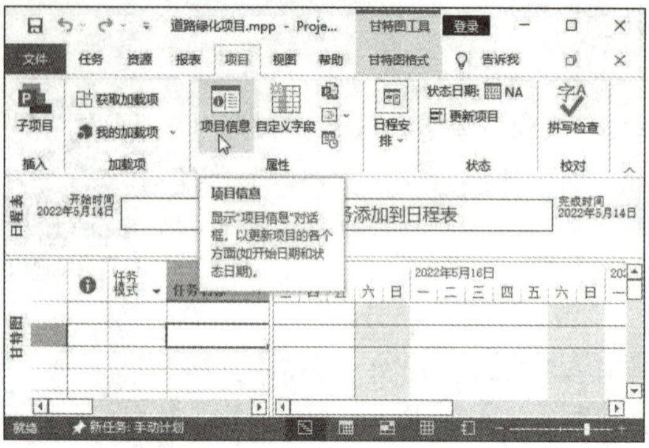

图 2-92 “项目”-“项目信息”操作

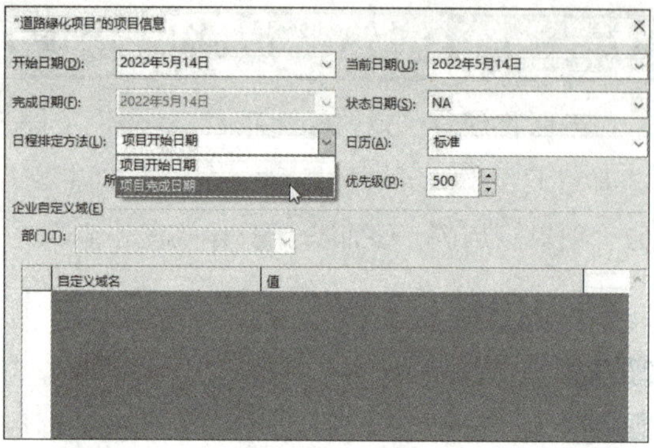

图 2-93 设置项目信息

步骤03 设置“完成日期”为“2022年8月10日”，单击“确定”按钮，如图2-94所示。

步骤04 在“项目”选项卡中的“属性”组内单击“更改工作时间”按钮，如图2-95所示。

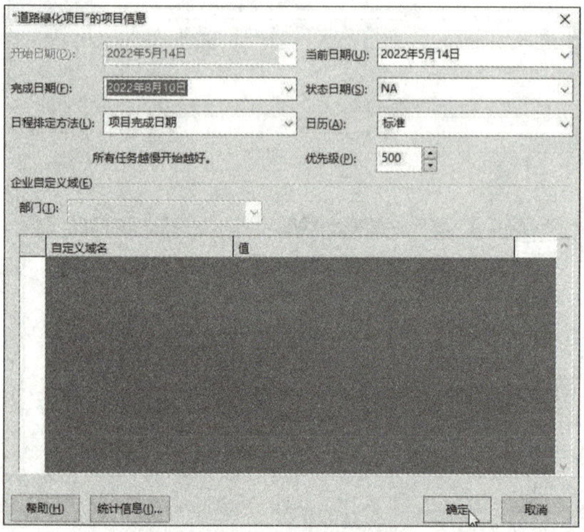

图 2-94 设置完成日期

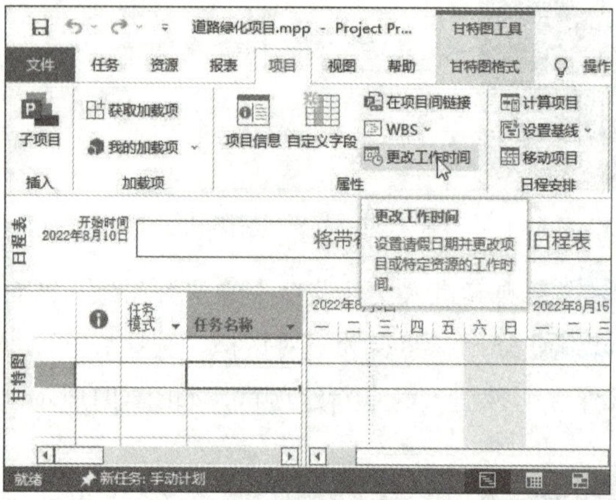

图 2-95 “项目”-“更改工作时间”操作

步骤05 弹出“更改工作时间”对话框，单击“新建日历”按钮，如图2-96所示。

步骤06 打开“新建基准日历”对话框，设置名称为“无休工作日历”，单击“确定”按钮，如图2-97所示。

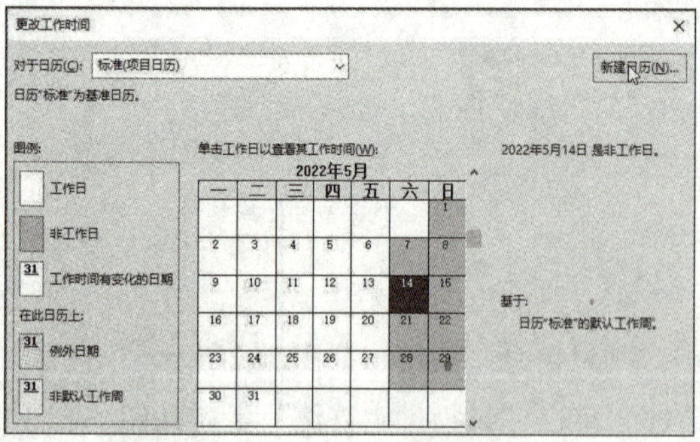

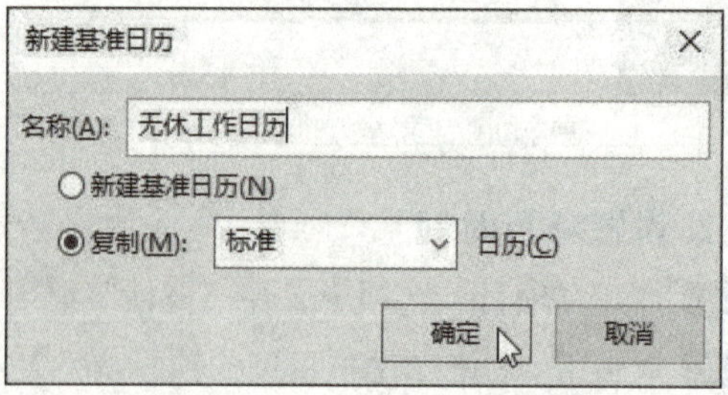

图 2-96 “新建日历”操作

图 2-97 设置基准日历

步骤07 返回“更改工作时间”对话框，打开“工作周”选项卡，单击“详细信息”按钮，如图2-98所示。

步骤08 在弹出的对话框中，按住［Ctrl］键依次单击“星期六”和“星期日”，并将这两个选项同时选中，如图2-99所示。

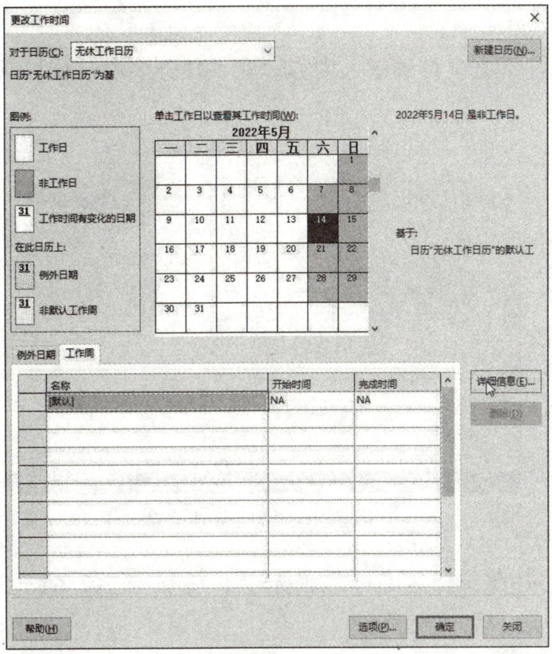

图 2-98 “详细信息”操作

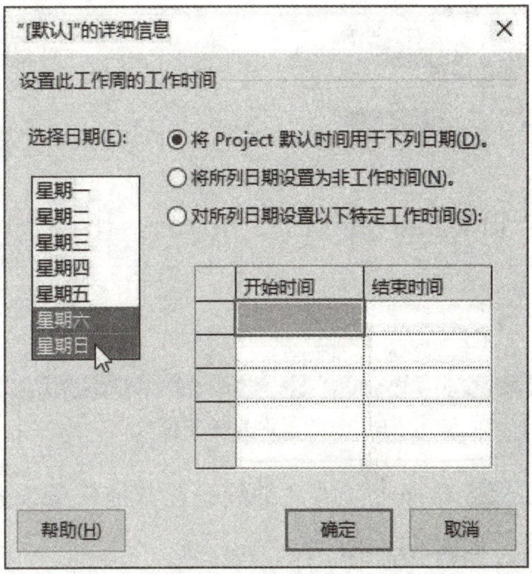

图 2-99 同时选中两个选项

步骤09 选中“对所列日期设置以下特定工作时间”单选按钮，在表格中输入开始时间和结束时间，单击“确定”按钮，如图2-100所示。

步骤10 再次返回“更改工作时间”对话框，打开“例外日期”选项卡，在表格中输入假期的名称以及开始日期和完成日期，单击“确定”按钮，如图2-101所示。

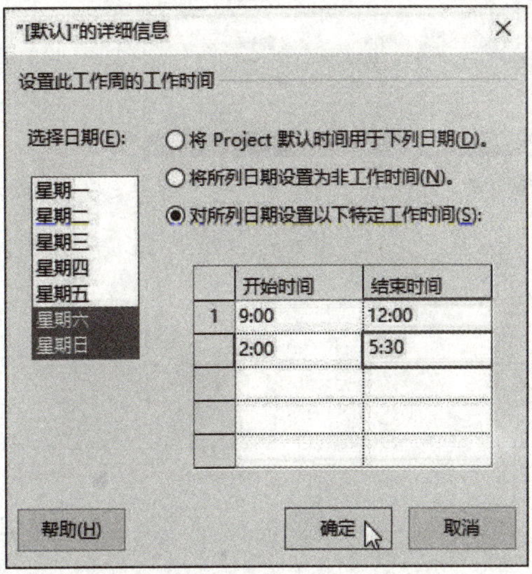

图 2-100 设置特定工作时间

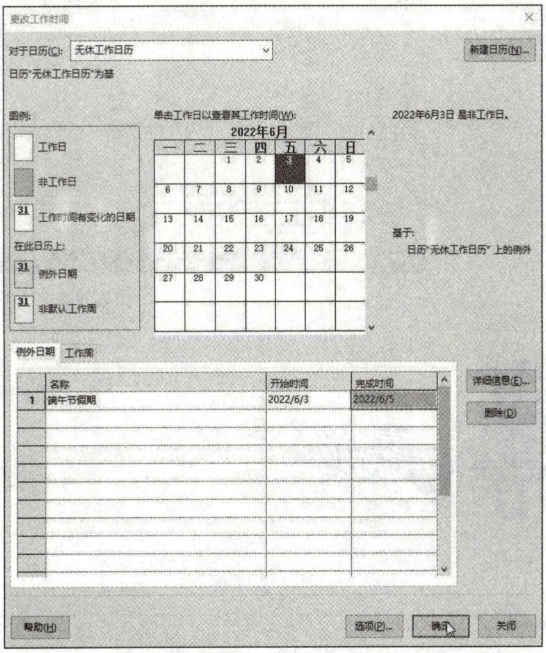

图 2-101 设置例外日期

3. 输入项目任务

步骤01 在Project数据编辑区域中单击“任务模式”域标题下方单元格中的下拉按钮，选择“自动计划”选项，如图2-102所示。

步骤02 此时工期、开始时间以及完成时间域标题下方会自动录入内容。在“任务名称”域标题下方输入相应的任务名称，如图2-103所示。

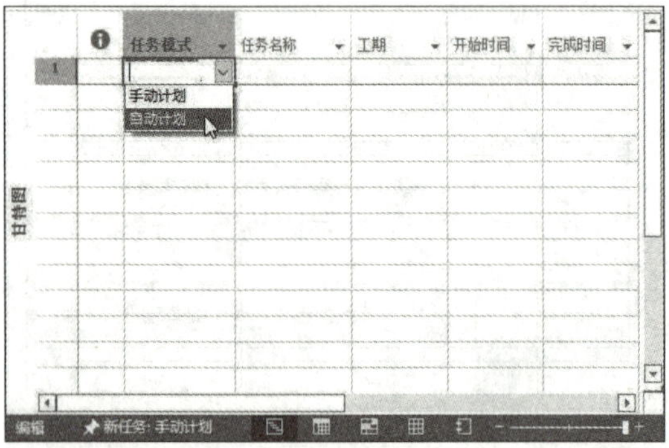

图 2-102　设置任务模式

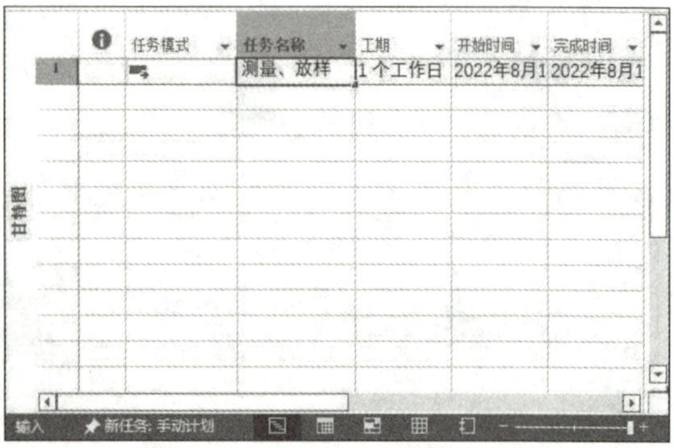

图 2-103　设置任务名称

步骤03 参照上述方法继续设置其他任务模式，并在“任务名称”域标题下方输入任务名称即可，如图2-104所示。

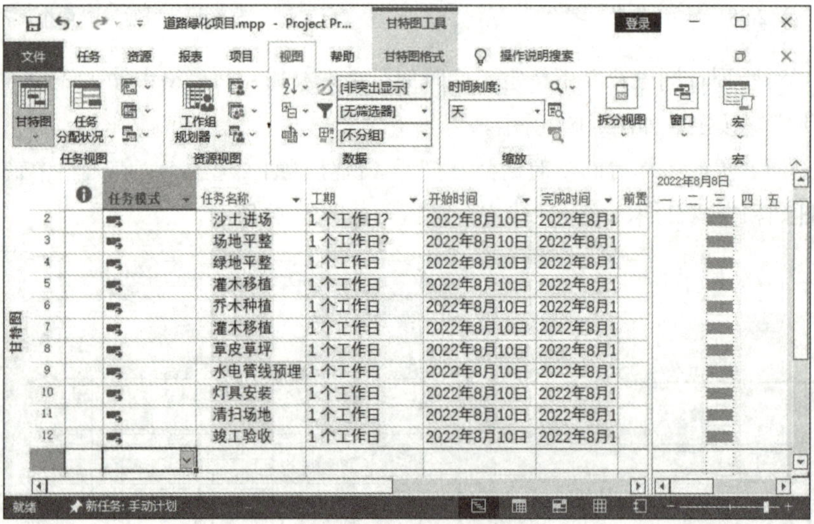

图 2-104　设置项目任务

学习体会

课后作业

本章主要对项目文档的创建、保存和保护、项目日历以及项目信息的设置等知识进行了详细介绍。下面请根据指定类型模板创建数据库，并对数据库进行保存和保护。具体操作要求如下。

（1）启动Project，在“新建”界面中的“日程表”模板类型中找到“新产品上市”模板并创建该模板文档。

（2）保存新建的模板文档，设置文件名为“新品蓝牙耳机上市推广项目”，如图2-105所示。

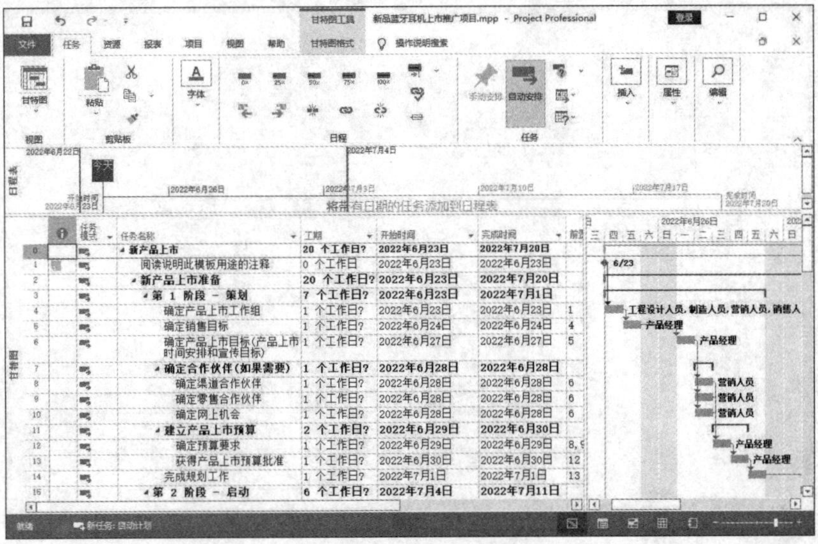

图 2-105 “新品蓝牙耳机上市推广项目”文档

（3）为项目文档设置保护密码（123）以及修改权限密码（456），如图2-106所示。

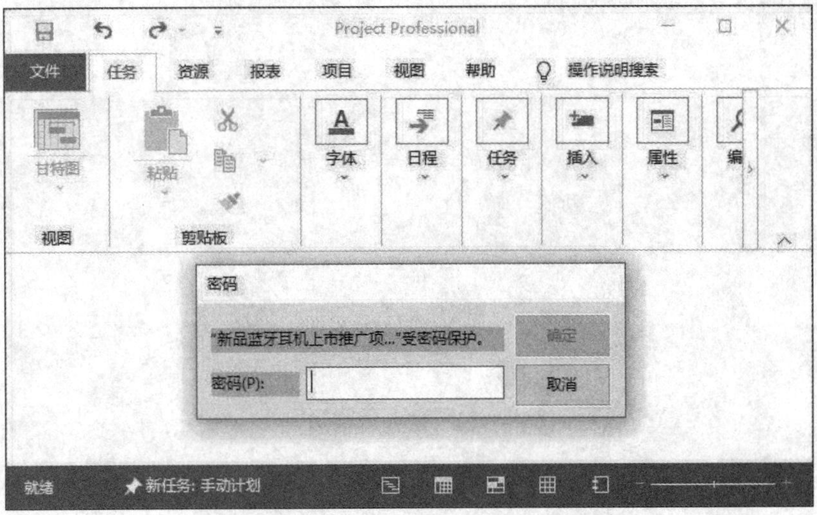

图 2-106 设置保护密码及修改权限密码

Project

第3章

编制项目任务

内容概要

项目任务代表完成项目最终目标需要做的工作，它是项目的主要组成部分之一。任务通过工序、工期以及资源需求描述项目工作。本章将对项目任务的创建和编辑进行详细介绍。

数字资源

【本章素材】："素材文件\第3章"目录下

【本章实战演练最终文件】："素材文件\第3章\实战演练"目录下

3.1 项目任务的创建

创建项目任务包括添加任务、编辑任务、设定任务工期等多种操作。下面详细介绍如何创建项目任务。

■3.1.1 添加任务

任务模式分为手动计划模式和自动计划模式两种，用户可根据需要选择任务模式。下面是在甘特图模式下添加项目任务，具体操作步骤如下。

1. 使用手动计划模式添加任务

Project默认使用手动计划的任务模式。使用手动计划任务模式时，任务日期不会自动更新。具体操作步骤如下。

步骤01 新建“新品上市项目管理”Project文档，如图3-1所示。

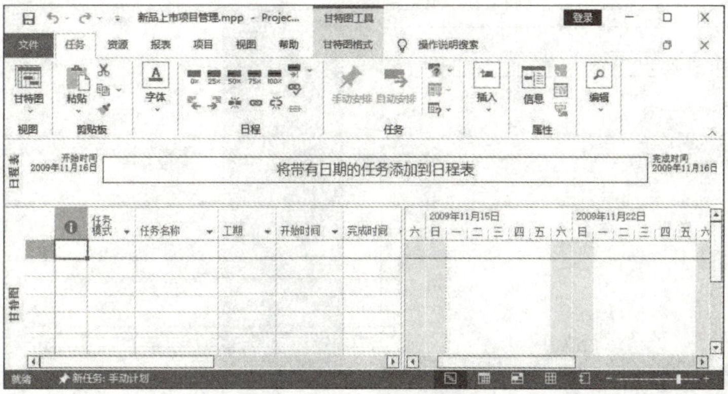

图 3-1 新建项目文档

步骤02 打开“项目”选项卡，在“属性”组中单击“项目信息”按钮，如图3-2所示。

步骤03 在打开的对话框中设置好“开始日期”，如图3-3所示。

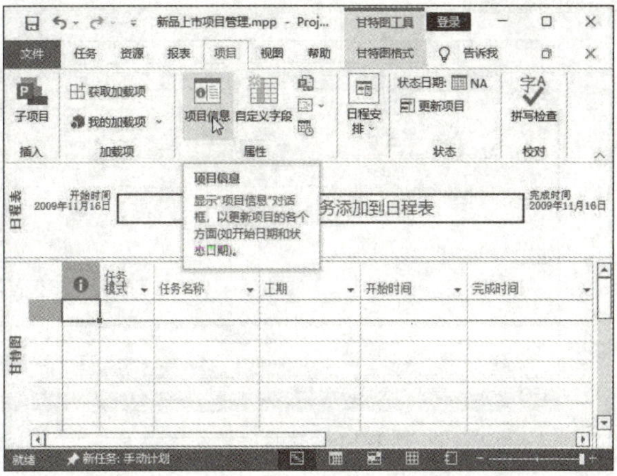

图 3-2 “项目”－“项目信息”操作

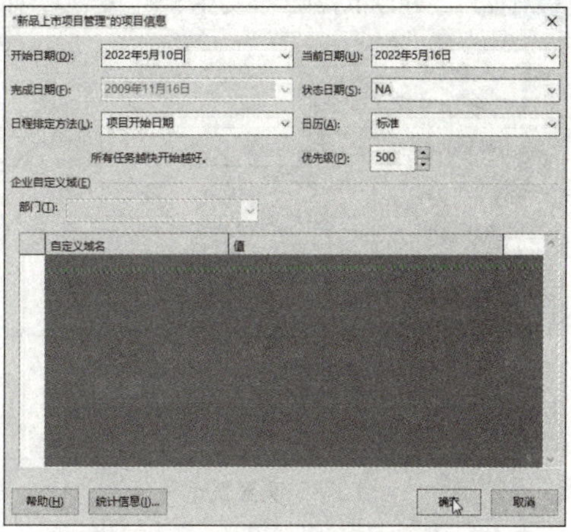

图 3-3 设置开始日期

步骤04 在编辑区域中选中“任务名称”域标题下方的单元格，输入任务名称，如图3-4所示。

步骤05 输入完成后按［Enter］键确认。此时的任务模式默认为手动计划，如图3-5所示。

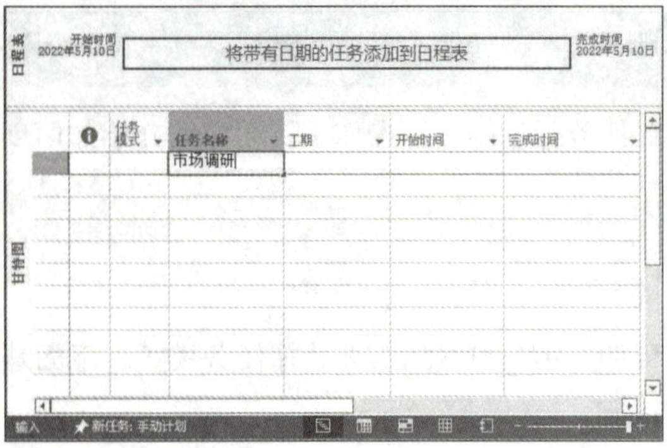

图 3-4 设置任务名称

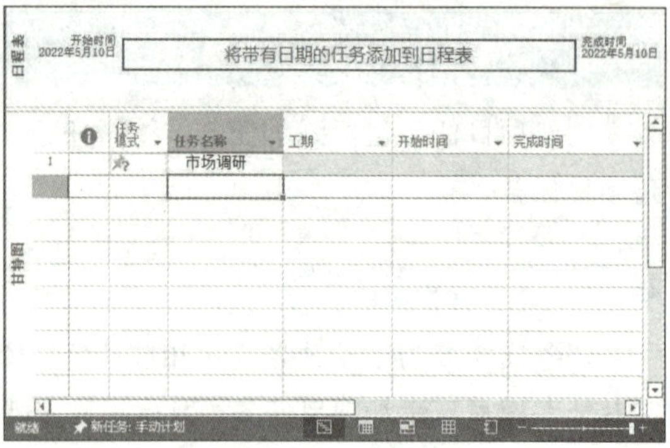

图 3-5 查看任务模式

步骤06 选中“工期”域标题下方的单元格，单击微调按钮录入工期，默认的工期单位为days（天），如图3-6所示。

步骤07 打开“文件”菜单，单击“选项”选项，如图3-7所示。

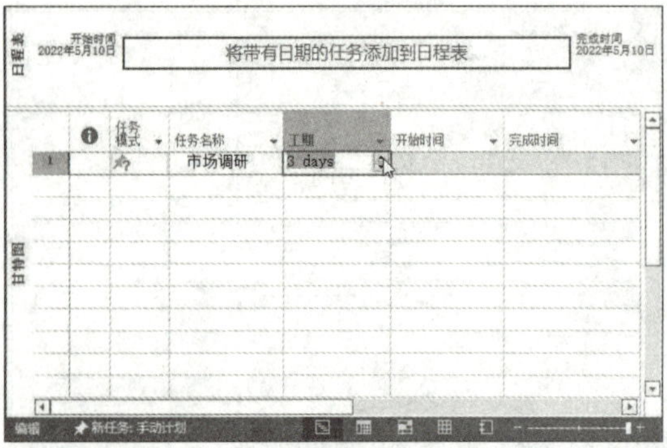

图 3-6 设置工期

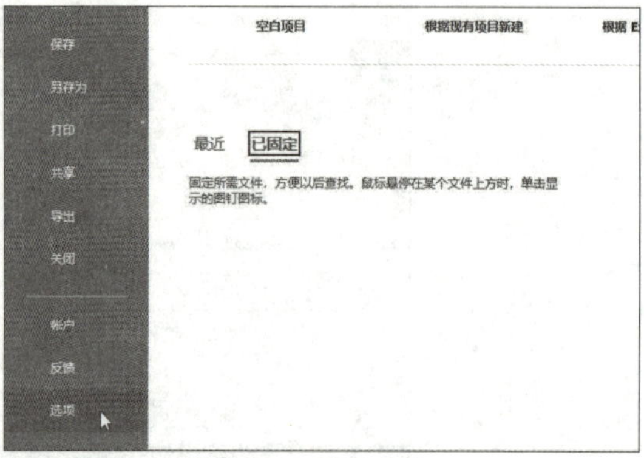

图 3-7 “选项”界面

步骤08 弹出“Project选项”对话框，打开“高级”界面，在“该项目的显示选项”组中设置“天数”的单位为“个工作日”，如图3-8所示。

步骤09 工期的单位随即发生相应变化，如图3-9所示。

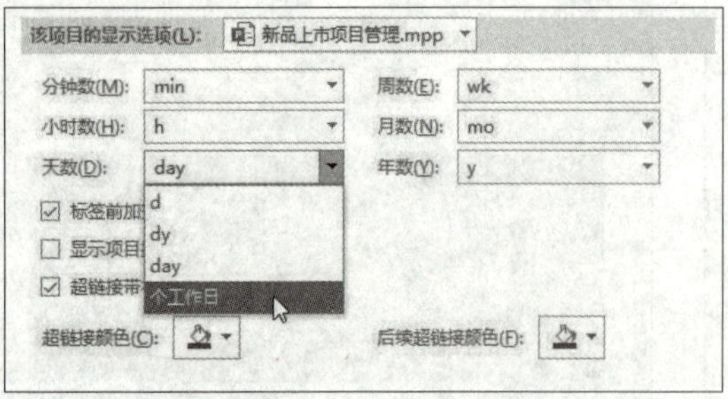

图 3-8 设置显示选项

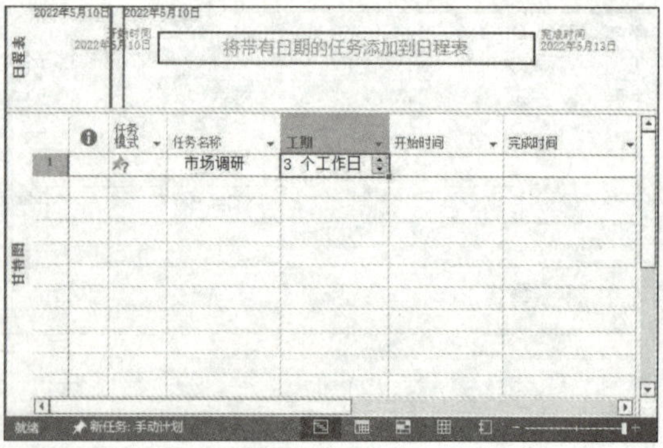

图 3-9 修改后的任务显示

步骤10 手动输入开始日期，如图3-10所示。

步骤11 按下［Enter］键，系统会根据工期以及开始时间自动计算完成时间，如图3-11所示。

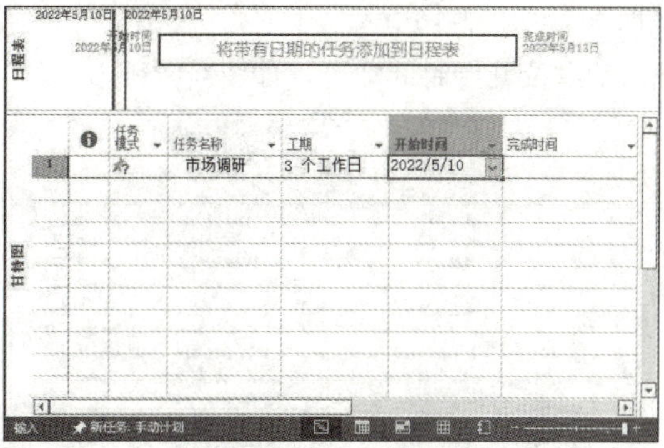

图 3-10 设置开始时间

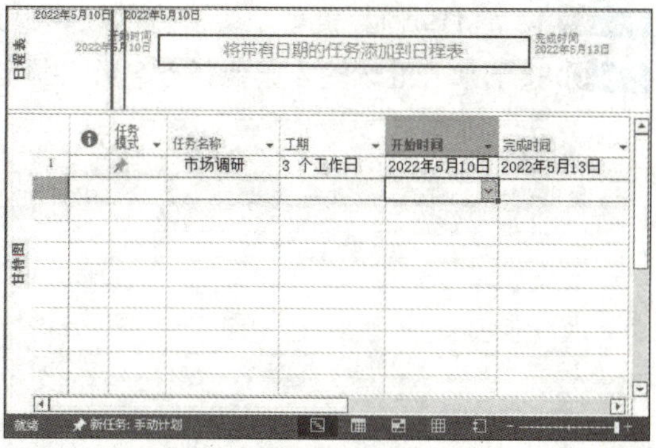

图 3-11 设置后的任务显示

2. 使用自动计划模式添加任务

使用自动计划的任务模式，Project会自动计算任务日期。

步骤 01 单击任务模式单元格中的下拉按钮，在下拉列表中选择“自动计划”选项，如图3-12所示。

步骤 02 工期、开始时间以及完成时间域标题下方会自动录入内容，如图3-13所示。

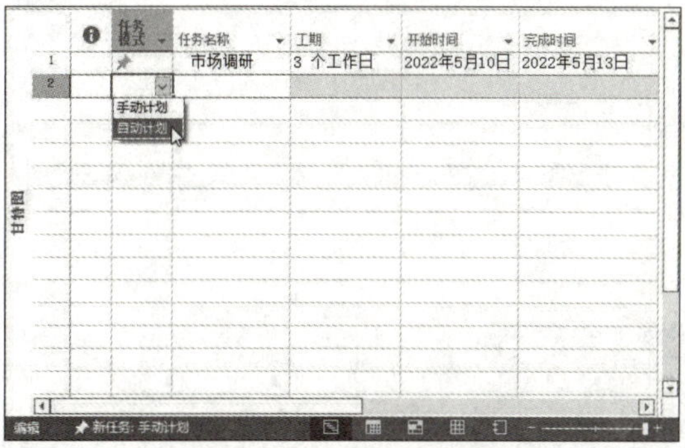

图 3-12 设置任务模式

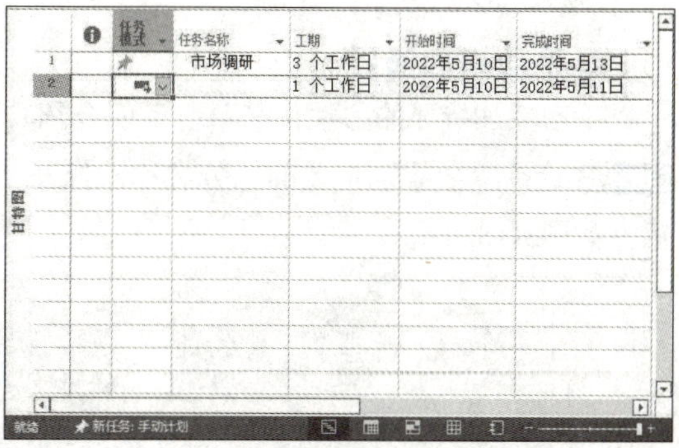

图 3-13 任务显示

步骤 03 修改工期与开始时间，如图3-14所示。

步骤 04 若输入的开始时间为非工作日，则会弹出“规划向导”对话框，用户可以根据需要选择将录入的日期转到下一个工作日，或仍然使用这个日期。此处选择将这个日期转到下一个工作日，如图3-15所示。

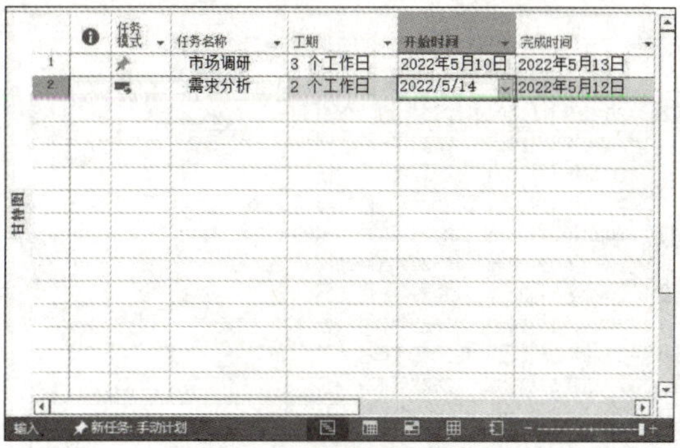

图 3-14 修改工期与开始时间

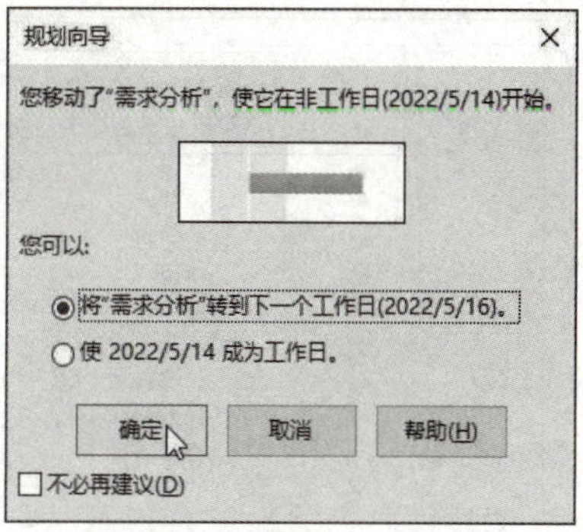

图 3-15 “规划向导”对话框

步骤05 按下［Enter］键，系统会自动计算出完成时间，如图3-16所示。

步骤06 接下来，继续输入其他任务名称并设置好工期以及开始时间即可，如图3-17所示。

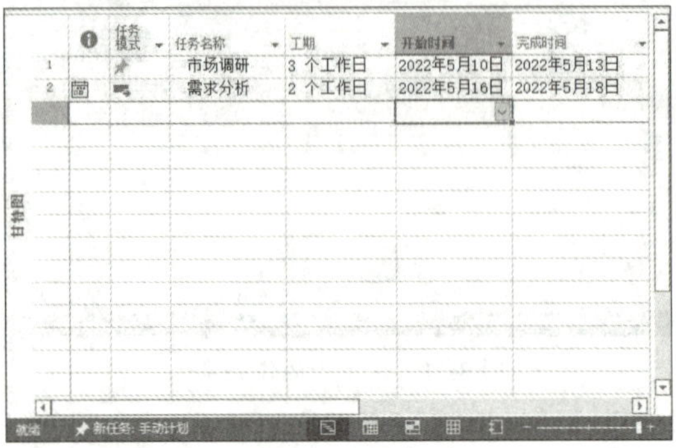

图 3-16　系统自动计算后任务显示

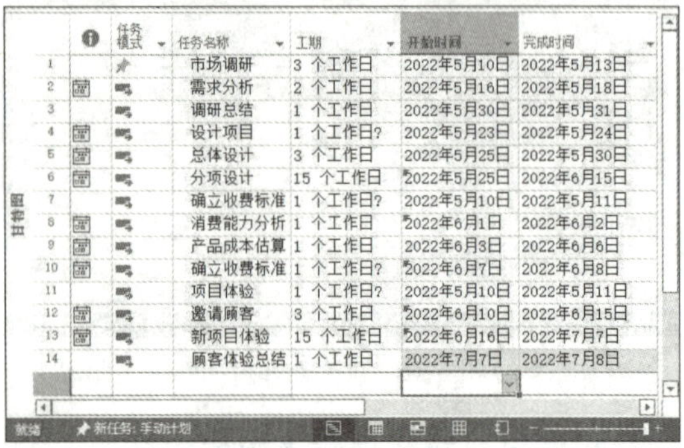

图 3-17　任务显示界面

■3.1.2　设置任务摘要

默认情况下所有任务都为同一级别，为了方便管理，可以根据任务的时间以及类型设置摘要，并对任务进行分组管理。

1. 手动添加摘要

手动添加摘要的方法很简单，下面介绍具体操作步骤。

步骤01 选择需要添加摘要的任务名称，打开“任务”选项卡，在“插入”组中单击“摘要”按钮，如图3-18所示。

图 3-18　“任务”－“摘要”操作

步骤02 所选任务上方随即被插入一个新摘要任务，并自动计算工期以及开始时间和完成时间，如图3-19所示。

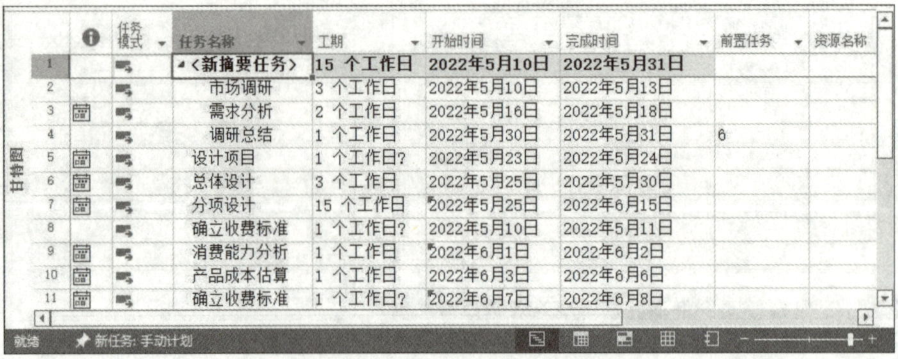

图 3-19　插入的摘要信息显示

步骤03 输入摘要任务的名称即可完成该摘要的设置，如图3-20所示。

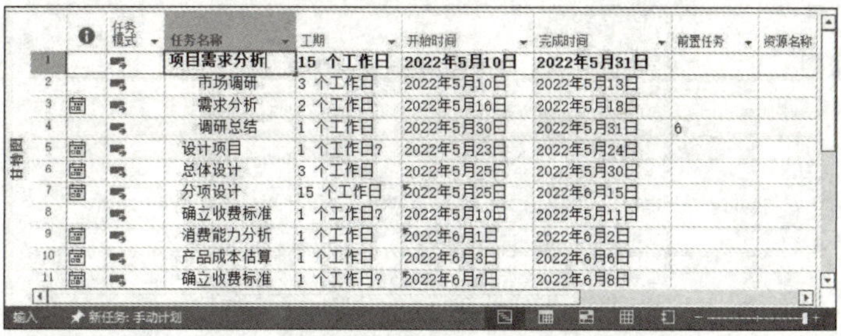

图 3-20　设置摘要的任务名称

2. 自动创建子任务和摘要任务

通过升级任务或降级任务可以自动生成摘要，下面将介绍具体操作方法。

步骤01 在“甘特图”视图中选中需要降级的任务，打开“任务”选项卡，在“日程”组中单击“降级任务”按钮，如图3-21所示。

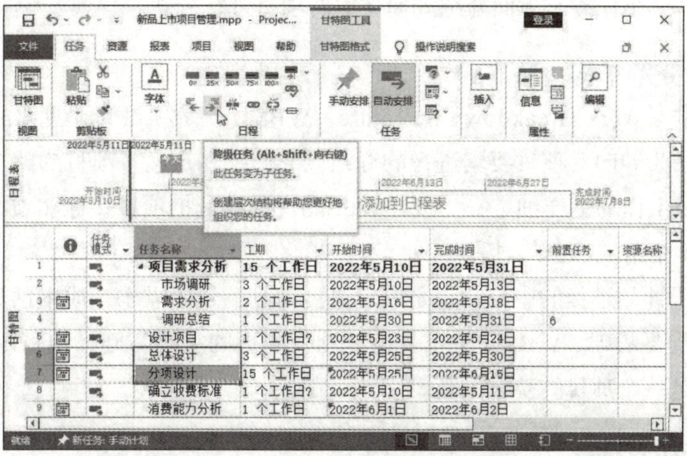

图 3-21　“任务”－“降级任务”操作

步骤02 所选任务随即被降级为子任务，并将所选任务上方的任务设置成摘要任务。摘要任务的工期以及开始时间和完成时间也根据其子任务进行了自动更新，如图3-22所示。

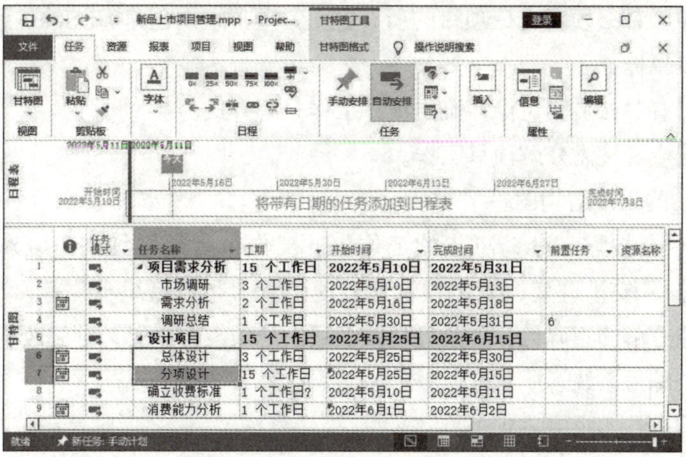

图 3-22　摘要任务与子任务的显示

步骤03 单击摘要任务名称中的黑色小三角即可控制子任务的折叠或展开，如图3-23所示。

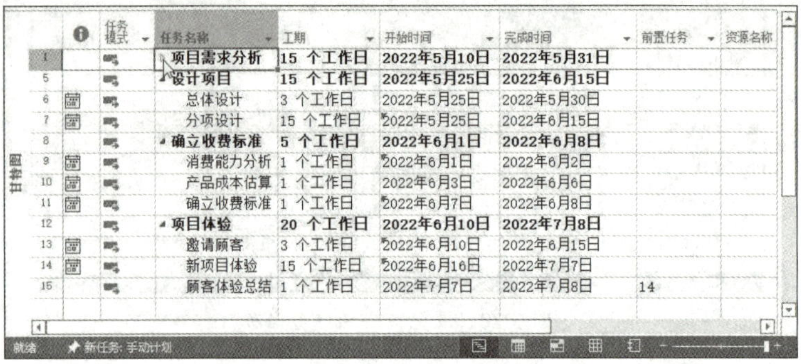

	任务模式	任务名称	工期	开始时间	完成时间	前置任务	资源名称
1		项目需求分析	15 个工作日	2022年5月10日	2022年5月31日		
5		设计项目	15 个工作日	2022年5月25日	2022年6月15日		
6		总体设计	3 个工作日	2022年5月25日	2022年5月30日		
7		分项设计	15 个工作日	2022年5月25日	2022年6月15日		
8		确立收费标准	5 个工作日	2022年6月1日	2022年6月8日		
9		消费能力分析	1 个工作日	2022年6月1日	2022年6月2日		
10		产品成本估算	1 个工作日	2022年6月3日	2022年6月6日		
11		确立收费标准	1 个工作日	2022年6月7日	2022年6月8日		
12		项目体验	20 个工作日	2022年6月10日	2022年7月8日		
13		邀请顾客	3 个工作日	2022年6月10日	2022年6月15日		
14		新项目体验	15 个工作日	2022年6月16日	2022年7月7日		
15		顾客体验总结	1 个工作日	2022年7月7日	2022年7月8日	14	

图 3-23　子任务的折叠或展开

■3.1.3　项目任务结构的分解

在项目中添加任务的过程就是对项目的分解过程，一个项目由多个任务构成，而这些任务又可以细分为很多个小任务，下面介绍如何按需对项目进行分解。

1. 认识工作分解结构（WBS）

工作分解结构（Work Breakdown Structure，WBS），是项目管理重要的专业术语之一。它是以可交付成果为导向对项目要素进行的分组，它归纳和定义了项目的整个工作范围，每下降一层代表对项目工作的更详细定义。创建WBS的过程就是把项目目标和项目工作分解成较小的、易于管理的多个组成部分的过程。

WBS总是处于计划过程的中心，也是制订进度计划、资源需求、成本预算、风险管理计划和采购计划等的重要基础。WBS同时也是控制项目变更的重要基础。项目范围是由WBS定义的，所以WBS也是一个项目的综合工具。

2. 如何进行任务分解

WBS的分解可以按产品的物理结构、产品或项目的功能、项目的实施过程、地域划分、部门等方式进行分解。

项目组内创建WBS的过程非常重要，因为在项目分解过程中，项目经理、项目成员和所有参与项目的部门主任都必须考虑该项目的所有方面。项目组内创建WBS的过程如下。

（1）明确项目目标。

（2）集中项目有关人员，讨论并确定项目工作分解方式。

（3）利用模板或者按需分解项目工作。

（4）画出WBS的层次结构图。

（5）将主要项目按需划分为更小的工作包。工作包必须详细到可以对该工作包进行估算（成本和历时）、安排进度、做出预算、分配负责人员或组织单位等。

（6）验证上述分解的正确性。如果发现较低层次的项没有必要，则修改组成成分。

（7）建立一个编号系统。

（8）按计划推进，不断完善WBS。

3. 任务分解原则

（1）任务分层原则。

确保项目的分解结构是有层次的，就像人们阅读的书，书名就相当于项目总目标，下面的每一个章节是项目中包含的每个大项目，章节中的小节相当于大项目中的子项目。因此，可以将项目生命周期的各个阶段作为第1层，将每个阶段的交付物作为第2层。如果有的交付物组成复杂，还可将交付物的组成元素放在第3层。

（2）80小时原则。

根据80小时原则，工作包的时间跨度不要超过2周时间，否则会给项目控制带来一些困难；同时控制的力度不能太细，否则往往会影响项目成员的积极性。

（3）任务细化原则。

确保能把完成每个底层工作包的职责明确地赋予一个成员、一组成员或者一个组织单元，同时考虑尽量使一个工作细目让具有相同技能的一类人承担。将主体目标逐步细化分解，最底层的日常活动可直接分派到个人去完成。每个任务原则上要求分解到不能再细分为止，日常活动要对应到人、时间和资金投入。

（4）团队协作原则。

项目的实现是项目的所有成员共同努力的结果，因此，在制订项目计划过程中，不应当是项目经理一人承担，其他参与项目的人员应当在项目的逐步实施过程中参与项目的任务分解和工期预估。

■3.1.4 修改任务工期

添加任务后可以对任务工期进行修改，用户可以在单元格中直接修改工期，也可以通过对话框进行修改。

1. 直接修改任务工期

步骤01 选中第2行中的“工期”域，手动输入工期数字，或者通过单元格预测的微调按钮直接调整工期，如图3-24所示。

步骤02 按下［Enter］键确认录入，即可完成工期的修改，任务的完成时间会自动重新计算，如图3-25所示。

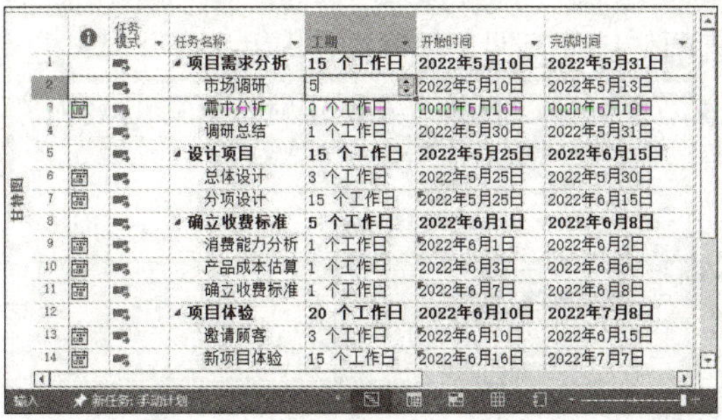

图 3-24 调整工期

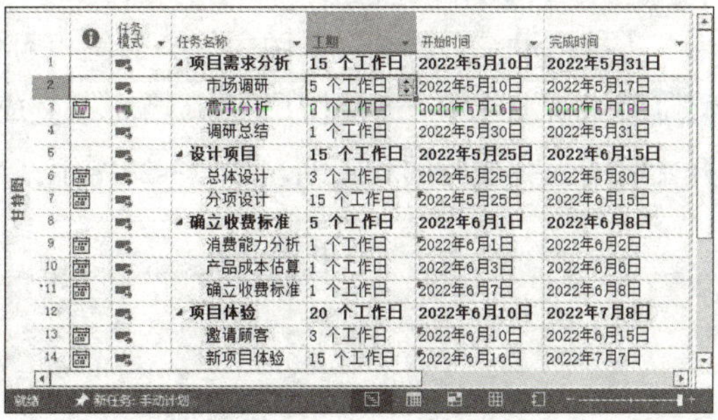

图 3-25 系统自动计算完成时间

2. 在“任务信息”对话框中设置工期

除了在单元格中直接修改工期，用户也可通过“任务信息”对话框设置任务工期。

步骤01 选中需要修改工期的任务所在行中的任意单元格，打开“任务”选项卡，在“属性”组中单击“信息”按钮，如图3-26所示。

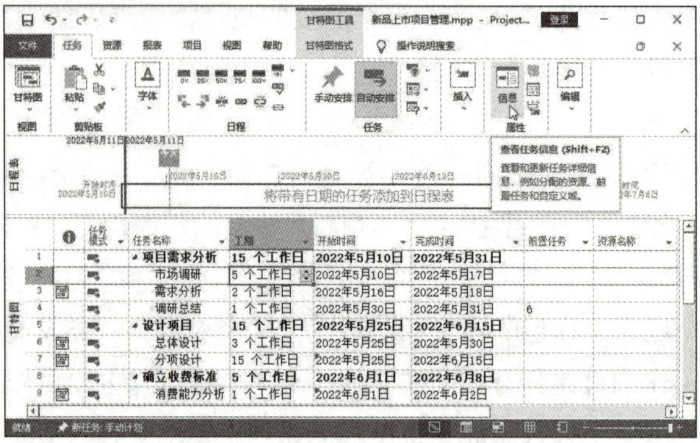

图 3-26 “任务”-“信息”操作

步骤02 弹出“任务信息”对话框，在“工期”微调框中设置好工期，单击“确定”按钮即可完成工期的修改，如图3-27所示。

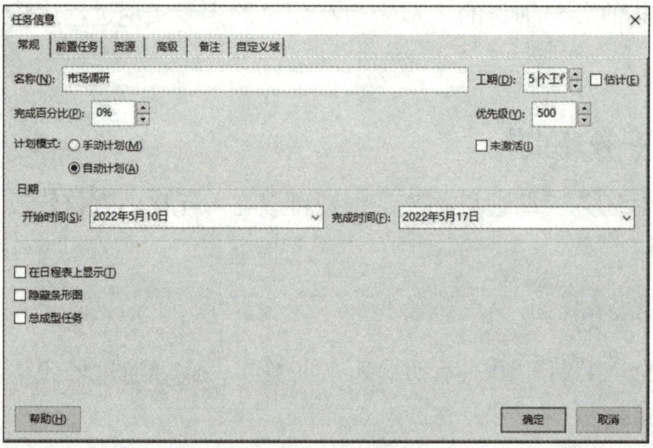

图 3-27 设置工期

3. 通过条形图设置工期

直接拖动“甘特图”视图中的条形图也可快速调整任务工期。具体操作方法如下。

步骤01 将光标放在条形图的右侧，当光标变成“▸”形状时，条形下方显示对应任务的名称、开始时间、完成时间和工期，如图3-28所示。

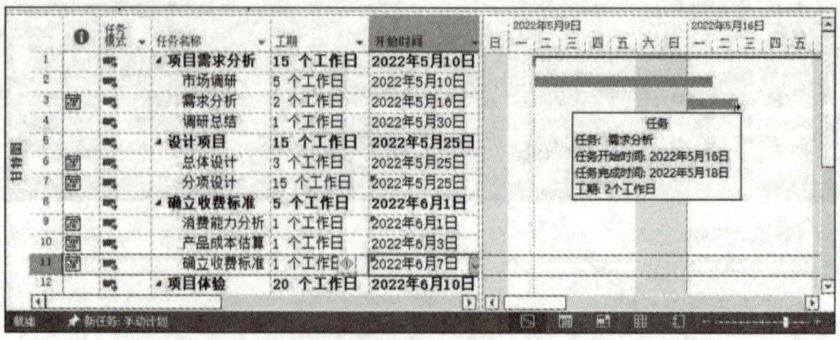

图 3-28 条形图显示

步骤02 按住鼠标左键，拖动鼠标，屏幕中会实时显示该任务的完成时间及工期，如图3-29所示。

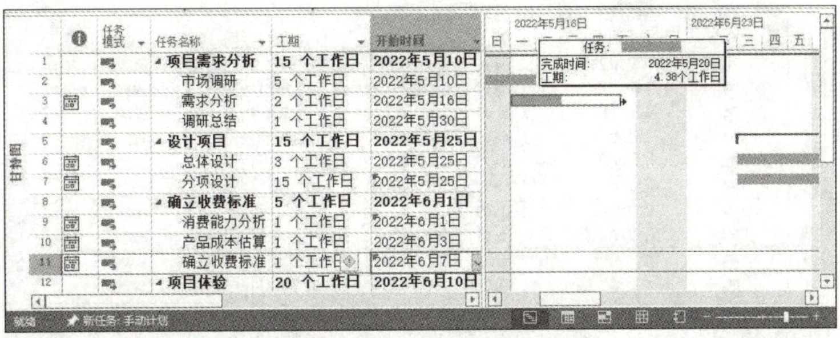

图 3-29 拖动条形图修改工期

步骤03 松开鼠标后，当前任务的工期即可被调整，如图3-30所示。

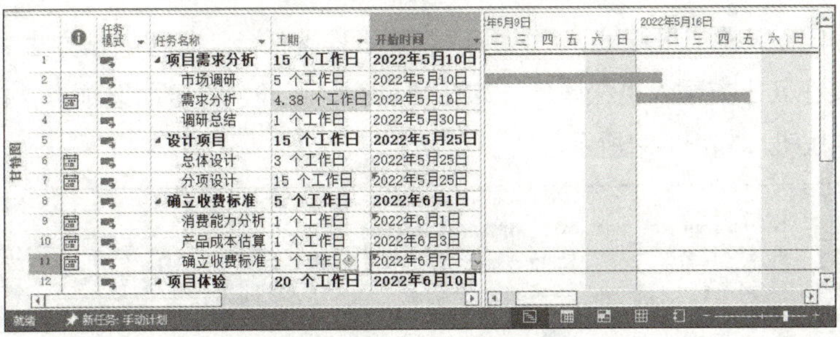

图 3-30 调整条形图后的项目显示

4. 为多个项目任务设置相同工期

需要为多个项目任务同时设置相同工期时，可使用填充法快速输入工期。具体操作方法如下。

步骤01 选中“工期”单元格，将光标放在单元格右下角，此时光标变成十字形状，如图3-31所示。

步骤01 按住鼠标左键，向下拖动至需要的位置，松开鼠标后即可为多个项目任务填充相同的工期，如图3-32所示。

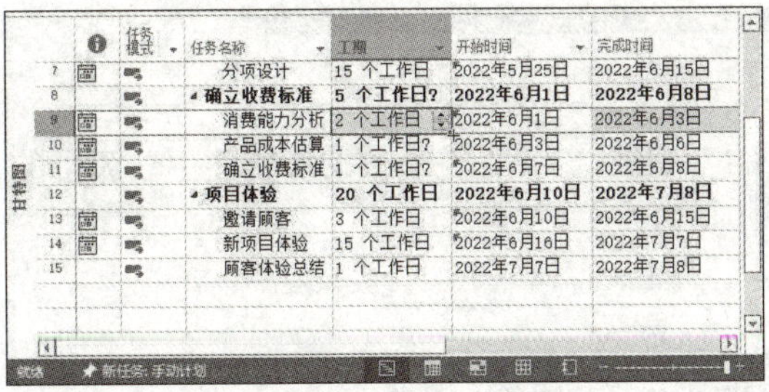

图 3-31 选中“工期”单元格

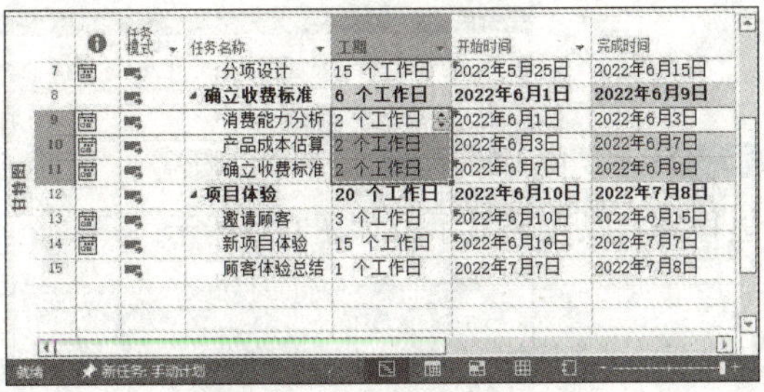

图 3-32 设置完成后任务的显示

■3.1.5 里程碑的创建

项目中的关键任务可以为其设置里程碑，里程碑可作为任务进度的参考点。下面介绍如何设置项目任务里程碑。

1. 将现有任务设置成里程碑

默认情况下工期为0的任务，系统会自动将其标记为里程碑，所以，只需将工期设置为0便可将现有任务设置成里程碑，如图3-33所示。

图 3-33　设置里程碑

2. 新建里程碑任务

除了将现有任务设置成里程碑，用户可以新建里程碑任务。具体操作方法如下。

步骤01 选择需要在其上方插入里程碑任务的任务名称，打开“任务”选项卡，在“插入”组中单击“里程碑”按钮，如图3-34所示。

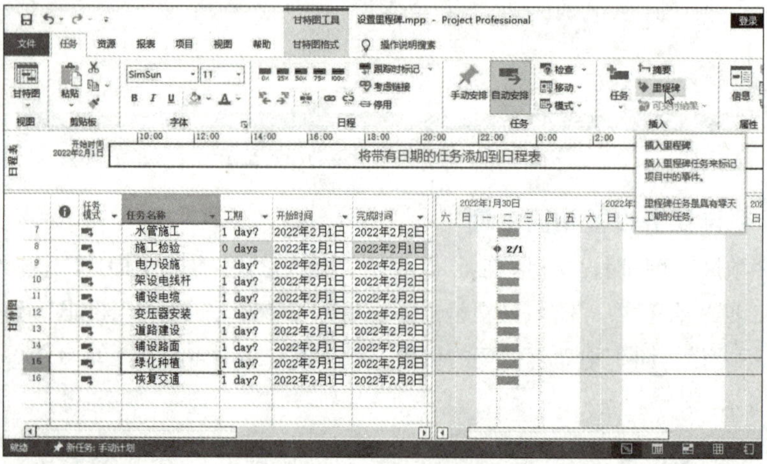

图 3-34　“任务” - “里程碑”操作

步骤02 系统随即自动插入一个新任务，该新任务的工期默认为0，在右侧的甘特图中，添加的里程碑将以菱形显示，如图3-35所示。

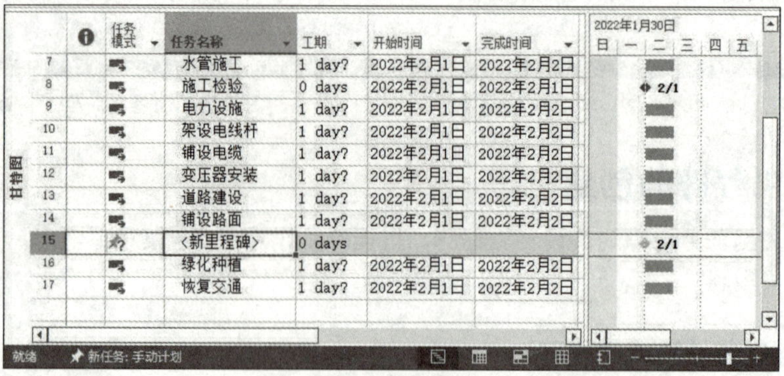

图 3-35　里程碑显示

步骤03 在输入里程碑任务的名称后即可完成里程碑任务的创建，如图3-36所示。

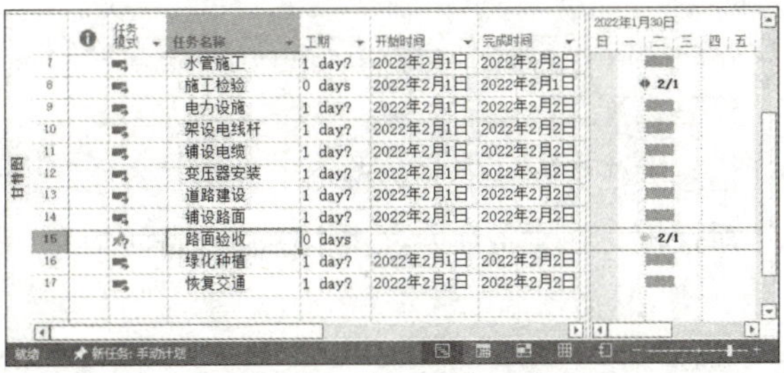

图 3-36　里程碑任务名称设置

■3.1.6　新建周期性任务

周期性任务是指在一定周期内重复发生的任务。在创建周期性任务时，为了提高工作效率，避免重复录入，可以选择直接插入。下面将介绍插入周期性任务的具体操作方法。

步骤01 选中需要插入周期性任务的单元格，打开“任务”选项卡，在“插入”组中单击“任务”下拉按钮，选择“任务周期”选项，如图3-37所示。

步骤02 弹出“周期性任务信息”对话框，输入任务名称，设置好工期以及重复发生的方式，单击“确定”按钮，如图3-38所示。

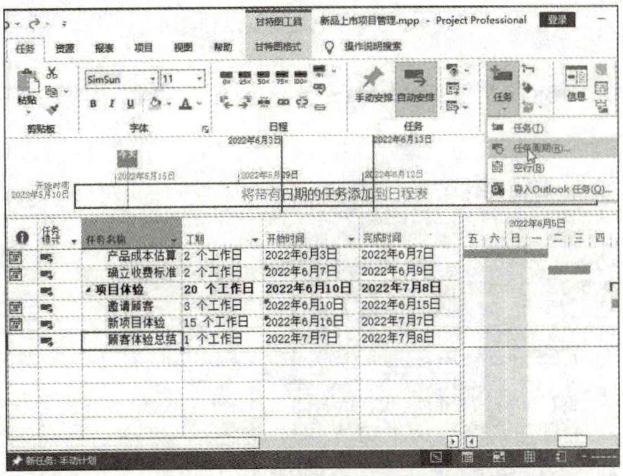

图 3-37　选择“任务周期”选项

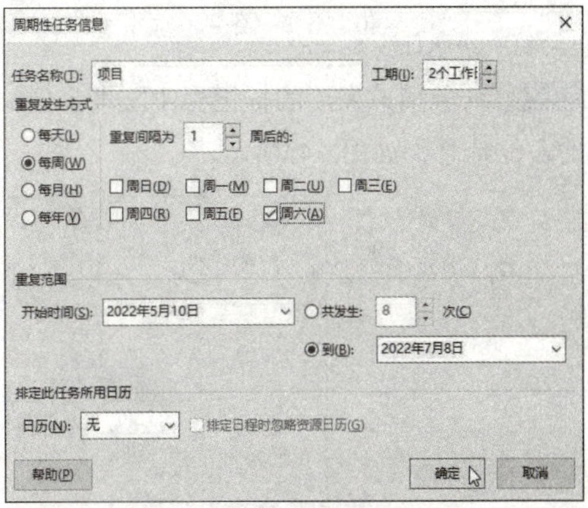

图 3-38　周期性任务信息设置

步骤03 所选任务上方即被插入了周期性任务。在“标记”域标题列中会显示周期性任务标志“⟳”，如图3-39所示。

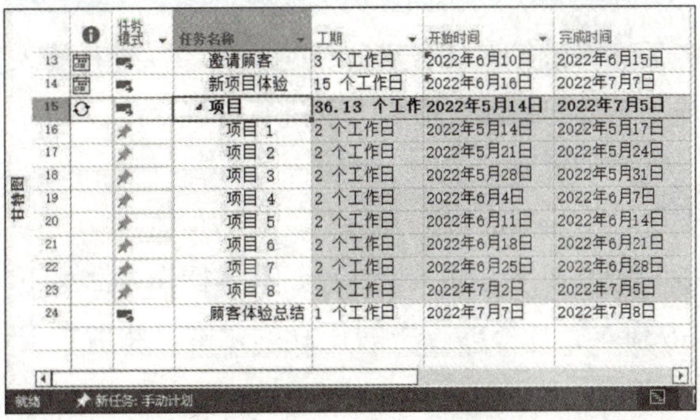

图 3-39　插入的周期性任务显示

上手操作 备注任务信息

当需要对任务进行详细描述时，可以对任务进行备注。下面介绍备注任务信息的具体操作方法。

步骤01 右击需要添加备注信息的任务，从展开的菜单中选择“备注”选项，如图3-40所示。

步骤02 弹出“任务信息”对话框，在“备注”文本框中输入备注信息，单击“确定”按钮，如图3-41所示。

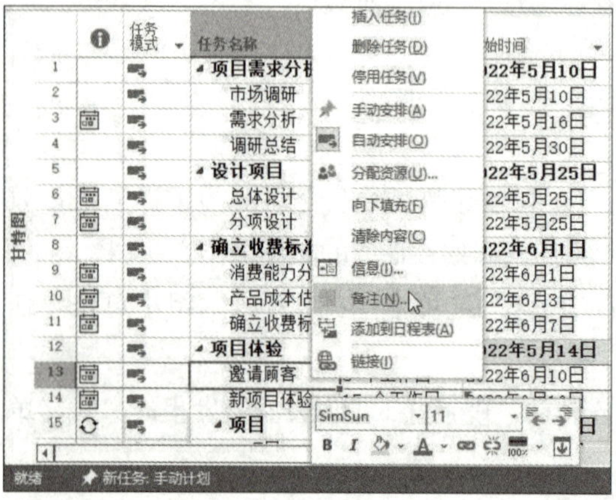

图 3-40　选择“备注”选项

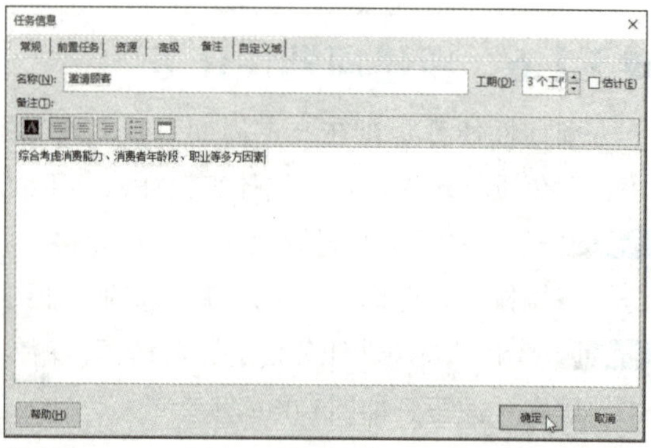

图 3-41　设置备注信息

步骤03 任务模式左侧的标记栏中随即显示文件夹图标，将鼠标移至该图标上方，会显示出相应的备注信息，如图3-42所示。

图 3-42　备注信息显示

3.2　任务的编辑

在Project中输入任务后还可继续对任务进行编辑，例如，进行插入任务、删除任务、移动任务以及复制任务等操作。下面对编辑任务的方法进行详细介绍。

■3.2.1　插入任务

用户可以在现有任务的上方或下方插入新任务，具体操作方法如下。

步骤01 选择需要在其上方插入新任务的行中的任意单元格，然后右击，在弹出的菜单中选择“插入任务”选项，如图3-43所示。

步骤02 所选位置上方随即插入一条新的空白任务，如图3-44所示。手动输入新任务的任务名称、工期以及开始时间即可。

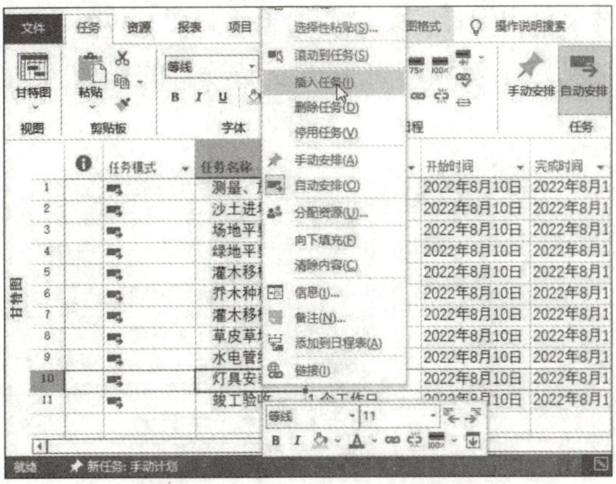

图 3-43　选择“插入任务”选项

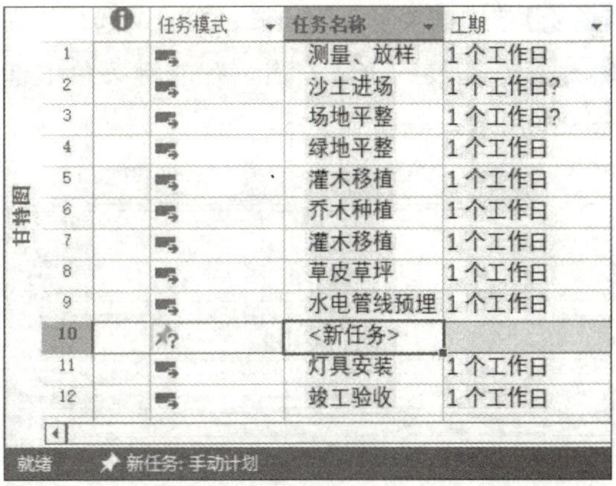

图 3-44　插入的新任务显示

■3.2.2　移动或复制任务

设置项目任务后可以根据需要移动或复制该任务。下面介绍具体的操作方法。

1. 移动项目位置

步骤01 将光标移动到需要移动位置的任务行号上方，当光标变成“➡”形状时单击鼠标，选中整行，如图3-45所示。

步骤02 右击选中的行，在弹出的菜单中选择“剪切”选项，如图3-46所示。

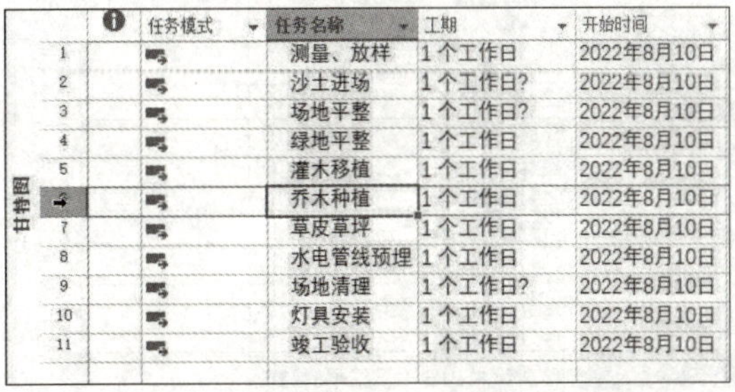

图 3-45　选中整行

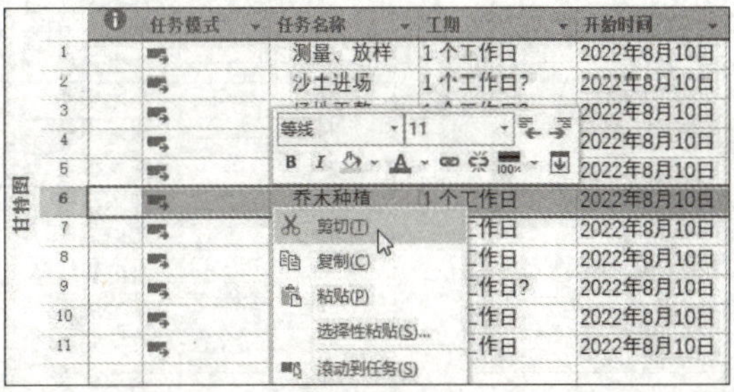

图 3-46　选中“剪切”选项

步骤03 在编辑区重新选中一行，右击选中的行，在弹出的菜单中选择“粘贴”选项，如图3-47所示。

步骤04 被剪切的任务随即移动到所选行的上方，如图3-48所示。

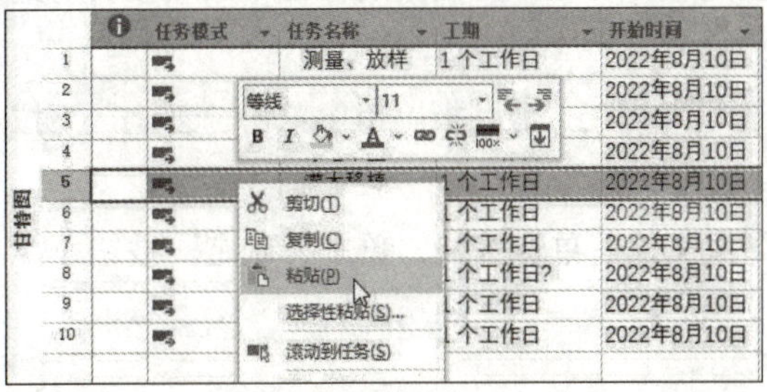

图 3-47　选择“粘贴”选项

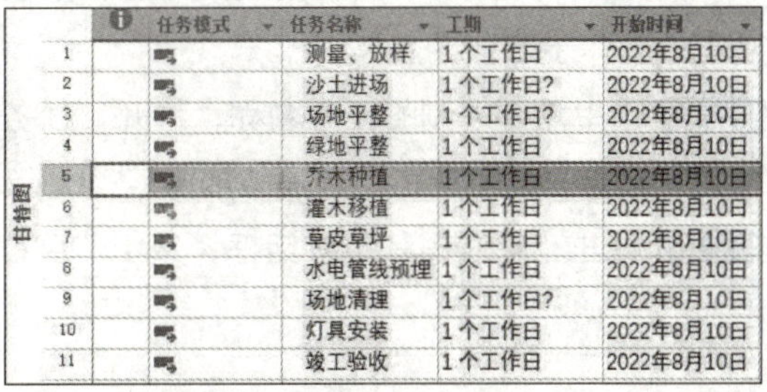

图 3-48　移动后任务的显示

2. 复制项目

复制项目和移动项目的操作方法类似。

步骤01 选中需要复制的项目，右击所选行，在右键菜单中选择“复制”选项，如图3-49所示。

步骤02 在需要的位置右击，在右键菜单中选择“粘贴”选项即可完成复制项目的操作，如图3-50所示。

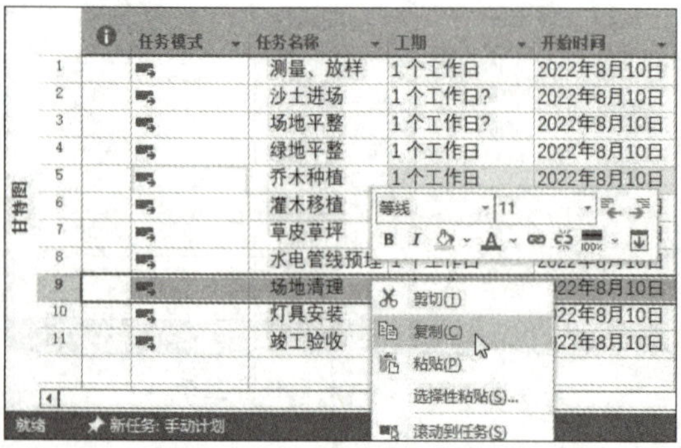

图 3-49 选择“复制”选项

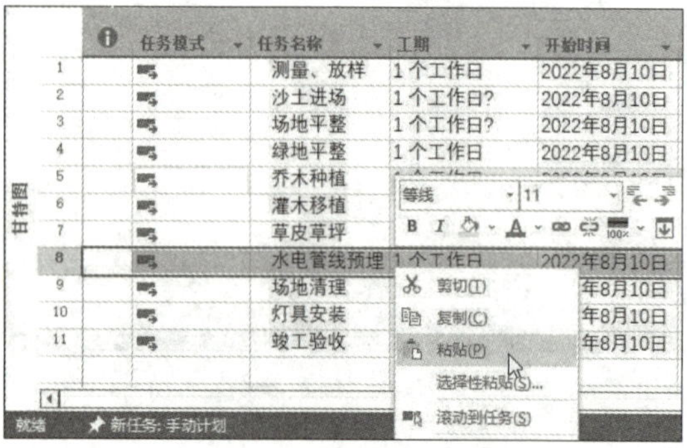

图 3-50 选择“粘贴”选项

3.2.3 删除任务

当输入了重复的任务或设置的任务不合理时，可将这些任务删除。

删除任务也可以在右键菜单中操作。右击要删除的任务，在弹出的菜单中选择“删除任务”选项即可将该任务删除，如图3-51所示。

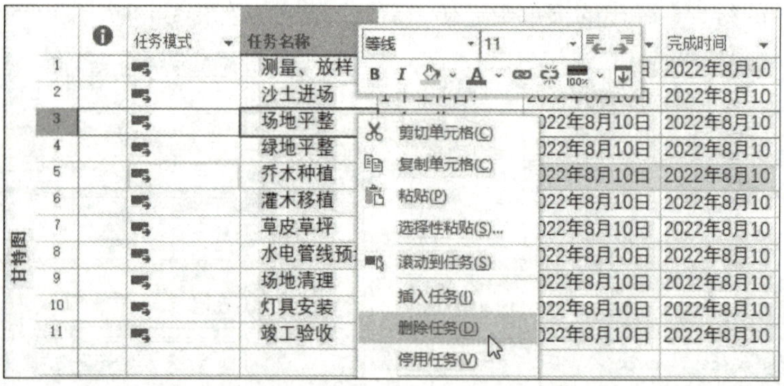

图 3-51 选择“删除任务”选项

上手操作 将任务复制成图片

任务设置完成后将其转换成图片能够保证不被更改。下面介绍使用选择性粘贴操作实现此功能的具体步骤。

步骤01 选中需要复制的任务名称，打开“任务”选项卡，在“剪贴板”组中单击“复制”下拉按钮，选择“复制图片”选项，如图3-52所示。

步骤02 打开“复制图片”对话框，选中“到GIF图像文件”单选按钮，单击“确定”按钮，如图3-53所示。

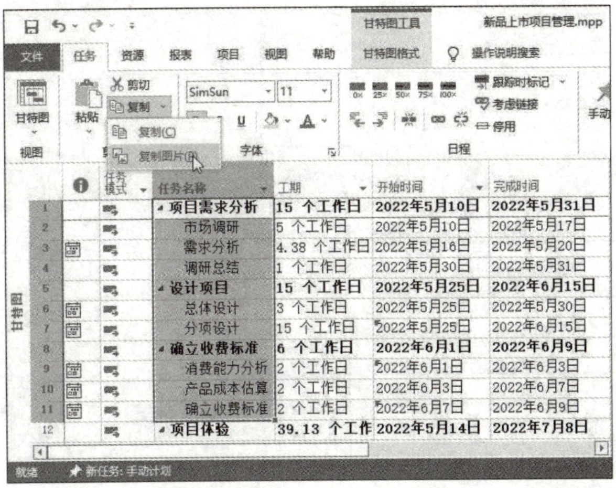

图 3-52 选择“复制图片”选项

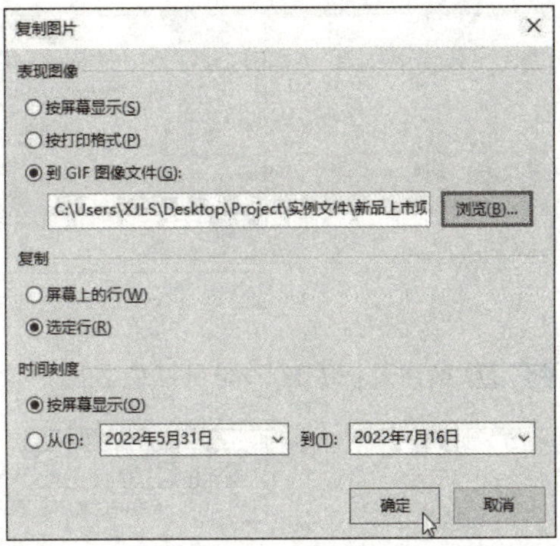

图 3-53 设置复制图片

步骤03 所选任务的全部信息随即以gif图像格式保存到当前项目文档所在的文件夹中，如图3-54所示。

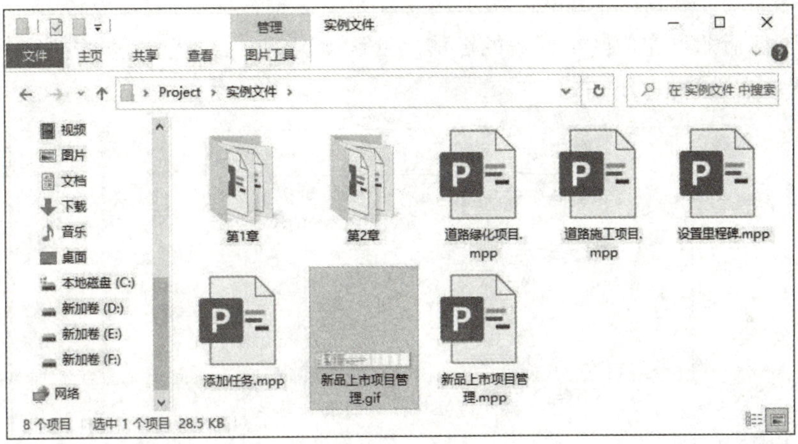

图 3-54 保存为 gif 图像文件

3.3 设置任务链接

在实际工作中，项目任务之间都有一定的顺序，为了更好地将这些任务关联起来，可以设置任务链接。

3.3.1 建立任务链接

通过创建任务之间的链接可建立任务间的关系。创建任务链接的方法有很多种，下面分别进行介绍。

1. 为两个任务创建链接

步骤01 在“甘特图”视图中将光标移动到需要和其他任务创建链接的条形图上方，光标变成“✥”形状，如图3-55所示。

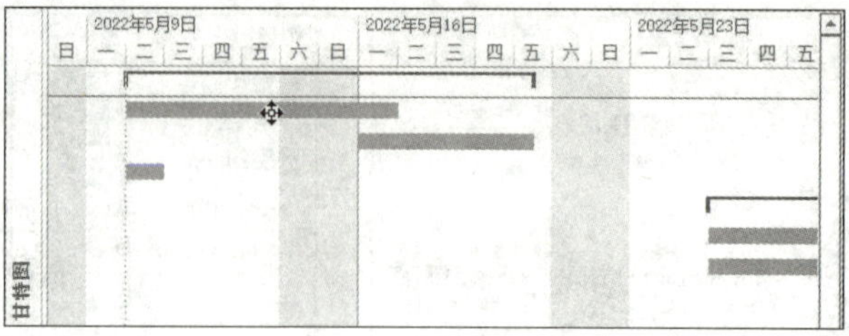

图 3-55　选择条形图

步骤 02 按住鼠标左键，向目标任务图形拖动，如图3-56所示。

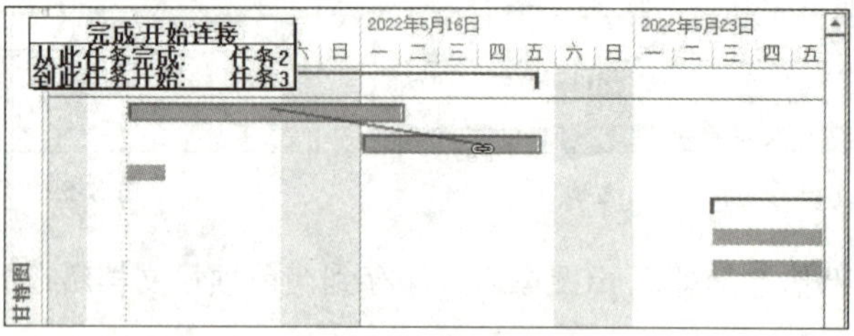

图 3-56　拖动条形图

步骤 03 松开鼠标后即可完成两个任务的链接。默认情况下，此方法建立的链接关系为FS（完成—开始）关系，如图3-57所示。

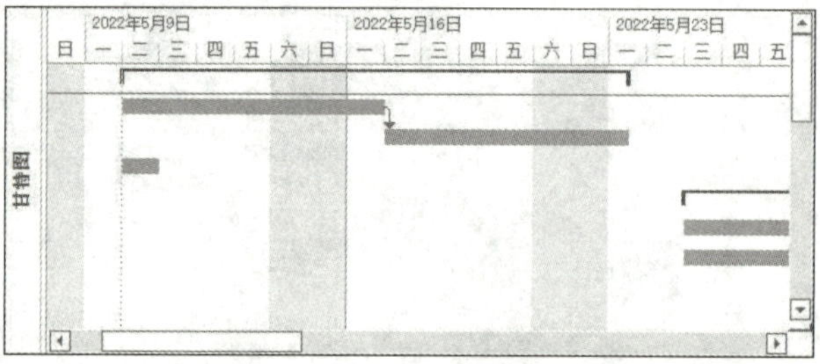

图 3-57　建立链接后的条形图显示

2. 链接多个关联性任务

用户也可以同时为多个具有关联性的任务创建链接，下面介绍具体的操作方法。

步骤 01 在数据编辑区域选中需要建立链接的任务，打开“任务”选项卡，在“日程”组中单击“链接选定的任务”按钮，如图3-58所示。

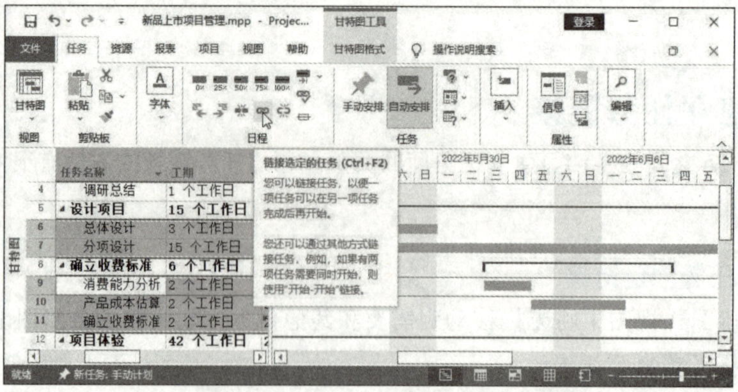

图 3-58　“任务” - “链接选定的任务”操作

步骤02 右侧的甘特图中，选定的任务之间随即自动完成链接，如图3-59所示。

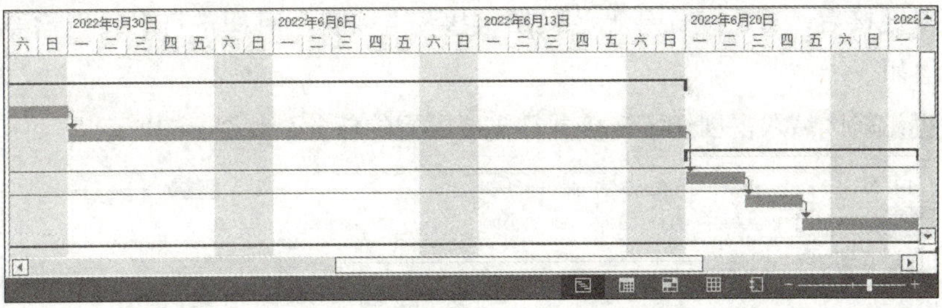

图 3-59 链接完成后的甘特图显示

■3.3.2 任务链接类型分类

任务之间的链接类型是指前置任务和后续任务开始或完成的顺序，它反映了任务之间的相关性。在Project中，任务之间的链接类型分为4种，具体说明如下。

- **完成—开始（FS）：** FS链接类型表示前置任务完成，后续任务才能开始。
- **开始—开始（SS）：** SS链接类型表示前置任务开始，后续任务才能开始。
- **完成—完成（FF）：** FF链接类型表示前置任务完成，后续任务才能完成。
- **开始—完成（SF）：** SF链接类型表示前置任务开始，后续任务才能完成。

■3.3.3 设置任务链接类型

链接类型默认为完成—开始（FS）类型，用户可以根据需要调整任务的链接类型。前面已经介绍了任务相关性的4种类型。下面介绍任务相关性的设置方法。

步骤01 在“甘特图”视图中双击条形图之间的链接线，如图3-60所示。

步骤02 弹出“任务相关性”对话框，单击“类型”下拉按钮，从展开的列表中选择需要的选项，即可调整任务之间的关系，如图3-61所示。

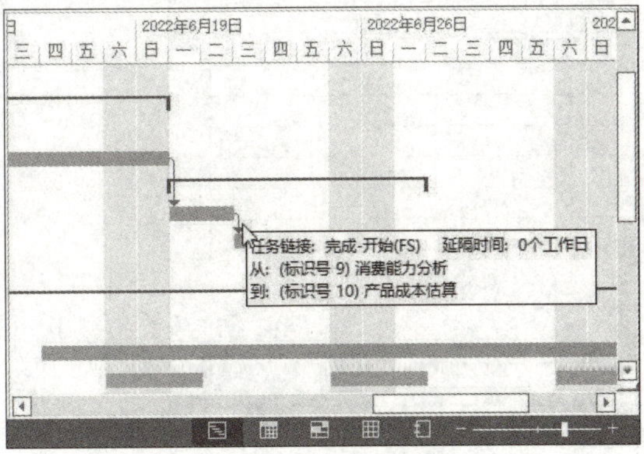

图 3-60 双击链接线

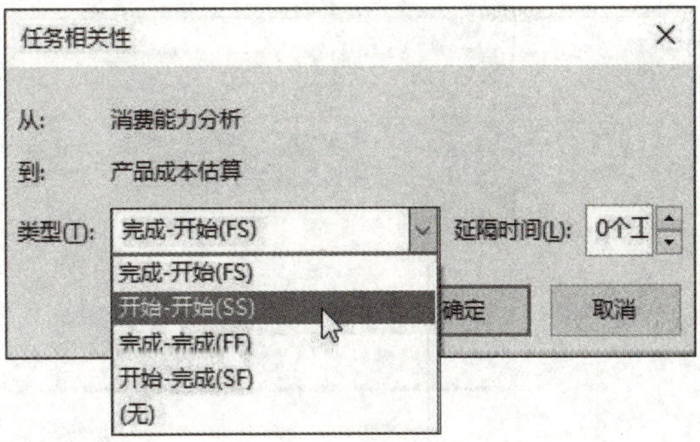

图 3-61 设置链接类型

■3.3.4 延迟和重叠链接任务

延迟任务即推迟任务开始的时间，而重叠任务则是提前任务开始的时间。下面对延迟和重叠链接任务的方法进行详细介绍。

1. 延迟链接任务

添加任务链接后，若后续任务无法按照链接任务安排的时间进行时，则需要延迟项目任务。操作方法如下。

步骤01 在数据编辑区域双击创建了链接并且需要延迟的任务，如图3-62所示。

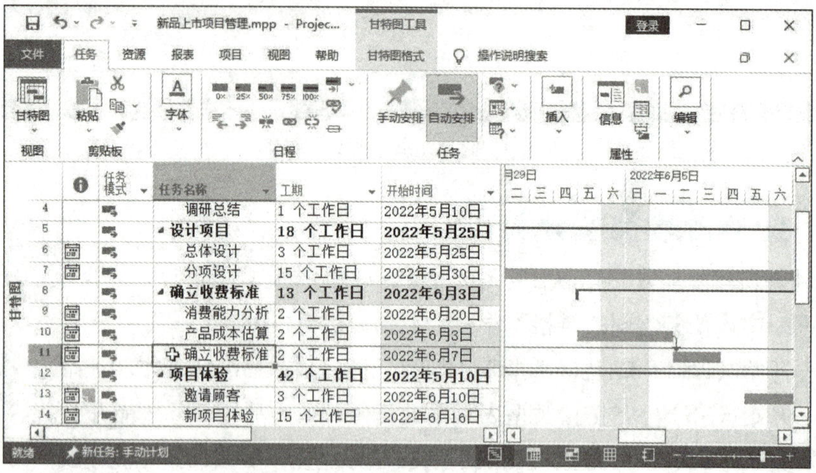

图 3-62 编辑需要延迟的任务

步骤02 弹出“任务信息”对话框，打开“前置任务”选项卡，在“延隔时间”微调框中设置好延迟的时间，再单击“确定”按钮即可延迟任务的开始时间，如图3-63所示。

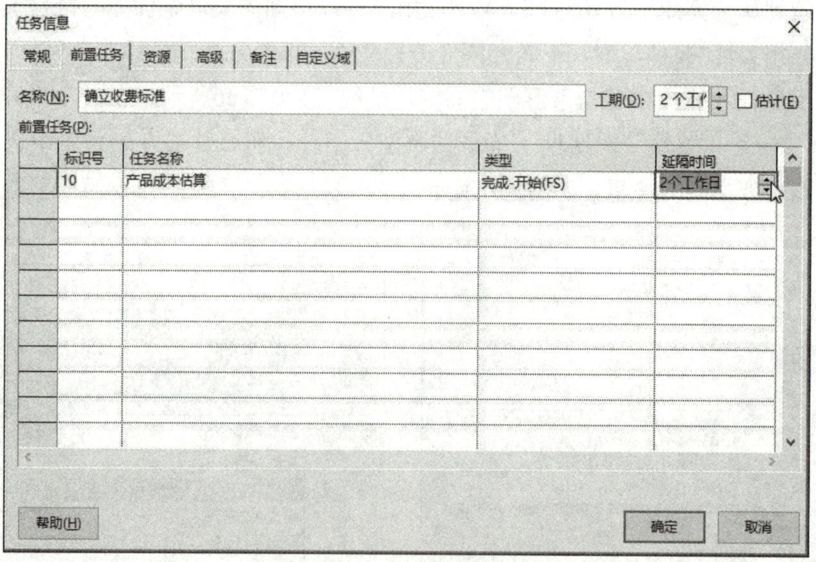

图 3-63 设置延隔时间

2. 重叠链接任务

在前置任务尚未完成时便开始后续任务，称为重叠链接任务。重叠任务的设置方法和延迟任务的设置方法相同，只是需要将“任务信息”对话框中的“延隔时间”设置成负值，如图3-64所示。

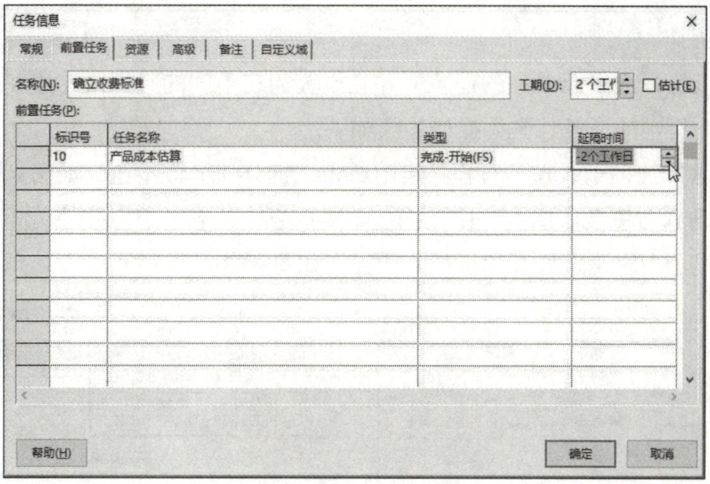

图 3-64 设置延隔时间

■3.3.5 取消任务链接

若想取消任务之间的链接，可以使用“取消链接任务”命令，具体操作方法如下。

步骤01 在数据编辑区将设置了链接的任务选中，打开“任务”选项卡，在“日程”组中单击“取消链接任务”按钮，如图3-65所示。

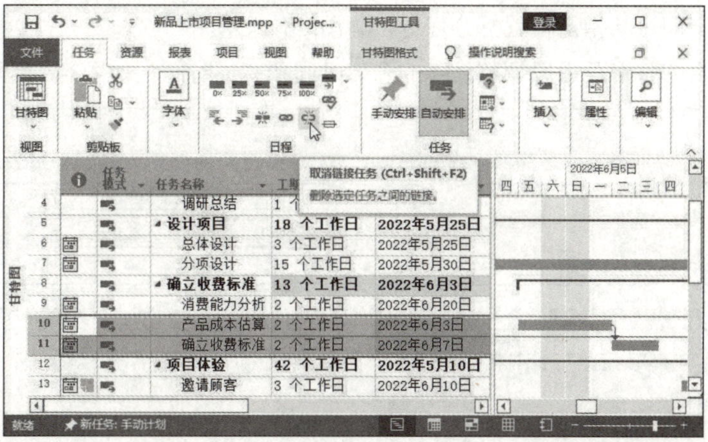

图 3-65 “任务”-“取消链接任务”操作

步骤02 原本链接的任务即可被取消链接，在甘特图中可以看到条形之间的链接线已经被清除，如图3-66所示。

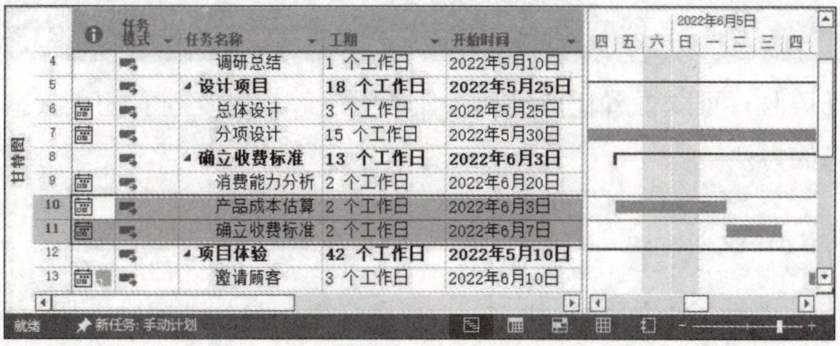

图 3-66 取消链接后的任务显示

上手操作 拆分任务

一个任务可以拆分成多个单独的任务，并且设置为在不同的时间段完成。下面将使用“拆分任务”功能拆分指定的任务，具体操作步骤如下。

步骤01 打开“任务”选项卡，在“日程”组中单击“拆分任务”按钮，如图3-67所示。

步骤02 将光标移动到右侧条形图中，使光标在需要拆分的条形图上方移动，此时光标呈“|▶”形状。通过屏幕提示内容确定好开始拆分的位置，如图3-68所示。

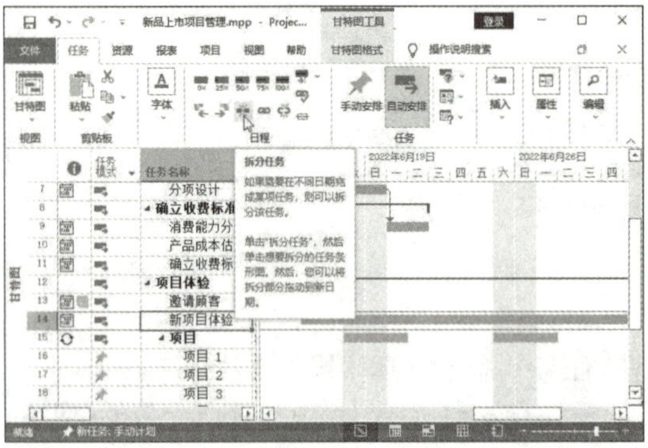

图 3-67 “任务”－“拆分任务”操作

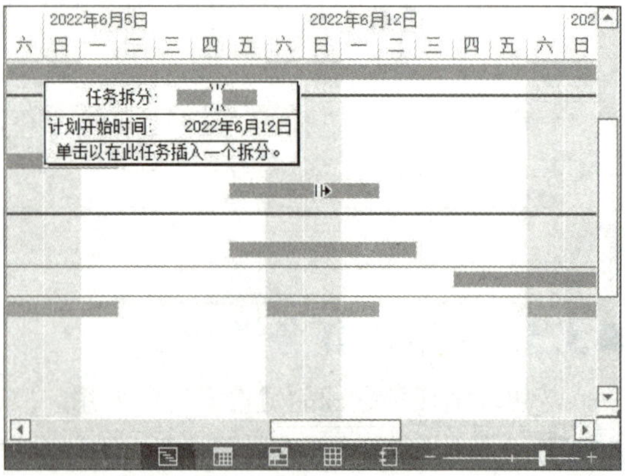

图 3-68 确定拆分位置

步骤03 单击鼠标，即可从指定位置拆分任务，如图3-69所示。

步骤04 拖动拆分后的条形还可以调整任务的开始时间和完成时间，如图3-70所示。

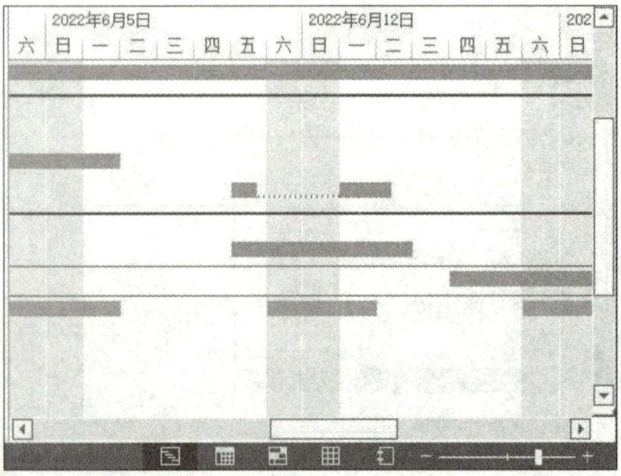

图 3-69 拆分后的条形图显示

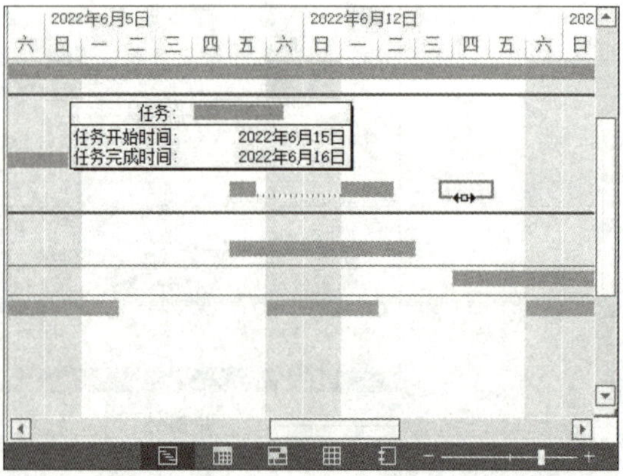

图 3-70 调整任务的开始时间和完成时间

3.4 设置任务信息

为项目添加任务时，可以设置任务类型、任务限制等信息及查看任务状态信息。下面详细介绍设置任务信息的方法。

■3.4.1 设置任务类型

任务类型默认为“固定单位”，除此之外，任务类型还包括“固定工期”和“固定工时”。这3种任务类型的详细说明如下。

1. 固定单位

此类型为默认创建的任务类型。采用该类型时，不管任务工时量或工期如何改变，工作分配单位都会保持不变。

2. 固定工期

不管任务工时量或分配给任务的资源如何改变，任务工期都保持不变。

3. 固定工时

不管任务工期或分配给任务的资源量如何改变，任务工时量都保持不变。

更改任务类型的方法如下。

在数据标记区双击需要修改任务类型的任务，打开“任务信息”对话框，打开“高级”选项卡，单击“任务类型”下拉按钮，在展开的列表中即可选择任务类型，如图3-71所示。

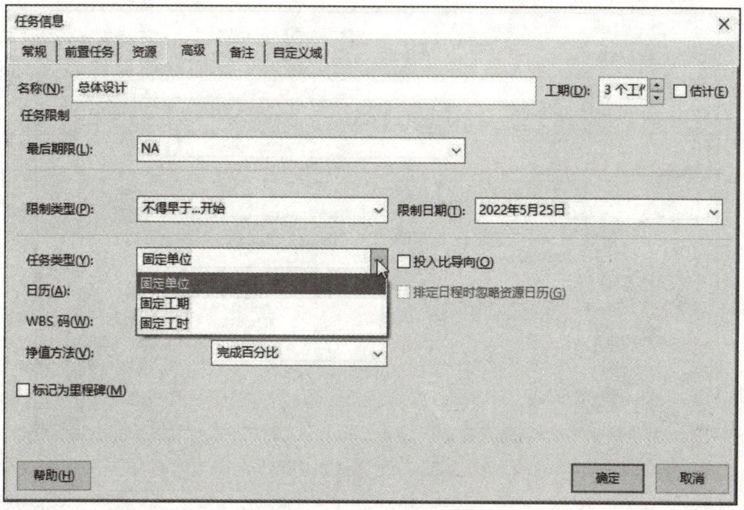

图 3-71　设置任务类型

■3.4.2　设置任务的时间限制

任务限制的类型包括“最后期限”和“限制类型”两种，用户可根据需要对正在编辑的任务做出相应限制。下面分别介绍设置这两种任务限制的方法。

1. 设置任务的最后期限

默认情况下Project的限制日期为NA，这表示该任务不受任何限制。用户可根据需要设置任务的最后期限，具体操作步骤如下。

步骤 01 在数据编辑区域中选择需要设置最后期限的任务，打开“任务”选项卡，在“属性”组中单击“信息”按钮，如图3-72所示。

步骤 02 弹出“任务信息”对话框，打开“高级”选项卡，在最后期限文本框中输入日期，再单击“确定”按钮，如图3-73所示。

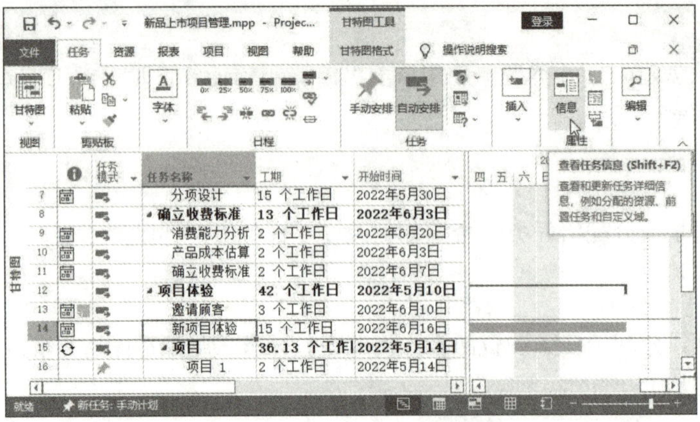

图 3-72 “任务”－“信息”操作

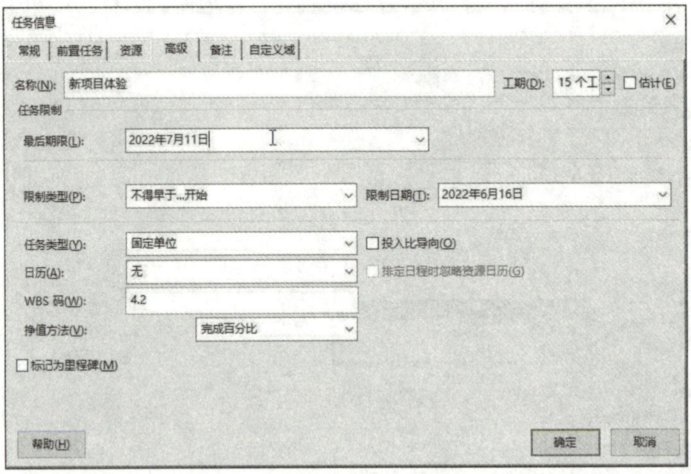

图 3-73 设置最后期限

步骤03 所选任务右侧的条形图中，对应日期刻度下方会出现一个向下的箭头，提醒用户此处有一个限定日期，如图3-74所示。

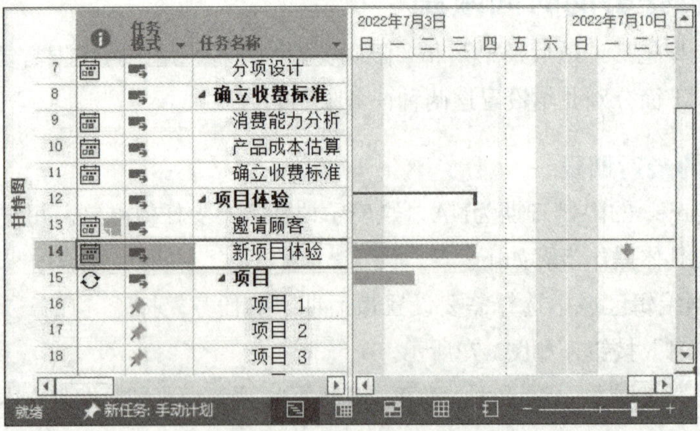

图 3-74 设置后条形图的显示

2. 设置强制限定

项目任务的限制类型共有8种，每种类型的具体说明如下。

（1）越早越好。

选定任务尽可能早开始，但不得早于项目开始时间。

（2）越晚越好。

选定任务越晚开始越好，但不得晚于项目结束时间。

（3）必须开始于。

选定任务必须在指定日期开始。

（4）必须完成于。

选定任务必须在指定日期完成。

（5）不得晚于…开始。

选定任务的开始日期不得晚于指定日期。

（6）不得晚于…完成。

选定任务的完成日期不得晚于指定日期。

（7）不得早于…开始。

选定任务的开始日期不得早于指定日期。

（8）不得早于…完成。

选定任务的完成日期不得早于指定日期。

下面详细介绍设置项目任务的限制类型的具体方法。

步骤01 在数据编辑区域中双击项目任务，弹出“任务信息”对话框，打开“高级”选项卡，设置好“限制类型”，如图3-75所示。

步骤02 接着设置限制日期，设置完成后单击“确定”按钮，关闭对话框，如图3-76所示。

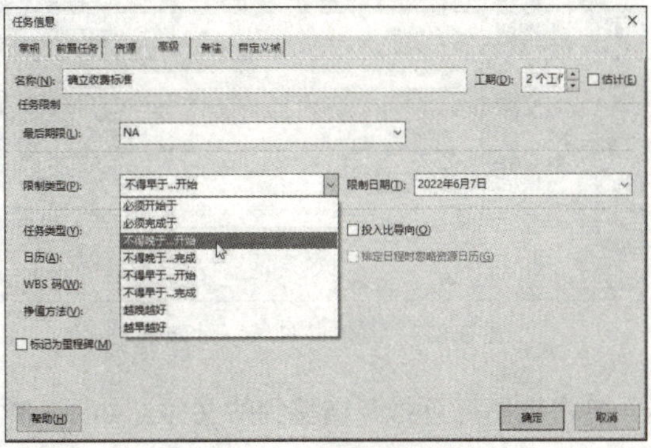

图 3-75　设置限制类型

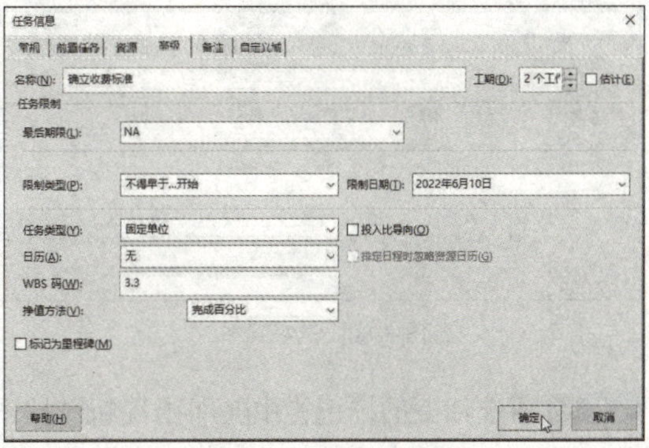

图 3-76　设置限制日期

步骤03 将光标移动至最左侧日历标记上方，屏幕中会出现具体的限制条件以及限制日期，如图3-77所示。

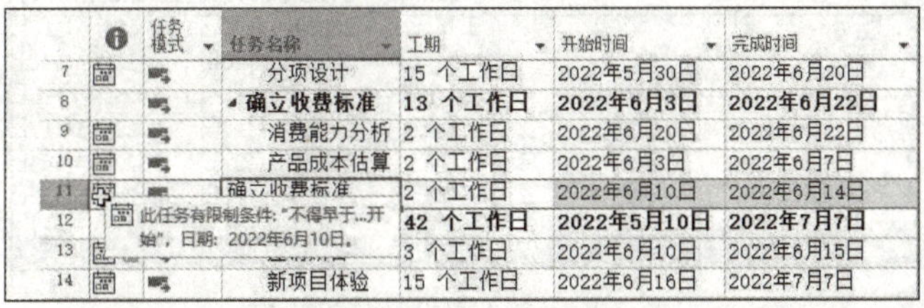

图 3-77　限制条件显示

上手操作 为项目任务添加超链接

项目中添加的任务可以与外部文件或其他信息进行链接，以便在Project中获取其他相关联的文件信息，下面介绍具体的操作。

步骤01 右击需要创建超链接的任务，在弹出的菜单中选择“链接”选项，如图3-78所示。

步骤02 弹出“插入超链接”对话框，单击“浏览文件”按钮，如图3-79所示。

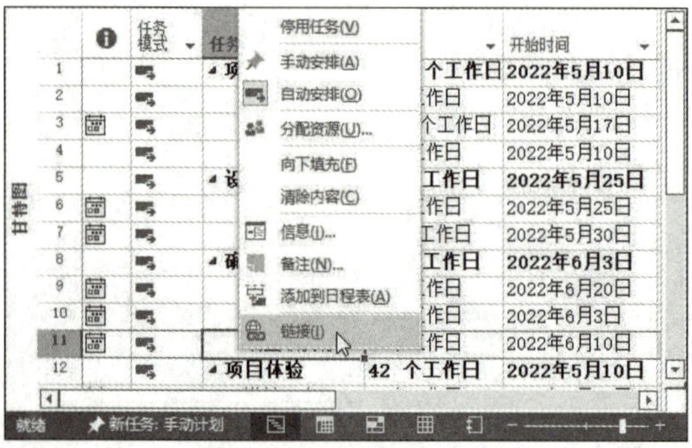

图 3-78 选择“链接”选项

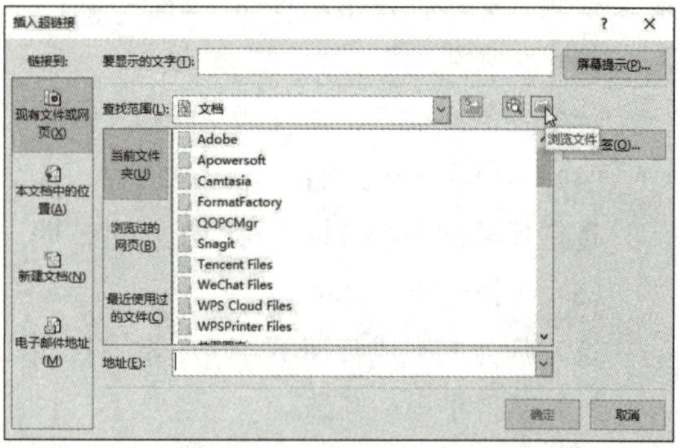

图 3-79 “插入超链接”对话框

步骤03 弹出“链接到文件”对话框，选中需要链接到的文件，单击“确定”按钮，如图3-80所示。

步骤04 返回到“插入超链接”对话框，单击“确定”按钮，如图3-81所示。

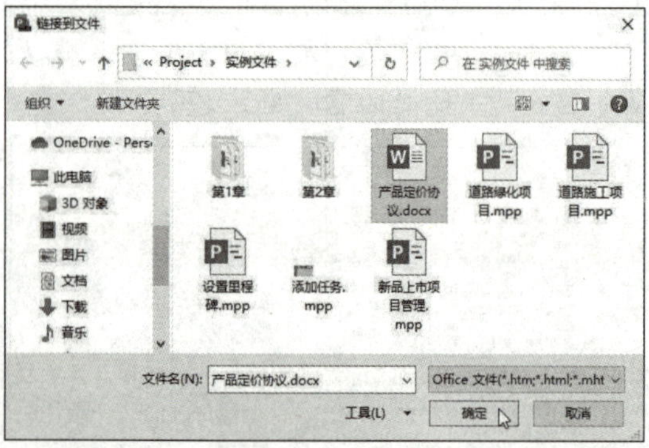

图 3-80 选择文件

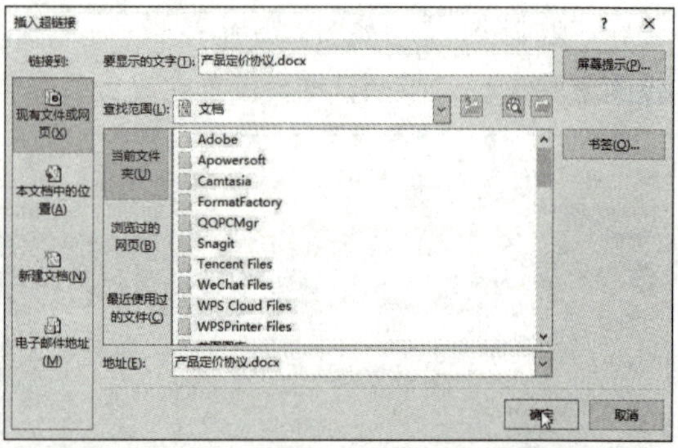

图 3-81 “插入超链接”对话框

步骤05 所选任务的标记栏中随即出现超链接图标，单击该图标可打开链接到的文件，如图3-82所示。

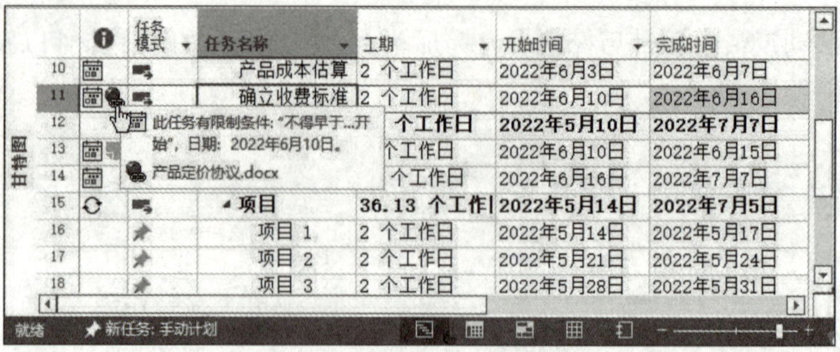

图 3-82 插入超链接后的显示

实战演练 创建“连锁奶茶店项目”

通过对本章内容的学习，相信大家对项目任务的创建以及各种编辑方法已经有所了解，接下来综合本章所学知识创建“连锁奶茶店项目”。

扫码观看视频

1. 添加任务

步骤01 新建Project项目文档，设置项目文档名称为“连锁奶茶店项目”，如图3-83所示。

步骤02 在窗口底部状态栏中单击“新任务：手动计划”选项。在展开的列表中选择“自动计划—任务日期由 Microsoft Project 计算”选项，将默认任务模式调整为自动计划，如图3-84所示。

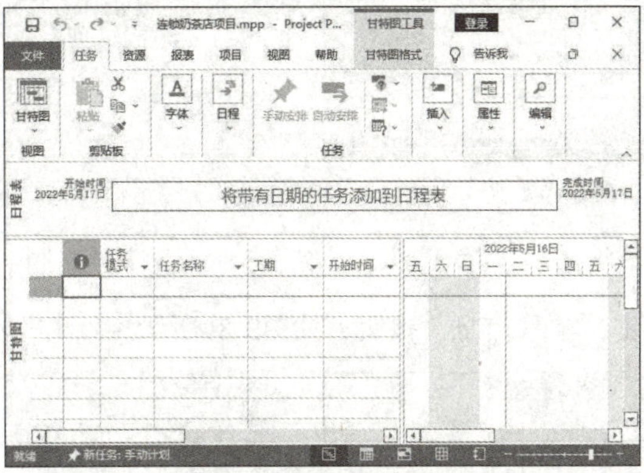

图 3-83 新建项目

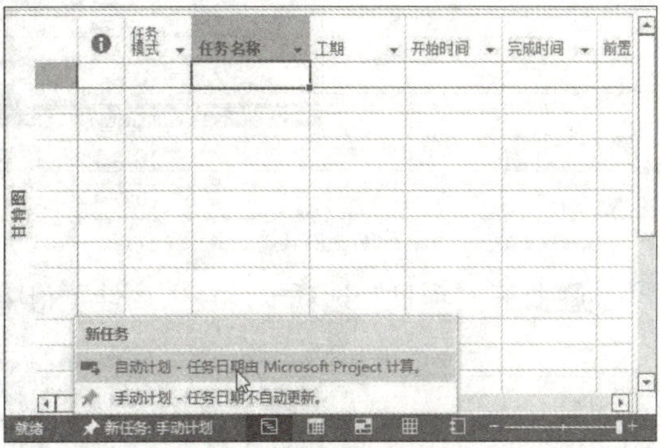

图 3-84 调整任务模式

步骤03 在“任务名称”域标题下方的单元格中输入第1项任务名称，如图3-85所示。

步骤04 该任务默认使用自动计划模式，如图3-86所示。

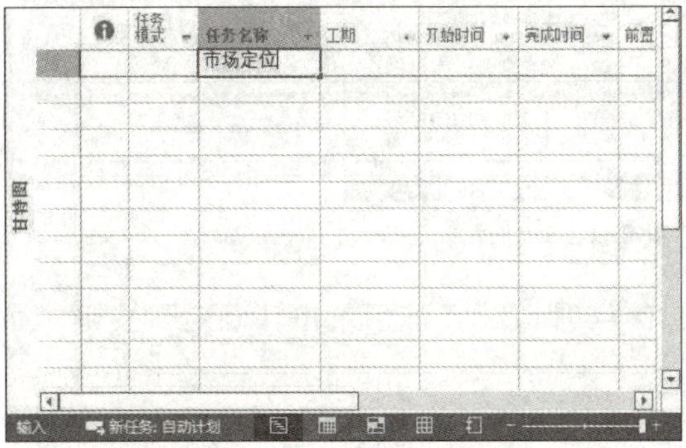

图 3-85 输入任务名称

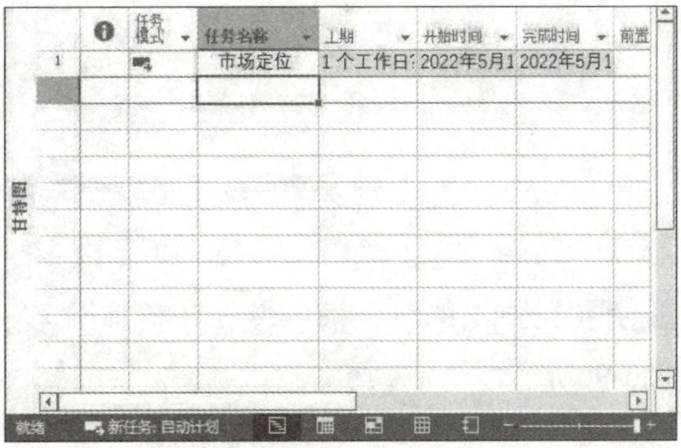

图 3-86 第 1 项任务的显示

步骤05 继续输入该项目的所有任务名称，如图3-87所示。

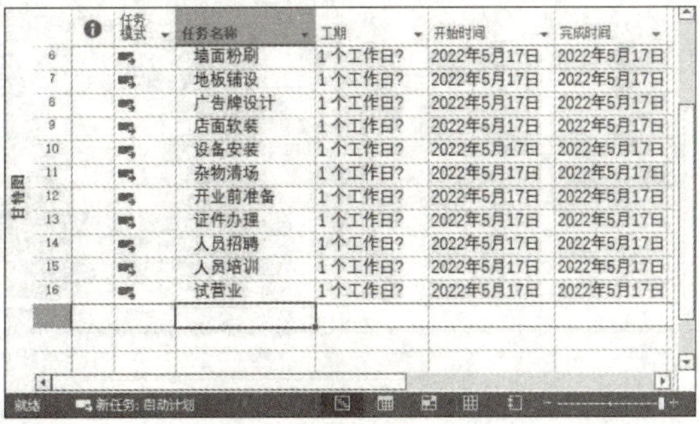

图 3-87 任务列表显示

步骤06 根据需要设置好每项任务的工期，此时默认的开始时间为当前日期，完成时间根据工期以及开始时间自动计算，如图3-88所示。

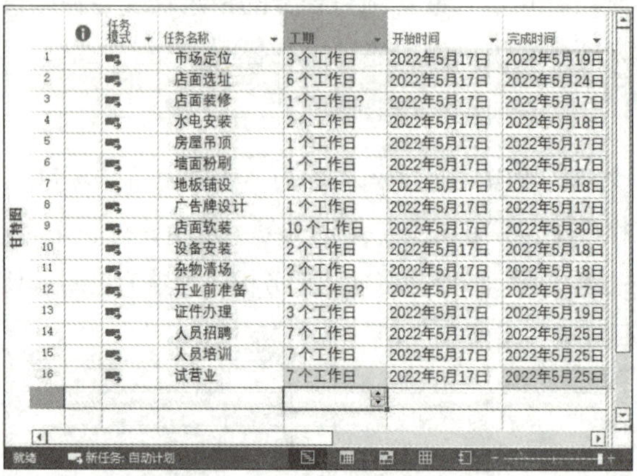

图 3-88 设置每项任务的工期

2. 设置项目开始时间

步骤01 打开“项目”选项卡，在“属性”组中单击“项目信息”按钮，如图3-89所示。

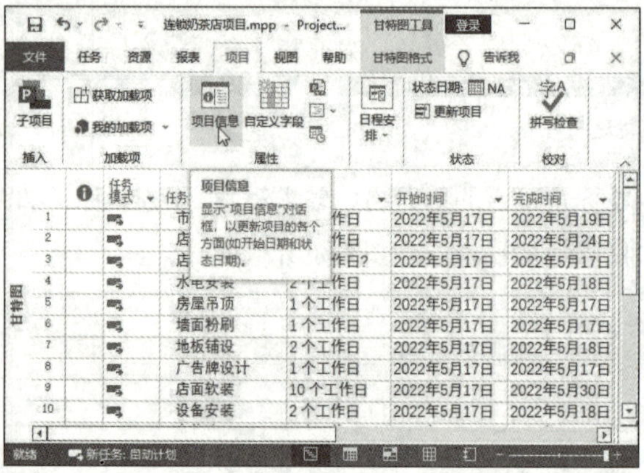

图 3-89 “项目”-“项目信息”操作

步骤02 在弹出的对话框中设置开始日期为“2022年6月1日”，随后单击“确定”按钮，如图3-90所示。

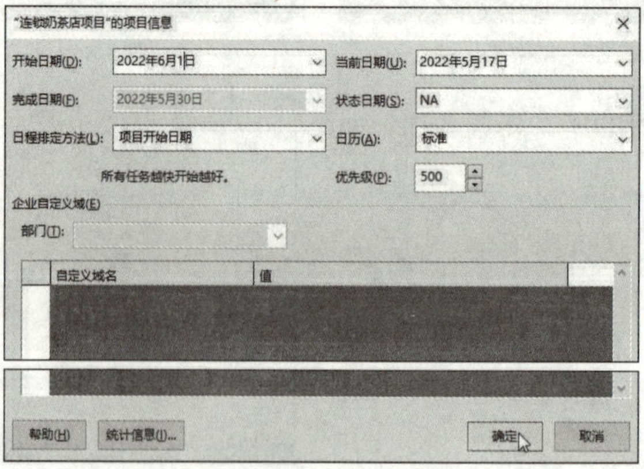

图 3-90 设置开始日期

3. 设置任务摘要

步骤01 选中第1、2两条任务名称，打开“任务”选项卡，在“插入”组中单击“摘要”按钮，如图3-91所示。

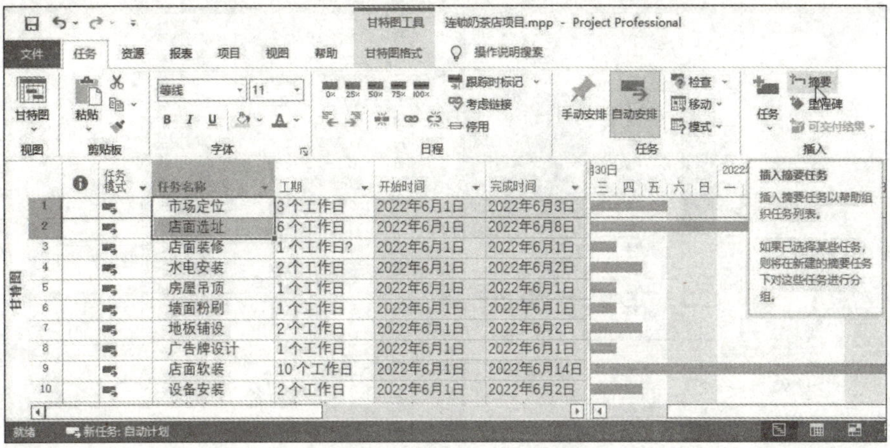

图 3-91 “任务” - “摘要” 操作

步骤02 所选任务上方随即被插入新摘要任务，并自动计算工期以及完成时间，如图3-92所示。

步骤03 修改该新摘要任务的名称为“前期准备”，如图3-93所示。

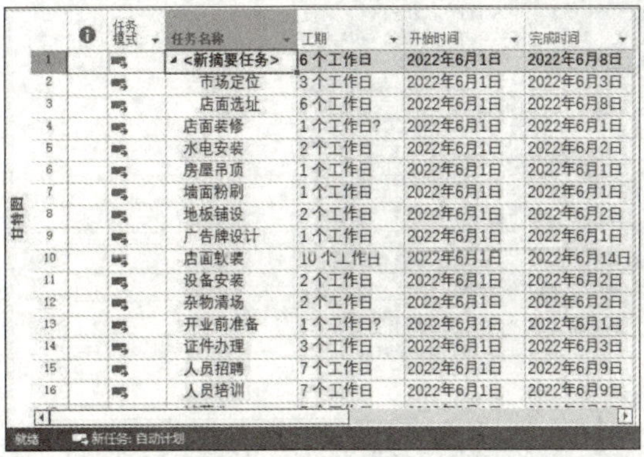

图 3-92 插入摘要后的任务显示

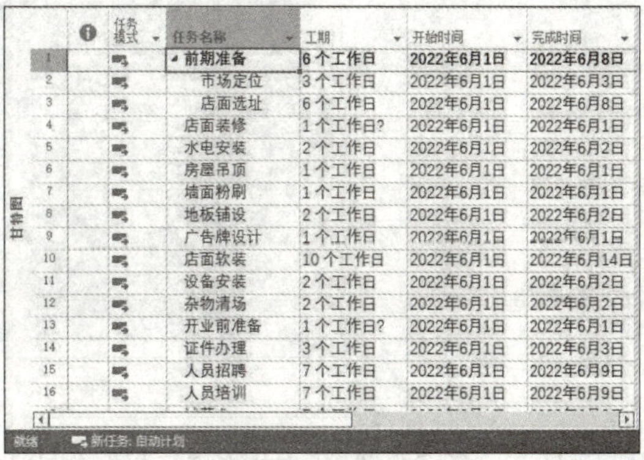

图 3-93 修改摘要名称

步骤04 选中第5~12条任务名称，在“任务”选项卡中的“日程”组内单击“降级任务”按钮，如图3-94所示。

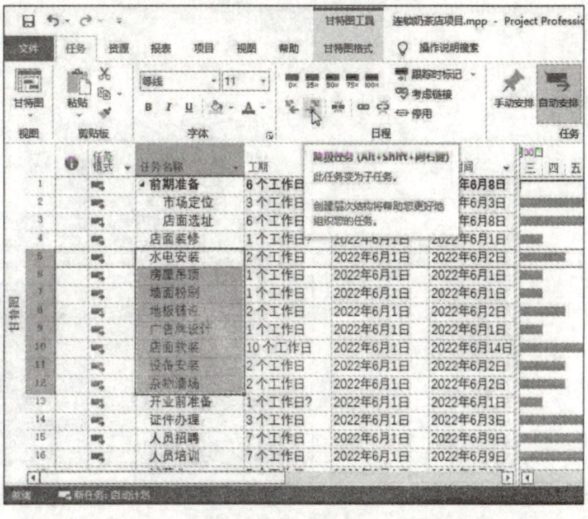

图 3-94 “任务” - “降级任务” 操作

步骤05 所选任务上方的任务随即自动被设置为摘要任务，如图3-95所示。参照上述步骤继续为剩余任务设置摘要。

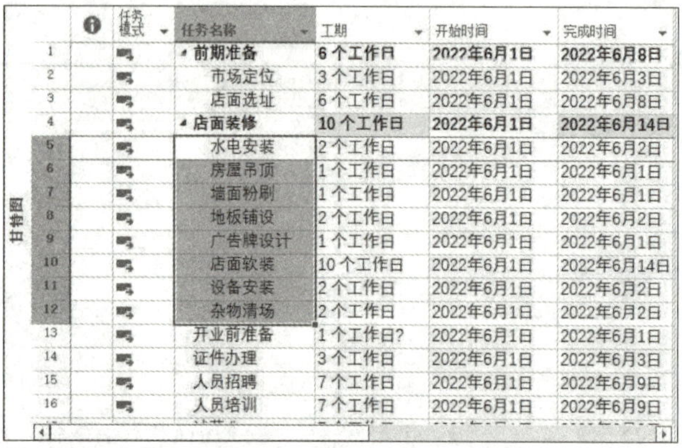

	任务名称	工期	开始时间	完成时间
1	◢ 前期准备	6个工作日	2022年6月1日	2022年6月8日
2	市场定位	3个工作日	2022年6月1日	2022年6月3日
3	店面选址	6个工作日	2022年6月1日	2022年6月8日
4	◢ 店面装修	10个工作日	2022年6月1日	2022年6月14日
5	水电安装	2个工作日	2022年6月1日	2022年6月2日
6	房屋吊顶	1个工作日	2022年6月1日	2022年6月1日
7	墙面粉刷	1个工作日	2022年6月1日	2022年6月1日
8	地板铺设	2个工作日	2022年6月1日	2022年6月2日
9	广告牌设计	1个工作日	2022年6月1日	2022年6月1日
10	店面软装	10个工作日	2022年6月1日	2022年6月14日
11	设备安装	2个工作日	2022年6月1日	2022年6月2日
12	杂物清场	2个工作日	2022年6月1日	2022年6月2日
13	开业前准备	1个工作日?	2022年6月1日	2022年6月1日
14	证件办理	3个工作日	2022年6月1日	2022年6月3日
15	人员招聘	7个工作日	2022年6月1日	2022年6月9日
16	人员培训	7个工作日	2022年6月1日	2022年6月9日

图 3-95　降级后任务显示

4. 链接任务

步骤01 在数据编辑区左上角单击，全选数据编辑区域，如图3-96所示。

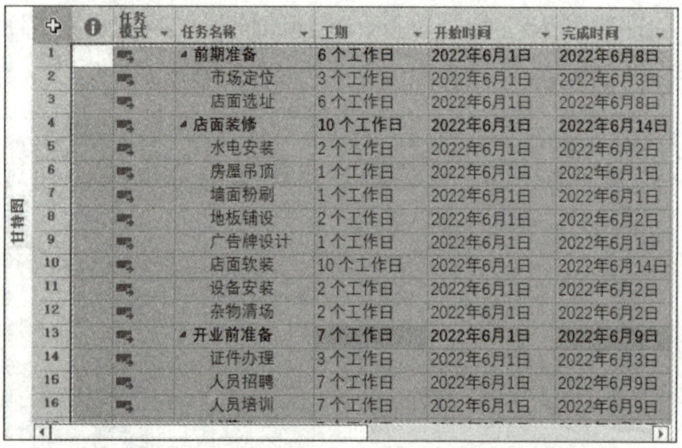

	任务名称	工期	开始时间	完成时间
1	◢ 前期准备	6个工作日	2022年6月1日	2022年6月8日
2	市场定位	3个工作日	2022年6月1日	2022年6月3日
3	店面选址	6个工作日	2022年6月1日	2022年6月8日
4	◢ 店面装修	10个工作日	2022年6月1日	2022年6月14日
5	水电安装	2个工作日	2022年6月1日	2022年6月2日
6	房屋吊顶	1个工作日	2022年6月1日	2022年6月1日
7	墙面粉刷	1个工作日	2022年6月1日	2022年6月1日
8	地板铺设	2个工作日	2022年6月1日	2022年6月2日
9	广告牌设计	1个工作日	2022年6月1日	2022年6月1日
10	店面软装	10个工作日	2022年6月1日	2022年6月14日
11	设备安装	2个工作日	2022年6月1日	2022年6月2日
12	杂物清场	2个工作日	2022年6月1日	2022年6月2日
13	◢ 开业前准备	7个工作日	2022年6月1日	2022年6月9日
14	证件办理	3个工作日	2022年6月1日	2022年6月3日
15	人员招聘	7个工作日	2022年6月1日	2022年6月9日
16	人员培训	7个工作日	2022年6月1日	2022年6月9日

图 3-96　全选操作界面

步骤02 在“任务”选项卡中的“日程”组内单击“链接选定的任务”按钮，如图3-97所示。

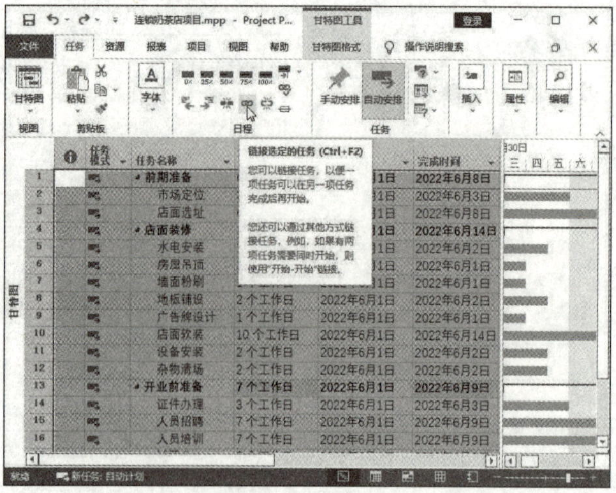

图 3-97　“任务”－“链接选定的任务”操作

步骤03 链接任务后，所有任务的开始时间以及完成时间将根据工期和项目的开始时间自动进行计算，如图3-98所示。

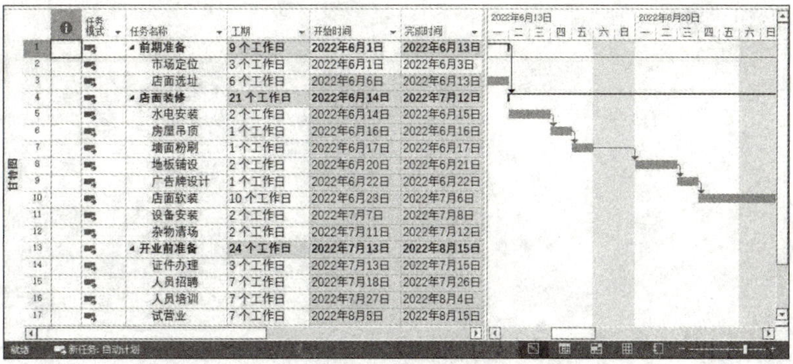

图 3-98 链接任务后的界面显示

5. 设置前置任务以及限制任务类型

步骤01 在数据编辑区域中双击“房屋吊顶”任务，如图3-99所示。

步骤02 弹出“任务信息”对话框，打开“前置任务”选项卡，单击“类型”下拉按钮，选择“开始-开始（SS）”选项，如图3-100所示。单击“确定”按钮，关闭此对话框。

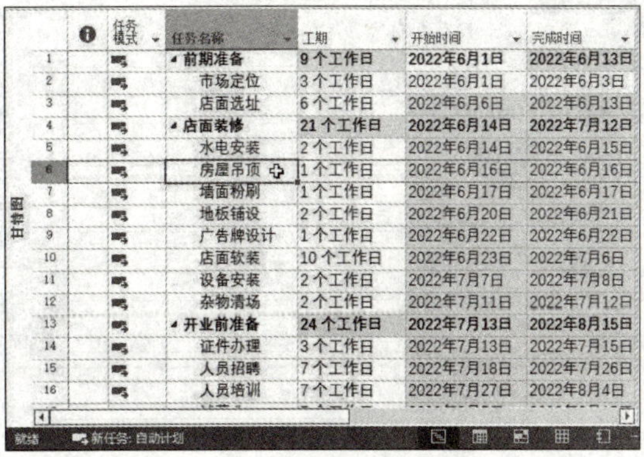

图 3-99 双击选中任务操作界面

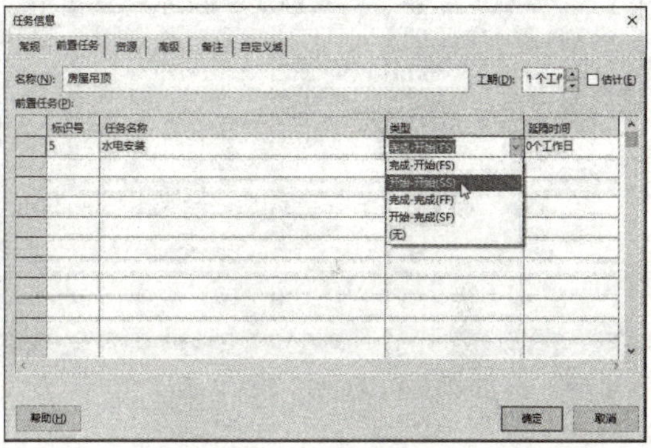

图 3-100 设置前置任务项

步骤03 双击“广告牌设计”任务，再次打开“任务信息”对话框，打开“高级”选项卡，设置“限制类型”为“不得晚于…完成”，设置限制日期为“2022/7/10”，单击“确定”按钮，如图3-101所示。

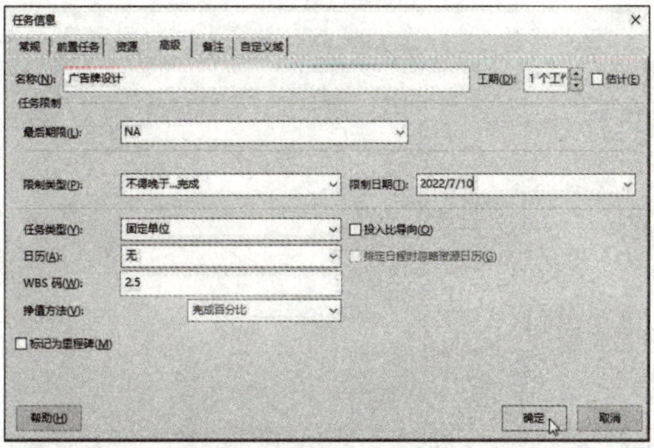

图 3-101 设置限制类型与限制日期

步骤 04 弹出“规划向导”对话框，选择“继续，设定不得晚于…完成限制。”单选按钮，单击“确定”按钮，如图3-102所示。

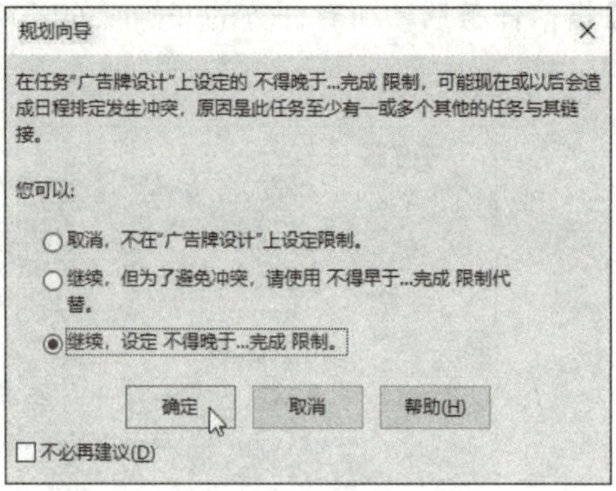

图 3-102　设置“规划向导”

6. 设置里程碑

步骤 01 双击“设备安装”任务，如图3-103所示。

步骤 02 弹出“任务信息”对话框，打开“高级”选项卡，勾选“编辑为里程碑”复选框，单击“确定”按钮，如图3-104所示。

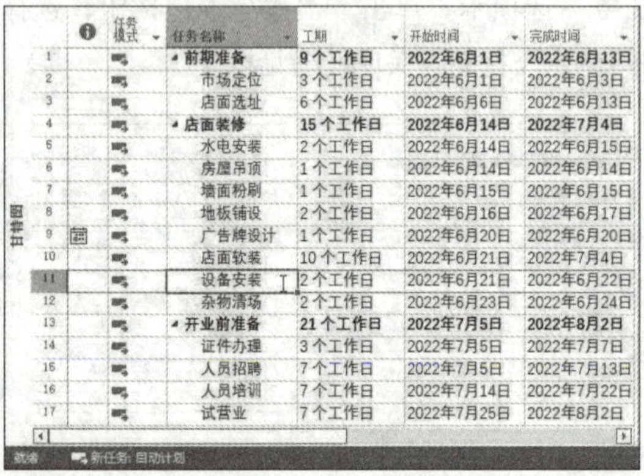

图 3-103　双击选中任务操作

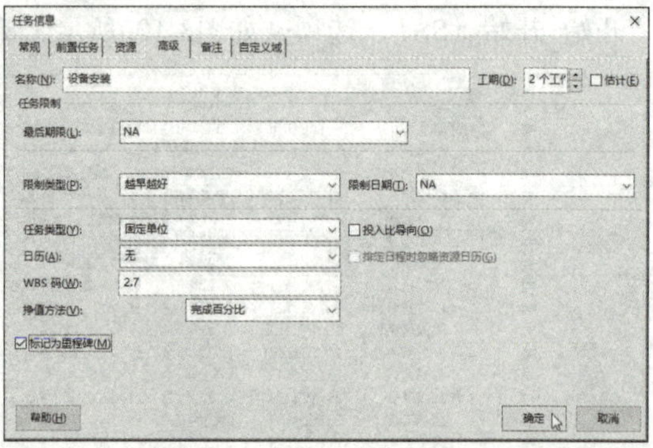

图 3-104　设置里程碑标记

步骤 03 所选任务随即被设置成里程碑任务。至此，完成“连锁奶茶店项目”的创建，效果如图3-105所示。

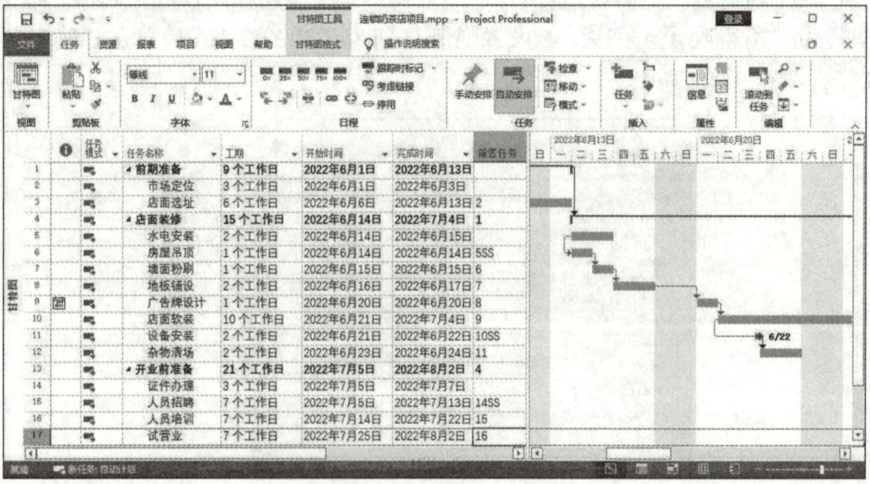

图 3-105　项目完成后效果图

课后作业

本章主要对项目任务的创建、编辑、链接以及任务信息的设置等知识进行了详细介绍。下面要为道路绿化项目创建摘要及里程碑任务，具体操作要求如下。

（1）使用“降级任务”或“升级任务”操作将项目中的指定任务设置成摘要任务，如图3-106所示。

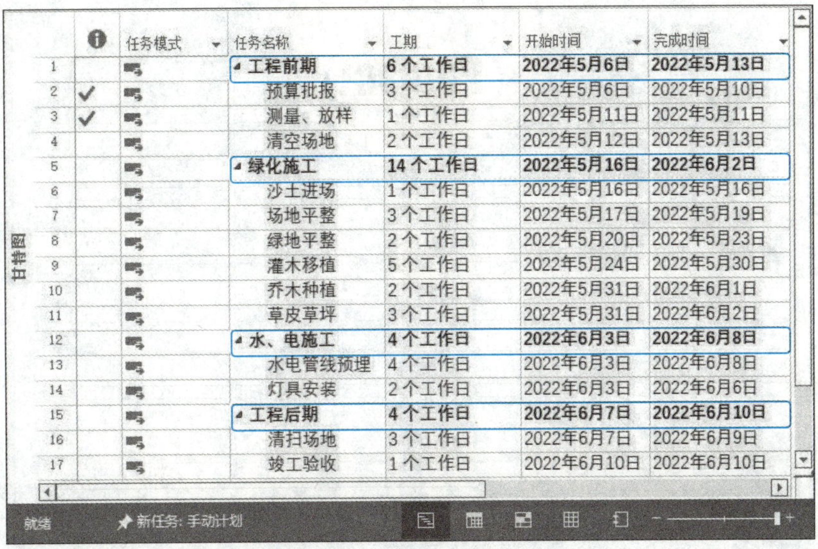

		任务模式	任务名称	工期	开始时间	完成时间
1			工程前期	6 个工作日	2022年5月6日	2022年5月13日
2	✓		预算批报	3 个工作日	2022年5月6日	2022年5月10日
3	✓		测量、放样	1 个工作日	2022年5月11日	2022年5月11日
4			清空场地	2 个工作日	2022年5月12日	2022年5月13日
5			绿化施工	14 个工作日	2022年5月16日	2022年6月2日
6			沙土进场	1 个工作日	2022年5月16日	2022年5月16日
7			场地平整	3 个工作日	2022年5月17日	2022年5月19日
8			绿地平整	2 个工作日	2022年5月20日	2022年5月23日
9			灌木移植	5 个工作日	2022年5月24日	2022年5月30日
10			乔木种植	2 个工作日	2022年5月31日	2022年6月1日
11			草皮草坪	3 个工作日	2022年5月31日	2022年6月2日
12			水、电施工	4 个工作日	2022年6月3日	2022年6月8日
13			水电管线预埋	4 个工作日	2022年6月3日	2022年6月8日
14			灯具安装	2 个工作日	2022年6月3日	2022年6月6日
15			工程后期	4 个工作日	2022年6月7日	2022年6月10日
16			清扫场地	3 个工作日	2022年6月7日	2022年6月9日
17			竣工验收	1 个工作日	2022年6月10日	2022年6月10日

图 3-106 任务显示效果图

（2）使用“里程碑”命令在“水电管线预埋”任务下方插入“地面施工结束”里程碑任务，如图3-107所示。

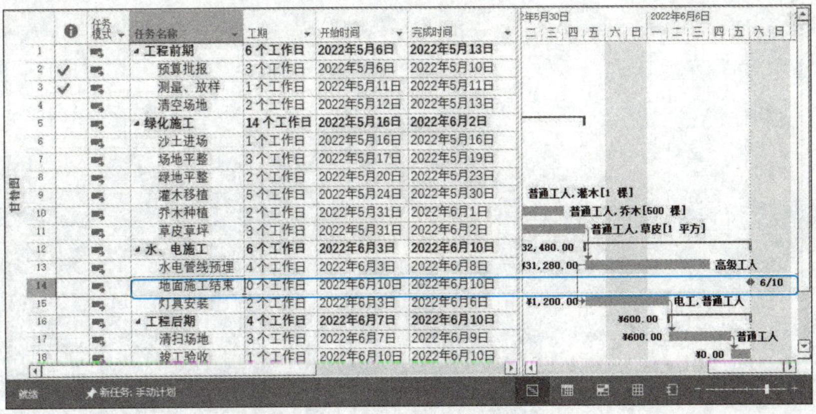

		任务模式	任务名称	工期	开始时间	完成时间
1			工程前期	6 个工作日	2022年5月6日	2022年5月13日
2	✓		预算批报	3 个工作日	2022年5月6日	2022年5月10日
3	✓		测量、放样	1 个工作日	2022年5月11日	2022年5月11日
4			清空场地	2 个工作日	2022年5月12日	2022年5月13日
5			绿化施工	14 个工作日	2022年5月16日	2022年6月2日
6			沙土进场	1 个工作日	2022年5月16日	2022年5月16日
7			场地平整	3 个工作日	2022年5月17日	2022年5月19日
8			绿地平整	2 个工作日	2022年5月20日	2022年5月23日
9			灌木移植	5 个工作日	2022年5月24日	2022年5月30日
10			乔木种植	2 个工作日	2022年5月31日	2022年6月1日
11			草皮草坪	3 个工作日	2022年5月31日	2022年6月2日
12			水、电施工	6 个工作日	2022年6月3日	2022年6月10日
13			水电管线预埋	4 个工作日	2022年6月3日	2022年6月8日
14			地面施工结束	0 个工作日	2022年6月10日	2022年6月10日
15			灯具安装	2 个工作日	2022年6月3日	2022年6月6日
16			工程后期	4 个工作日	2022年6月7日	2022年6月10日
17			清扫场地	3 个工作日	2022年6月7日	2022年6月9日
18			竣工验收	1 个工作日	2022年6月10日	2022年6月10日

图 3-107 插入里程碑任务后效果图

第4章

定制项目资源

内容概要

在Project中完成项目任务的添加以及各种设置后，还需要为任务合理分配资源，才能确保项目的完成时间以及完成质量。本章将详细介绍资源的创建、分配及管理等内容。

数字资源

【本章素材】："素材文件\第4章"目录下

【本章实战演练最终文件】："素材文件\第4章\实战演练"目录下

4.1 项目资源的创建

项目资源是指参与项目的人员、设备、材料、资金等任何形式的资源。在学习如何创建项目资源之前需要先了解项目资源的基础知识。

■4.1.1 Project中的资源类型

在Project中，成本的管理基本是通过资源实现的。项目的直接成本可划分成三类“资源”，包括工时资源、材料资源及成本资源。

1. 工时资源

工时资源是指完成项目过程中需要按时付费的资源，它要求参与任务的人员和设备资源需要按照工时开展计划。

例如，在开展计划过程中，需要的人力成本（可以理解为参与项目人员的工资）是按照参与项目的时间来支付；在项目开展过程中，如果需要租赁一些房屋、大型设备、临时场地等一些按时间付费的资源，这些都属于工时资源。工时资源和其他两种资源最有效的区分方式是工时资源会受到时间的限制。

2. 材料资源

材料资源是指完成项目过程中所需要使用到的可消耗的材料或者供应品。在项目中设置材料资源便于跟踪项目的资源消耗量以及成本额，材料资源会随着项目的逐步完成而消耗。

例如，混凝土、石灰、瓷砖、地板、五金器材、玻璃、木材等都属于材料资源。在设置材料资源时，还可以按需定义材料资源的单位或标签。例如，Pcs（片），Kg（千克）、吨、箱、立方米、平方米等。材料资源与其他两种资源的区分方式是：材料资源是按数量计算费用的资源，在使用过程中会受到数量的限制。

3. 成本资源

成本资源是指项目的财务、债务。在项目完成过程中，成本资源不参与工作，也不影响日程的安排。

例如，住宿费、礼品费、交通费、资产成本或其他固定任务成本等。设置成本资源时，需设置默认的按比例分摊成本累算值。向任务分配成本资源时，应设置分配的成本值而不能设置工时值。

■4.1.2 打开资源工作表

合理分配资源是让项目顺利运行的关键。在Project中，首先需要创建资源，建立一个资源库，才能将资源分配给任务。下面介绍如何切换到资源工作表。

步骤01 打开“任务”选项卡，单击“甘特图”下拉按钮，在下拉列表中选择“资源工作表”选项，如图4-1所示。

步骤02 Project随即切换到资源工作表视图，资源信息的创建以及后期的修改都需要在该视图中进行，如图4-2所示。

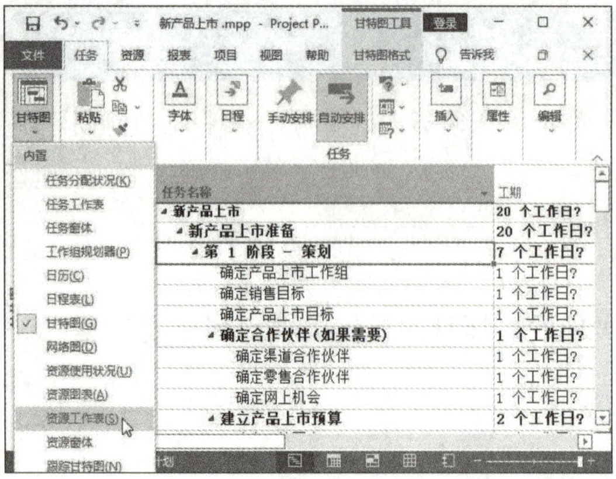

图 4-1 选择“资源工作表”选项

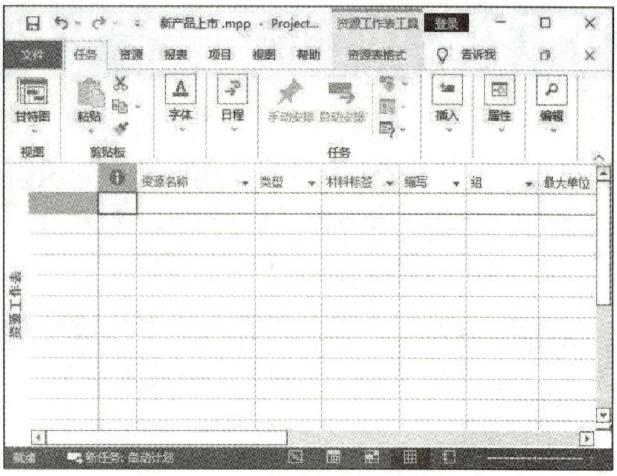

图 4-2 资源工作表视图

资源工作表的域标题，从左至右依次为标记、资源名称、类型、材料标签、缩写、组、最大单位、标准费率、加班费率、每次使用成本、成本累算、基准日历、代码、添加新列，如图4-3所示。

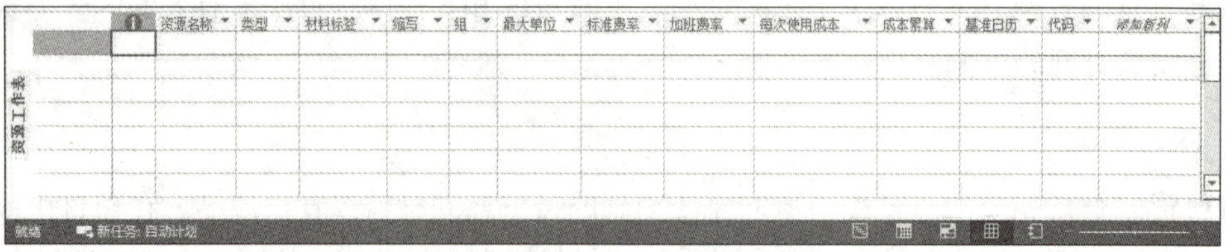

图 4-3 资源工作表域标题

下面对这些域标题的作用进行详细说明。

1. 标记

用于显示不同类型信息的图标，当将光标指向这些图标时，屏幕中会显示该图标更多的相关信息。

2. 资源名称

用于输入资源的名称。

3. 类型

用于指定资源的类型。类型共分3种，分别为材料、成本及工时。当输入资源名称后资源类型默认为“工时”。

4. 材料标签

用于设置材料资源的度量单位，例如，将“米”用于水管，将“吨”用于黄沙等。

5. 缩写

用于显示资源名称的缩写，默认使用资源名称的第1个字作为缩写。

6. 组

用于设置资源所属组的名称，即将具有共同特性的资源分配到一个组中，便于对不同的资源组进行排序、筛选、汇总或展示等。

7. 最大单位

用于设置当前时间段资源可用于完成任何任务的最大工时量，其默认值为100%。

8. 标准费率

用于显示或设置资源完成的正常非加倍工时的付费费率，标准费率默认以小时为单位计算。

9. 加班费率

加班费率指的是加班工时对应的费率，默认以小时为单位计算。一般情况下很少用到，即使有加班工时，但是并不按照加班费率来算，则加班费率无需设置。

10. 每次使用成本

在工时资源类型中，将显示每次使用资源时所进行累算的成本。每次将工时资源单位分配给任务时，该成本都会增加，并且不会根据资源的延续而变化。在材料资源类型中，将显示累算一次的成本，而不考虑单位数量。

11. 成本累算

用于确定资源标准成本和加班成本计入或累算到任务成本的方式与时间。

成本累算中包含以下几个方式。

(1)“开始时间”：表示在任务开始时便进行累算。

(2)“结束”：表示直到剩余工时为0时才进行累算。

(3)“按比例”：表示成本基于排定的工时和报告的实际工时进行累算，其计算公式为工时乘以单位成本。

12. 基准日历

用于指定资源的日历类型，仅适用于工时类资源。包括24小时、标准与夜班3个内置日历，以及用户新创建的日历。基准日历可以确定资源总的可用性和工时容量。

13. 代码

表示包含任何要将其作为资源信息的一部分的输入代码、缩写或数字。此域一般情况下很少使用。

14. 添加新列

用于快速添加一个指定类型的新列。

■4.1.3 添加项目资源

项目资源可以直接在“资源工作表”中创建，也可以在“资源信息”对话框中创建，添加资源时需要考虑不同资源类型的设置方法。下面详细介绍添加不同类型资源的方法。

1. 添加工时类资源

Project中默认的资源类型为“工时”。在“资源工作表”视图中输入资源名称，如图4-4所示。输入完成后按［Enter］键，此时“类型”下方单元格中显示的便是“工时”，如图4-5所示。

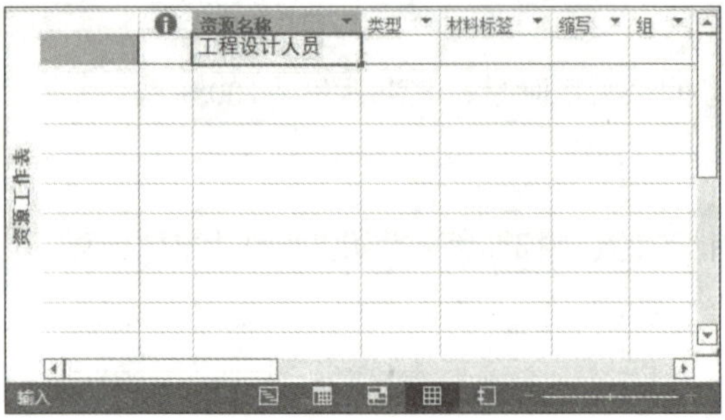

图 4-4 输入资源名称

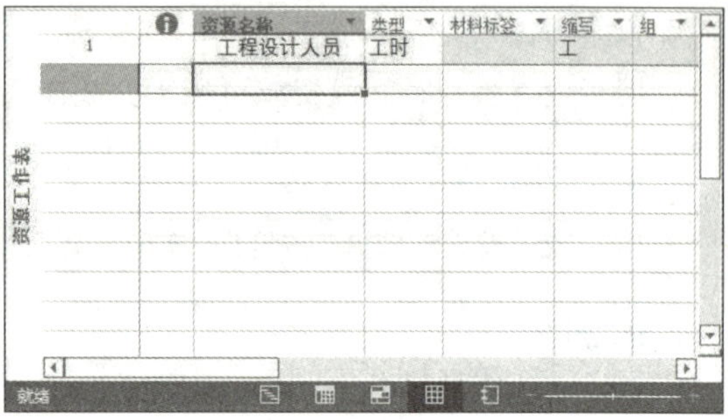

图 4-5 资源信息显示

2. 创建材料类资源

输入资源名称后可以修改资源的类型，下面将介绍如何创建材料类资源并设置资源信息。

步骤01 输入资源名称后单击“工时”下拉按钮，从下拉列表中选择“材料”选项，如图4-6所示。

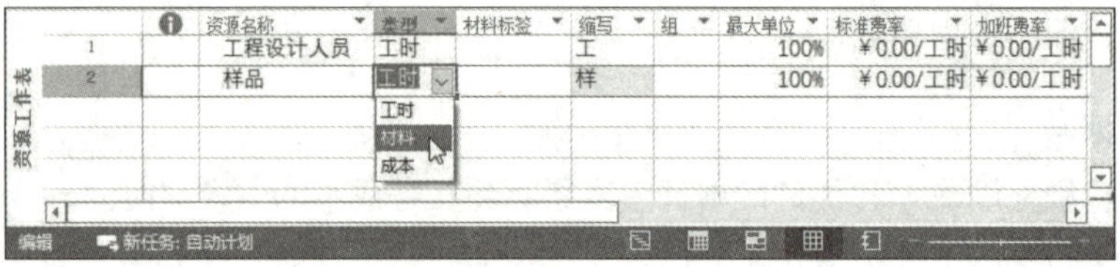

图 4-6 设置类型

步骤02 资源类型随即得到更改，效果如图4-7所示。

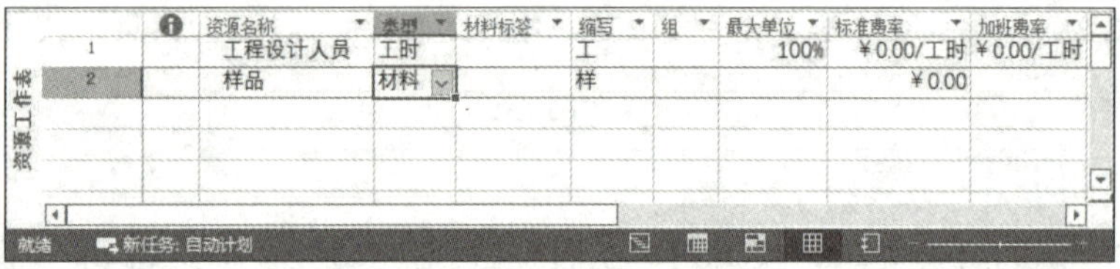

图 4-7 更改类型后的显示

步骤03 选中材料资源中的任意单元格，打开“资源”选项卡，在“属性”组中单击“信息”按钮，如图4-8所示。

步骤04 弹出“资源信息”对话框，在“常规”选项卡中设置“材料标签”为“份”，如图4-9所示。

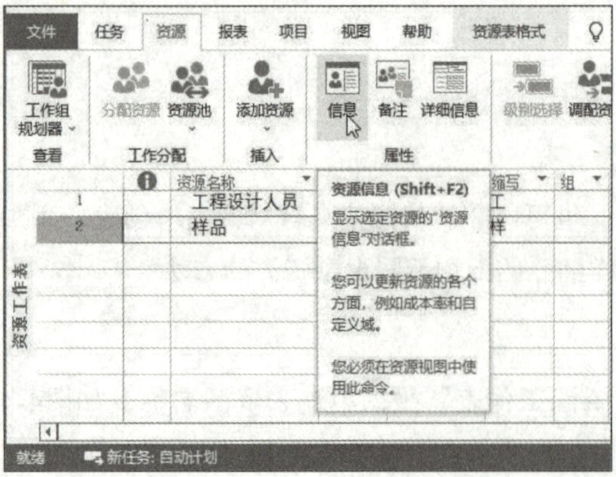

图 4-8 “资源”－“信息”操作

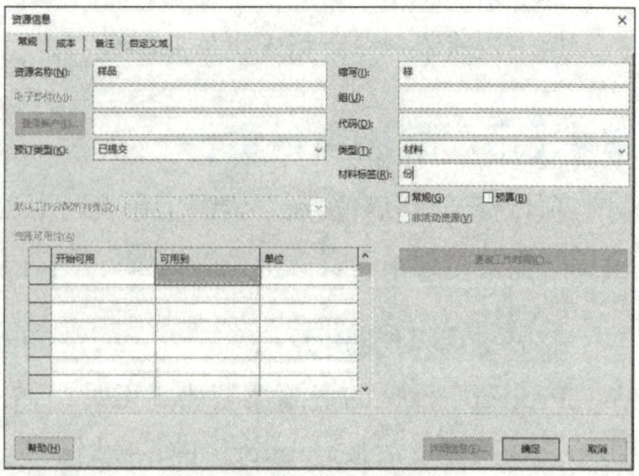

图 4-9 设置材料标签

步骤05 切换到“成本”选项卡，输入“标准费率”为“300”，单击“确定”按钮，如图4-10所示。

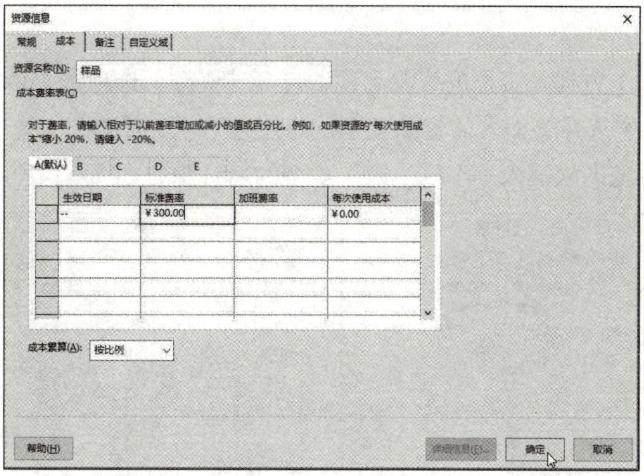

图 4-10 设置标准费率

步骤06 资源工作表中的“样品”资源，已经显示了材料标签以及标准费率，如图4-11所示。

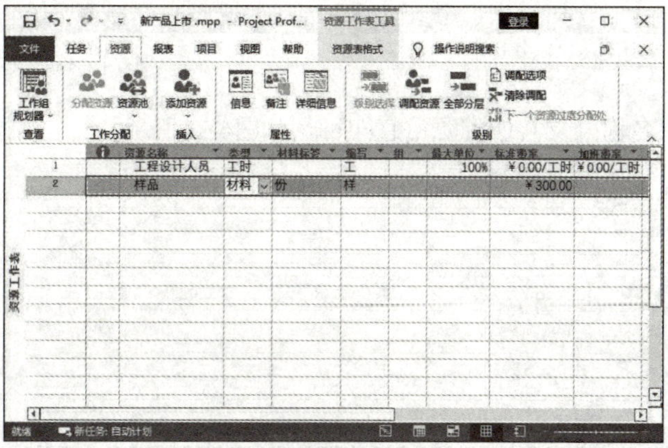

图 4-11 资源信息显示

3. 创建成本类资源

除了工时类和材料类资源，用户还可以在Project中设置成本类资源。直接在资源工作表中输入成本类资源的名称，然后将类型由“工时”修改为“成本”即可，如图4-12所示。

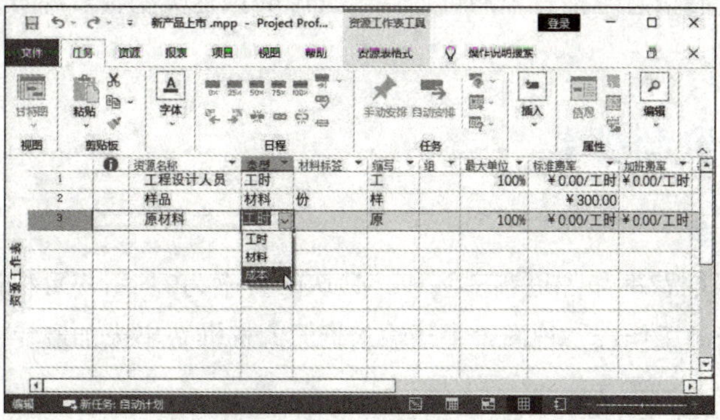

图 4-12 修改资源类型

上手操作 插入资源

添加资源后若发现有资源被遗漏，可以在指定位置插入资源。下面介绍插入资源的具体操作方法。

步骤01 选择需要在其上方插入资源的资源名称，打开“资源”选项卡，单击“添加资源”下拉按钮，从展开的列表中选择要插入的资源类型，此处选择“工时资源”选项，如图4-13所示。

步骤02 资源工作表中随即被插入一个“工时”类型的新资源，如图4-14所示。

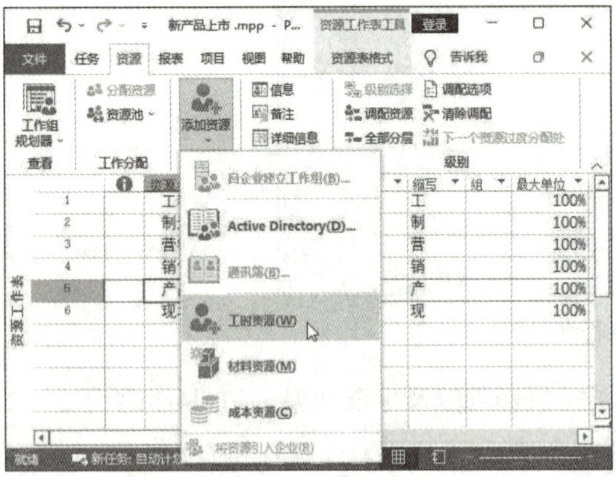

图 4-13　添加资源操作

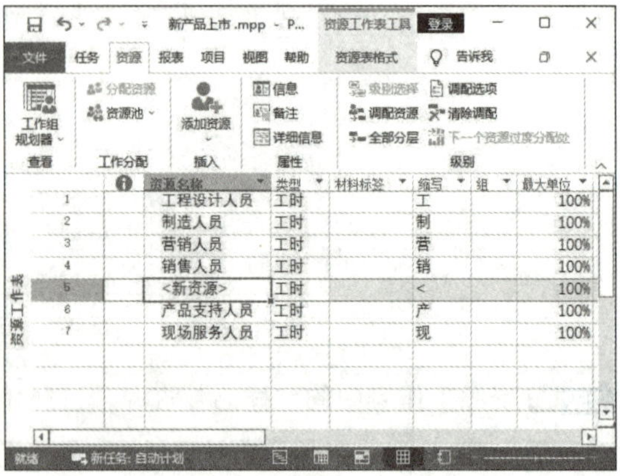

图 4-14　插入资源后的显示

步骤03 手动输入资源名称以及其他资源信息即可，如图4-15所示。

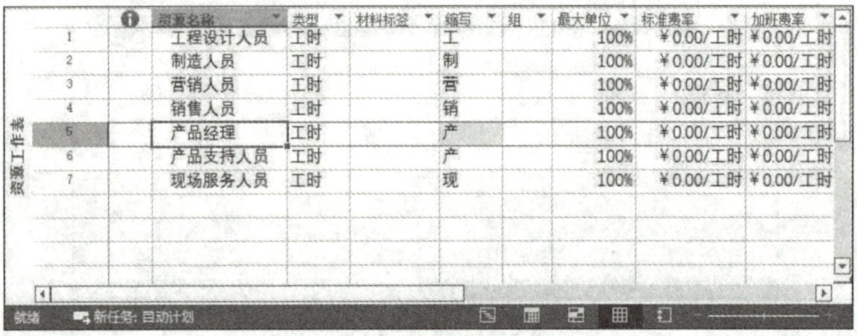

图 4-15　设置资源信息

4.2　设置资源信息

经常被设置的资源信息包括资源的可用性、资源的预定类型、资源日历等。下面详细介绍资源信息的设置方法。

■4.2.1　设置资源费率

1. 设置资源费率

资源费率包括标准费率和加班费率两种，默认的费率为0。用户可根据需要设置这两种费率，可以直接在“资源工作表”视图中手动输入资源的标准费率或加班费率，如图4-16所示。

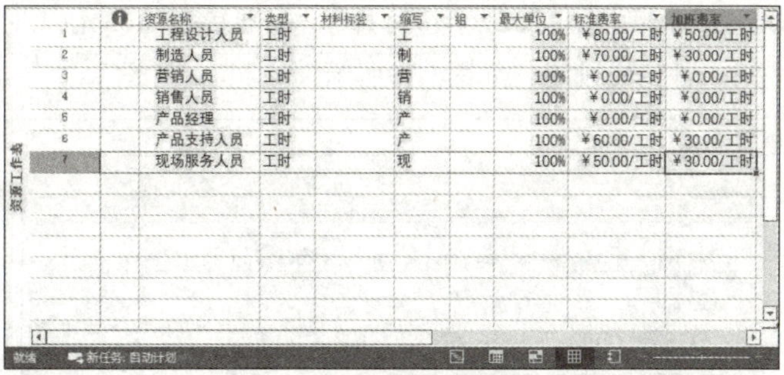

图 4-16 手动输入资源费率

2. 设置不同时间段的资源费率

在使用Project进行项目管理时，经常会遇到跨年份的项目。假设制造人员2022年7月之前的标准费率是70元/工时，从2022年7月1日开始的标准费率调整为75元/工时，下面介绍如何设置不同时间段的标准费率。

步骤01 先正常输入标准费率70元/工时，然后双击该资源名称，如图4-17所示。

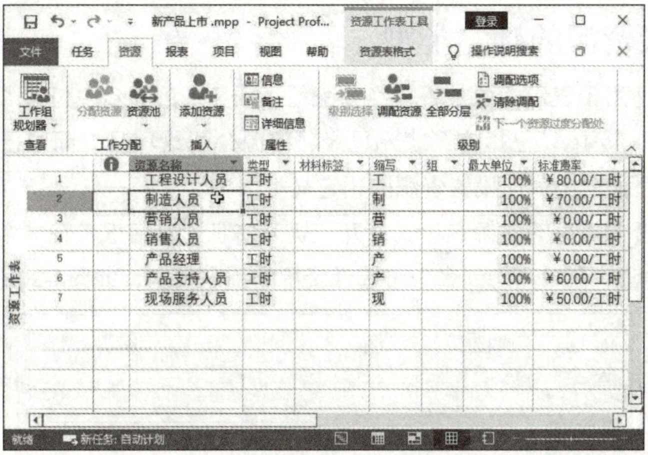

图 4-17 双击资源名称操作

步骤02 弹出“资源信息”对话框，打开“成本”选项卡，此时默认显示的是标准费率，即制造人员所有时段的费率都是70元/工时，如图4-18所示。

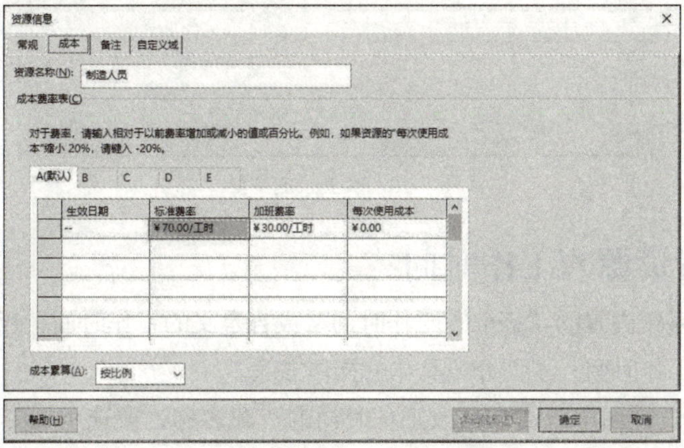

图 4-18 “成本”选项卡显示界面

步骤03 在第2行中设置生效日期为“2022年7月1日”，标准费率为75元/工时，并设置好加班费率，单击“确定”按钮即可完成设置，如图4-19所示。

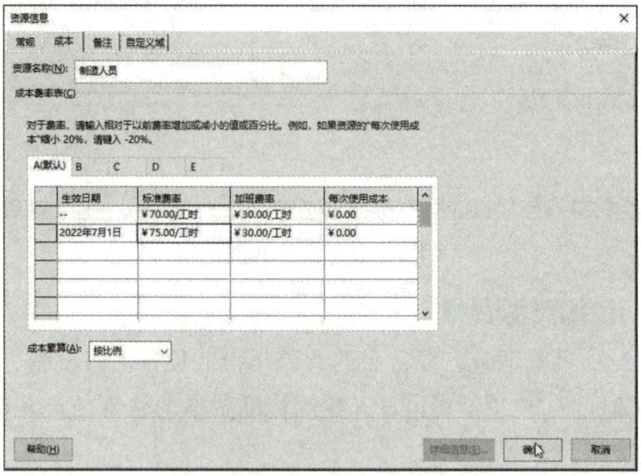

图 4-19　设置新的成本费率

■4.2.2　设置资源的预定类型

资源的预定类型用于表示资源是否已经分配给了任务。Project中包含“已建议”和“已提交”两种预定类型。其中，“已提交”表示已经将资源分配给项目；而“已建议”则表示资源尚未分配给项目。下面介绍如何设置资源的预定义类型。

双击需要设置资源类型的资源名称，打开“资源信息”对话框，在“常规”选项卡中单击“预定类型”下拉按钮，在展开的列表中可选择资源的预定类型，如图4-20所示。

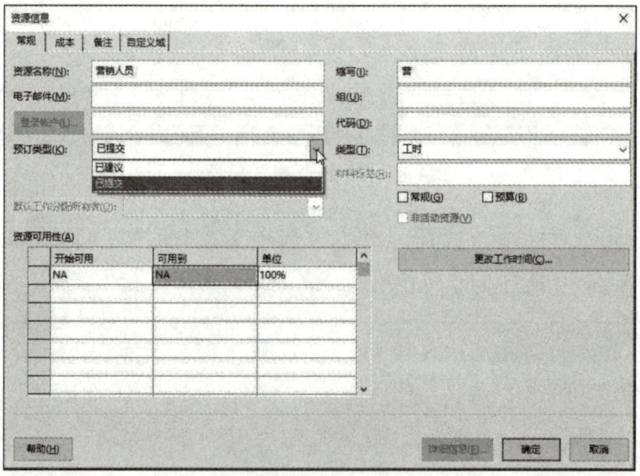

图 4-20　设置预定类型

■4.2.3　设置资源的工作时间

资源默认使用系统内置的“标准”工作时间，或自定义的工作时间，用户可根据需要调整指定的某个资源的工作时间。下面介绍具体的操作方法。

步骤01 在资源工作表视图中双击需更改工作时间的资源名称，或选中该资源名称，打开“资源”选项卡，在“属性”组中单击“信息”按钮，如图4-21所示。

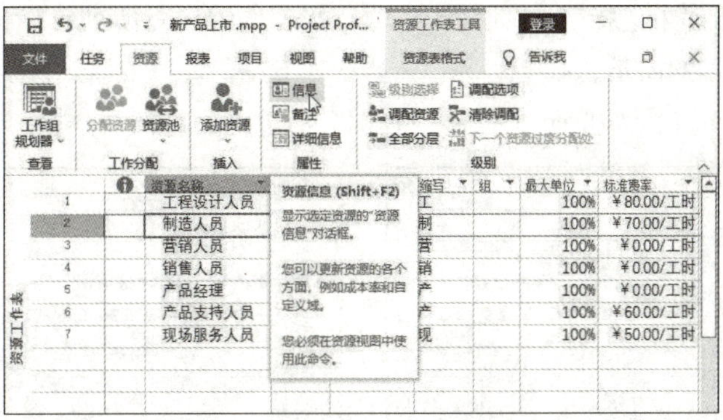

图 4-21 “资源”－“信息”操作

步骤02 打开“资源信息”对话框，在“常规”选项卡中单击“更改工作时间”按钮，如图4-22所示。

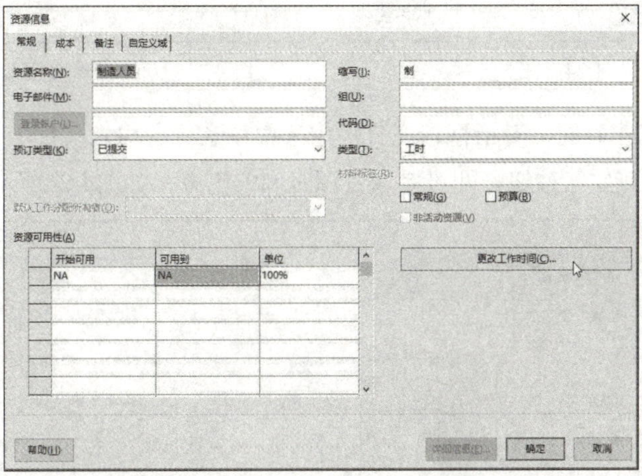

图 4-22 “更改工作时间”操作

步骤03 弹出“更改工作时间”对话框，切换到“工作周”选项卡，单击“详细信息”按钮。如图4-23所示。

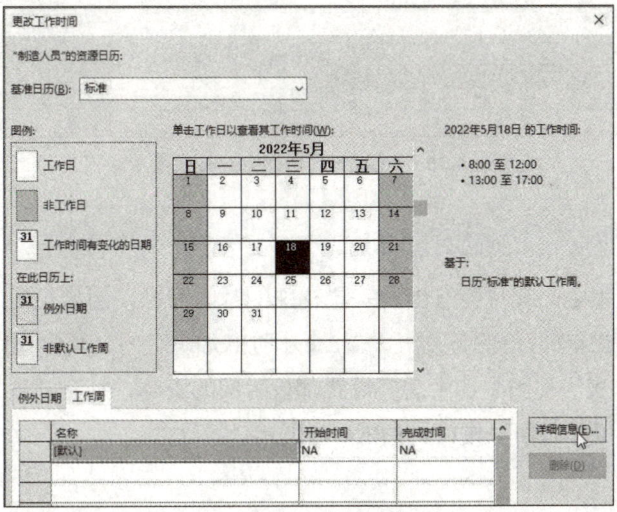

图 4-23 “详细信息”操作

步骤04 在弹出的对话框中选择“星期六”选项，接着选中“对所列日期设置以下特定工作时间”单选按钮，如图4-24所示。

步骤05 设置好开始时间和结束时间，单击“确定”按钮，如图4-25所示。

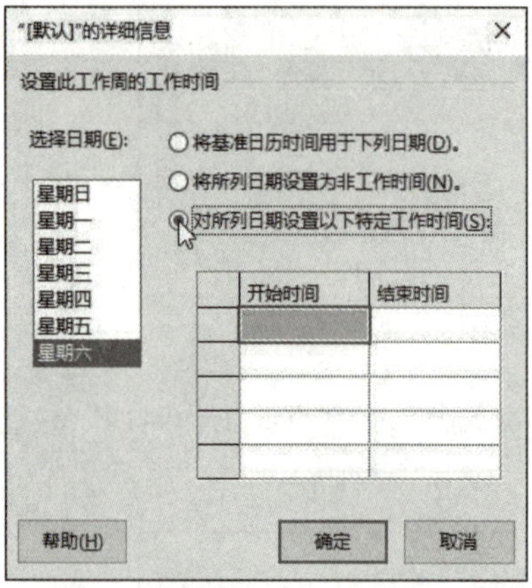

图 4-24 选中选项

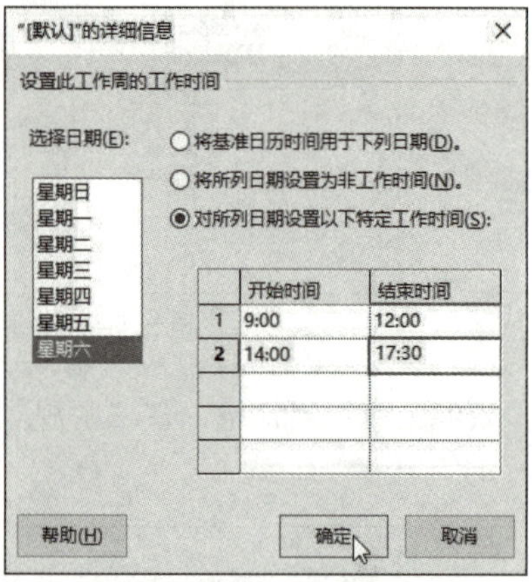

图 4-25 设置开始与结束时间

步骤06 返回“更改工作时间”对话框，在日历中选中任意一个周六，日历右侧即可显示刚设置的工作时间，单击“确定”按钮，即可完成资源时间的更改，如图4-26所示。

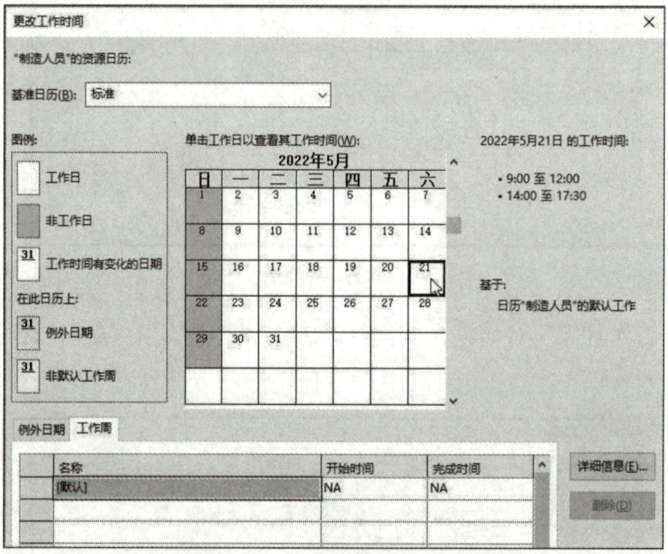

图 4-26 “更改工作时间”对话框显示

上手操作 为每周五设置加班时间

在项目的进行过程中，有时会有出现一些特殊的时间安排，例如，请假、加班、调休等。下面为指定资源在2022年6月份的每周五设置2个小时的加班时间，具体操作步骤如下。

步骤01 在“资源工作表”视图中选中需要设置加班时间的资源，打开“项目”选项卡，在“属性”组内单击“更改工作时间”按钮，如图4-27所示。

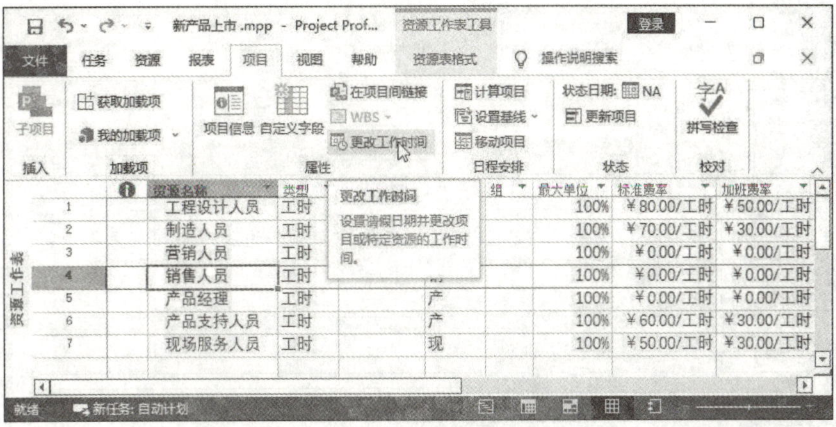

图 4-27 “项目”－“更改工作时间”操作

步骤02 弹出“更改工作时间”对话框，在表格中输入名称为“周五加班”，开始时间为“2022/6/1”，完成时间为“2022/6/30”，单击“详细信息”按钮，如图4-28所示。

步骤03 在随后弹出的对话框中选中“工作时间”单选按钮，在表格的第3行中输入加班开始时间和结束时间，随后设置重复发生方式为“每周”的“周五”，最后在“重复范围”组中选中“到”单选按钮，设置日期为“2022年6月30日”。单击“确定”按钮即可，如图4-29所示。

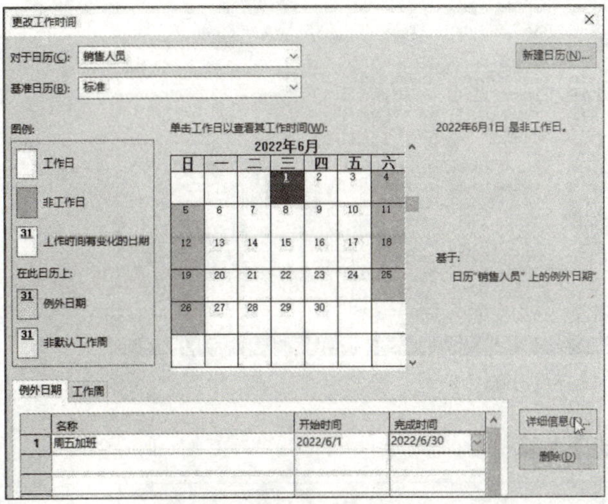

图 4-28 添加例外日期

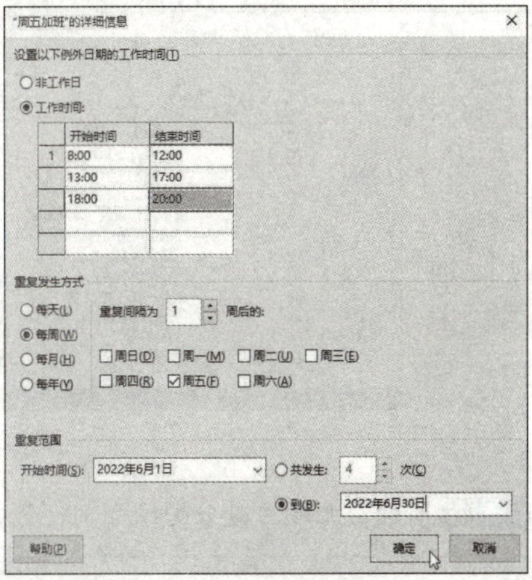

图 4-29 设置例外日期详细信息

4.3 分配资源

资源创建完毕后，便可以将资源分配给任务，资源的合理分配才能充分体现资源的价值。不同类型的资源其分配方式也不同，下面详细介绍不同视图中资源的分配方式。

■4.3.1 在“甘特图”视图中分配资源

项目中使用的资源较少时，可在“甘特图”视图中分配资源。下面介绍具体的操作方法。

步骤01 打开“任务”选项卡，单击“甘特图”下拉按钮，在下拉列表中选择“甘特图”选项，如图4-30所示。

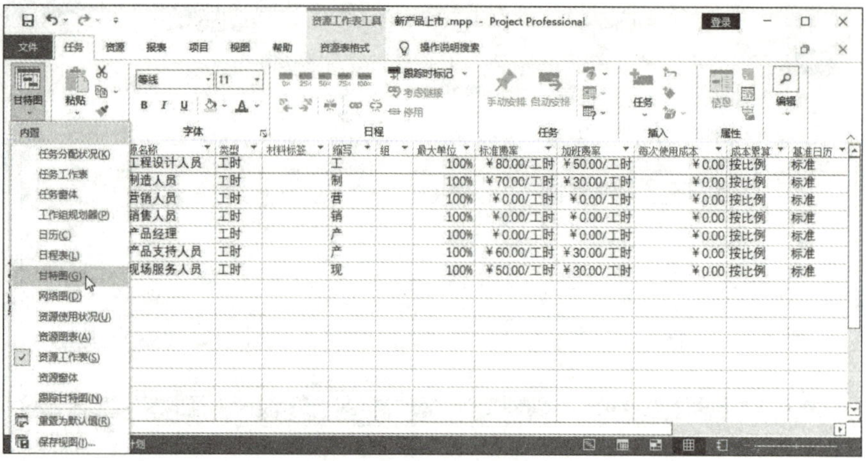

图 4-30　选择“甘特图”选项

步骤02 进入“甘特图”视图，选中指定任务中的“资源名称”所在的单元格，单击单元格右侧的下拉按钮，展开的列表中将显示有资源名称，勾选需要分配给当前任务的资源，如图4-31所示。

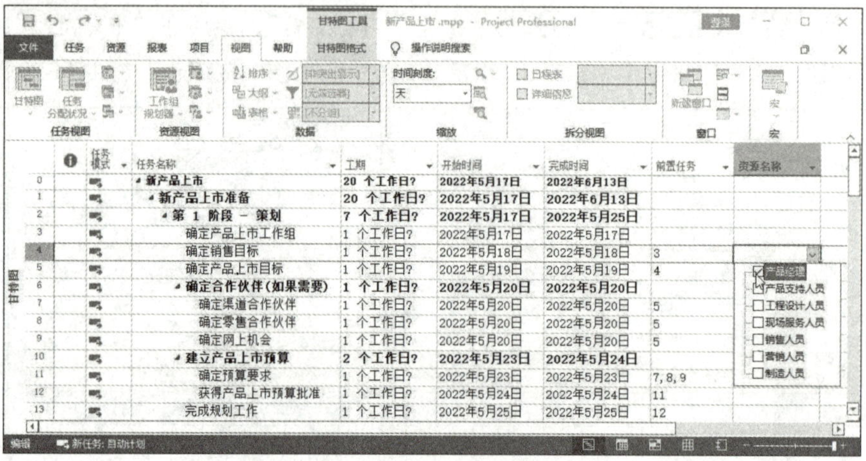

图 4-31　选择要分配的资源

步骤03 所选资源即可被分配给当前任务，如图4-32所示。

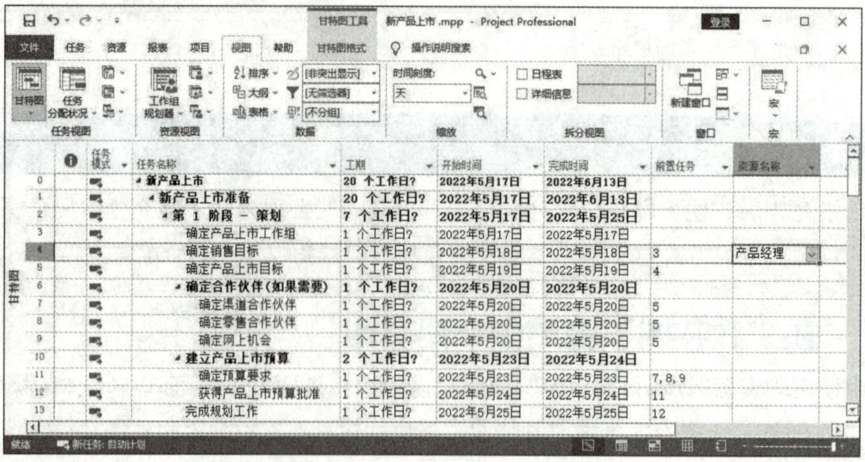

图 4-32　分配资源后的任务显示

步骤04 用户也可以在下拉列表中勾选多个复选框，为一个任务分配多种资源，如图4-33所示。

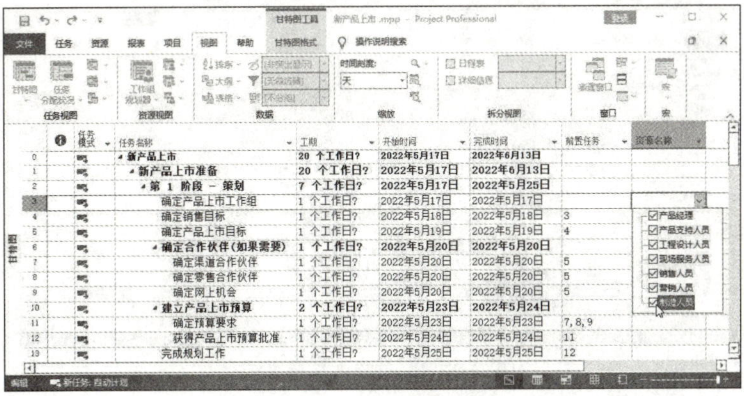

图 4-33 选择多项资源

■4.3.2 使用“分配资源”对话框分配资源

当需要为多个任务分配相同的资源时，可使用“分配资源”对话框快速分配资源。下面将介绍具体的操作方法。

步骤01 在“甘特图”视图中选中需要分配资源的多个任务名称，打开“资源”选项卡，在“工作分配”组中单击“分配资源”按钮，如图4-34所示。

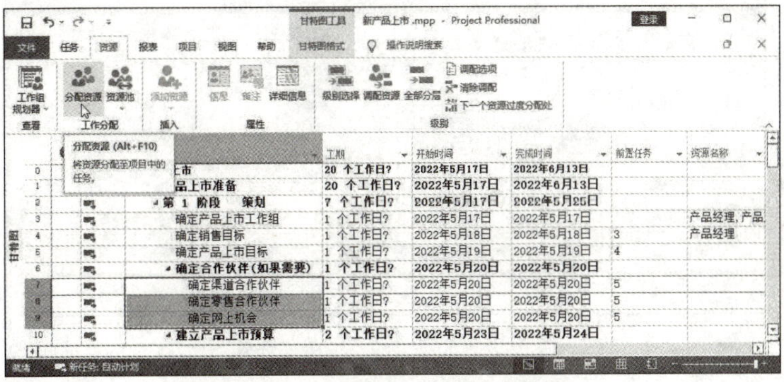

图 4-34 为多个任务分配资源操作

步骤02 弹出“分配资源”对话框，选择资源名称，单击“分配”按钮，如图4-35所示。

步骤03 根据需要设置好资源的单位，单击“关闭”按钮，如图4-36所示。

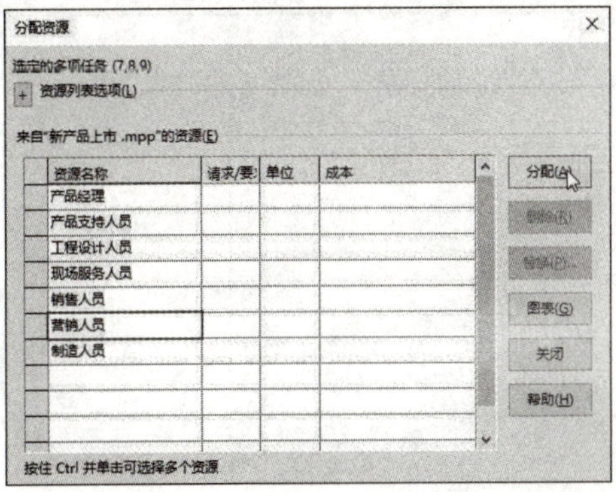

图 4-35 “分配资源”对话框

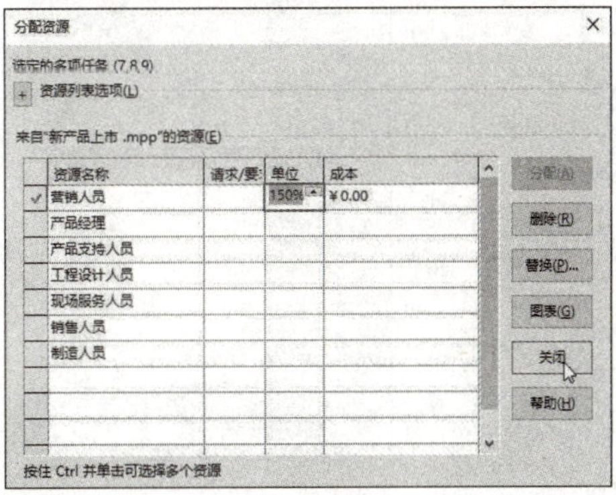

图 4-36 设置资源的单位

步骤04 所选资源随即被分配给选中的多个资源，如图4-37所示。

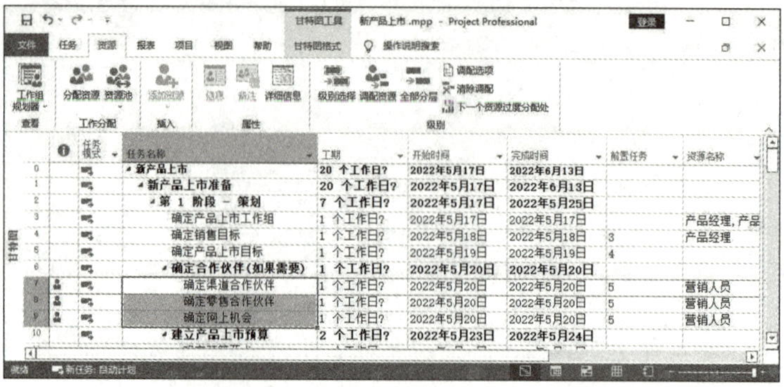

图 4-37　分配资源后的显示

■4.3.3　使用“任务信息”对话框分配资源

使用“任务信息”对话框，也可以快速为任务分配资源，而且可以很方便地同时设置多个资源。下面介绍具体的操作方法。

步骤01 选中需要分配资源的任务名称，打开“任务”选项卡，在“属性”组中单击“信息”按钮，如图4-38所示。

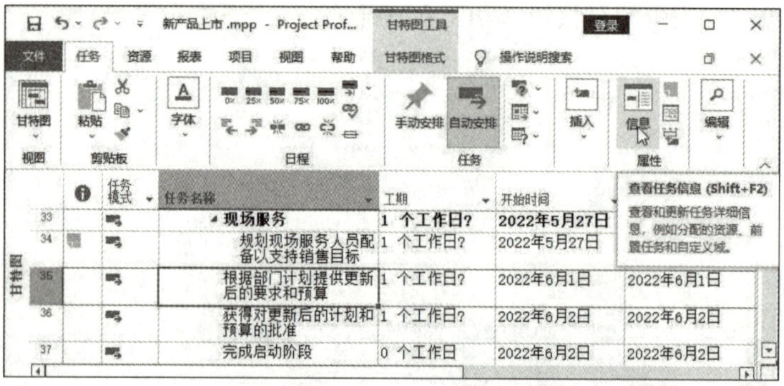

图 4-38　“任务”－“信息”操作

步骤02 弹出“任务信息”对话框，切换到“资源”选项卡，在“资源”列表中选中“资源名称”下方的第1个单元格，单击下拉按钮，在展开的列表中选择一个资源名称，如图4-39所示。

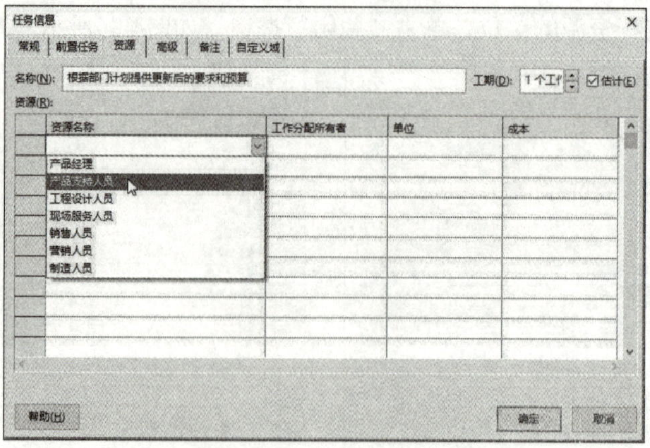

图 4-39　选择资源名称操作

步骤03 继续在“资源名称”列中添加其他资源名称并根据需要设置好单位，设置完成后单击“确定”按钮即可，如图4-40所示。

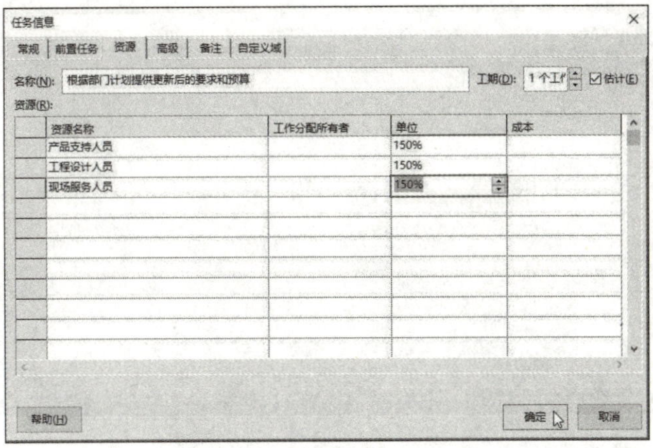

图 4-40　添加资源操作

步骤04 所选任务所对应的资源名称对话框中随即显示出所分配的资源以及资源单位，如图4-41所示。

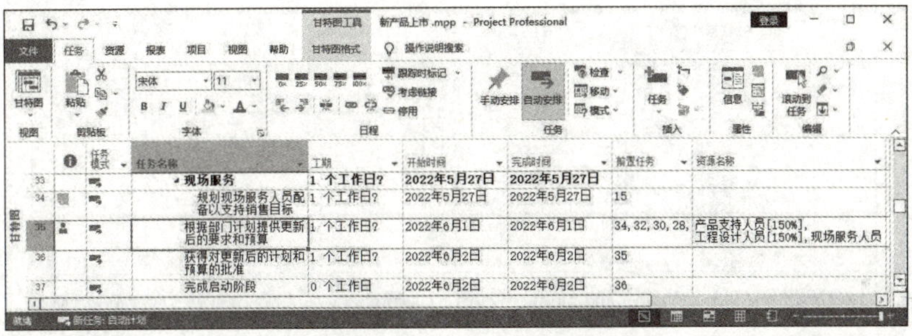

图 4-41　分配资源后的显示

上手操作 查看资源分配情况

完成资源分配后，可以通过查看资源分配情况检查是否有资源被遗漏未进行分配或已分配的资源是否有冲突。接下来介绍查看资源分配情况的具体操作步骤。

步骤01 打开“资源”选项卡，单击“工作组规划器”下拉按钮，在展开的列表中选择“资源使用状况”选项，如图4-42所示。

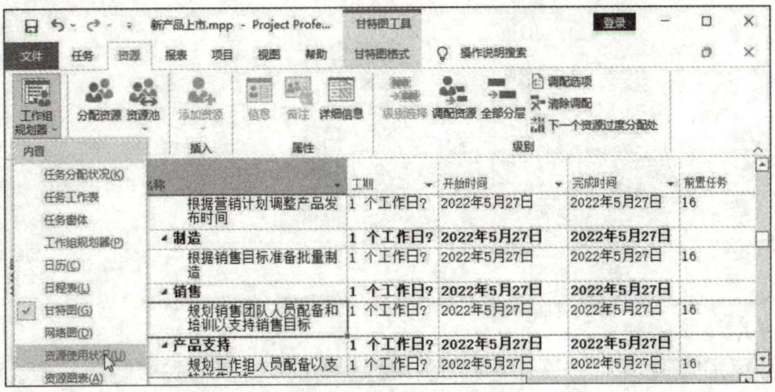

图 4-42　选择“资源使用状况”选项

步骤02 项目文档随即切换到“资源使用状况”视图，所有未分配资源的任务集中在顶端“未分配的”组中显示，如图4-43所示。

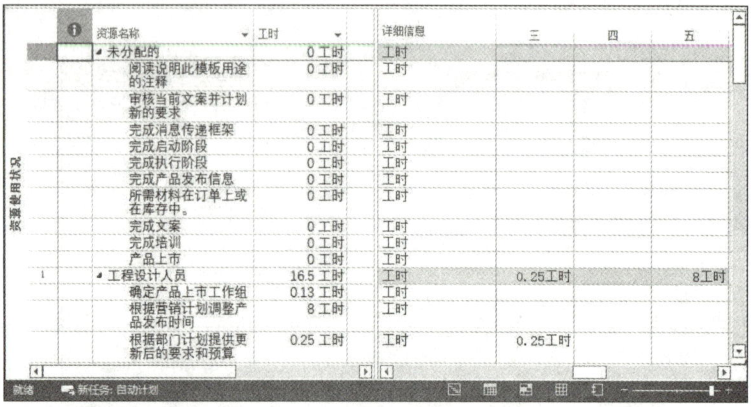

图 4-43 “资源使用状况”视图

步骤03 “标记”栏中显示“👤”图标，并且资源名称呈红色，表明该资源被过度分配，如图4-44所示。

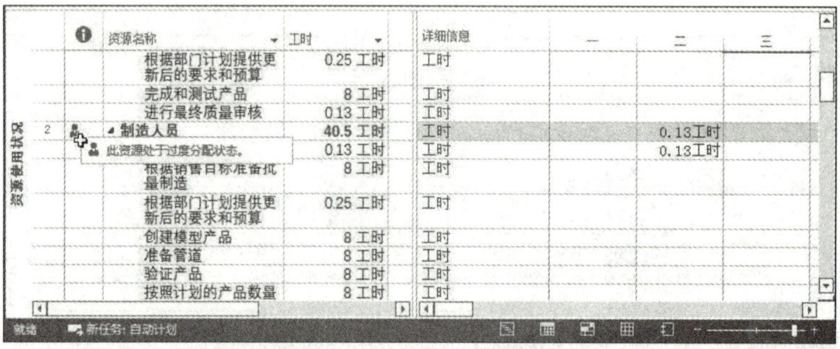

图 4-44 被过度分配资源显示

步骤04 在“资源使用状况”视图中“资源”选项卡中单击“详细信息”按钮，如图4-45所示。

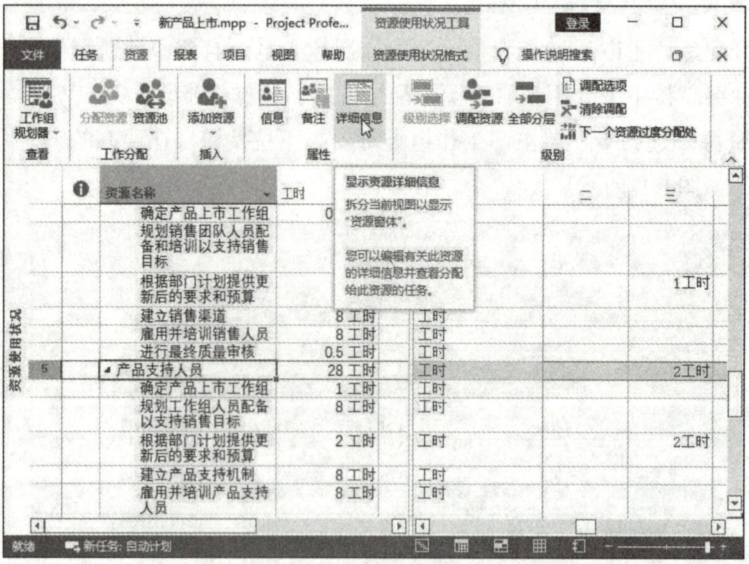

图 4-45 “资源”－“详细信息”操作

步骤05 视图随即被拆分成上下两部分，视图下方显示“资源窗体”，在该窗体中可查看分配给所选资源的任务，或编辑该资源的详细信息，如图4-46所示。

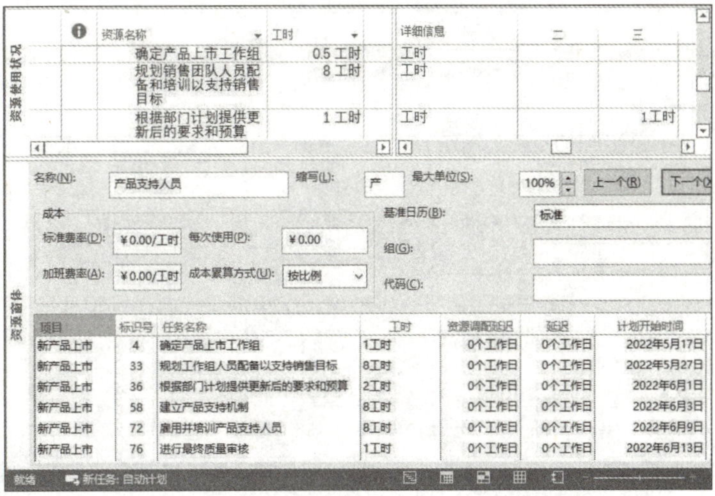

图 4-46 视图拆分后的显示

4.4 调配资源

当项目受到某外界因素的影响需要延迟或提前时，可通过重新分配工作时间保证项目的顺利进行；而当项目中有过度分配的资源时，则可以对资源进行重新调配。

■4.4.1 自动调配资源

既可自动调配资源，也可以手动调配资源，首先介绍自动调配资源的操作方法。

步骤01 选中项目文档中的所有项目，打开“资源”选项卡，在“级别”组中单击“调配资源”按钮，如图4-47所示。

步骤02 弹出“调配资源”对话框，单击“开始调配”按钮，如图4-48所示。

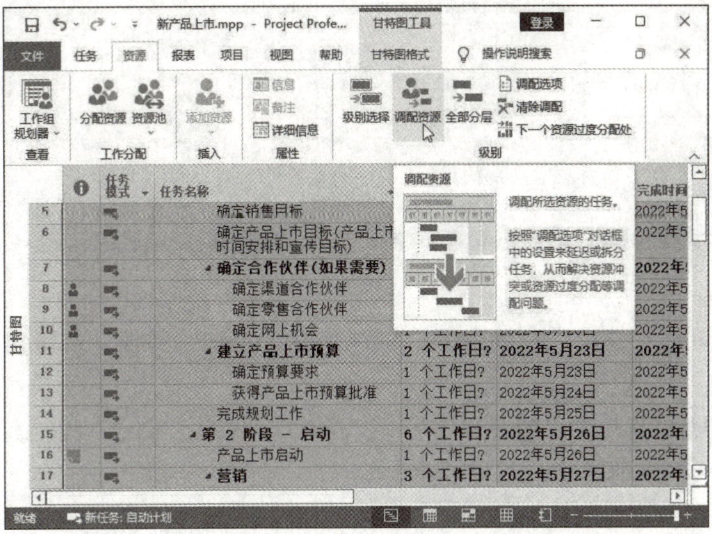

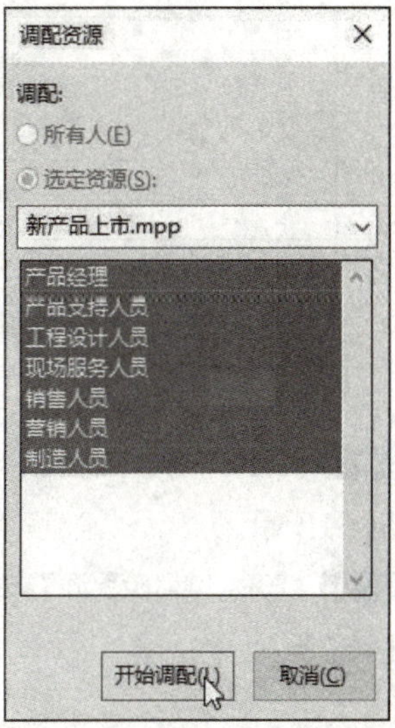

图 4-47 “资源”－“调配资源”操作

图 4-48 “调配资源”对话框

步骤03 任务的资源随即被自动调配，原本被过度分配的资源已经得到解决，如图4-49所示。

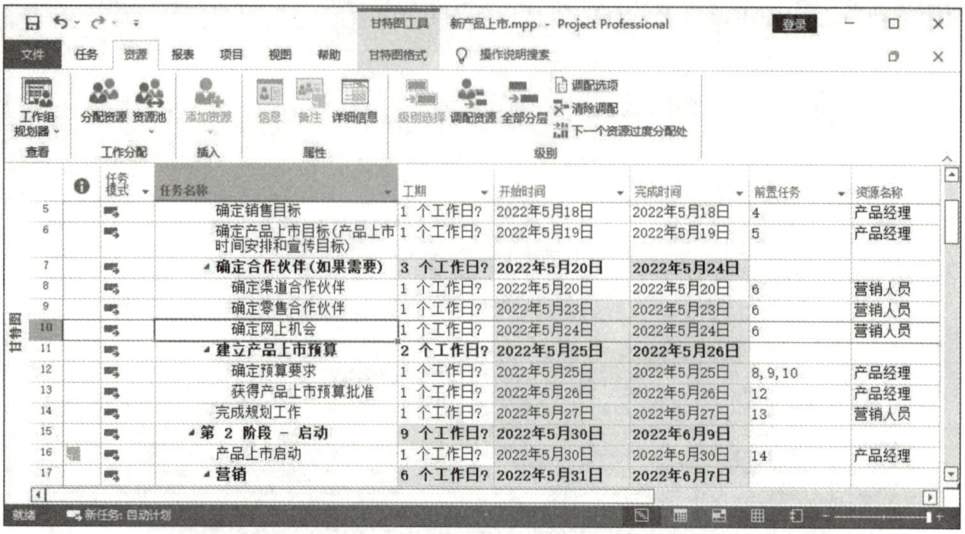

图 4-49　资源自动调配后的任务显示

■4.4.2　手动调配资源

手动调配资源可将项目中的资源重新调配给其他任务，以保证项目的顺利进行。下面介绍具体的操作方法。

步骤01 选中需要调配其资源的任务，打开“资源”选项卡，在“工作分配”组中单击“分配资源”按钮，如图4-50所示。

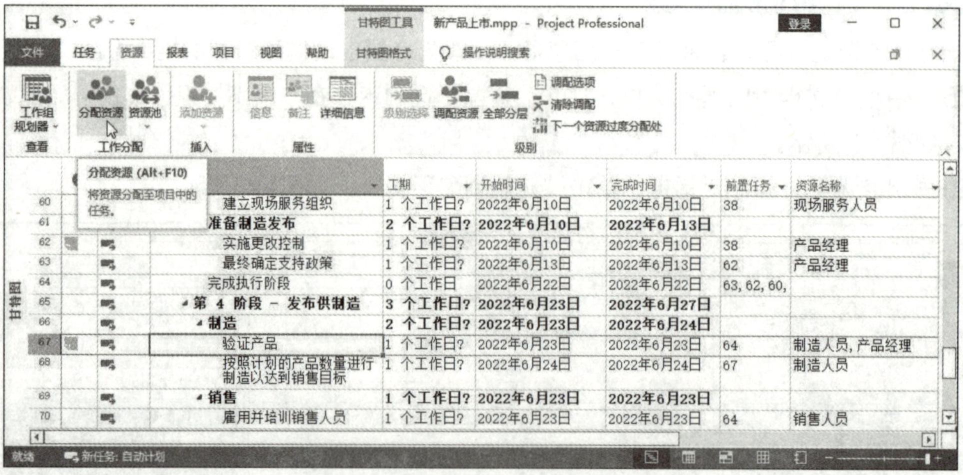

图 4-50　“资源”－“分配资源”操作

步骤02 弹出“分配资源”对话框，选中“产品经理”资源名称，单击“替换”按钮，如图4-51所示。

步骤03 打开“替换资源”对话框，选中“工程设计人员”资源名称，单击“确定”按钮，如图4-52所示。

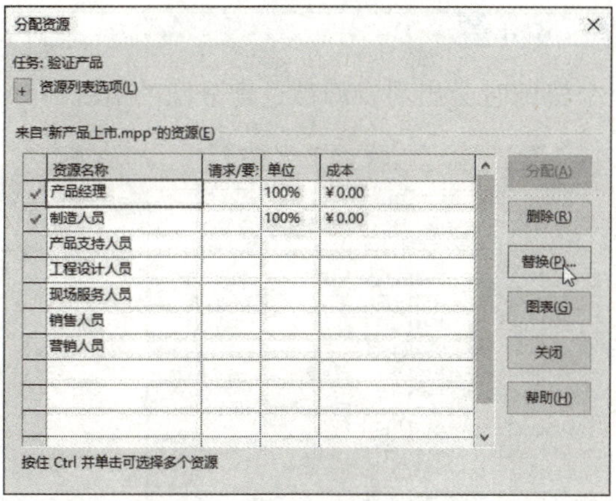

图 4-51 “分配资源”对话框

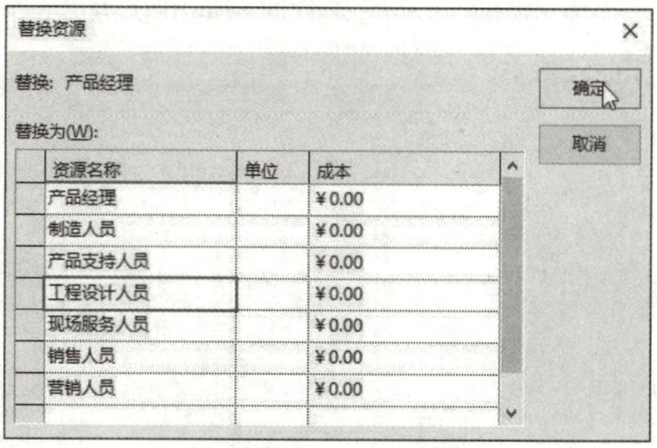

图 4-52 “替换资源”对话框

步骤04 返回“分配资源”对话框，选中“产品支持人员”资源名称，单击“分配”按钮，如图4-53所示。

步骤05 完成资源的替换和添加后单击“关闭”按钮，关闭对话框，如图4-54所示。

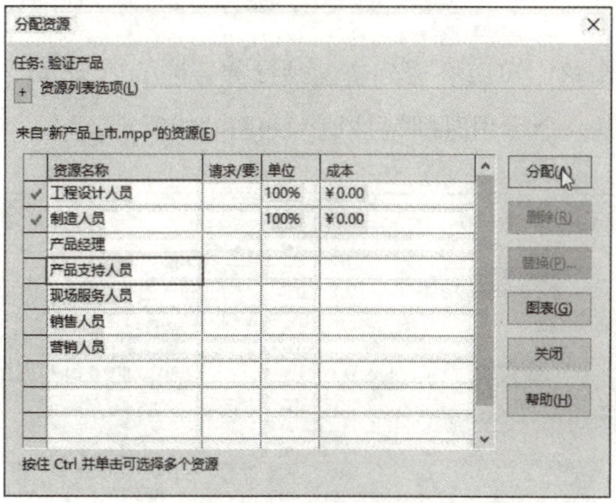

图 4-53 选中资源分配

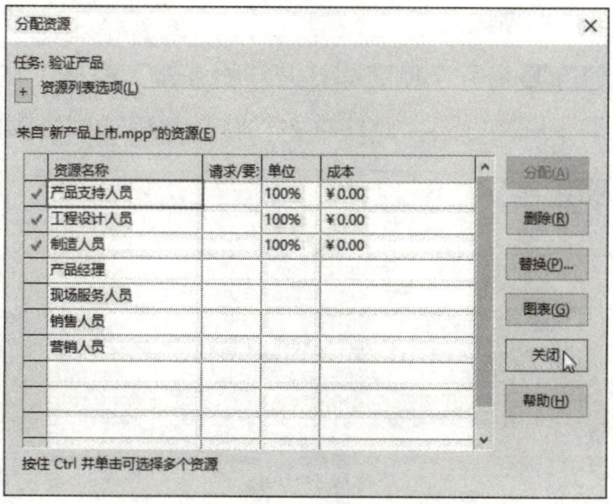

图 4-54 关闭对话框操作

步骤06 在数据编辑区域中可以查看到所选任务的资源重新调配结果，如图4-55所示。

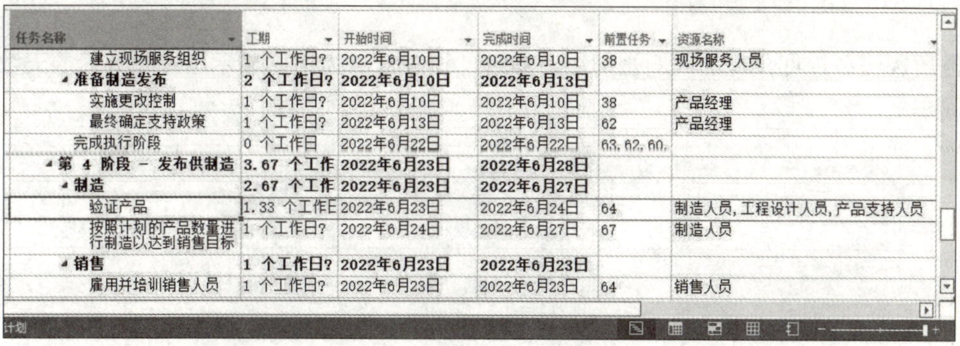

任务名称	工期	开始时间	完成时间	前置任务	资源名称
建立现场服务组织	1 个工作日?	2022年6月10日	2022年6月10日	38	现场服务人员
准备制造发布	2 个工作日?	2022年6月10日	2022年6月13日		
实施更改控制	1 个工作日?	2022年6月10日	2022年6月10日	38	产品经理
最终确定支持政策	1 个工作日?	2022年6月13日	2022年6月13日	62	产品经理
完成执行阶段	0 个工作日	2022年6月22日	2022年6月22日	63, 62, 60,	
第 4 阶段 – 发布供制造	3.67 个工作	2022年6月23日	2022年6月28日		
制造	2.67 个工作	2022年6月23日	2022年6月27日		
验证产品	1.33 个工作E	2022年6月23日	2022年6月24日	64	制造人员,工程设计人员,产品支持人员
按照计划的产品数量进行制造以达到销售目标	1 个工作日?	2022年6月24日	2022年6月27日	67	制造人员
销售	1 个工作日?	2022年6月23日	2022年6月23日		
雇用并培训销售人员	1 个工作日?	2022年6月23日	2022年6月23日	64	销售人员

图 4-55 资源重新调配后的结果

上手操作 使用“检查器”处理过度分配的资源

为开始时间和完成时间相同的任务分配同一个资源时会出现资源被过度分配的情况，如图4-56所示。

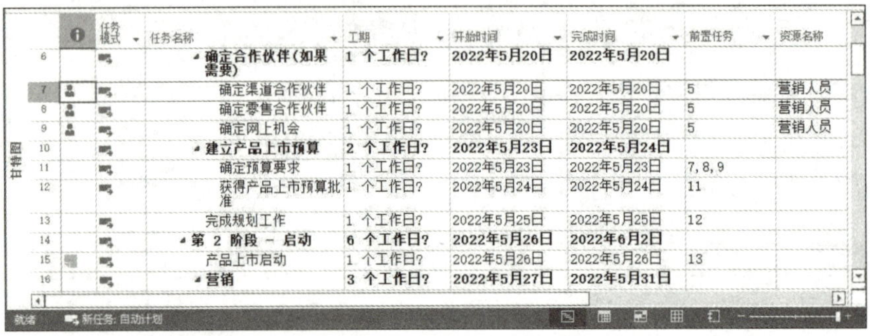

图 4-56 资源被过度分配显示

下面将介绍如何手动调配资源解决资源过度分配的问题。

步骤01 在标记栏中右击过度分配图标，在弹出的菜单中选择“修复任务检查器”选项，如图4-57所示。

步骤02 窗口左侧随即打开“检查器”窗格，在该窗格中可以查看到资源被过度分配的原因并提供了解决方法。此处单击“将任务移动到资源的下一个可用时间”按钮，如图4-58所示。

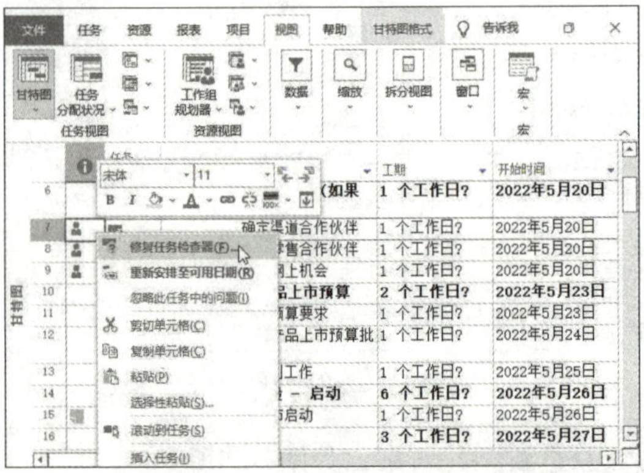

图 4-57 选择“修复任务检查器”选项

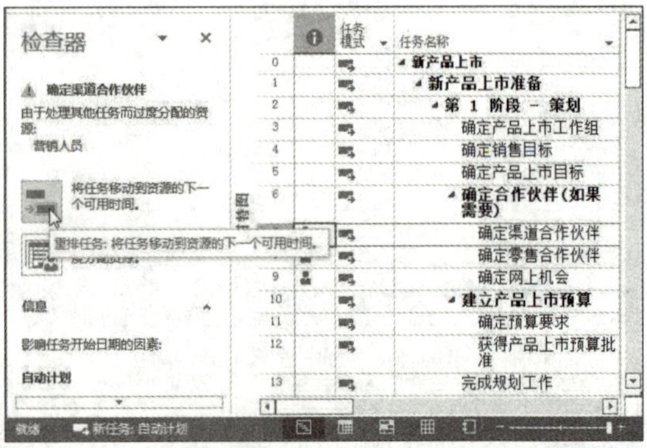

图 4-58 “检查器”窗格

步骤03 所选任务过度分配的问题被解决，同时“检查器”窗格中显示出资源延迟的天数，如图4-59所示。

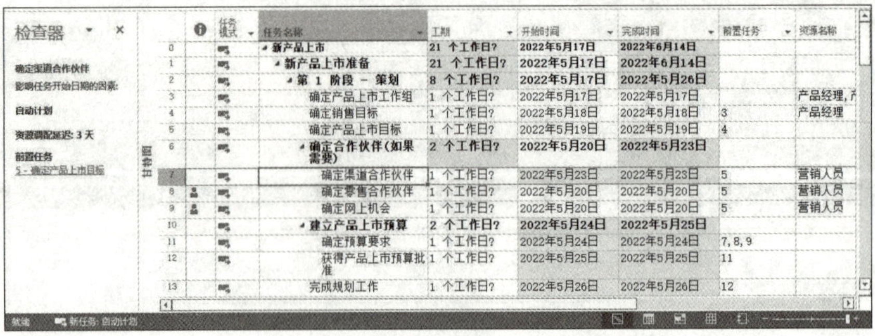

图 4-59 过度分配解决后的显示

实战演练 创建“别墅建设”项目

在创建“别墅建设”项目的过程中需将各类资源合理分配到任务中。如何合理分配这些资源，从而快速有效地完成项目呢？下面介绍该项目的详细操作步骤。

扫码观看视频

1. 添加项目任务

步骤01 新建空白文档，设置文档名称为“别墅建设”，如图4-60所示。

步骤02 打开“项目”选项卡，在“属性”组中单击“项目信息”按钮，如图4-61所示。

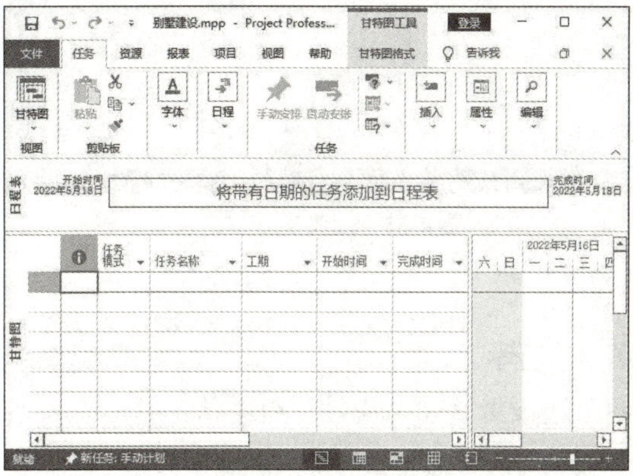

图 4-60 新建项目

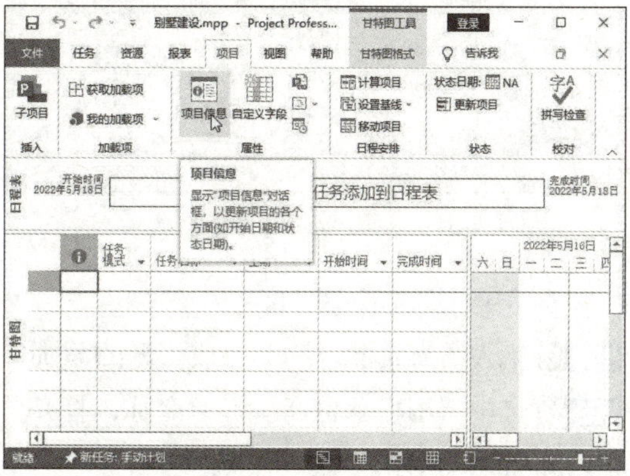

图 4-61 “项目”－“项目信息”操作

步骤03 在弹出的对话框中设置好项目的开始日期为“2022年1月10日”，单击“确定”按钮，如图4-62所示。

步骤04 在数据编辑区域中输入项目名称，设置好工期、开始时间、完成时间等信息，完成项目任务的添加，如图4-63所示。

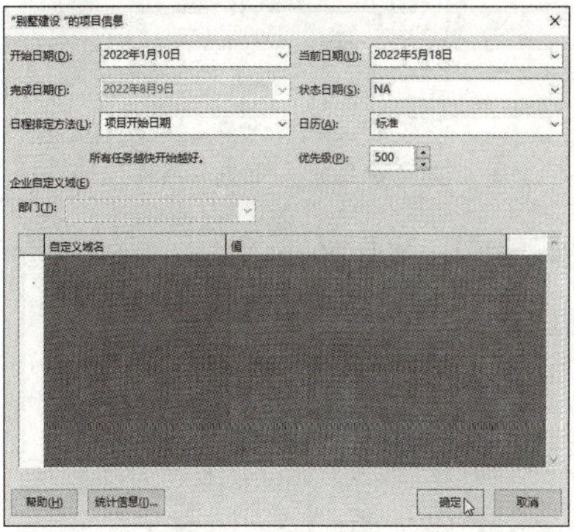

图 4-62 设置项目信息

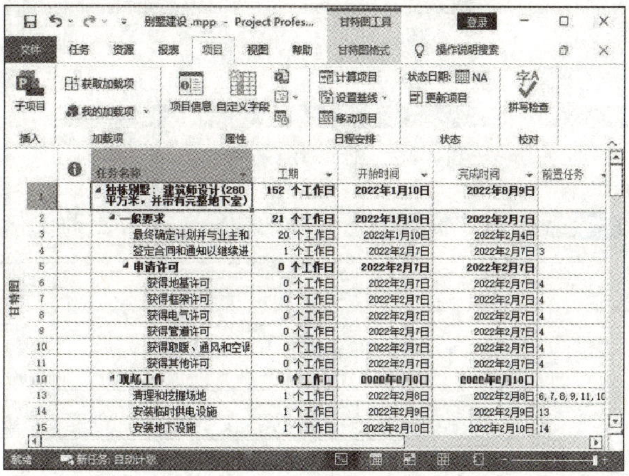

图 4-63 项目任务添加完成

2. 添加资源

步骤01 打开“资源”选项卡，单击“工作组规划器”下拉按钮，在展开的列表中选择“资源工作表”选项，如图4-64所示。

步骤02 切换到“资源工作表”视图，在该视图中输入资源名称，并选择好资源的类型以及其他信息，如图4-65所示。

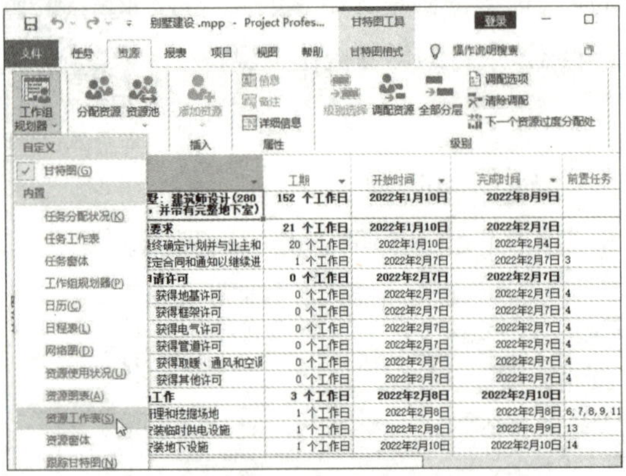

图 4-64 选择“资源工作表”选项

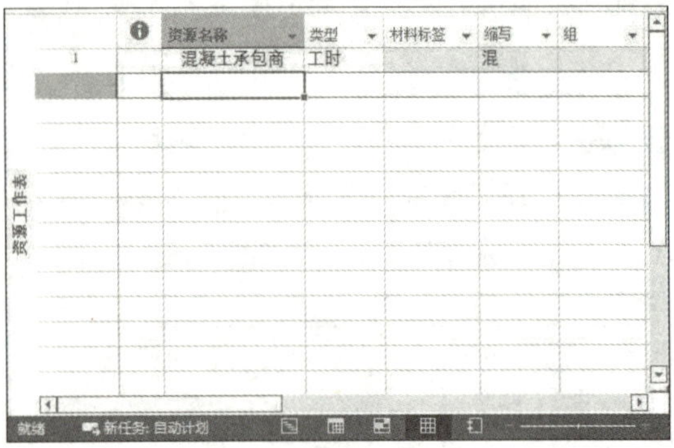

图 4-65 设置资源信息项

3. 更改资源工作时间

步骤01 输入所有资源名称，完成资源的添加，如图4-66所示。

步骤02 选中“围栏承包商”资源名称，打开“资源”选项卡，在“属性”组中单击“信息”按钮，如图4-67所示。

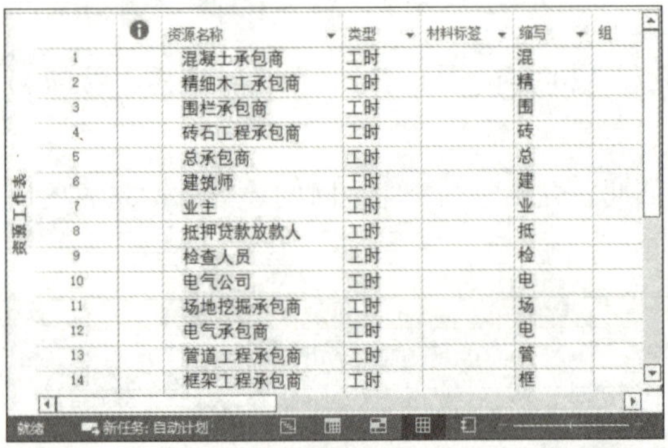

图 4-66 资源添加完成

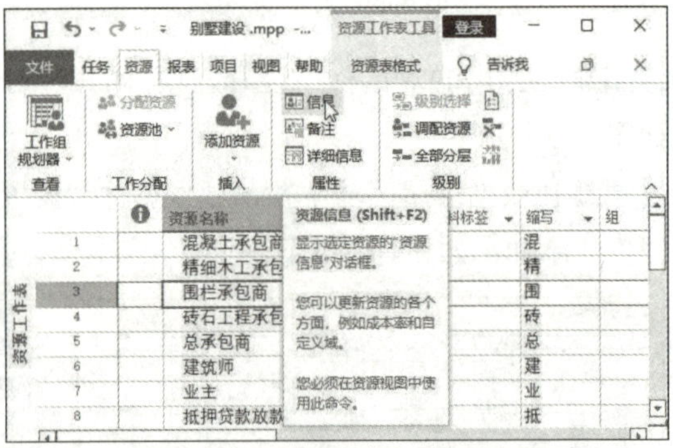

图 4-67 “资源”－“信息”操作

步骤03 弹出“资源信息”对话框，单击“更改工作时间”按钮，如图4-68所示。

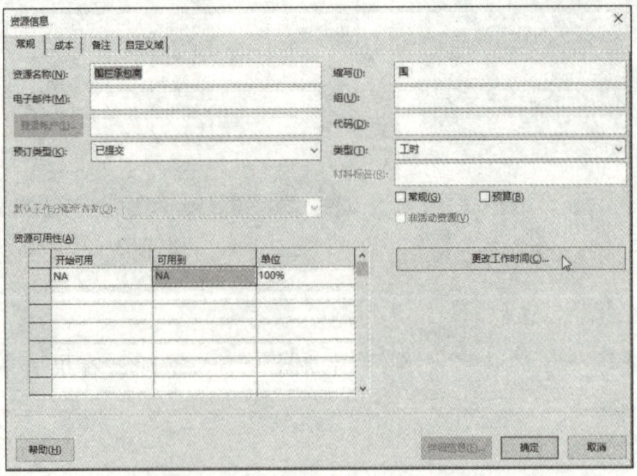

图 4-68 “更改工作时间”操作

步骤 04 打开“更改工作时间”对话框，切换到“工作周”选项卡，单击“详细信息”按钮，如图4-69所示。

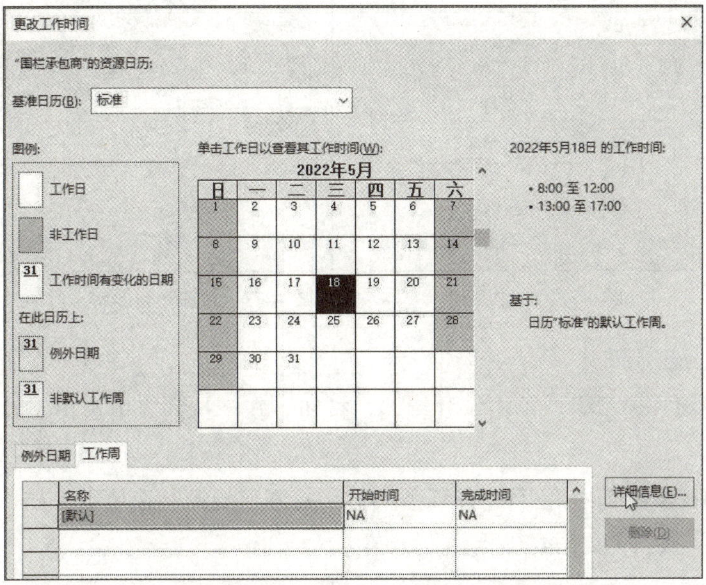

图 4-69 “工作周”－“详细信息”操作

步骤 05 在随后弹出的对话框中，按住［Shift］键分别单击“星期一”和“星期五”，将星期一至星期五的所有选项全部选中，如图4-70所示。

步骤 06 选中“将所列日期设置为非工作时间”单选按钮，如图4-71所示。

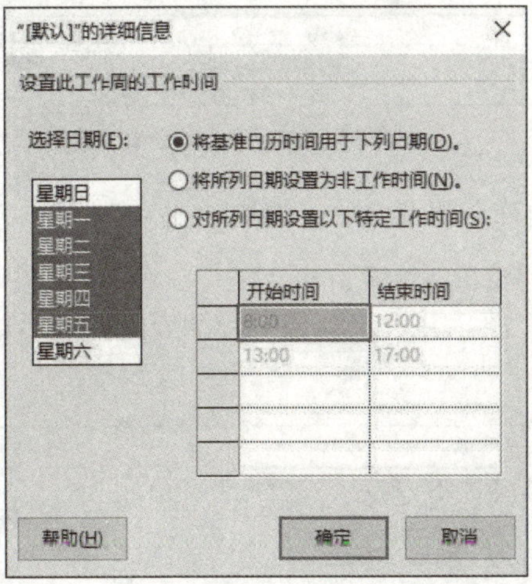

图 4-70 选中多个日期

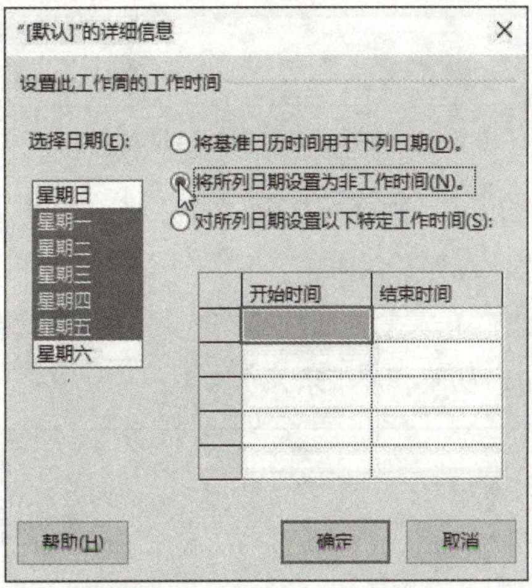

图 4-71 选中设置项

步骤 07 随后，按住［Ctrl］键再分别单击“星期日”和“星期六”将这两个选项同时选中，如图4-72所示。

步骤 08 选中“对所列日期设置以下特定工作时间”单选按钮，在表格中设置好开始时间和结束时间，单击“确定”按钮，完成资源工作时间的修改，如图4-73所示。

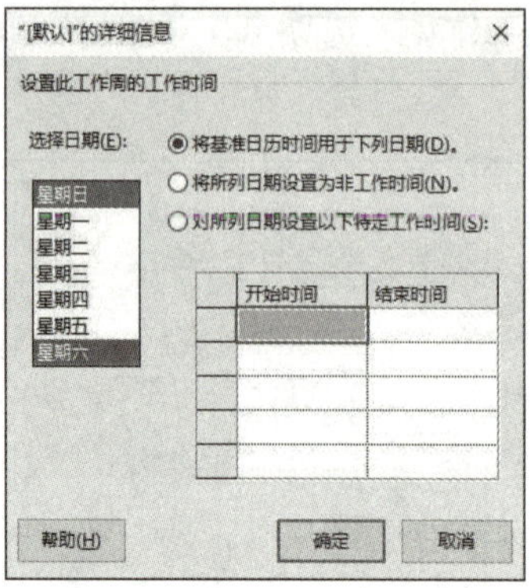

图 4-72　选中日期

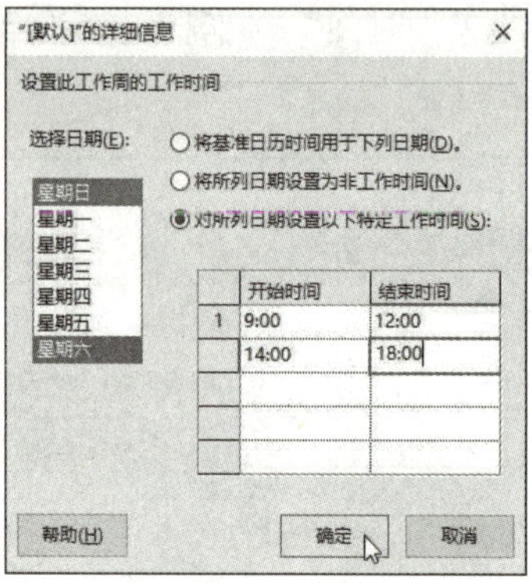

图 4-73　设置开始和结束时间

4. 为任务分配资源

步骤01 打开"视图"选项卡，单击"甘特图"按钮，在下拉列表中选择"甘特图"选项，如图4-74所示。

步骤02 在甘特图视图中选中第3行中的任务名称，打开"资源"选项卡，在"工作分配"组中单击"分配资源"按钮，如图4-75所示。

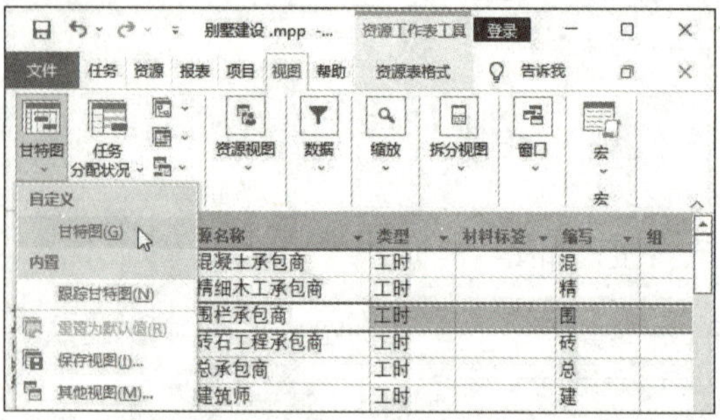

图 4-74　选择"甘特图"选项

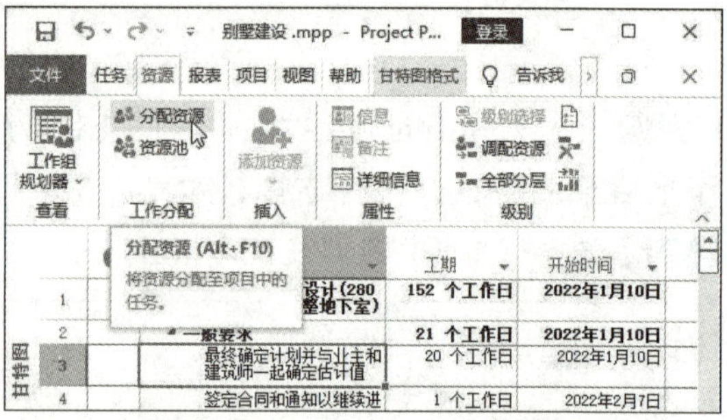

图 4-75　"资源"-"分配资源"操作

步骤03 弹出"分配资源"对话框，选中"总承包商"资源名称，设置单位为"50"，单击"分配"按钮，如图4-76所示。

步骤04 参照上一步骤继续为所选任务分配其他资源，并设置单位，资源分配完成后单击"关闭"按钮，如图4-77所示。

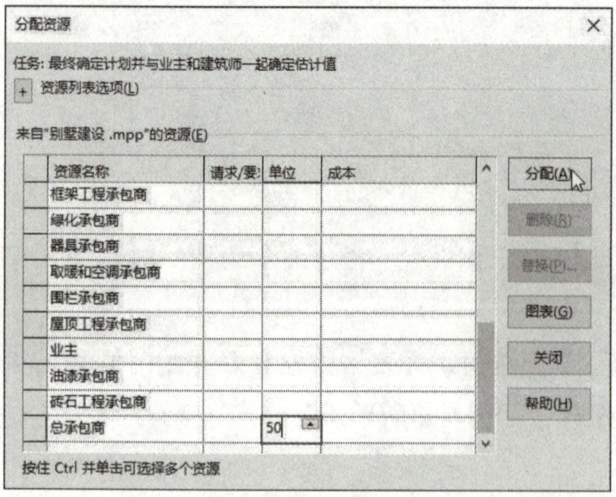

图 4-76　分配资源操作

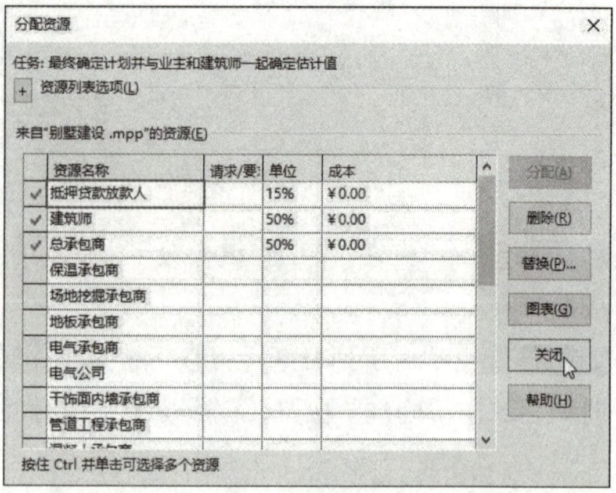

图 4-77　关闭"分配资源"对话框操作

步骤05 返回“甘特图”视图，在“资源名称”单元格中可以查看到当前任务所分配的资源信息，如图4-78所示。

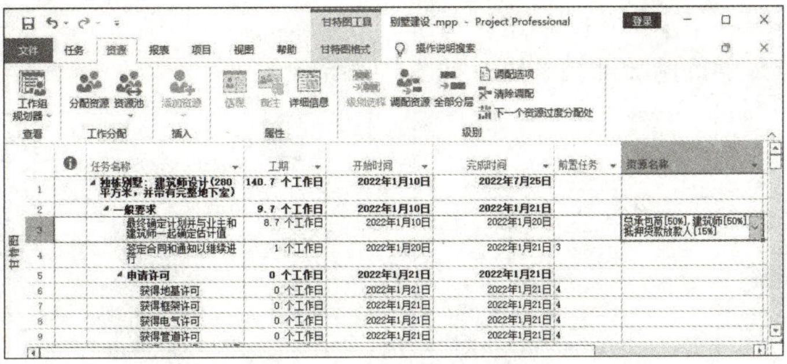

图 4-78　查看分配的资源

步骤06 在第4行任务的“资源名称”单元格中单击下拉按钮，从下拉列表中勾选需要分配的资源，如图4-79所示。

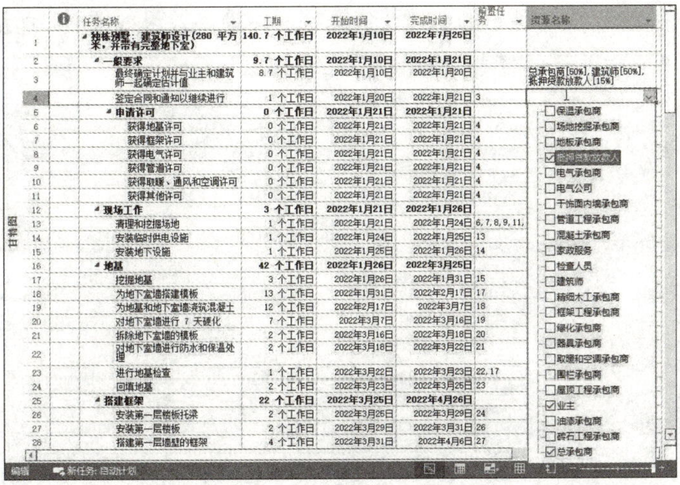

图 4-79　选择要分配的资源

步骤07 参照上述步骤继续为其他任务添加资源信息，如图4-80所示。

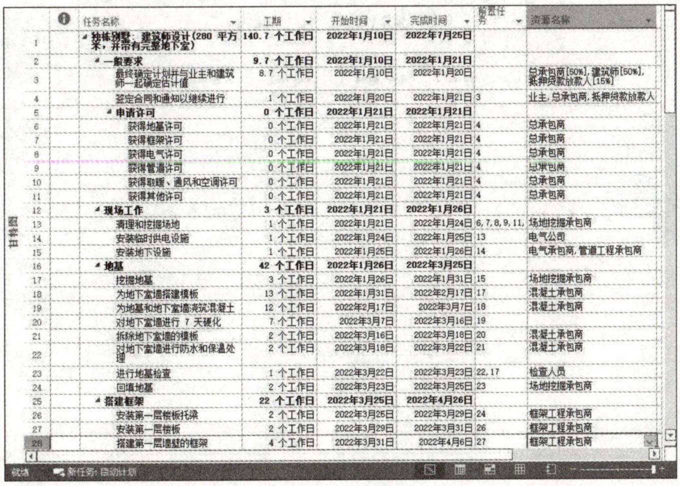

图 4-80　添加资源信息后显示

5. 处理资源过度分配

步骤01 在标记列中右击过度分配图标，在弹出的菜单中选择解决方式，此处选择“重新安排至可用日期”选项，如图4-81所示。

步骤02 资源过度分配的问题随即被解决，如图4-82所示。

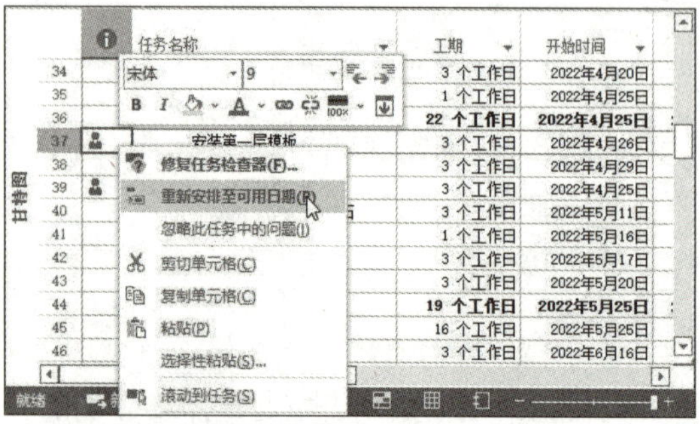

图 4-81 选择“重新安排至可用日期”选项

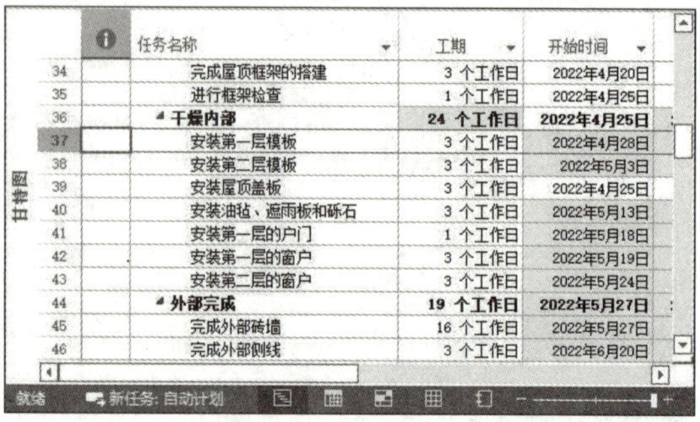

图 4-82 过度分配问题解决后的显示

步骤03 至此完成“别墅建设”项目的创建及资源分配，最终效果如图4-83所示。

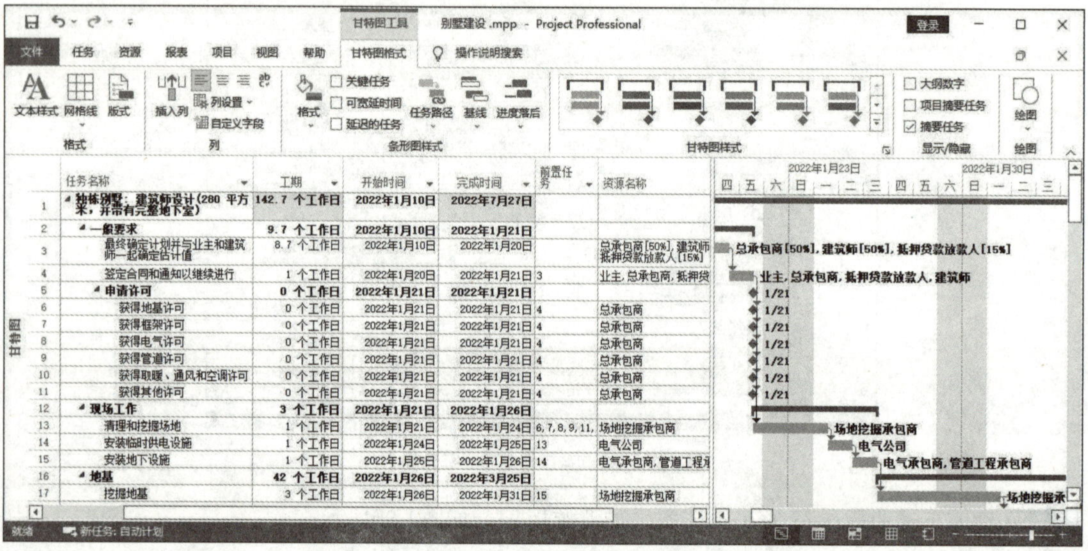

图 4-83 最终效果图

学习体会

课后作业

本章主要对项目资源的创建、资源信息的设置、资源的分配以及资源的调配等知识进行了详细介绍。下面为“新品上市审核”项目添加资源信息并设置资源工作时间，具体操作要求如下。

(1) 打开“资源工作表”视图，手动输入资源名称、类型、标准费率等信息，如图4-84所示。

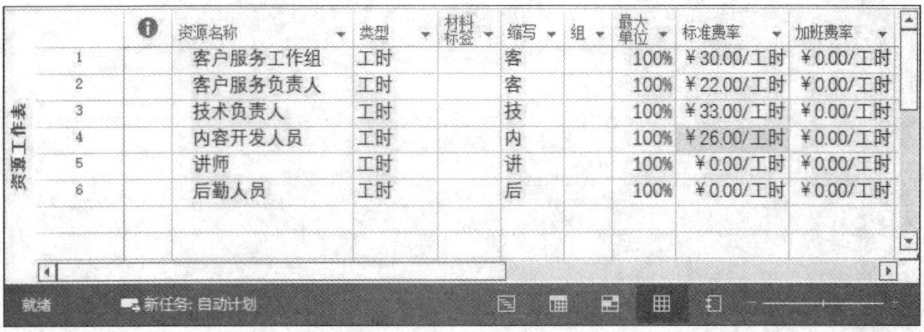

	资源名称	类型	材料标签	缩写	组	最大单位	标准费率	加班费率
1	客户服务工作组	工时		客		100%	¥30.00/工时	¥0.00/工时
2	客户服务负责人	工时		客		100%	¥22.00/工时	¥0.00/工时
3	技术负责人	工时		技		100%	¥33.00/工时	¥0.00/工时
4	内容开发人员	工时		内		100%	¥26.00/工时	¥0.00/工时
5	讲师	工时		讲		100%	¥0.00/工时	¥0.00/工时
6	后勤人员	工时		后		100%	¥0.00/工时	¥0.00/工时

图 4-84 输入资源信息

(2) 为“内容开发人员”资源设置工作时间为星期一至星期六的8:30~11:30和13:00~17:00，重点操作步骤如图4-85所示。

(3) 为“客户服务工作组”资源设置每周一、周三的17:30~20:00为加班时间，如图4-83所示。重点操作步骤如图4-86所示。

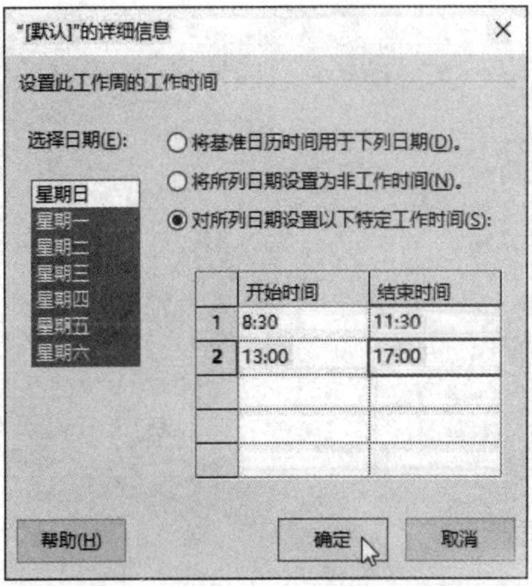

图 4-85 工作时间设置

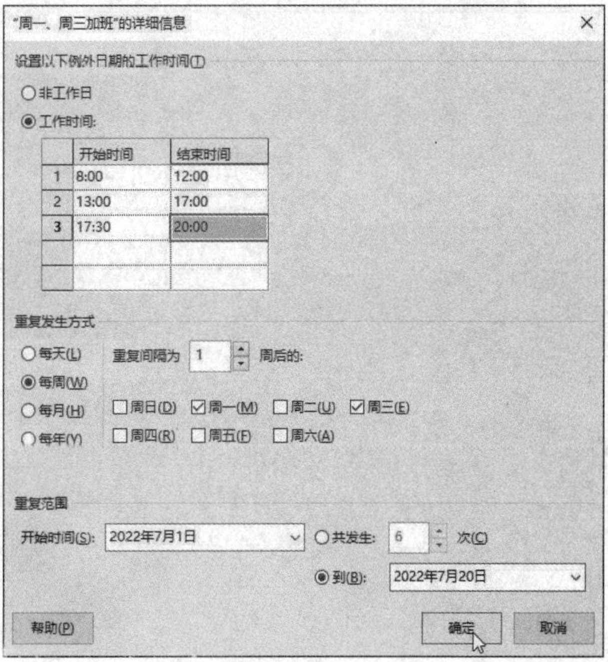

图 4-86 加班时间设置

第5章

管理项目成本

内容概要

项目成本是在项目寿命期内为实现项目的预期目标而付出的全部代价。在Project的项目计划中，项目成本由每个任务的成本汇集而成，而任务的成本则是由资源成本和固定成本构成的。因此，资源和固定成本是控制整个项目成本的根源。本章将详细介绍如何管理项目的成本。

数字资源

【本章素材】："素材文件\第5章"目录下

【本章实战演练最终文件】："素材文件\第5章\实战演练"目录下

5.1 项目成本管理概述

项目成本管理可以理解为将项目的成本费用控制在预期内所做的一系列规划和调整工作。接下来详细介绍项目成本的构成、成本管理过程以及成本的控制方法。

■5.1.1 项目成本的类别

在项目管理中，成本管理是项目管理三大目标之一，成本和项目的任务、资源一样，都是组成项目的要素。在Project中，成本分为两类，一类是资源成本，另一类是固定成本。两者相加后便是项目的总成本。下面进行详细介绍。

1. 项目的固定成本

项目的固定成本是：无论项目任务的工期或者资源完成的工时是多少，始终保持为常量的一组任务成本。例如，项目经理的管理费用——无论项目完成与否，都必须支付给项目经理，它是固定不变的，不受任务工期和资源多少的影响。

2. 项目的资源成本

项目的资源成本是使用资源所带来的项目成本。资源成本的多少可以由Project计算出来，支付比率可以是单位时间的人工费用，也可以是使用材料的单位价格。当指定了多个资源完成某一项任务时，则该任务的资源成本就是这些资源费用累加后的和。所以，项目成本的计算主要是对资源成本的计算，这也是对成本管理人员的考验。资源成本是一种可变成本。

资源成本包括3项：工时类资源、材料类资源和成本类资源（在Project 2007及更早些的版本中，没有成本类资源成本）。

■5.1.2 项目成本的结构

在Project任务编辑文本区中，任务都是由各个阶段的摘要任务和其子任务组成，所以对于成本来说，项目的总成本是由全部摘要任务成本和项目固定成本汇集而成。各摘要任务的成本是由其子任务的成本之和与该摘要任务本身的固定成本组成。也就是说：无论是摘要任务，还是摘要任务的子任务，它们各自的固定成本只属于自己，并不是子任务的固定成本累加后变成它们摘要任务的固定成本，固定成本没有累加计算的说法。而资源成本不同，它是摘要任务的可变成本（资源成本），是由其所有子任务的资源成本累加而成。项目成本的结构如图5-1所示。

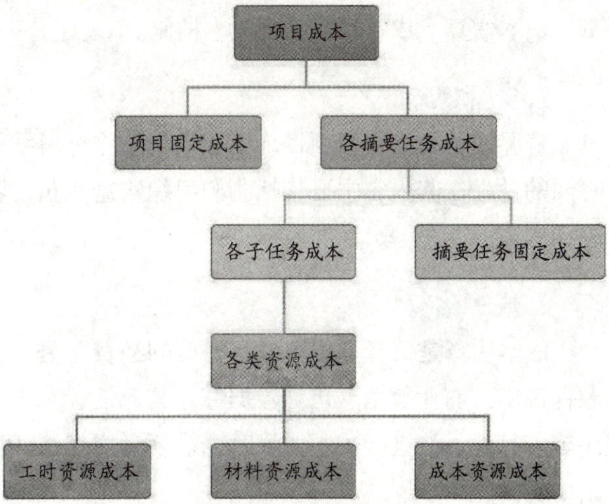

图 5-1 项目成本结构图

工时资源成本与材料资源成本，主要包括标准费率、加班费率、每次使用成本与成本累算。

在前面的4.2节中已经讲解了标准费率、加班费率及每次使用成本的设置方法，这里主要讲解资源成本的分类方式。

1. 工时资源成本

工时资源由资源费率、资源时间与资源数量组成，其资源的正常工时与加班工时方面的成本被称为资源的可变成本，而与资源单位数量有关的每次使用成本被称为资源的固定成本。

2. 材料资源成本

材料资源成本也是由可变成本与固定成本组合而成，其资源的材料费用与材料用量被称为可变成本，而材料的每次使用成本被称为固定成本。材料的固定成本与材料的使用量无关，该特点区别于工时资源的固定成本。

另外，在Project中，还包含实际成本、剩余成本等概念。总成本、固定成本、资源成本、实际成本和剩余成本的关系如下：

$$项目总成本=固定成本+资源成本+实际成本+剩余成本 \tag{5.1}$$

（1）固定成本。

固定成本是无论任务工期或资源完成的工时是多少，始终保持为常量的一组任务成本。

（2）资源成本。

资源成本不是资源类型的“成本资源”，而是指使用资源所要的总花费。

（3）实际成本。

实际成本表示任务、资源或工作分配到目前为止实际发生的成本，即当前已经花费的成本。

（4）剩余成本。

任务、资源或工作分配将要发生的估计成本减去实际成本所得到的成本就是剩余成本。

5.1.3 成本管理的过程

管理项目成本是为了确保项目能够在计划的预算内完成，项目成本的管理过程包括资源规划、成本估算、成本预算以及成本控制4个过程。下面详细介绍每个过程的具体作用。

1. 资源规划

资源规划是指根据项目范围规划与工作分解结构确定项目所需资源的种类、数量、规格及时间的过程，其内容主要包括招聘组织实施人员、项目实施所需要的材料与设备以及采购方法与计划等。

2. 成本估算

成本估算是估算完成项目所需要的经费，需要输入的数据有工作分解结构、资源要求、资源耗用率、商业数据、历史数据等。其评估计算主要包括类比估算、参数模型、自上而下估算法等。另外，在进行成本估算时，需要考虑经济环境的影响，以及项目所需要的资源与成本支出情况。

3. 成本预算

成本预算又被称为成本规划，是将估算的成本分配到各个任务中的一种过程。在进行成本预算时， 应该以各任务的成本估算和进度计划为依据，并采用便于控制项目的方法。另外，基准成本计划是测定与衡量成本执行情况的依据。

4. 成本控制

成本控制是在保证各项工作在各自的预算范围内进行的一种方法，其中，成本预算是成本控制的基础。

成本控制的基础方法是在项目实施过程中，优先规定各部门定期上报各自的费用情况；然后，由控制部门对各部门的费用进行审核，以保证各种支出的合法性；最后，将已经发生的费用与预算进行比较，分析费用的超支情况，并根据超支情况采取相应的措施加以弥补。在项目结束时，还需要经过财务决算、审查与分析来确定项目成本目标的达标程度，决定成本管理系统的成效。

成本控制的内容包括监控成本情况与计划的偏差，做好成本分析和评估，并对偏差做出响应，确保所有费用的发生都被记录到成本线上，防止不正确的、不合适的或无效的变更反映到成本线上；此外，还需要将审核的变更通知项目干系人；最后，还需要监控影响成本的内外部因素。

以上4个过程相互影响、相互作用，有时也与外界发生交互影响。项目成本管理过程如图5-2所示。

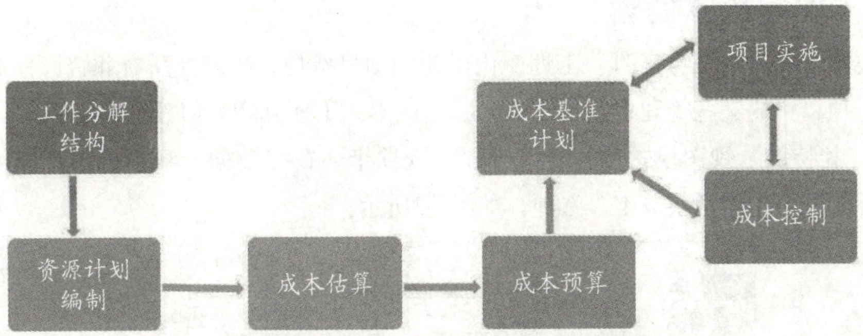

图 5-2 项目成本管理过程图

■5.1.4 成本的控制方法

项目管理的控制手段包括基于预算的目标成本控制方法、基于标杆的目标成本控制方法、基于市场需求的目标成本控制方法、基于价值分析的成本控制方法以及基于经验的成本管理方法5种。下面对这5种方法进行详细介绍。

1. 基于预算的目标成本控制方法

尽管总会发生计划外的事情，但不能因此否定预算管理的有效性。预算成本执行时并不是一成不变的，必要时是可以做适当调整的。不可否认，有预算管理一定会比没有预算管理好。

2. 基于标杆的目标成本控制方法

基于标杆的目标成本控制，就是将标杆当作标准，要求自己达到甚至超过所设定的标准。

3. 基于市场需求的目标成本控制方法

基于市场需求的目标控制方法，有时也称为“基于决策层意志的成本控制法”，因为这种方法在使用过程中是根据市场需求设定的，并且往往由决策者的意志起主导作用。

4. 基于价值分析的成本控制方法

这种方法在大型企业中经常使用且是制度化的，通常设有专职的工作人员（通常是工程师）做这项工作。但这种方法在小型公司使用，往往无法做得很专业。

5. 基于经验的成本管理方法

这种方法是最普遍和最基本的，在一定条件下也是一种效果很好的成本控制法。大多数企业开始时都是使用这种成本管理的，其他每一种成本控制方法都是以此为基础构成的。

5.2 设置项目成本

按照成本类型可将项目成本划分为固定成本、实际成本以及预算成本。下面详细介绍固定成本、预算成本、实际成本以及成本累积的设置方法。

■5.2.1 固定成本的设置

固定成本是一种与任务工时、工期变化无关的项目费用，也就是所有非资源任务开销的成本。另外，项目中的某些管理费也可以作为固定成本。下面介绍如何设置固定成本。

步骤01 在“甘特图”视图模式中打开“视图”选项卡，在“数据”组中单击“表格”下拉按钮，从展开的列表中选择“成本”选项，如图5-3所示。

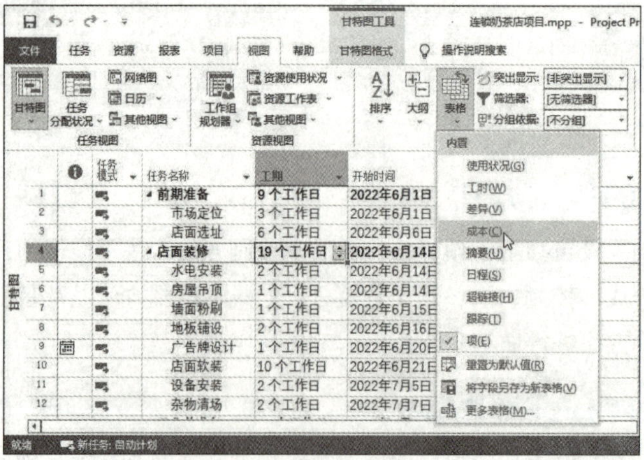

图 5-3 选择“成本”选项

步骤02 窗口中随即显示成本表。在任务名称对应的“固定成本”域中输入固定成本即可，Project会自动显示任务的总成本、差异成本以及剩余成本，如图5-4所示。

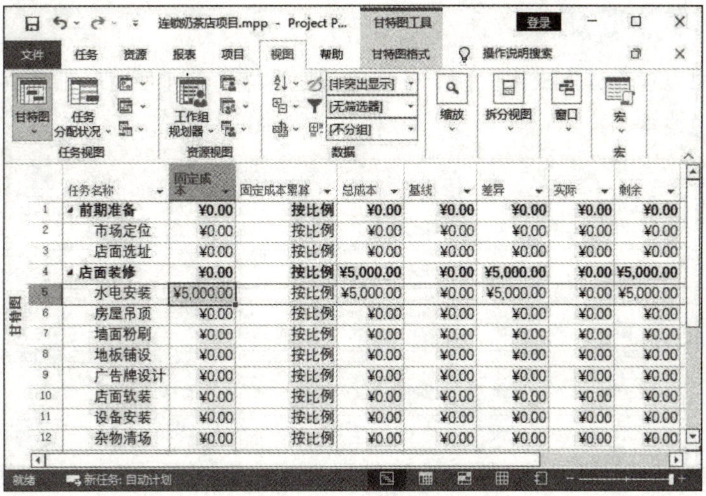

图 5-4 成本表

成本表中主要包含7种成本域，其具体说明如下。

1. 固定成本

用于显示所有非资源任务的费用。在一定的成本预算中不会因某些原因而改变的成本费用。

2. 固定成本累算

对固定成本进行累加计算，包括从开始累算、结束累算、按比例累算3种方式。

3. 总成本

从项目开始的研发，中间的生产、使用，到最后的结束淘汰等一系列的费用成本。

4. 基线

用于显示某一任务、所有已分配任务的某一资源或任务上某一资源已完成工时的总计划成本，该值与保存比较基准时的“成本”域的内容相同。

5. 差异

用于显示任务、资源或工作分配的比较基准成本和总成本直接的差异值。其表达式为：

$$\text{成本差异}=\text{成本}-\text{基线成本} \tag{5.2}$$

6. 实际

用于显示资源在其任务上已完成的工时相对应的成本，以及记录与该任务有关的任务的其他成本。

7. 剩余

用于显示剩余的日常安排费用，此费用将在完成剩余工时时产生。其表达式为：

$$\text{剩余成本}=（\text{剩余工时}\times\text{标准费率}）+\text{剩余加班成本} \tag{5.3}$$

■5.2.2 设置摘要成本

摘要任务也可以设置固定成本。摘要任务的固定成本不等于所有子任务固定成本的总和，例如，店面装修总成本为112 200时，固定成本为0，如图5-5所示。

	任务名称	固定成本	固定成本累算	总成本	基线	差异	实际	剩余
4	◢ 店面装修	¥0.00	按比例	¥112,200.00	¥0.00	112,200.00	¥0.00	¥112,200.00
5	水电安装	¥5,000.00	按比例	¥5,000.00	¥0.00	¥5,000.00	¥0.00	¥5,000.00
6	房屋吊顶	¥8,000.00	按比例	¥8,000.00	¥0.00	¥8,000.00	¥0.00	¥8,000.00
7	墙面粉刷	¥4,000.00	按比例	¥4,000.00	¥0.00	¥4,000.00	¥0.00	¥4,000.00
8	地板铺设	¥12,000.00	按比例	¥12,000.00	¥0.00	¥12,000.00	¥0.00	¥12,000.00
9	广告牌设计	¥3,000.00	按比例	¥3,000.00	¥0.00	¥3,000.00	¥0.00	¥3,000.00
10	店面软装	¥30,000.00	按比例	¥30,000.00	¥0.00	¥30,000.00	¥0.00	¥30,000.00
11	设备安装	¥50,000.00	按比例	¥50,000.00	¥0.00	¥50,000.00	¥0.00	¥50,000.00
12	杂物清场	¥200.00	按比例	¥200.00	¥0.00	¥200.00	¥0.00	¥200.00
13	◢ 开业前准备	¥0.00	按比例	¥0.00	¥0.00	¥0.00	¥0.00	¥0.00
14	证件办理	¥0.00	按比例	¥0.00	¥0.00	¥0.00	¥0.00	¥0.00
15	人员招聘	¥0.00	按比例	¥0.00	¥0.00	¥0.00	¥0.00	¥0.00

图 5-5 成本表 1

而摘要任务的总成本却等于摘要任务的固定成本与子任务固定成本的总和，例如，输入摘要任务固定成本为3 000，摘要任务总成本自动加上相应的值，如图5-6所示。

	任务名称	固定成本	固定成本累算	总成本	基线	差异	实际	剩余
4	◢ 店面装修	¥3,000.00	按比例	¥115,200.00	¥0.00	115,200.00	¥0.00	¥115,200.00
5	水电安装	¥5,000.00	按比例	¥5,000.00	¥0.00	¥5,000.00	¥0.00	¥5,000.00
6	房屋吊顶	¥8,000.00	按比例	¥8,000.00	¥0.00	¥8,000.00	¥0.00	¥8,000.00
7	墙面粉刷	¥4,000.00	按比例	¥4,000.00	¥0.00	¥4,000.00	¥0.00	¥4,000.00
8	地板铺设	¥12,000.00	按比例	¥12,000.00	¥0.00	¥12,000.00	¥0.00	¥12,000.00
9	广告牌设计	¥3,000.00	按比例	¥3,000.00	¥0.00	¥3,000.00	¥0.00	¥3,000.00
10	店面软装	¥30,000.00	按比例	¥30,000.00	¥0.00	¥30,000.00	¥0.00	¥30,000.00
11	设备安装	¥50,000.00	按比例	¥50,000.00	¥0.00	¥50,000.00	¥0.00	¥50,000.00
12	杂物清场	¥200.00	按比例	¥200.00	¥0.00	¥200.00	¥0.00	¥200.00
13	◢ 开业前准备	¥0.00	按比例	¥0.00	¥0.00	¥0.00	¥0.00	¥0.00
14	证件办理	¥0.00	按比例	¥0.00	¥0.00	¥0.00	¥0.00	¥0.00
15	人员招聘	¥0.00	按比例	¥0.00	¥0.00	¥0.00	¥0.00	¥0.00

图 5-6 成本表 2

■5.2.3 实际成本的计算

在项目任务执行过程中，Project用基于任务的成本累算方式更新实际成本。下面将详细介绍实际成本的计算原理以及如何在Project中自动计算实际成本。

1. 实际成本的计算原理

实际成本的类型可分为任务类与资源类两类。不同类型的实际成本，其计算方法也略有不同。

$$\text{任务类实际成本=（实际工时} \times \text{标准费率）+（实际加班工时} \times \text{加班费率）+ 资源每次使用成本+任务固定成本} \tag{5.4}$$

$$\text{资源类实际成本=（实际工时} \times \text{标准费率）+（实际加班工时} \times \text{加班费率）+每次使用成本} \tag{5.5}$$

2. 自动计算实际成本值

Project可以根据任务的完成百分比值与实际完成百分比值自动计算实际成本。下面将介绍如何更改实际成本值。

步骤01 在“甘特图”视图中打开“视图”选项卡，在“数据”组中单击“表格”下拉按钮，在展开的列表中选择“跟踪”选项，如图5-7所示。

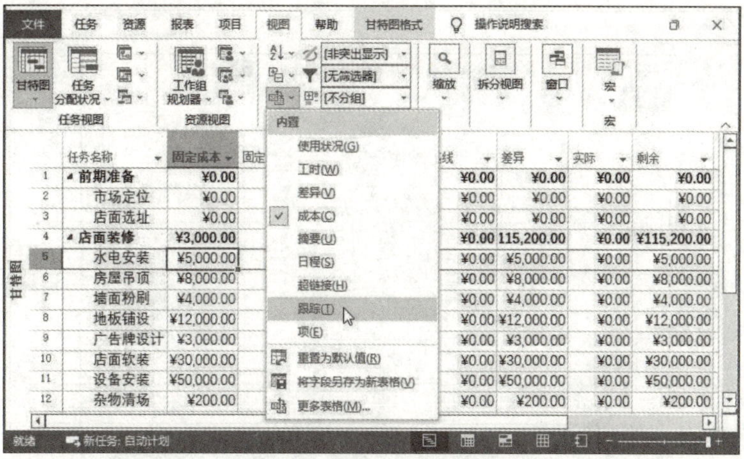

图 5-7 选择“跟踪”选项

步骤02 切换至“跟踪”表，手动修改指定子任务的“完成百分比”值，如图5-8所示。

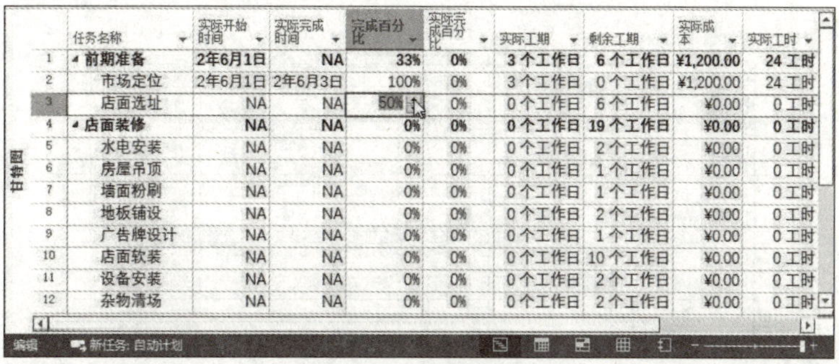

图 5-8 修改跟踪表

步骤03 修改完成后，“实际成本值”域中会显示自动计算结果。摘要任务自动显示完成百分比值，如图5-9所示。

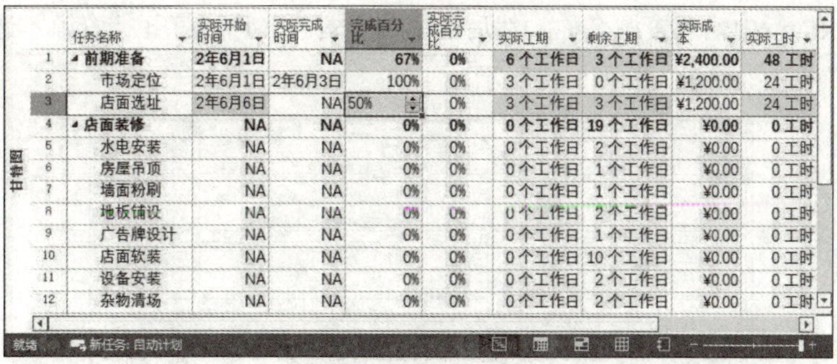

图 5-9 系统自动计算后的成本表

5.2.4 预算成本的设置

项目的预算成本与预算资源一样，只能分配给项目的摘要任务。预算成本只能在“任务分配状况”与“资源使用状况”视图中设置，下面介绍如何设置预算成本。

1. 创建预算成本资源

步骤01 打开“任务”选项卡，单击“甘特图”下拉按钮，在下拉列表中选择“资源工作表”选项，如图5-10所示。

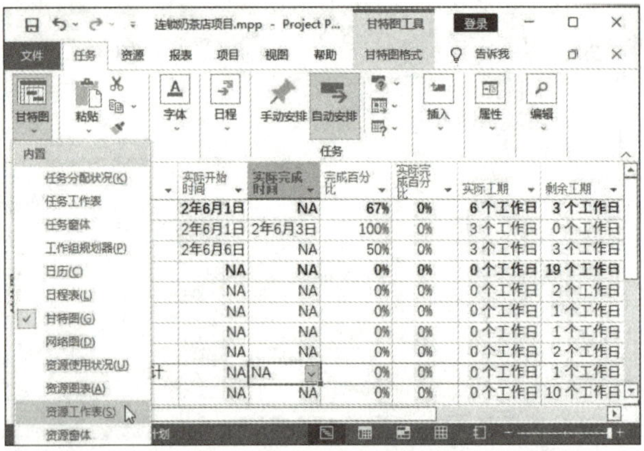

图 5-10　选择“资源工作表”选项

步骤02 切换到资源工作表视图，选中一个资源然后右击，在弹出的菜单中选择“插入资源”选项，如图5-11所示。

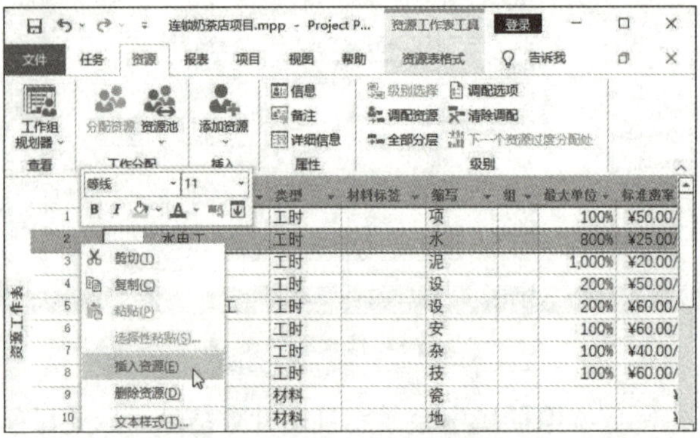

图 5-11　选择“插入资源”选项

步骤03 在新插入的行中输入资源名称，然后选中这个资源名称，打开“资源”选项卡，在“属性”组中单击“信息”按钮，如图5-12所示。

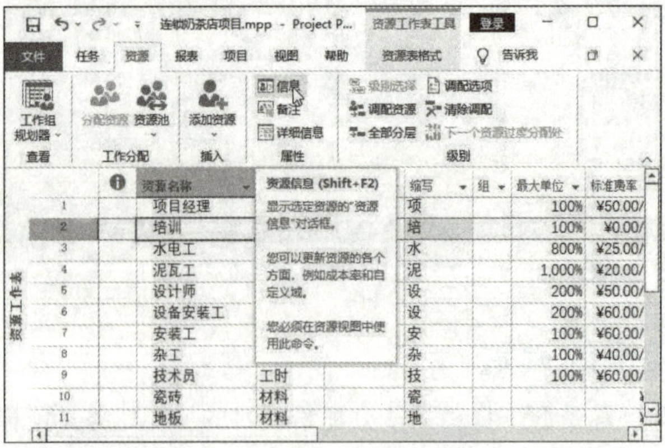

图 5-12　“资源” - “信息”操作

步骤04 弹出“资源信息”对话框，在“常规”选项卡中单击“类型”下拉按钮，选择“成本”选项，如图5-13所示。

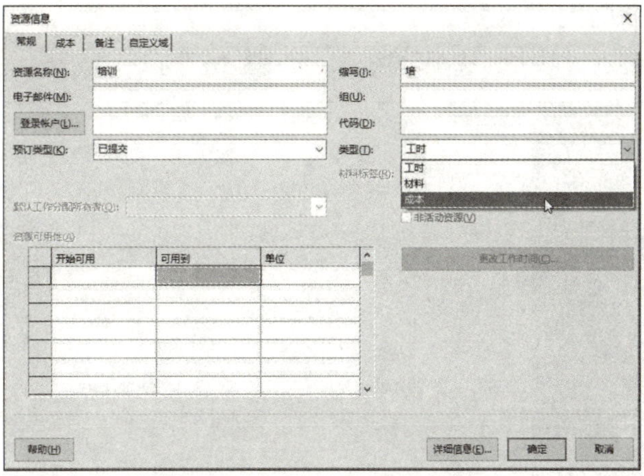

图 5-13 设置资源信息类型

步骤05 勾选“预算”复选框，单击“确定”按钮，关闭对话框，如图5-14所示。

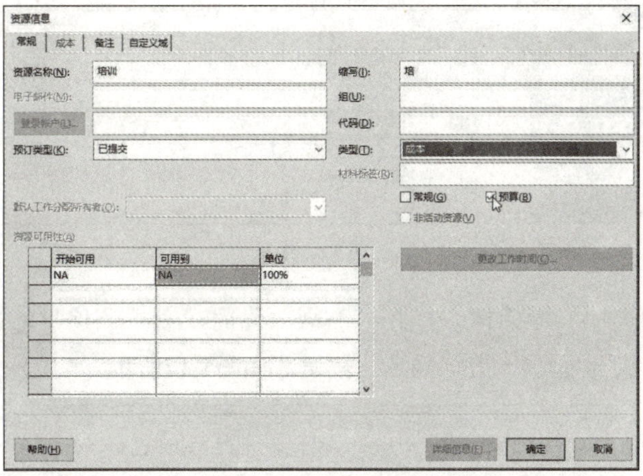

图 5-14 设置预算选项

步骤06 所选资源随被设置为预算成本资源，如图5-15所示。

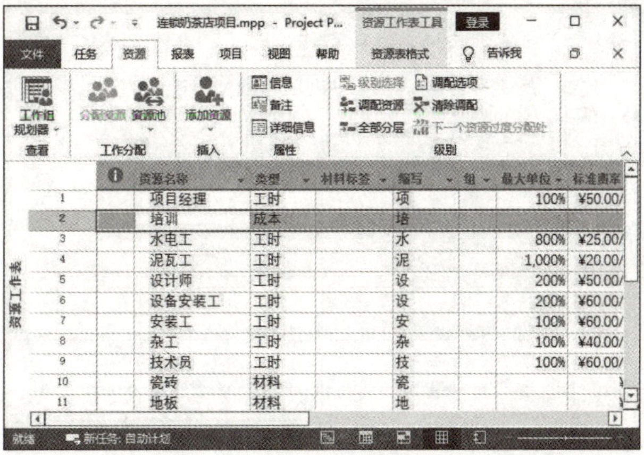

图 5-15 设置资源类型后的显示

2. 分配预算成本资源

预算成本资源只能分配给项目摘要，所以在分配预算成本资源之前需要显示项目摘要任务。下面介绍具体操作方法。

步骤01 打开“文件”菜单，单击“选项”选项，如图5-16所示。

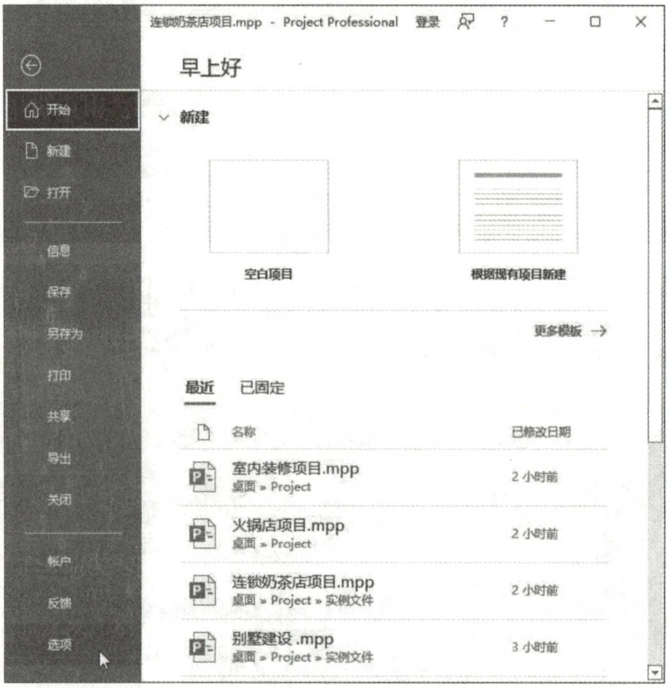

图 5-16　文件菜单

步骤02 打开“Project选项”对话框，打开“高级”界面，在“该项目的显示选项”组中勾选“显示项目摘要任务”复选框，单击“确定”按钮，如图5-17所示。

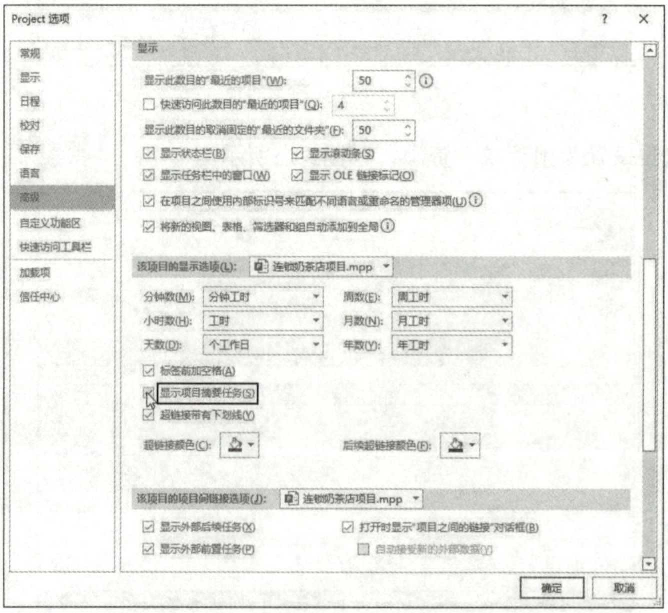

图 5-17　“高级”选项界面

步骤03 所有任务顶端随即显示项目摘要任务，选中该摘要任务名称，打开“资源”选项卡，在“工作分配”组中单击“分配资源”按钮，如图5-18所示。

步骤04 打开“分配资源”对话框，选择预算成本资源，单击“分配”按钮，如图5-19所示。随后关闭对话框。

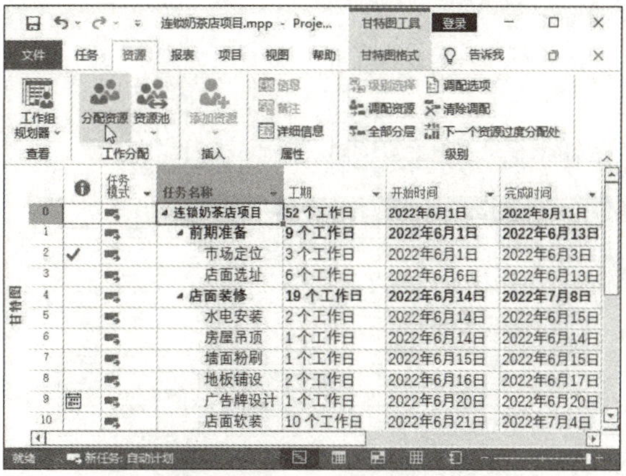

图 5-18 “资源”-“分配资源”操作

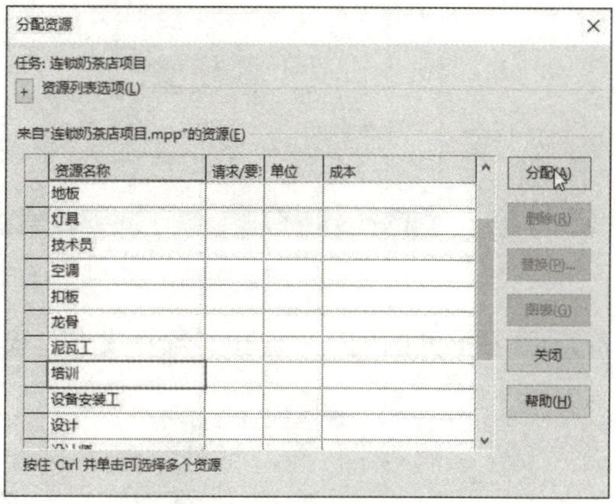

图 5-19 “分配资源”对话框

步骤05 所选预算成本资源随即被分配给项目摘要任务，效果如图5-20所示。

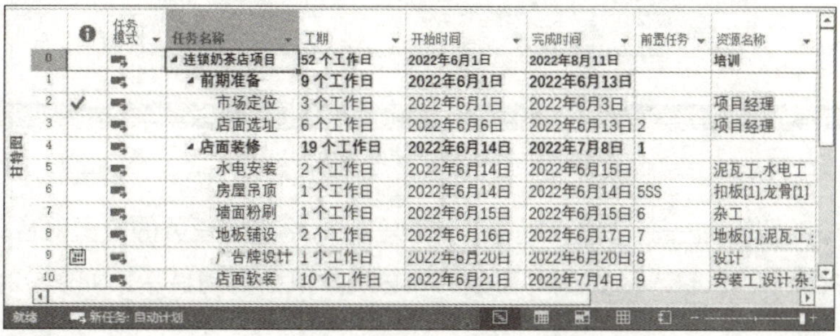

图 5-20 分配资源后的任务显示

3. 设置预算成本值

步骤01 在“甘特图”视图中打开“视图”选项卡，在“任务视图”组中单击“任务分配状况”按钮，如图5-21所示。

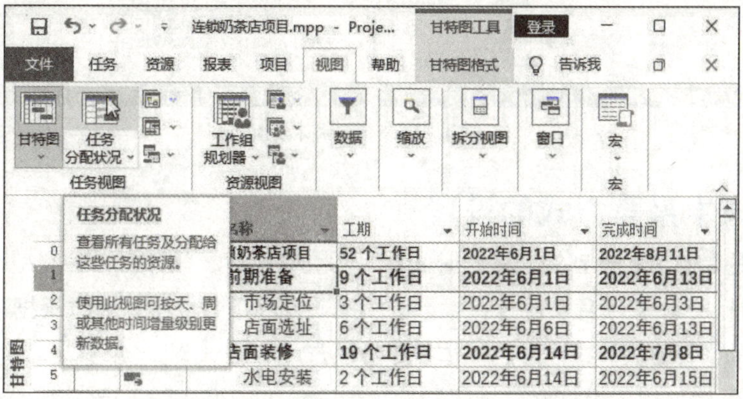

图 5-21 “视图”-“任务分配状况”操作

步骤02 在“任务分配状况”视图中单击“添加新列”域标题右侧的下拉按钮，如图5-22所示。

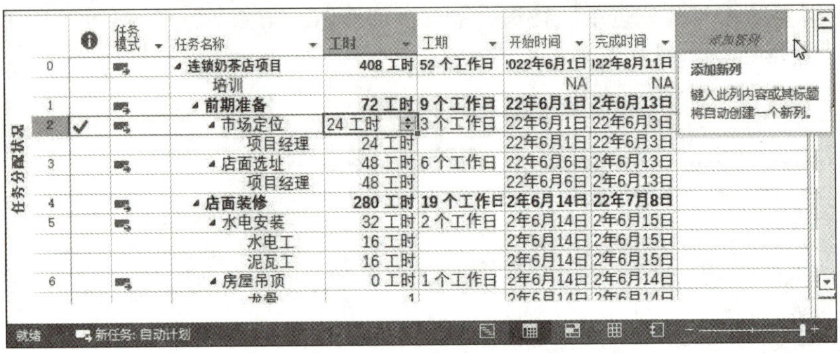

图 5-22 “添加新列”操作

步骤03 在展开的列表中选择“预算成本”选项，如图5-23所示。

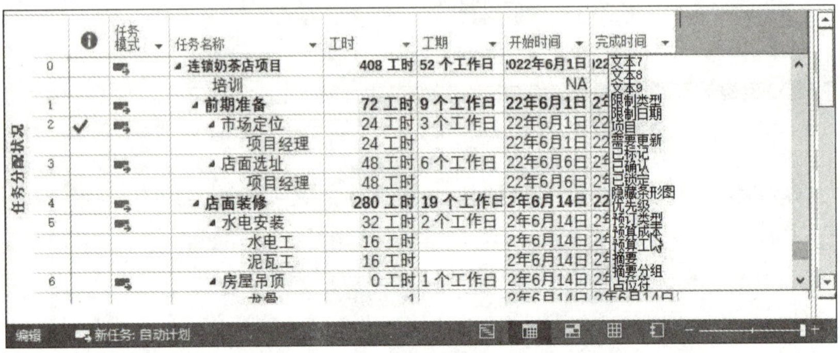

图 5-23 选择“预算成本”选项

步骤04 此视图中随即添加一个“预算成本”域。在分配给摘要任务的资源对应的预算成本单元格中输入具体数值，确认输入后，摘要任务的预算成本值会自动显示，如图5-24所示。

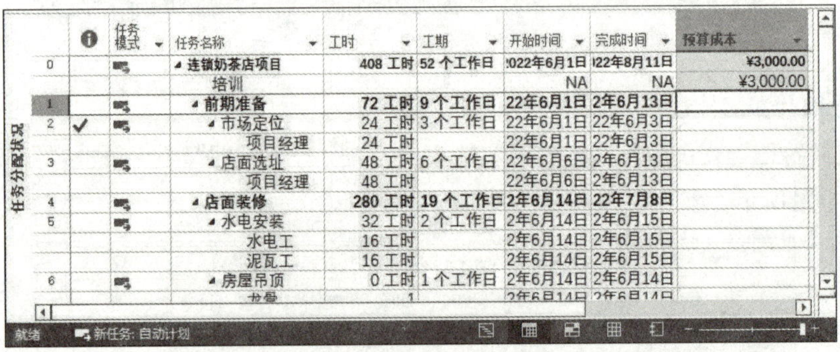

图 5-24 输入预算成本并显示

■5.2.5 成本累算方式的设置

固定成本的累算方式分别为“开始时间”“按比例”以及“结束”3种类型，默认的成本累算方式为“按比例”。在项目实施过程中，为了准确计算项目成本，可以根据项目的实际情况设置项目成本的累计方式。下面介绍具体操作方法。

步骤01 在“甘特图”视图中打开“视图”选项卡，单击“表格”下拉按钮，选择“成本”选项，如图5-25所示。

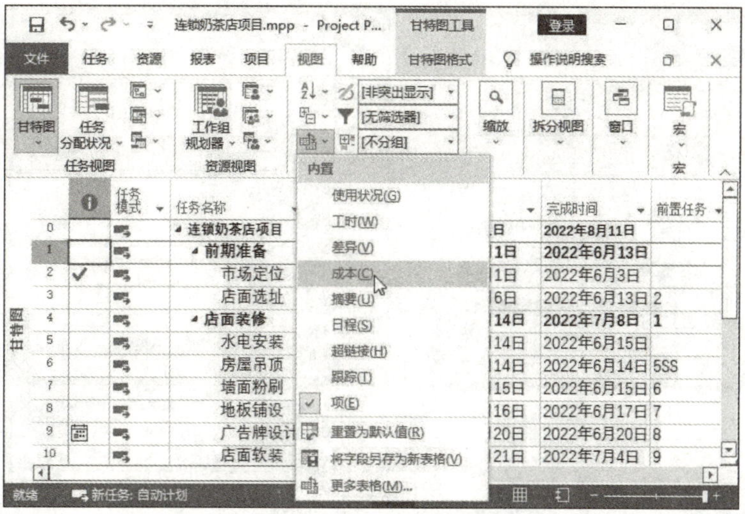

图 5-25 选择“成本”选项

步骤02 切换到成本表，单击指定任务的固定成本累算下拉按钮，在其下拉列表中可更改固定成本累算方式，如图5-26所示。

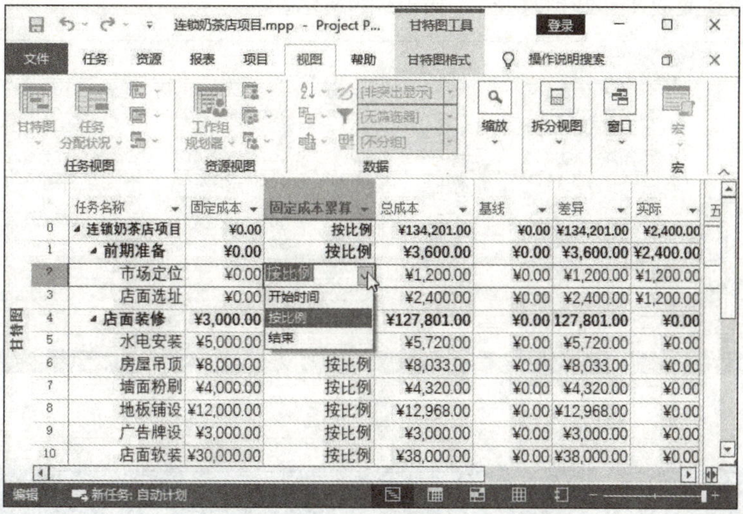

图 5-26 更换“固定成本累算”方式

上手操作 设置默认的固定成本累算方式

用户将默认的“固定成本累算”的方式由“按比例”更改为“开始时间”或“结束”，可通过“Project选项”对话框去设置。具体操作步骤如下。

步骤01 在“甘特图”视图的“成本”表中单击“文件”按钮，进入文件菜单，单击“选项”选项，如图5-27所示。

步骤02 弹出“Project选项”对话框，打开“日程”选项卡，在“计算”组中单击“默认固定成本累算”下拉按钮，从展开的列表中选择“开始”选项，如图5-28所示。

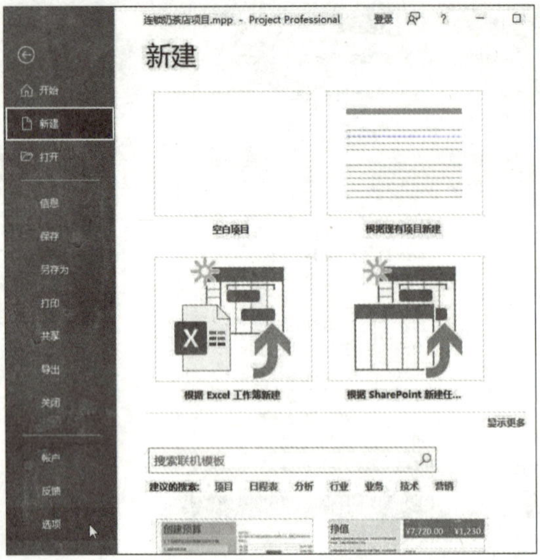

图 5-27　文件菜单

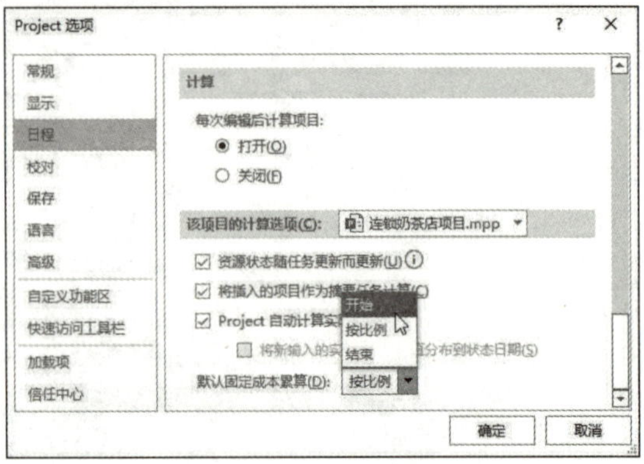

图 5-28　“日程”选项卡设置

步骤03 项目的“固定成本累算”方式修改完成后，在当前项目文档中添加新任务，默认的“固定成本累算”方式变成了“开始时间”，如图5-29所示。

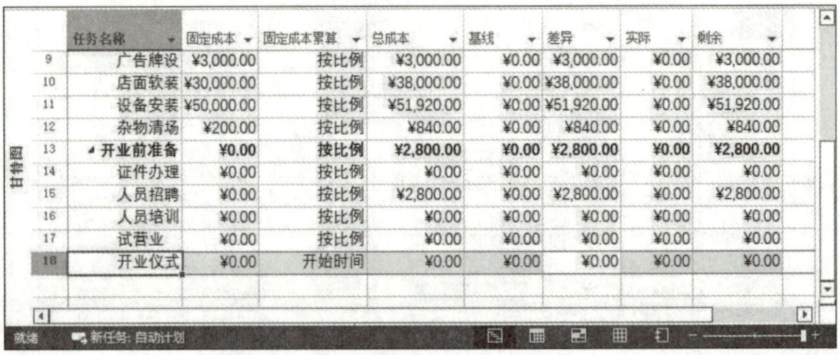

	任务名称	固定成本	固定成本累算	总成本	基线	差异	实际	剩余
9	广告牌设	¥3,000.00	按比例	¥3,000.00	¥0.00	¥3,000.00	¥0.00	¥3,000.00
10	店面软装	¥30,000.00	按比例	¥38,000.00	¥0.00	¥38,000.00	¥0.00	¥38,000.00
11	设备安装	¥50,000.00	按比例	¥51,920.00	¥0.00	¥51,920.00	¥0.00	¥51,920.00
12	杂物清场	¥200.00	按比例	¥840.00	¥0.00	¥840.00	¥0.00	¥840.00
13	◢ 开业前准备	¥0.00	按比例	¥2,800.00	¥0.00	¥2,800.00	¥0.00	¥2,800.00
14	证件办理	¥0.00	按比例	¥0.00	¥0.00	¥0.00	¥0.00	¥0.00
15	人员招聘	¥0.00	按比例	¥2,800.00	¥0.00	¥2,800.00	¥0.00	¥2,800.00
16	人员培训	¥0.00	按比例	¥0.00	¥0.00	¥0.00	¥0.00	¥0.00
17	试营业	¥0.00	按比例	¥0.00	¥0.00	¥0.00	¥0.00	¥0.00
18	开业仪式	¥0.00	开始时间	¥0.00	¥0.00	¥0.00	¥0.00	¥0.00

图 5-29　添加新任务后的显示

5.3　检查与调整项目成本

为了有效控制成本，使成本不超出预算范围，可以对资源进行重新调整。下面介绍如何检查与调整项目成本。

■5.3.1　检查超出预算的成本

为了防止项目实施过程中成本被过度消耗，需要检查哪些成本超出了预测。检查方法很简单，下面将介绍具体操作步骤。

步骤01 打开“任务”选项卡，单击“甘特图”下拉按钮，在下拉列表中选择“任务分配状况”选项，如图5-30所示。

步骤02 切换到“任务分配状况”视图，打开“视图”选项卡，在“数据”组中单击“筛选器”下拉按钮，从展开的列表中选择“其他筛选器”选项，如图5-31所示。

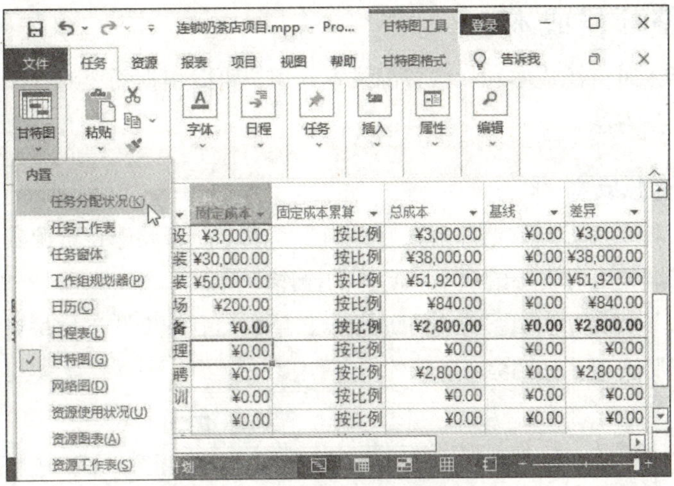

图 5-30 选择“任务分配状况”选项

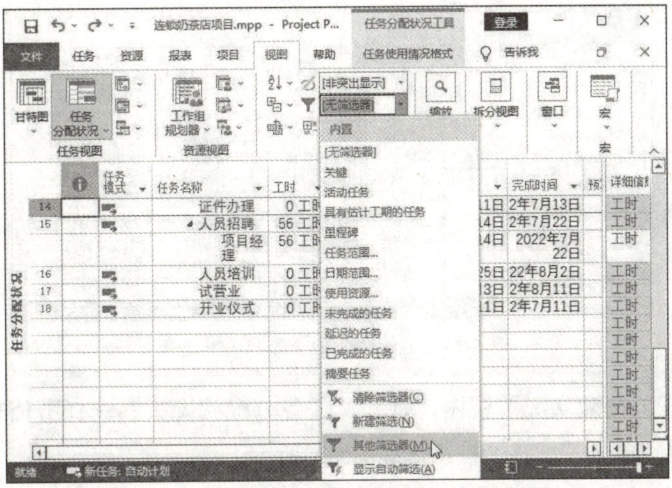

图 5-31 选择“其他筛选器”选项

步骤03 弹出“其他筛选器”对话框，选择“成本超过预算”选项，单击“应用”按钮，如图5-32所示。视图中即可筛选出成本超出预算的任务。

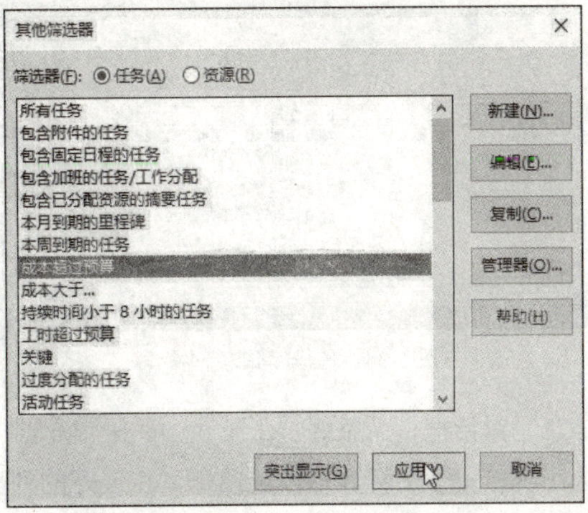

图 5-32 应用“成本超过预算”操作

■5.3.2 调整项目成本

项目成本包括工时资源成本和材料资源成本，用户可以根据需要对这两项成本进行调整。下面将分别介绍调整方法。

1. 调整工时资源成本

资源费率、工时以及资源数据都会直接影响资源成本。若要保持资源费率不变，需要通过调整资源的工时来调整工时资源的成本。具体的操作步骤如下。

步骤01 在“甘特图”视图中打开“任务”选项卡，单击“甘特图”下拉按钮，从下拉列表中选择“任务分配状况”选项，如图5-33所示。

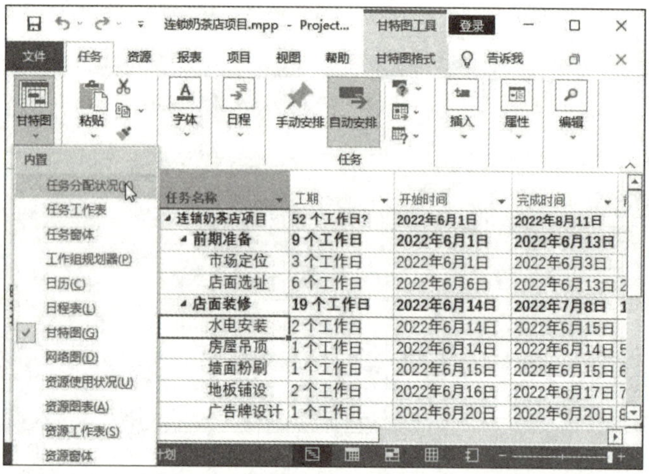

图 5-33 选择“任务分配状况”选项

步骤02 切换至“任务分配状况”视图，打开“任务分配状况工具—任务使用情况格式”选项卡，在“分配”组中单击“信息”按钮，如图5-34所示。

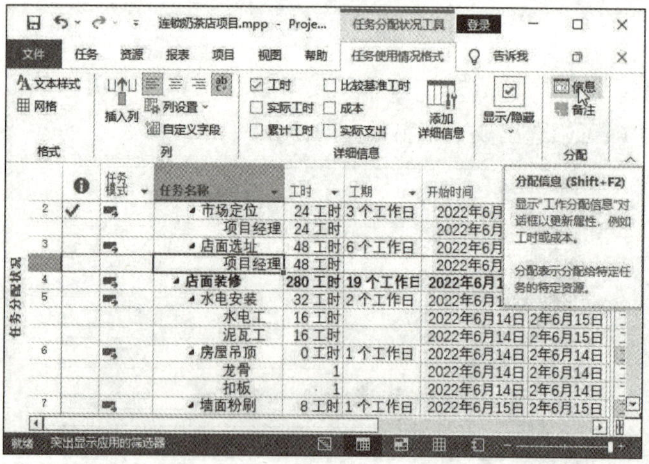

图 5-34 选择“信息”操作

步骤03 弹出“工作分配信息”对话框，调整好“工时”，单击“确定”按钮，如图5-35所示。

步骤04 所选资源的左侧会出现“”图标，单击该图标，在展开的列表中选择相应的选项，即可缩短资源的工作时间，从而达到调整工时资源成本的目的，如图5-36所示。

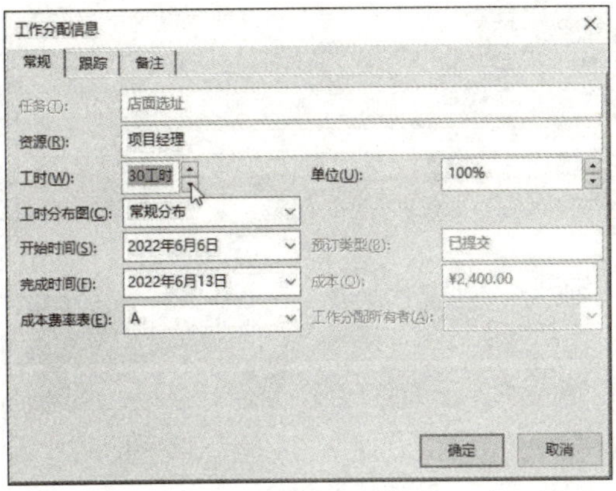

图 5-35 设置工时

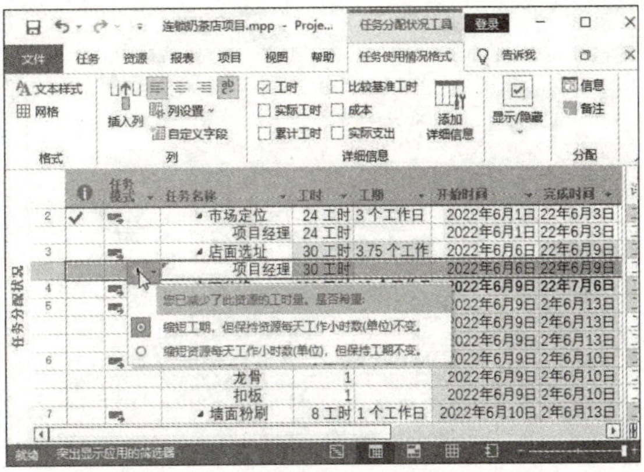

图 5-36 调整工时资源成本操作

2. 调整材料资源成本

材料的价格和用量决定了材料资源成本，材料的价格是在项目实施之前就已经确定了的，用户只能通过调整材料的用量来调整材料资源成本。具体的操作步骤如下。

步骤01 在“甘特图”视图中打开“资源”选项卡，在“工作分配”组中单击“分配资源”按钮，如图5-37所示。

步骤02 打开“分配资源”对话框，在该对话框中调整材料资源的“单位”数量即可调整对应材料资源的成本，如图5-38所示。

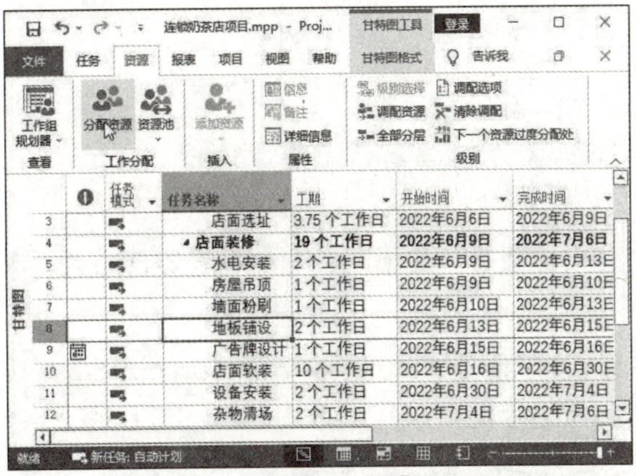

图 5-37 “资源”-“分配资源”操作

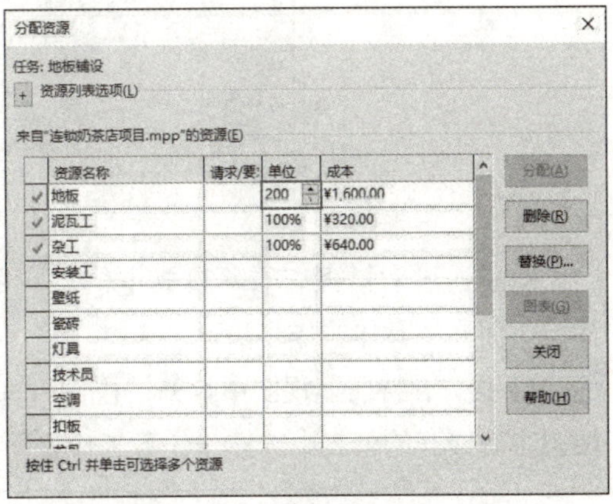

图 5-38 调整材料资源的单位数量

上手操作 查看项目成本信息

为了防止成本超出预算，可以查看与监视项目的总成本，下面介绍如何使用“统计信息”对话框查看项目成本信息。

步骤01 在“甘特图”视图中打开“项目”选项卡，在“属性”组中单击“项目信息”按钮，如图5-39所示。

步骤02 系统随即弹出当前项目的项目信息对话框，单击“统计信息”按钮，如图5-40所示。

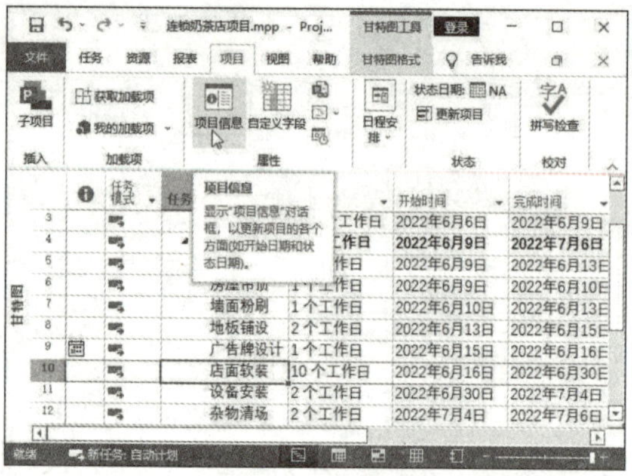

图 5-39 “项目”－“项目信息”操作

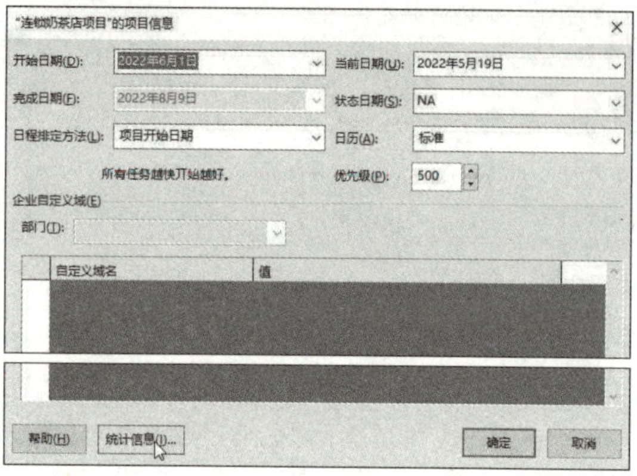

图 5-40 “统计信息”操作

步骤03 在弹出的对话框中即可查看项目的当前成本、实际成本、剩余成本等成本情况，如图5-41所示。

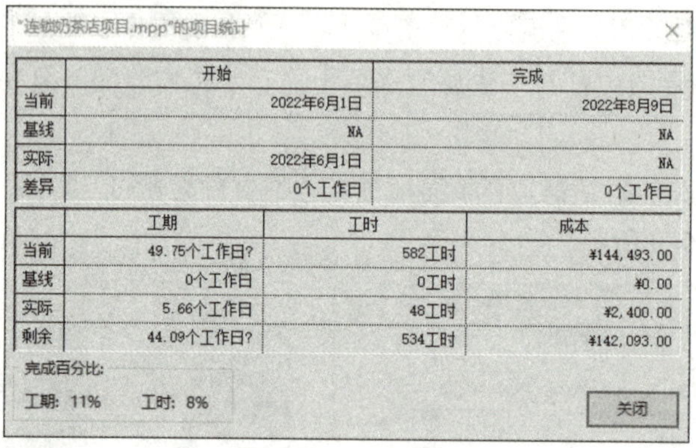

图 5-41 项目统计信息显示

除了通过对话框查看项目成本信息，用户还可以通过“成本”表继续查看项目的总成本额。下面介绍具体操作步骤。

步骤01 在“甘特图”视图中打开“视图”选项卡，在“任务视图”组中单击“其他视图”下拉按钮，从展开的列表中选择“任务工作表”选项，如图5-42所示。

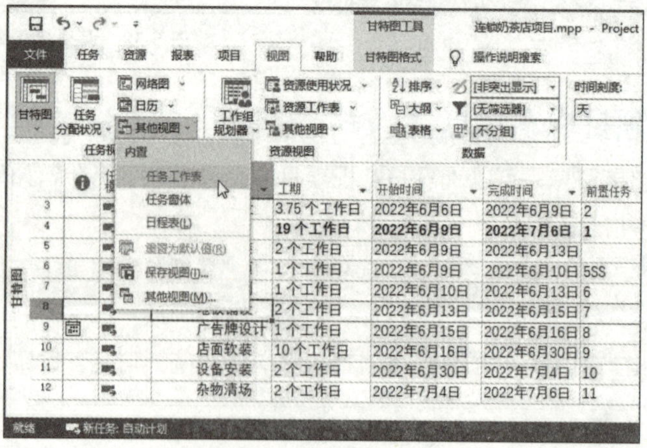

图 5-42 选择“任务工作表”选项

步骤02 切换到任务工作表视图，在“视图”选项卡中的“数据”组中单击“表格”下拉按钮，从展开的列表中选择“成本”选项，如图5-43所示。

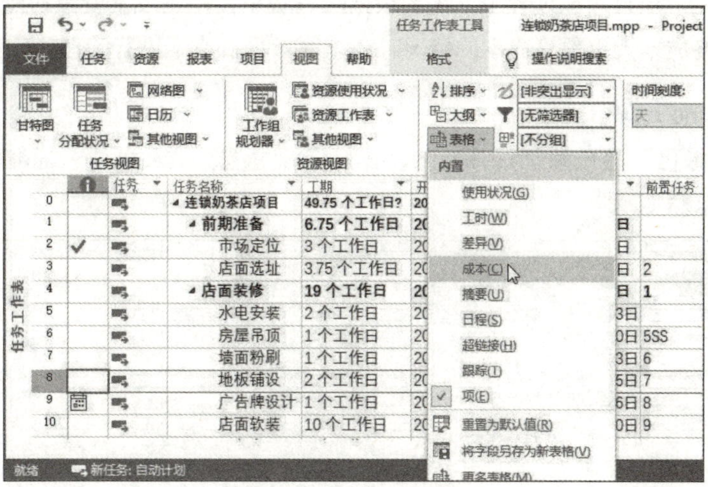

图 5-43 选择“成本”选项

步骤03 在表格中即可查看项目的固定成本以及总成本，如图5-44所示。

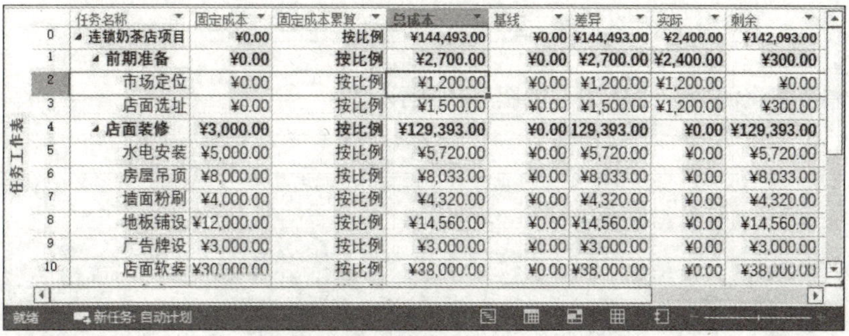

	任务名称	固定成本	固定成本累算	总成本	基线	差异	实际	剩余
0	连锁奶茶店项目	¥0.00	按比例	¥144,493.00	¥0.00	¥144,493.00	¥2,400.00	¥142,093.00
1	前期准备	¥0.00	按比例	¥2,700.00	¥0.00	¥2,700.00	¥2,400.00	¥300.00
2	市场定位	¥0.00	按比例	¥1,200.00	¥0.00	¥1,200.00	¥1,200.00	¥0.00
3	店面选址	¥0.00	按比例	¥1,500.00	¥0.00	¥1,500.00	¥1,200.00	¥300.00
4	店面装修	¥3,000.00	按比例	¥129,393.00	¥0.00	129,393.00	¥0.00	¥129,393.00
5	水电安装	¥5,000.00	按比例	¥5,720.00	¥0.00	¥5,720.00	¥0.00	¥5,720.00
6	房屋吊顶	¥8,000.00	按比例	¥8,033.00	¥0.00	¥8,033.00	¥0.00	¥8,033.00
7	墙面粉刷	¥4,000.00	按比例	¥4,320.00	¥0.00	¥4,320.00	¥0.00	¥4,320.00
8	地板铺设	¥12,000.00	按比例	¥14,560.00	¥0.00	¥14,560.00	¥0.00	¥14,560.00
9	广告牌设设	¥3,000.00	按比例	¥3,000.00	¥0.00	¥3,000.00	¥0.00	¥3,000.00
10	店面软装	¥30,000.00	按比例	¥38,000.00	¥0.00	¥38,000.00	¥0.00	¥38,000.00

图 5-44 任务工作表显示

你学会了吗?

实战演练 设置“小区绿化”项目成本

在“小区绿化”项目实施过程中，需要根据项目费用，控制成本资源的使用。为了避免出现最终成本大于预算成本的情况，还需要对项目成本进行管理。

扫码观看视频

1. 为任务分配资源

步骤01 为“小区绿化”项目添加资源，并设置好资源类型、最大单位、标准费率、加班费率等，如图5-45所示。

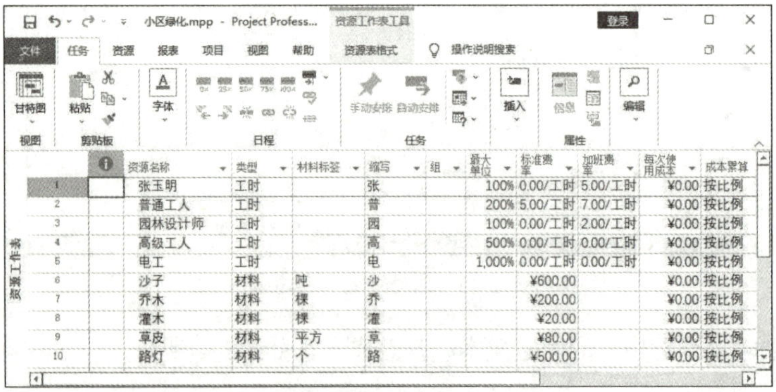

	资源名称	类型	材料标签	缩写	组	最大单位	标准费率	加班费率	每次使用成本	成本累算
1	张玉明	工时		张		100%	0.00/工时	5.00/工时	¥0.00	按比例
2	普通工人	工时		普		200%	5.00/工时	7.00/工时	¥0.00	按比例
3	园林设计师	工时		园		100%	0.00/工时	2.00/工时	¥0.00	按比例
4	高级工人	工时		高		500%	0.00/工时	0.00/工时	¥0.00	按比例
5	电工	工时		电		1,000%	0.00/工时	0.00/工时	¥0.00	按比例
6	沙子	材料	吨	沙			¥600.00		¥0.00	按比例
7	乔木	材料	棵	乔			¥200.00		¥0.00	按比例
8	灌木	材料	棵	灌			¥20.00		¥0.00	按比例
9	草皮	材料	平方	草			¥80.00		¥0.00	按比例
10	路灯	材料	个	路			¥500.00		¥0.00	按比例

图 5-45 “资源工作表”视图

步骤02 根据需要将资源分配给任务，如图5-46所示。

	任务名称	工期	开始时间	完成时间	前置任务	资源名称
1	工程前期	6 个工作日	2022年5月6日	2022年5月13日		
2	预算批报	3 个工作日	2022年5月6日	2022年5月10日		张玉明
3	测量、放样	1 个工作日	2022年5月11日	2022年5月11日	2	园林设计师
4	清空场地	2 个工作日	2022年5月12日	2022年5月13日	3	普通工人
5	绿化施工	14 个工作日	2022年5月16日	2022年6月2日		
6	沙土进场	1 个工作日	2022年5月16日	2022年5月16日	4	沙子[1 吨]
7	场地平整	3 个工作日	2022年5月17日	2022年5月19日	6	普通工人
8	绿地平整	2 个工作日	2022年5月20日	2022年5月23日	7	普通工人
9	灌木移植	5 个工作日	2022年5月24日	2022年5月30日	8	普通工人,灌木
10	乔木种植	2 个工作日	2022年5月31日	2022年6月1日	9SS	普通工人,乔木
11	草皮草坪	3 个工作日	2022年5月31日	2022年6月2日	10SS	普通工人,草皮
12	水、电施工	4 个工作日	2022年6月3日	2022年6月8日		
13	水电管线预	4 个工作日	2022年6月3日	2022年6月8日	11	高级工人
14	灯具安装	2 个工作日	2022年6月3日	2022年6月6日	13SS	电工,普通工人
15	工程后期	4 个工作日	2022年6月7日	2022年6月10日		
16	清扫场地	3 个工作日	2022年6月7日	2022年6月9日	14	普通工人
17	竣工验收	1 个工作日	2022年6月10日	2022年6月10日	16	

图 5-46 资源分配后的甘特图显示

2. 设置固定成本

步骤01 切换到“视图”选项卡，在“数据”组中单击“表格”下拉按钮，选择“成本”选项，如图5-47所示。

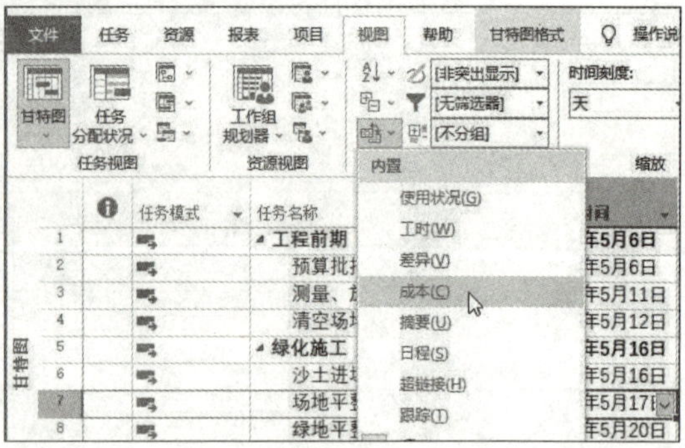

图 5-47 选择“成本”选项

步骤02 甘特图中的表随即切换成成本表，在该表中显示了固定成本、固定成本累算、总成本、基线、差异等信息，如图5-48所示。

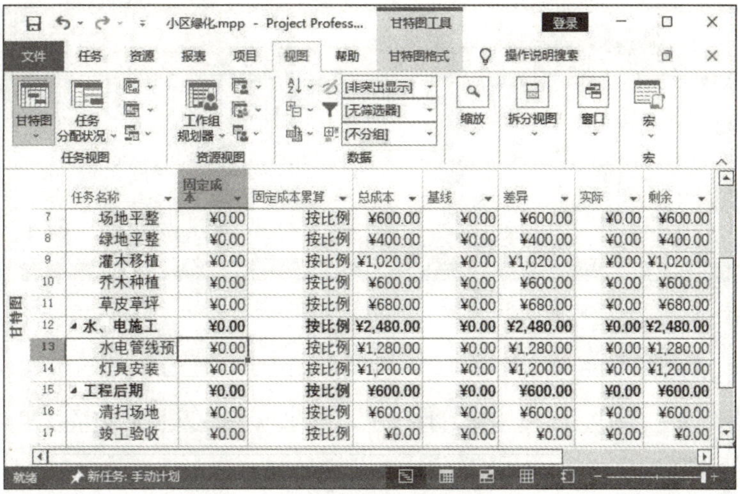

图 5-48 项目成本表显示

步骤03 选中“水电管线预埋”任务的“固定成本”单元格，输入固定成本值，输入完成后按[Enter]键，该任务的总成本、差异成本、剩余成本等自动进行汇总计算，如图5-49所示。

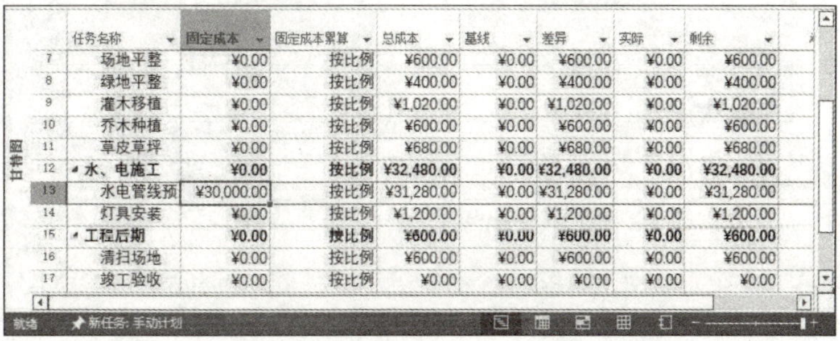

图 5-49 修改固定成本后的成本显示

3. 设置完成百分比

步骤01 打开“视图”选项卡，在“数据”组中单击“表格”下拉按钮，在下拉列表中选择“跟踪”选项，如图5-50所示。

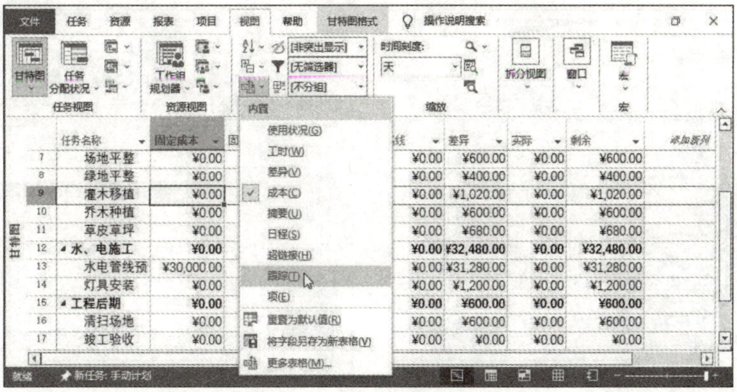

图 5-50 选择“跟踪”选项

步骤02 在“跟踪”表中手动输入指定任务的完成百分比值，摘要任务的完成百分比值会自动重新计算，如图5-51所示。

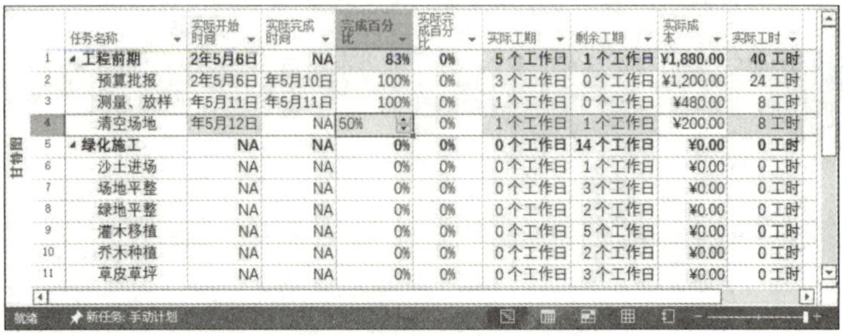

图 5-51　修改“完成百分比”后的显示

4. 设置固定成本累算方式

步骤01 切换回成本表，选中“清空场地”任务的“固定成本累算”单元格，单击右侧的下拉按钮，在下拉列表中选择“结束”选项，如图5-52所示。

步骤02 该任务的固定成本累算方式随即被更改为“结束”。随后单击表格左上角的空白区域，全选表格，如图5-53所示。

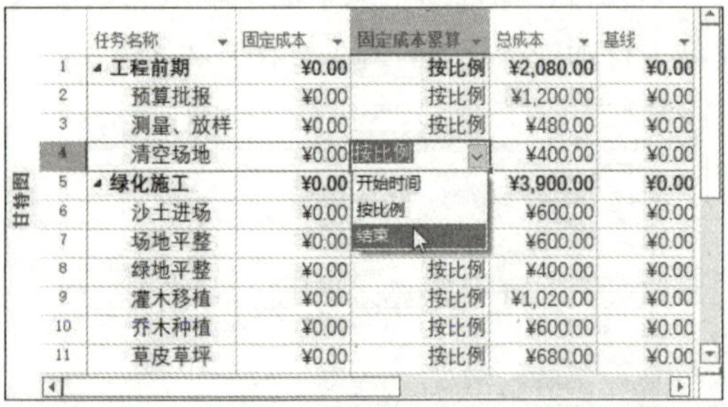

图 5-52　修改“固定成本累算”方式

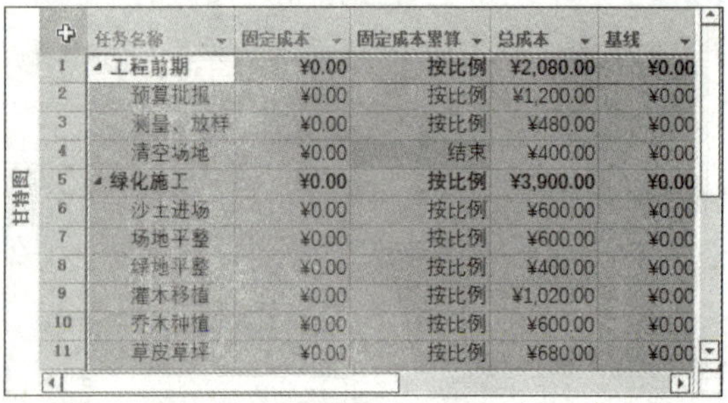

图 5-53　全选表格

5. 在条形图中显示成本

步骤01 打开“甘特图工具—甘特图格式”选项卡，在“条形图样式”组中单击“格式”下拉按钮，选择“条形图”选项，如图5-54所示。

步骤02 弹出“设置条形图格式”对话框，再切换到“条形图文本”选项卡，单击“左侧”文本框右侧的下拉按钮，选择“成本”选项，单击“确定”按钮，如图5-55所示。

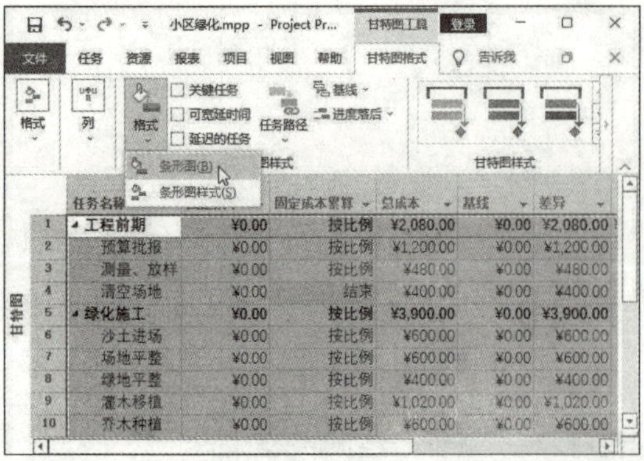

图 5-54　选择“条形图”选项

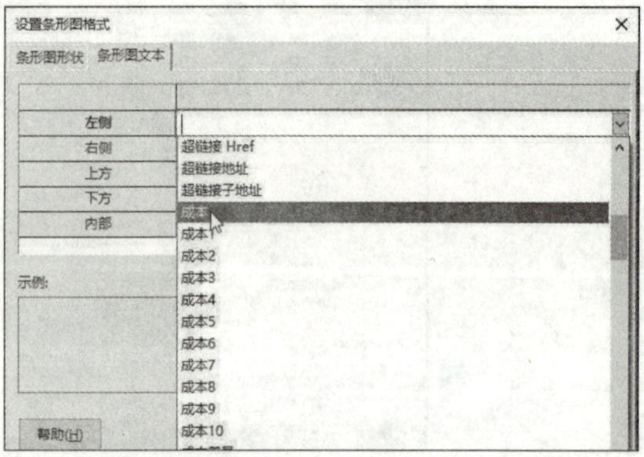

图 5-55　选择“成本”选项

步骤 03 设置完成后单击“确定”按钮，关闭对话框，如图5-56所示。

步骤 04 打开“视图”选项卡，在“任务视图”组中单击“甘特图”按钮，如图5-57所示。

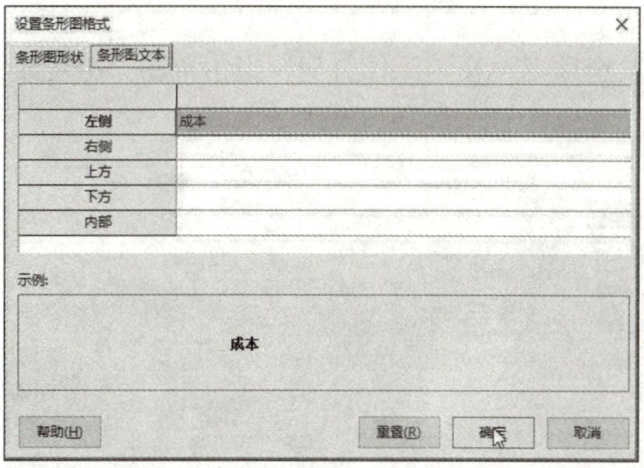

图 5-56 设置条形图文本后的显示

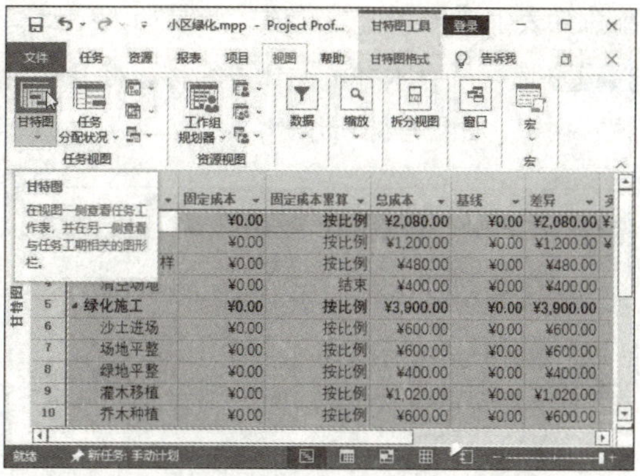

图 5-57 选择“甘特图”选项

步骤 05 切换回甘特图视图，甘特图的条形图左侧随即显示出任务的成本数值，如图5-58所示。

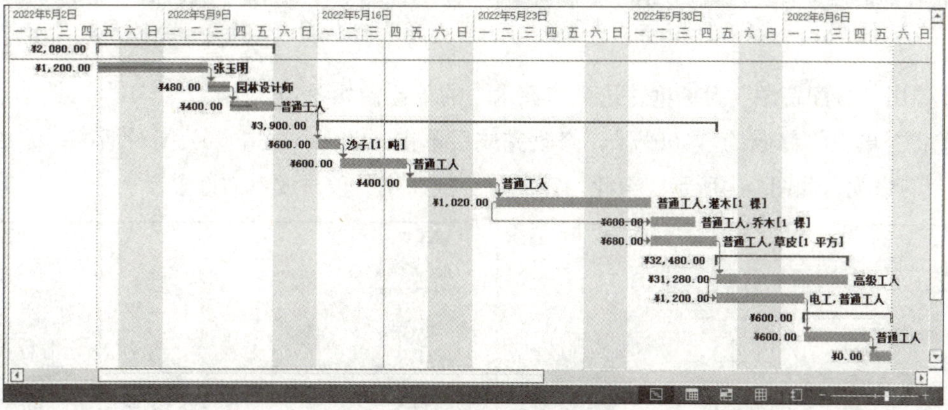

图 5-58 任务成本的甘特图显示

6. 修改资源费率

步骤 01 在“视图”选项卡中的“资源视图”组内单击“资源工作表”按钮，如图5-59所示。

步骤 02 切换到“资源工作表”视图，在该视图中可以对资源的标准费率、加班费率等进行修改，如图5-60所示。

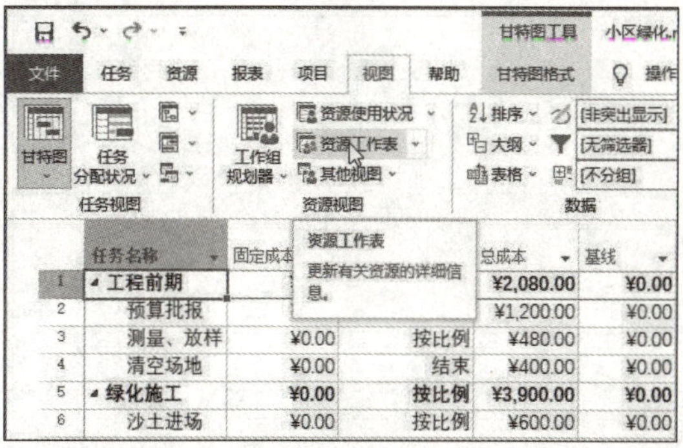

图 5-59 “视图”-“资源工作表”操作

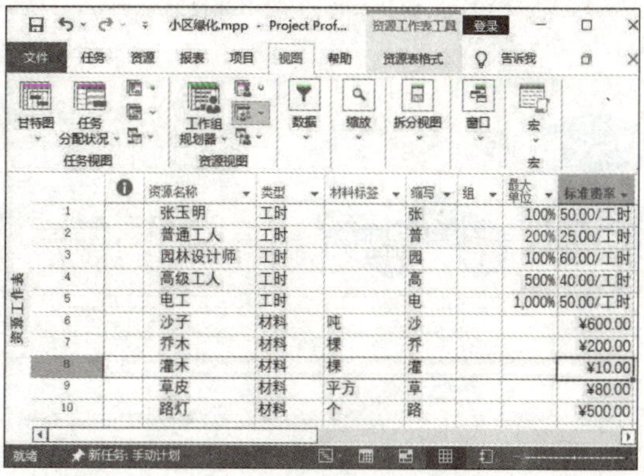

图 5-60 资源工作表视图

7. 设置资源单位

步骤01 切换回甘特图视图，打开“视图”选项卡，在“数据”组中单击“表格”下拉按钮，在下拉列表中选择“项”选项，如图5-61所示。

步骤02 选中“乔木种植”任务名称，打开“资源”选项卡，在“工作分配”组中单击“分配资源”按钮，如图5-62所示。

图 5-61 选择“项”选项

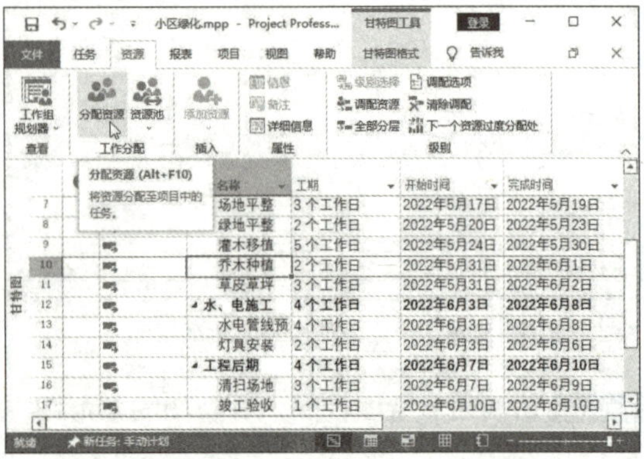

图 5-62 “资源”-“分配资源”操作

步骤03 弹出“分配资源”对话框，选择“乔木”的单位，如图5-63所示。

步骤04 将“单位”修改为“500棵”，修改完成后单击“关闭”按钮，关闭对话框，完成资源“单位”的修改，如图5-64所示。至此，完成“小区绿化”项目成本的设置。

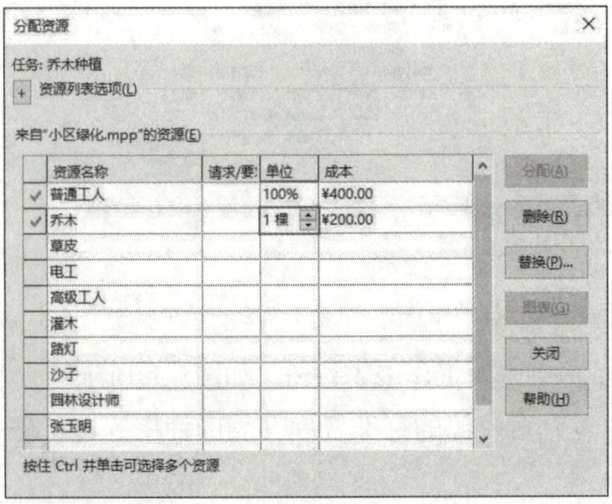

图 5-63 “分配资源”对话框

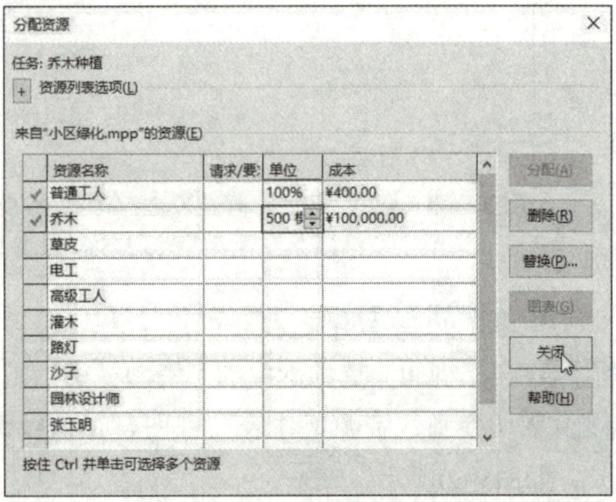

图 5-64 修改资源单位

课后作业

本章主要对项目成本的基础知识、各种类型的项目成本的设置、项目成本的检查及调整等知识进行了详细介绍。下面请设置“新产品上市”项目的固定成本。具体操作要求如下。

（1）在甘特图模式中打开成本表。

（2）在任务名称对应的“固定成本”域中输入固定成本。最终效果如图5-65所示。

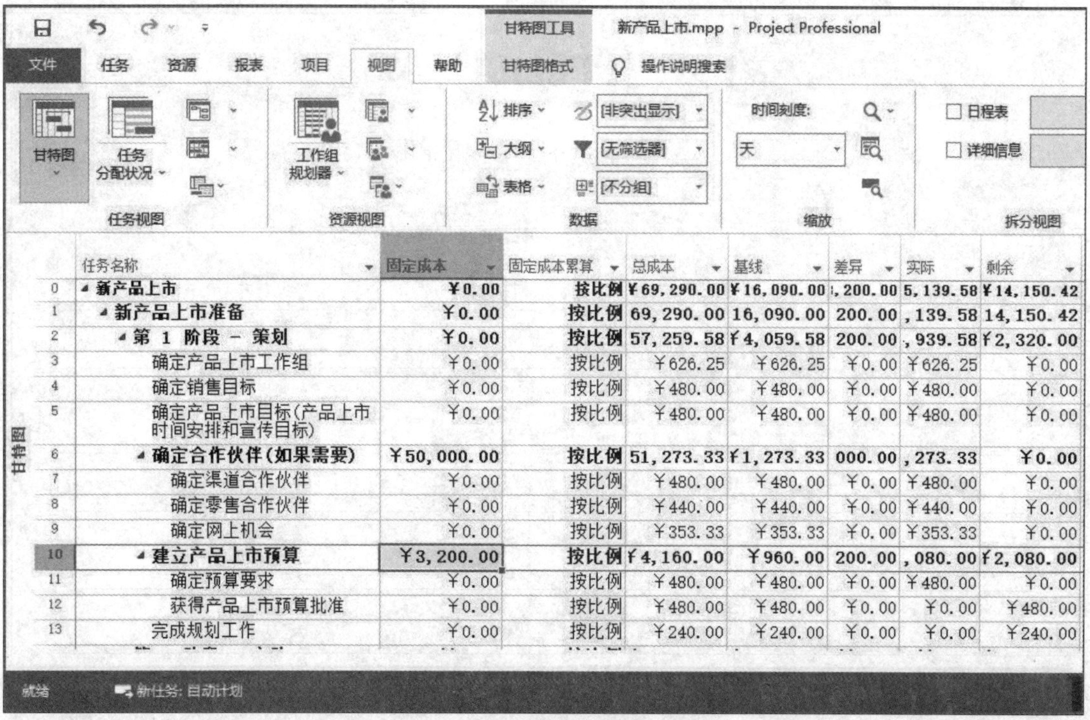

图 5-65　最终效果图

第6章

管理多重项目

内容概要

大型项目通常由多个负责人、多个小组共同完成，为了方便项目的规划管理和执行，可以将一个项目分为多个小项目进行管理，最后再由项目经理将这些小项目汇总成一个项目。在管理多重项目时需要通过多重管理功能，协调项目之间的资源、工作分配等问题，并进行及时更新。本章将详细介绍资源的合并、多重资源管理等内容。

数字资源

【本章素材】：“素材文件\第6章”目录下

【本章实战演练最终文件】：“素材文件\第6章\实战演练”目录下

6.1 共享资源库文件的创建

Project中的共享资源又称为合并资源，表示将多个项目中的资源合并为一个共用资源库。下面对共享资源库文档的创建、资源文件的打开以及资源库的查看进行全面讲解。

■6.1.1 资源库概念

资源库是一个项目计划，其他项目计划可以从中获取资源信息。利用资源库可以查看多个项目中资源的利用状况。资源库包括链接到资源库的所有项目计划中的资源的任务分配信息，用户可以在资源库中修改资源的最大值、成本费率、非工作时间等资源信息。

在创建资源库之前，每个项目包含自己单独的资源信息。当该项目的资源信息分配给两个项目中的任务时，可能会导致资源的过度分配与重复现象。

在创建资源库之后，项目计划链接到资源库，资源信息合并到资源库中，并在共享计划中更新。此时，共享计划中的工作分配信息与详细信息也会更新到资源库，将极大地解决资源过度分配问题。

当用户需要与网络上的Project用户共享时，资源库显得尤为重要。此时，资源库储存在中央位置，而共享计划的所有者则可以共同使用公共的资源库。

资源库的优点如下。

- 一次输入资源信息，可在多个项目计划中使用。
- 在单一位置查看多个项目中的资源分配详情。
- 在多个项目中查看每一个项目的分配工作成本。
- 在多个项目中查找被过度分配的资源。
- 在多个项目中添加共享资源信息。

■6.1.2 创建资源库共享资源

创建资源库是为了将相同的资源用于多个项目中，也可以称为共享资源。对于拥有相同资源的多个项目来说，共享资源可以解决彼此之间资源不足的问题。下面介绍如何创建资源库。

1. 共享当前项目资源

共享资源的前提是打开包含资源的项目文档，用户可以共享当前项目的资源，也可以共享指定项目的资源，下面介绍如何共享当前项目的资源。

步骤01 打开需要共享资源的所有Project项目文档，如图6-1所示。

图 6-1 需共享资源的项目文档

步骤02 默认情况下Project窗口中只显示一个项目。打开“视图”选项卡，在“窗口”组中单击“全部重排”按钮，可以让所有打开的项目在一个窗口中显示，如图6-2所示。

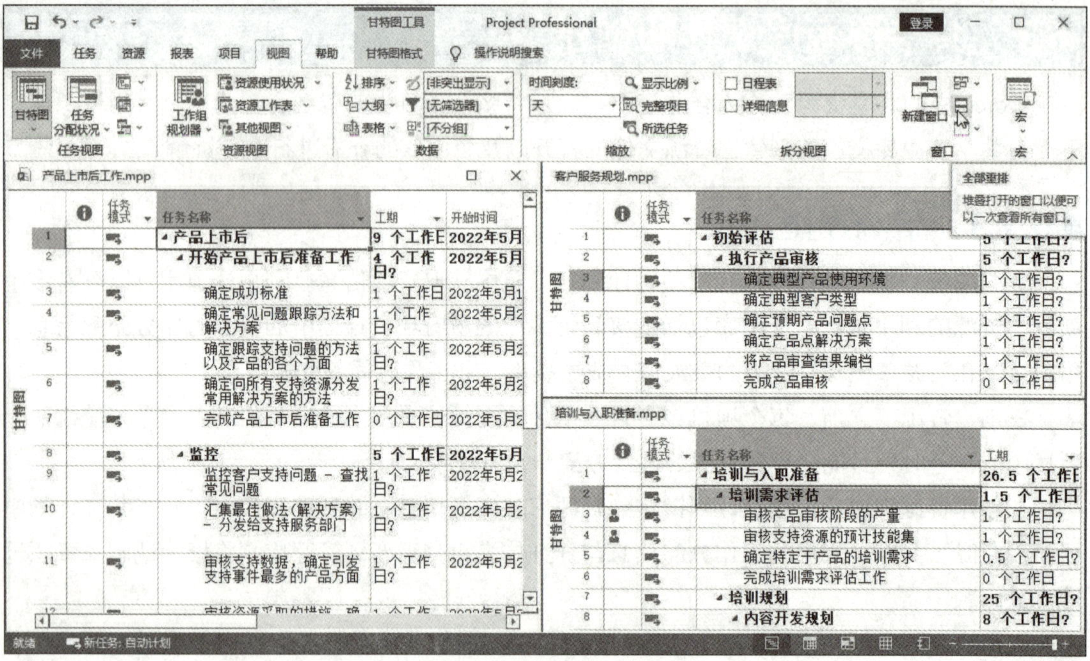

图 6-2　重排项目后显示

步骤 03 选中要共享资源的项目中的任意单元格，打开“资源”选项卡，在“工作分配”组中单击“资源池”下拉按钮，在下拉列表中选择“共享资源”选项，如图6-3所示。

步骤 04 弹出“共享资源”对话框，保持默认选项，单击“确定”按钮，如图16-4所示。随后重复上一步骤，继续共享其他项目资源即可。

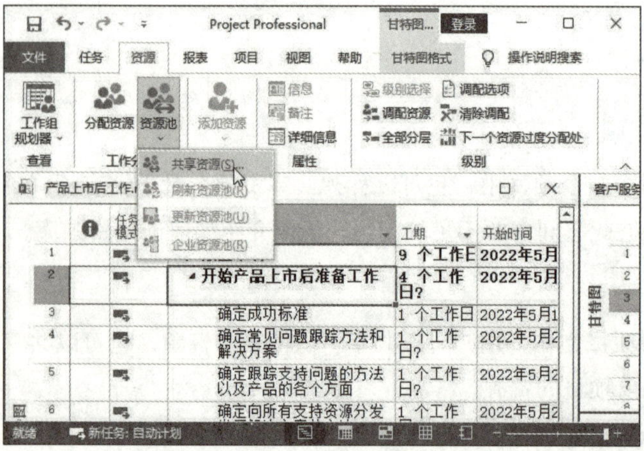

图 6-3　选择“共享资源”选项

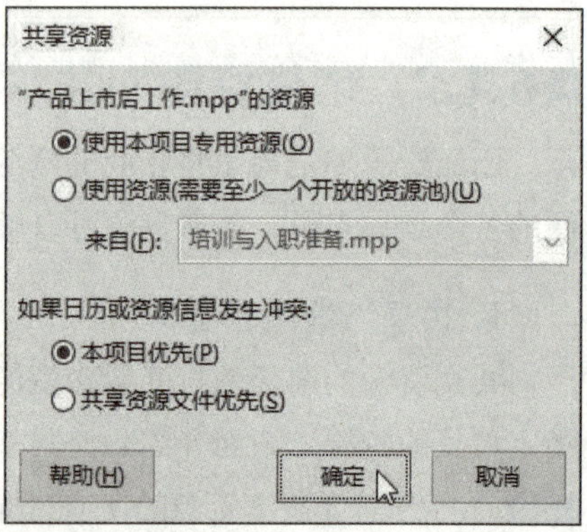

图 6-4　“共享资源”对话框

2. 共享其他项目资源

共享指定项目资源和共享当前资源的方法类似，都是在“共享资源”对话框中进行操作的，具体操作步骤如下。

步骤 01 打开所有需要共享资源的项目文档，在其中一个项目文档中打开“资源”选项卡，在“工作分配”组内单击“资源池”下拉按钮，在展开的列表中选择“共享资源”选项，如图6-5所示。

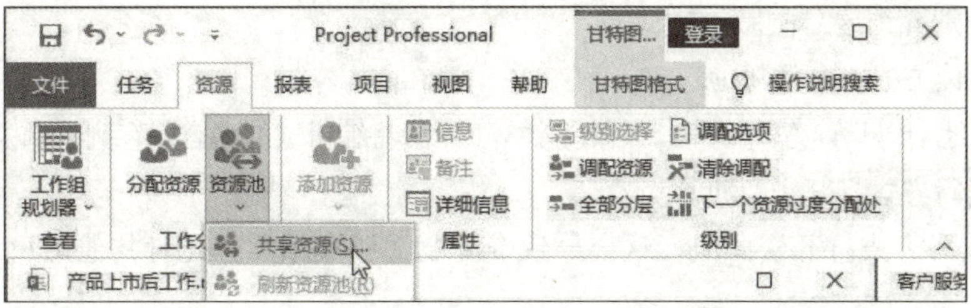

图 6-5 选择“共享资源”选项

步骤02 弹出“共享资源”对话框，选中“使用资源(需要至少一个开放的资源池)”单选按钮，单击下方“来自”文本框的下拉按钮，在列表中选择需要共享资源的项目，如图6-6所示。

步骤03 对话框中包含了“本项目优先”和“共享资源文件优先”两种选项，此处选择“共享资源文件优先”，设置好后单击“确定”按钮即可，如图6-7所示。

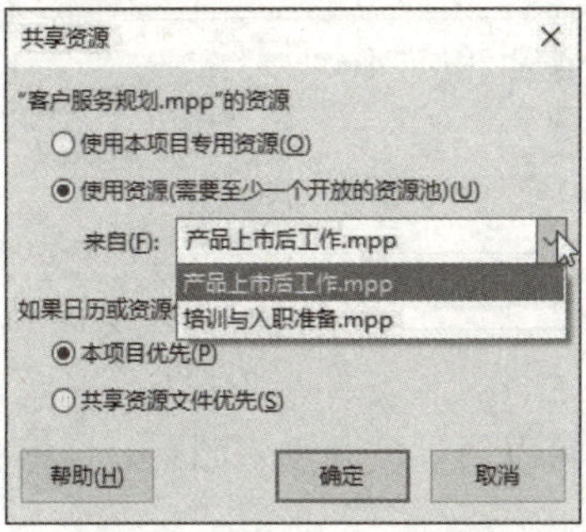

图 6-6 设置共享资源项

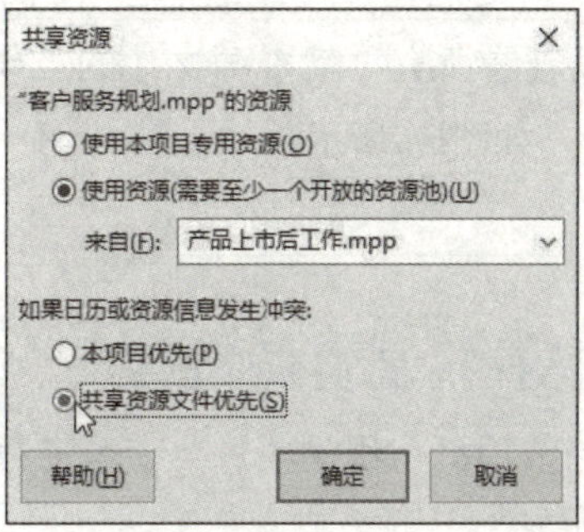

图 6-7 设置共享资源项

6.1.3 打开资源池文件

当多个项目共享资源后，若要打开这些项目文档，需要根据对话框中的提示选择打开方式，下面详细介绍不同打开方式的区别。

1. 打开资源被共享的文件

当试图打开将资源共享给其他文档的项目文件时，会弹出如图6-8所示的对话框。该对话框包含“以只读方式打开资源池……”“以读写方式打开资源池……”以及“以读写方式打开资源池和所有其他共享资源文件……”3个选项，用户可根据需要选择打开方式。

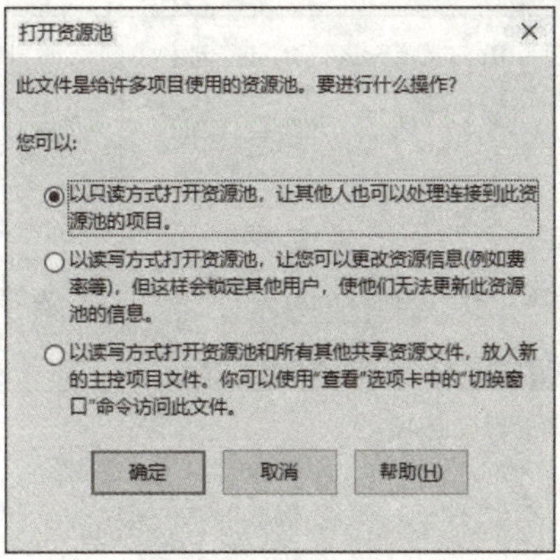

图 6-8 “打开资源池”对话框

下面将分别介绍这3种打开方式。

（1）以只读方式打开资源池。

表示资源池会以只读方式打开，在只读模式下无法将编辑过的内容保存到当前文档中。

（2）以读写方式打开资源池。

表示以读写方式打开资源池，这会导致资源池文件被锁定，此时其他用户将无法更新资源池信息。

（3）以读写方式打开资源池和所有其他共享资源文件。

表示以读写方式打开资源池以及所有共享资源文件。

2. 打开共享了其他项目资源的文件

当打开共享了其他项目资源的文件时，同样会弹出“打开资源池信息”对话框，该对话框中包含两个选项，分别为“打开资源池以查看所有贡献资源文件的工作分配”和“不打开其他文件”，如图6-9所示。

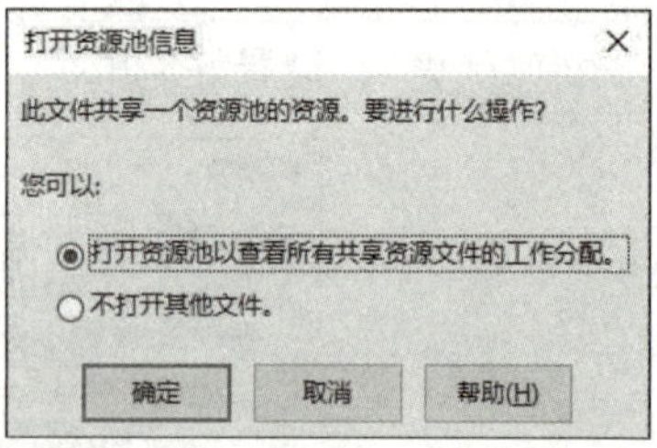

图 6-9 “打开资源池信息”对话框

■6.1.4 查看共享资源链接

若想知道当前项目与哪些项目共享了资源，可以通过“共享资源”对话框查看共享链接。具体操作方法如下。

步骤01 打开项目文档，切换到“资源”选项卡，在“工作分配”组中单击“资源池”下拉按钮，从展开的列表中选择“共享资源”选项，如图6-10所示。

步骤02 打开“共享资源”对话框，在该对话框中可以查看到共享资源的链接，单击“打开”按钮可打开链接指定的共享资源。若有多个共享链接，可以通过“全部打开”按钮打开所有共享资源，如图6-11所示。

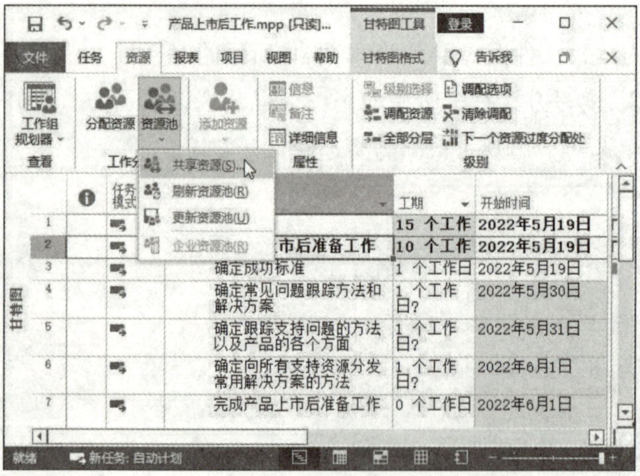

图 6-10 选择“共享资源”选项

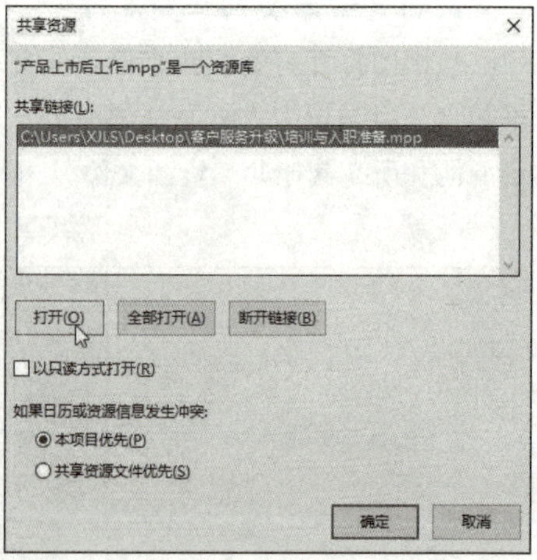

图 6-11 “共享资源”对话框

上手操作 为新建项目创建共享资源

新创建的项目可共享其他项目资源并将共享资源分配给任务，下面介绍具体的操作方法。

步骤01 在打开的文档中单击“新建”按钮，进入文件菜单。打开“新建”界面，单击“空白项目”选项，如图6-12所示。

步骤02 系统随即新建一份空白项目文档，如图6-13所示。

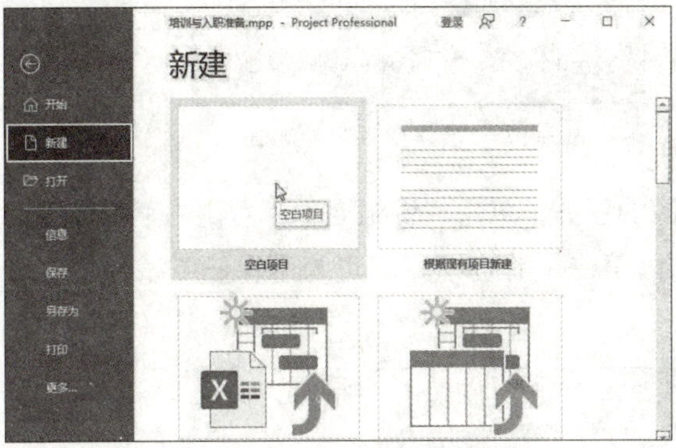

图 6-12 新建空白项目操作

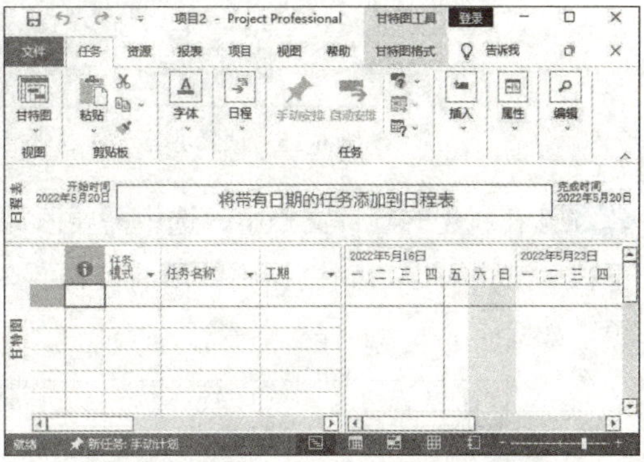

图 6-13 空白项目文档

步骤03 保存新建的项目文档，并依次添加任务，设置好工期、开始时间以及完成时间等信息，如图6-14所示。

步骤04 打开需要共享其资源的项目文档，切换到“资源”选项卡，在“工作分配”组中单击“资源池”下拉按钮，在下拉列表中选择“共享资源”选项，如图6-15所示。

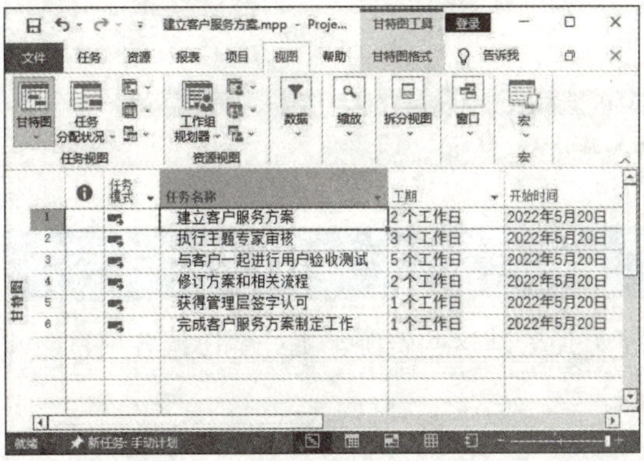

图 6-14 添加项目任务

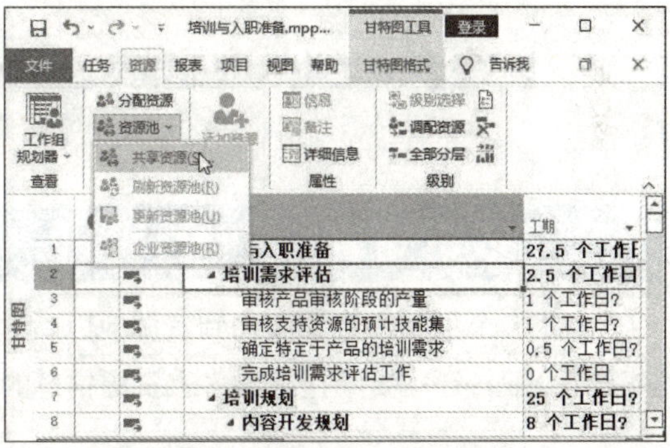

图 6-15 选择“共享资源”选项

步骤05 弹出“共享资源”对话框，选择“使用资源(需要至少一个开放的资源池)”单选按钮，在下拉列表中选择刚才新建的项目，如图6-16所示。

步骤06 保持其他选项为默认，单击“确定”按钮，关闭对话框，如图6-17所示。完成资源的共享设置。

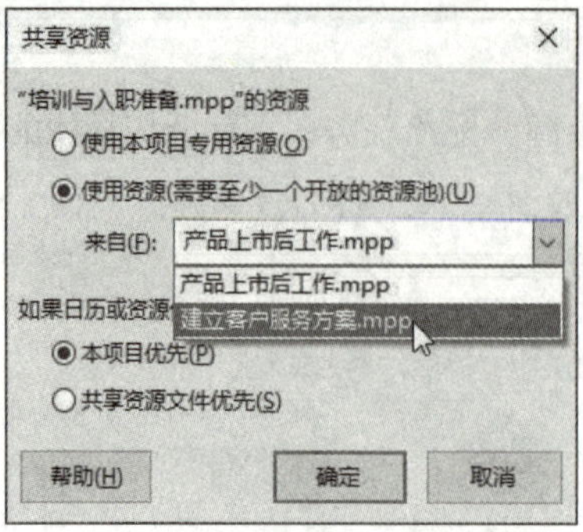

图 6-16　设置共享资源项

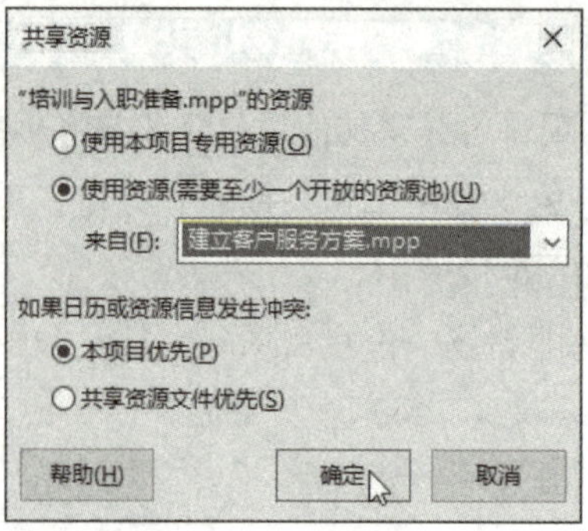

图 6-17　“共享资源”对话框

步骤07 在新建的项目文档中，选中需要添加资源的任务，单击“资源名称”右侧的下拉按钮，下拉列表中可以看到链接到的所有资源，勾选需要使用的资源，即可为所选任务添加相应资源，如图6-18所示。

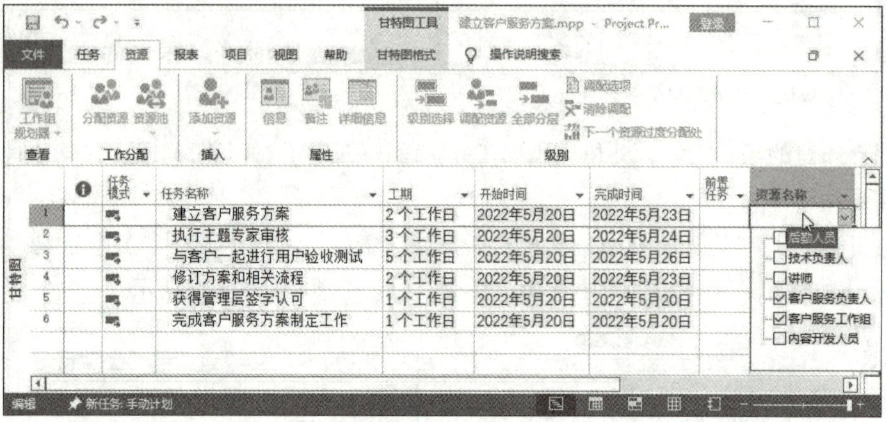

图 6-18　添加共享资源

6.2　多重资源文件的管理

当将多个项目的资源添加到资源池以后，为了方便管理这些资源，更好地协调各项目之间的工作分配，还需要掌握管理多重资源信息的方法。

6.2.1　资源信息的更新

更新资源库的方法不止一种，用户可使用“资源使用状况”视图或“更改工作时间”对话框等不同方式更新资源库。下面介绍具体的操作方法。

1. 刷新资源库

当共享资源发生了更改时，可以对共享资源进行刷新。具体操作步骤如下。

步骤01 打开资源共享文件，在弹出的“打开资源池信息”对话框中选择“打开资源池以查看所有共享资源文件的工作分配”选项，如图6-19所示。

步骤02 在打开的资源共享项目文档中选中指定任务名称，打开“资源”选项卡，在“工作分配”组中单击“分配资源”按钮，如图6-20所示。

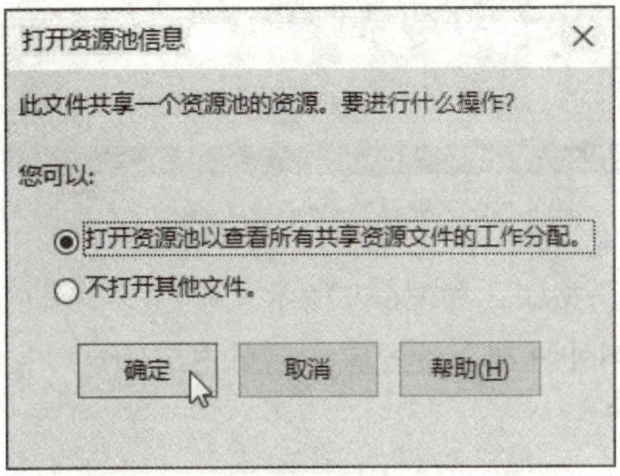

图 6-19 “打开资源池信息”对话框

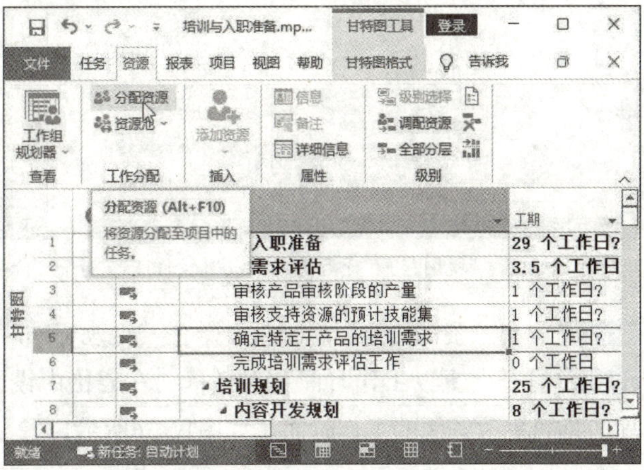

图 6-20 “资源”－“分配资源”操作

步骤03 弹出“分配资源”对话框，选中指定资源名称，单击“删除”按钮，如图6-21所示。该资源将从当前任务中删除。

步骤04 随后在“工作分配”组中单击“资源池”下拉按钮，从下拉列表中选择“刷新资源池”选项即可刷新资源库，如图6-22所示。

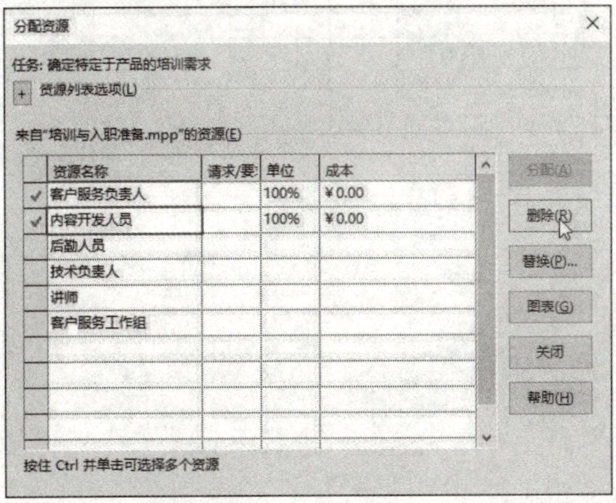

图 6-21 删除资源操作

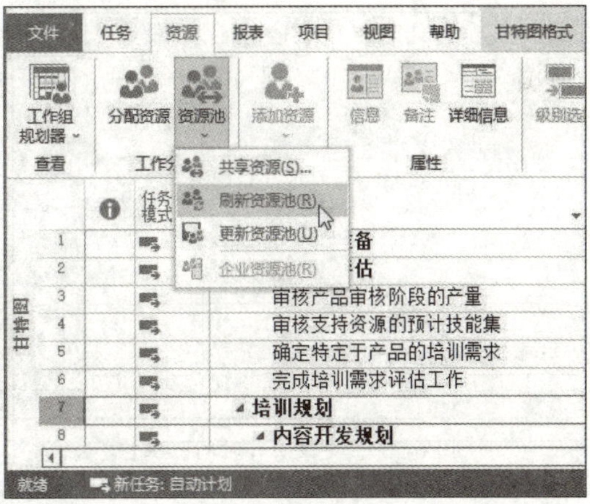

图 6-22 选择“刷新资源池”选项

2. 更新资源工作时间

共享资源的工作时间也可以根据需要进行修改。下面介绍具体的操作方法。

步骤01 打开共享资源库文档，先在“视图”选项卡中的“资源视图”组中单击“资源使用状况”按钮，切换到“资源使用状况”视图，如图6-23所示。

步骤02 选中摘要资源名称，打开“资源”选项卡，在“属性”组中单击“信息”按钮，如图6-24所示。

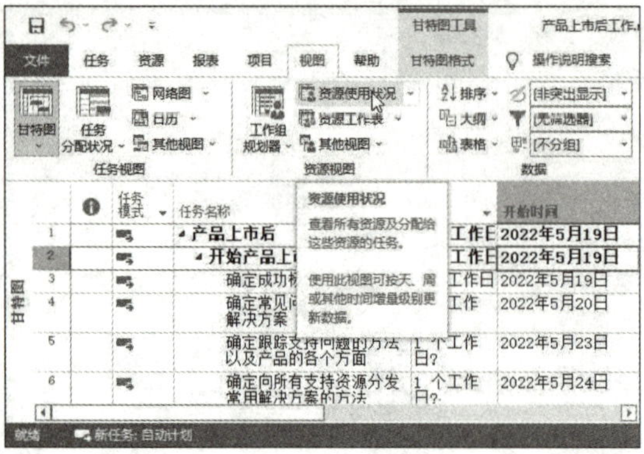

图 6-23 “视图” - “资源使用状况”操作

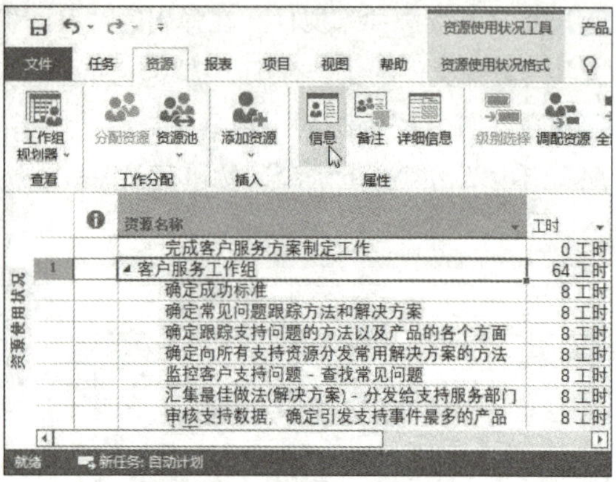

图 6-24 “资源” - “信息”操作

步骤03 弹出“资源信息”对话框，单击“更改工作时间”按钮，如图6-25所示。

步骤04 打开“更改工作时间”对话框，在表格中设置例外日期，设置完成后单击“确定”按钮，即可更改资源的工作时间，如图10-26所示。

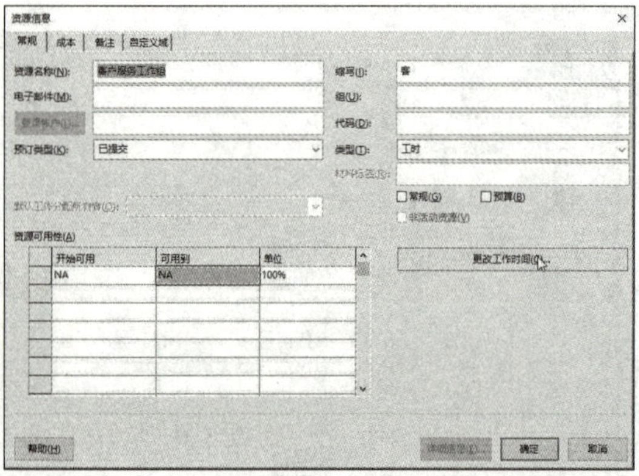

图 6-25 “更改工作时间”操作

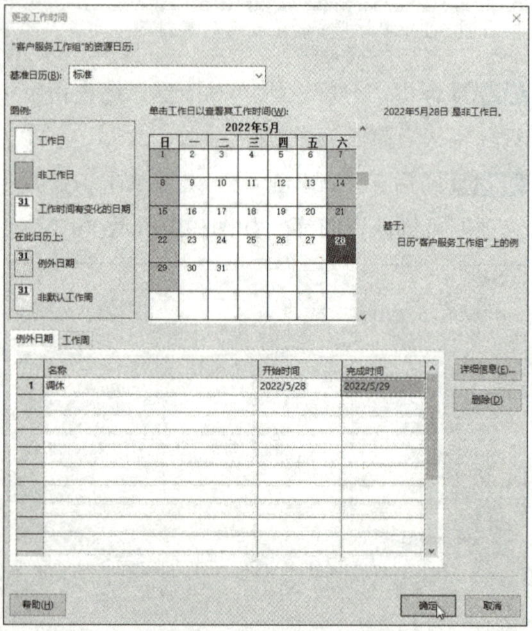

图 6-26 设置例外日期

3. 更新工作分配

下面继续介绍如何更新工作分配。

步骤01 将所有资源共享项目文档打开，在任意一个文件中打开“视图”选项卡，在“资源视图”组中单击“资源使用状况”按钮，切换到“资源使用状况”视图，如图6-27所示。

步骤02 打开需要分配资源的项目文档，选择任务，打开“资源”选项卡，在“工作分配”组中单击“分配资源”按钮，如图6-28所示。

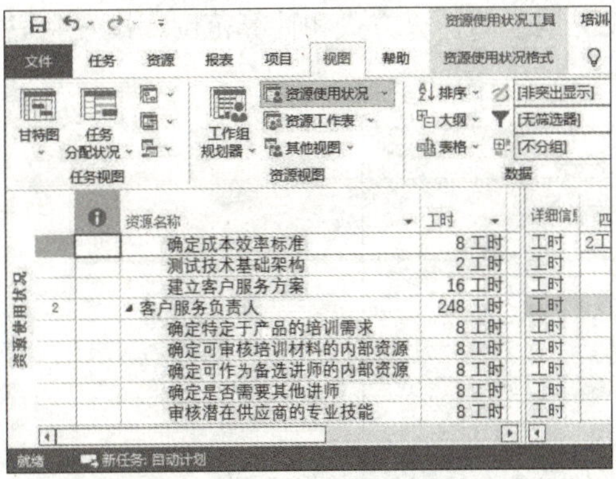

图 6-27 “视图”-“资源使用状况”操作

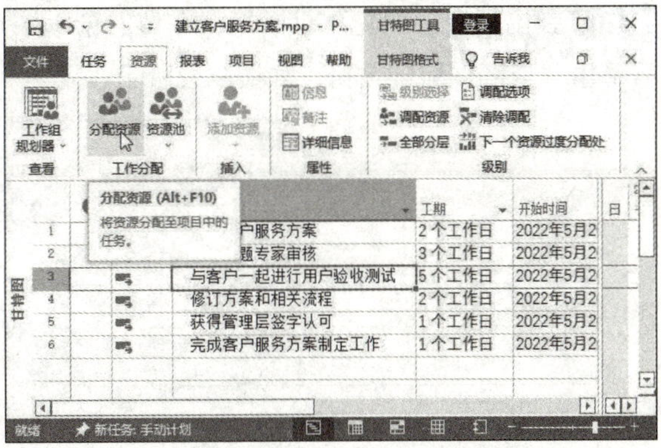

图 6-28 “资源”-“分配资源”操作

步骤03 弹出“分配资源”对话框，选择要使用的资源，单击“分配”按钮，如图6-29所示。

步骤04 所选任务即可被分配指定的资源，效果如图6-30所示。

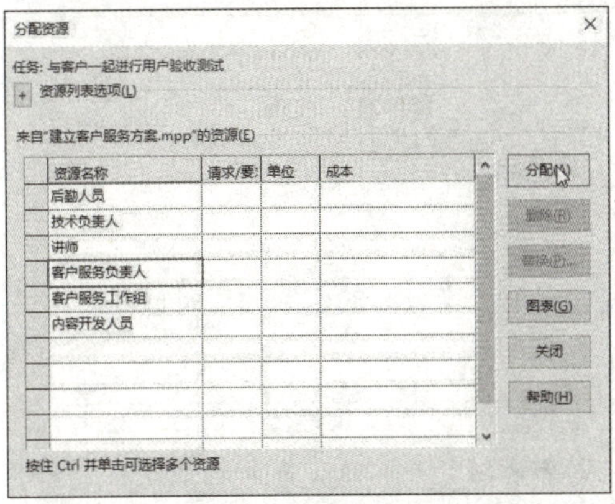

图 6-29 单击“分配”按钮

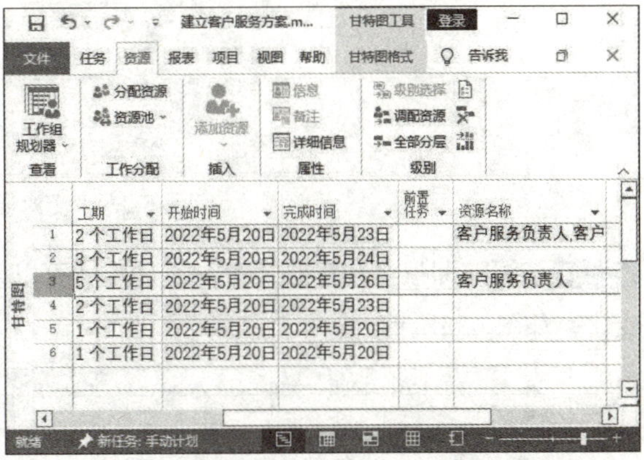

图 6-30 分配资源后效果图

■6.2.2 共享资源的管理

通过管理共享资源可以确保资源被合理应用、解决资源被过度分配等问题，下面对管理共享资源的方法进行详细讲解。

1. 资源调配

步骤01 打开“资源”选项卡，在“级别”组中单击“调配选项”按钮，如图6-31所示。

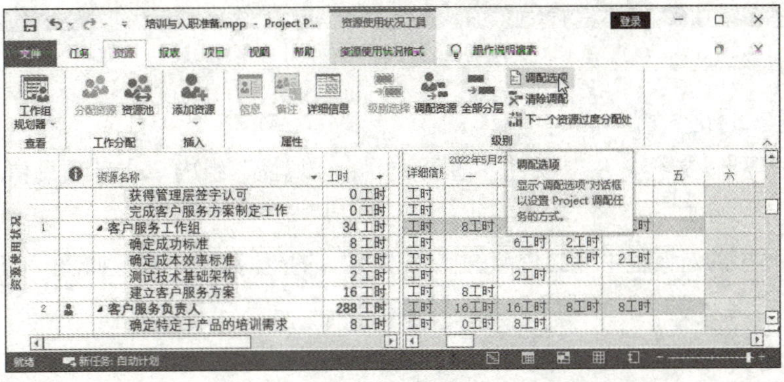

图 6-31 “资源”-“调配选项”操作

步骤02 弹出“资源调配”对话框，在该对话框中可设置调配的计算方式和计算范围，设置完成后单击“全部调配”按钮，如图6-32所示。

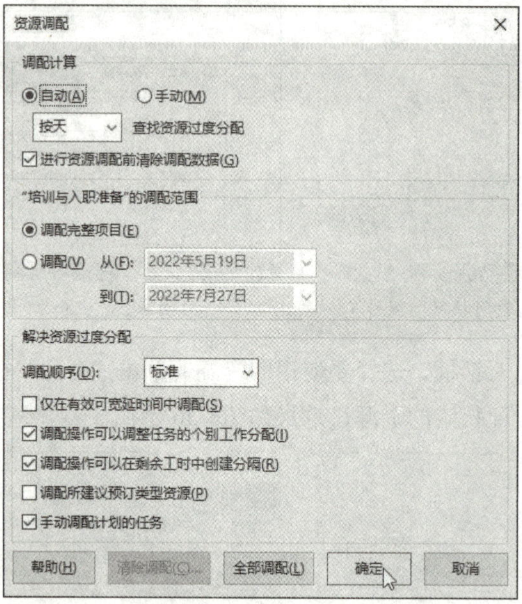

图 6-32 “资源调配”对话框

步骤03 资源随即被自动重新调配，通过观察可以发现，之前过度分配的资源，工时已经发生了变化，如图6-33所示。

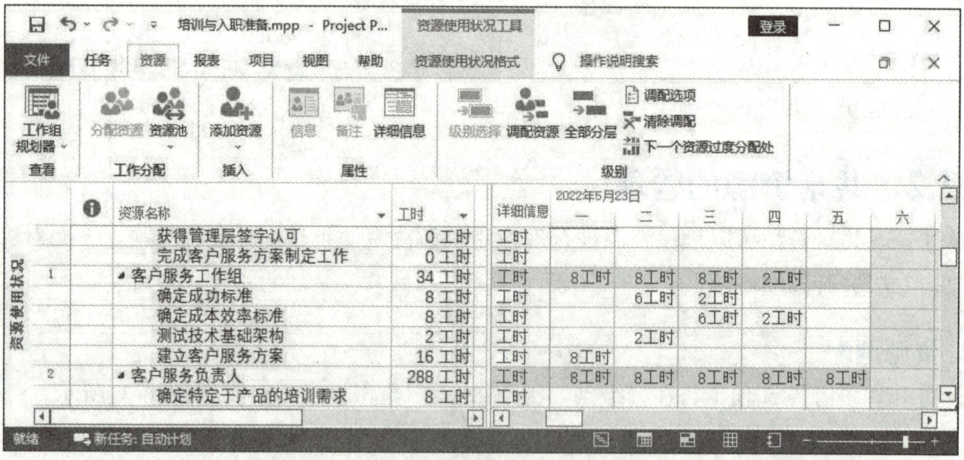

图 6-33 重新调配后的资源使用状况显示

2. 设置资源的优先级

步骤01 打开共享项目文档，在“项目”选项卡中的“属性”组内单击“项目信息”按钮，如图6-34所示。

步骤02 在随后弹出的对话框中设置资源的“优先级”的具体数值即可，如图6-35所示。

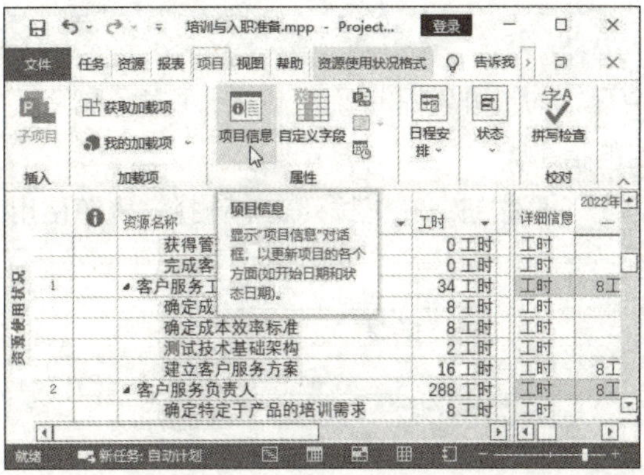

图 6-34 “项目”-“项目信息”操作

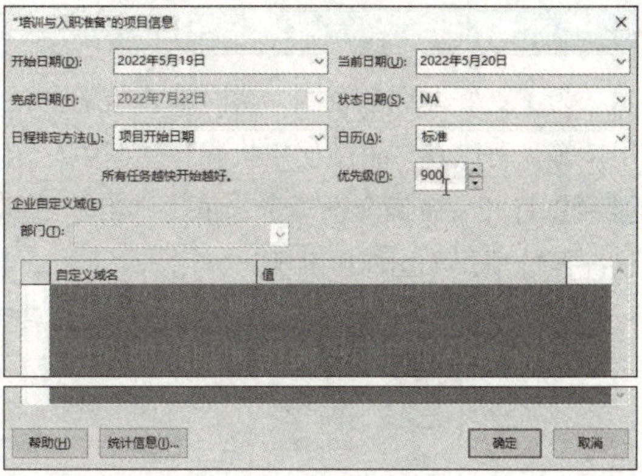

图 6-35 设置优先级

3. 设置任务的优先级

步骤01 在共享资源项目文档中选中要设置优先级的任务名称，打开“任务”选项卡，在“属性”组中单击“信息”按钮，如图6-36所示。

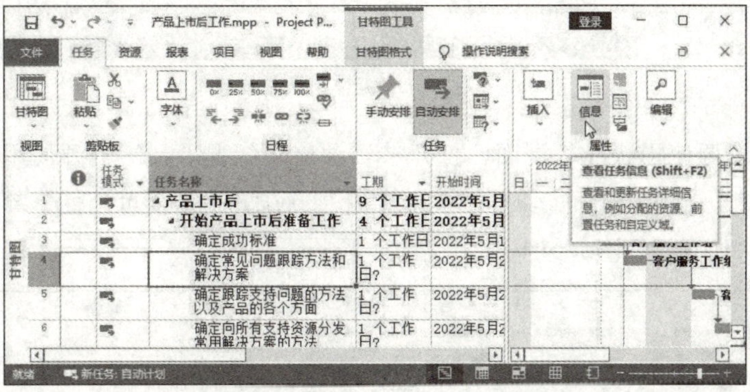

图 6-36 “任务”-“信息”操作

步骤02 弹出“任务信息”对话框，设置优先级为“1000”，单击“确定”按钮，即可完成该任务优先级的设置，如图6-37所示。当任务的优先级设置为1 000时，调配资源或防止资源过度分配模式下，当前任务将不会被移动。

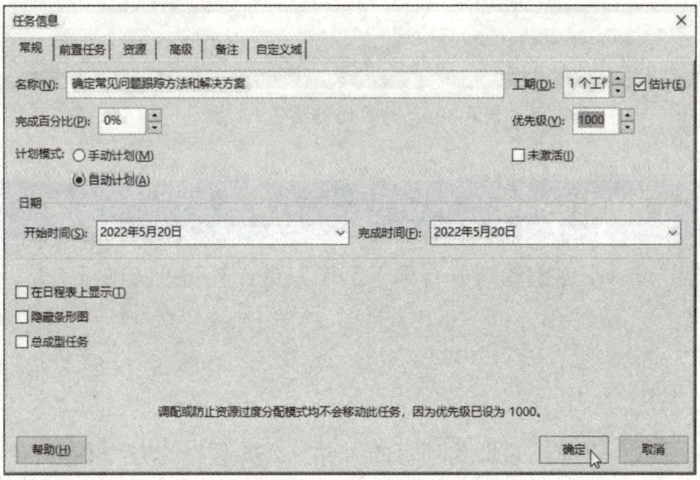

图 6-37 设置任务优先级

上手操作 了解资源的使用情况

为了更好地调配资源，实时掌握资源的使用情况，如了解资源的工时、实际工时、剩余可用性等，可以在“资源使用状况”视图中显示指定的信息。

步骤01 打开“资源”选项卡，单击“工作组规划器”下拉按钮，在下拉列表中选择“资源使用状况”选项，如图6-38所示。

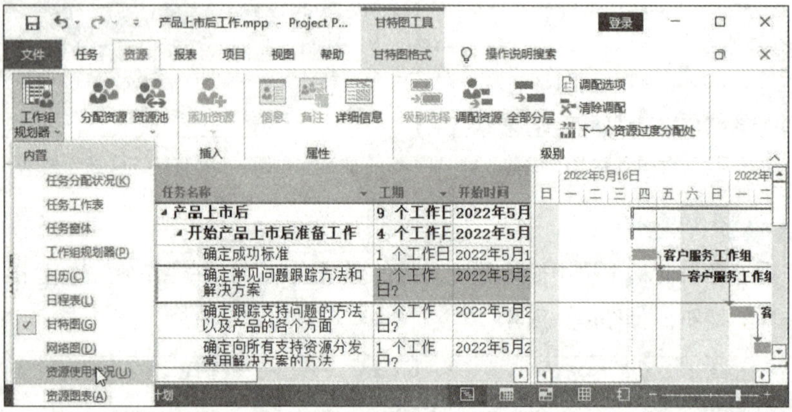

图 6-38 选择“资源使用状况”选项

步骤02 切换到“资源使用状况”视图，打开“资源使用状况工具—资源使用状况格式”选项卡，在“详细信息”组中勾选“工时”“实际工时”“成本”“剩余可用性”等复选框，即可在视图中查看到相应信息，如图6-39所示。

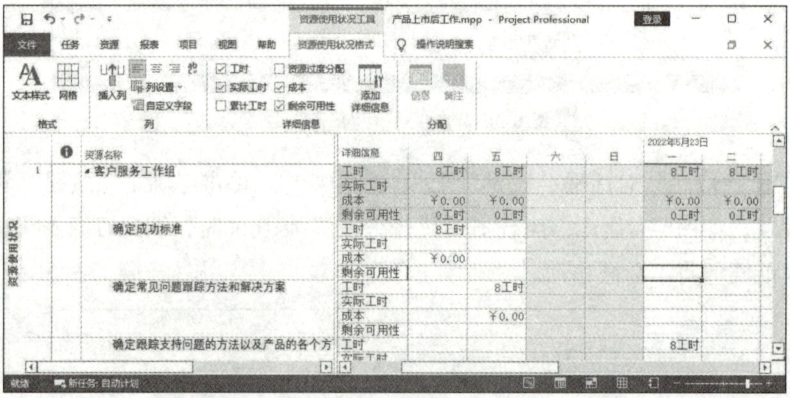

图 6-39 “资源使用状况”视图

6.3 合并与管理项目

将多个项目合并成一个完整的项目有利于工作人员查看和更新项目信息，从而帮助用户快速规划大型的项目。

6.3.1 项目的合并

将多个项目合并成一个总项目即为项目的合并。合并项目的方法不止一种，下面介绍常见的项目合并方法。

1. 合并所有项目文档

步骤01 将需要合并的所有文档打开，在任意项目文档中打开“视图”选项卡，在“窗口”组中单击“新建窗口”按钮，如图6-40所示。

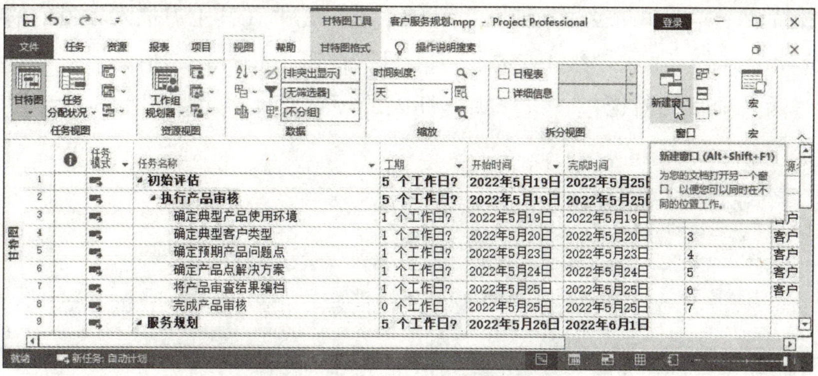

图 6-40 “视图”－“新建窗口”操作

步骤02 弹出“新建窗口”对话框，选中需要合并的项目，单击“确定”按钮，如图6-41所示。

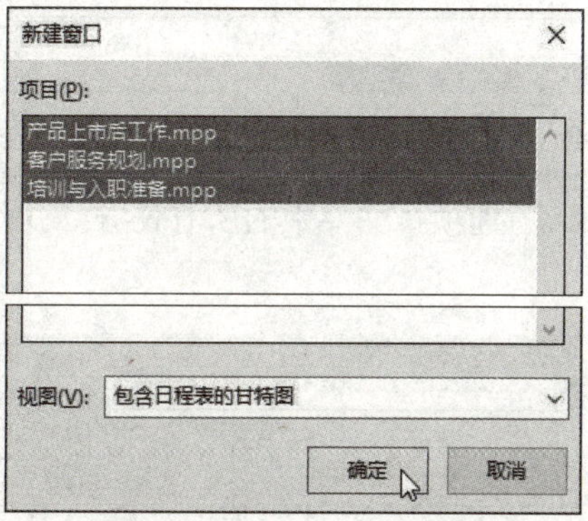

图 6-41 “新建窗口”对话框

步骤03 所选的多个项目随即被合并为一个项目。将该合并项目保存到计算机中的合适位置，并设置项目名称即可，如图6-42所示。

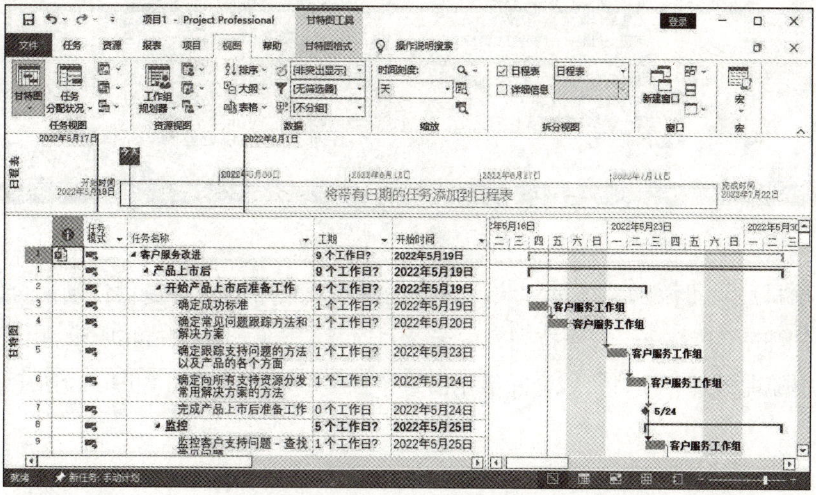

图 6-42 项目合并后效果图

2. 插入子项目

合并项目时，可以将其中一个项目作为主项目，其余项目作为子项目插入到主项目中。接下来介绍合并项目的具体方法。

步骤01 在“甘特图”视图中折叠所有子任务。随后选中需要在其上方插入项目的摘要任务，打开“项目”选项卡，在“插入”组中单击“子项目”按钮，如图6-43所示。

步骤02 弹出“插入项目”对话框，选择需要插入的项目文件，单击“插入”按钮，如图6-44所示。

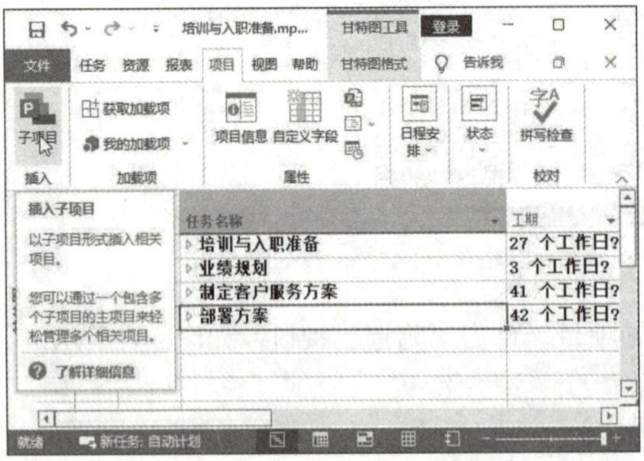

图 6-43 “项目”－“子项目”操作

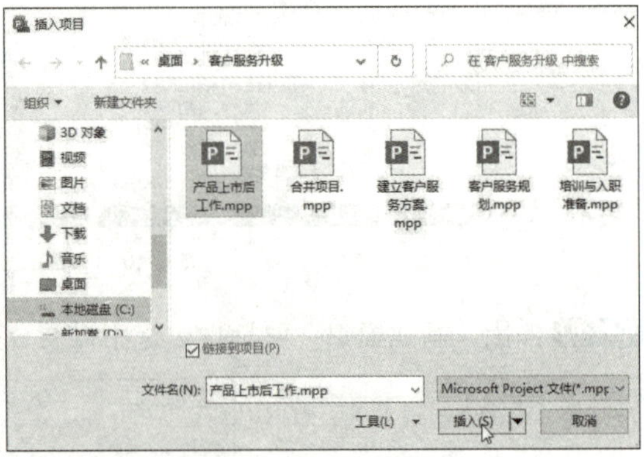

图 6-44 插入项目操作

步骤03 所选任务的上方随即插入所选项目文件中的所有任务，并作为当前项目的其中一个子任务，如图6-45所示。

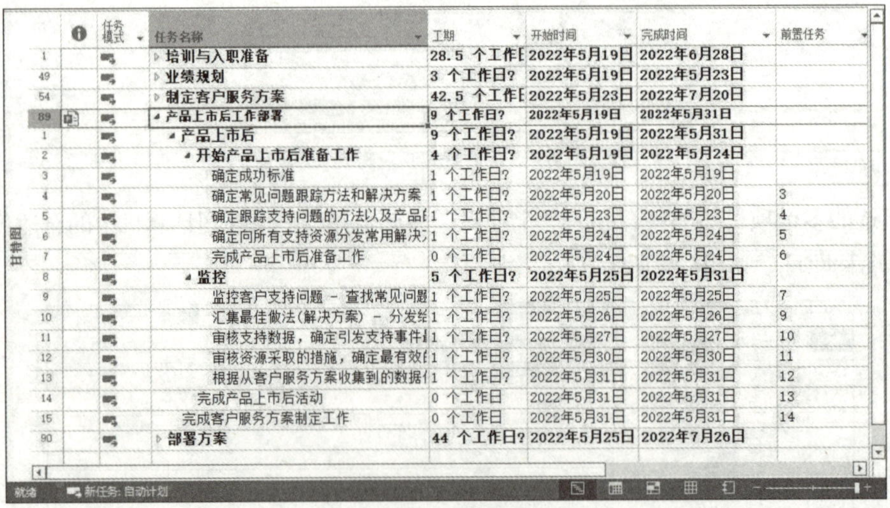

图 6-45 插入项目后显示

步骤04 合并项目后，可添加“项目”域，为查找插入项目中的任务提供便利。单击“添加新列”域标题右侧的下拉按钮，在下拉列表中选择“项目”选项，如图6-46所示。

步骤05 视图中随即添加“项目”域，并显示出每个任务的项目名称，如图6-47所示。

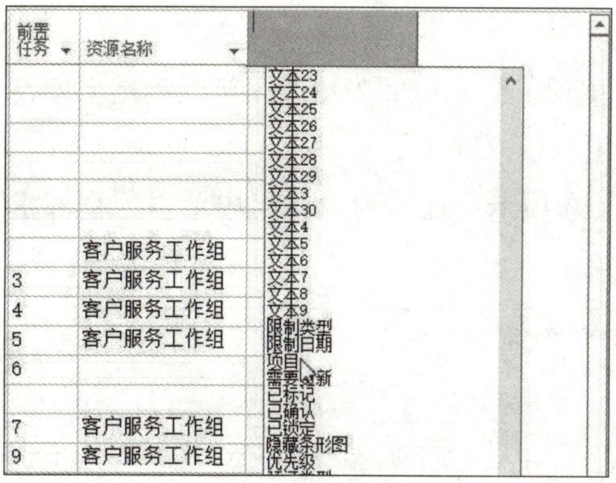

图 6-46 选择“项目”选项

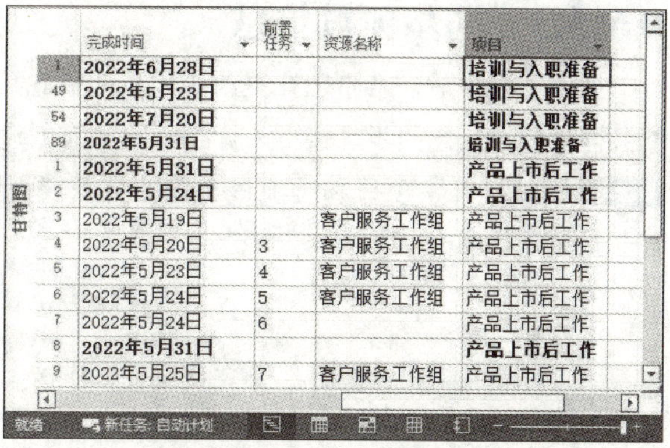

图 6-47 添加“项目”域后的显示

■6.3.2 项目的链接

合并项目后，为了保证新插入的子项目能够按照顺序正常执行，可以创建项目链接。下面将介绍如何创建项目链接。

步骤01 在甘特图视图中选中新插入的子任务的顶端摘要和该摘要的上一个任务，打开“任务”选项卡，在“日程”组中单击“链接选定的任务”选项，如图6-48所示。

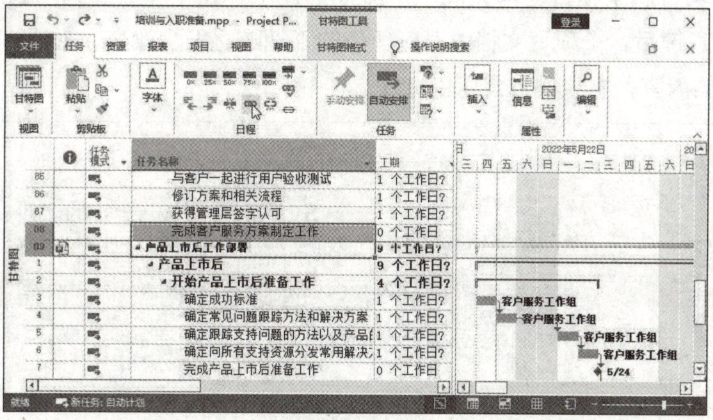

图 6-48 “任务”－“链接选定的任务”操作

步骤02 新插入的子任务随即和上方任务产生链接，如图6-49所示。若同时选中新插入的子任务的最后一个任务和下方相邻的任务，再执行“链接选定的任务”命令，则可以与下方的子任务形成链接。

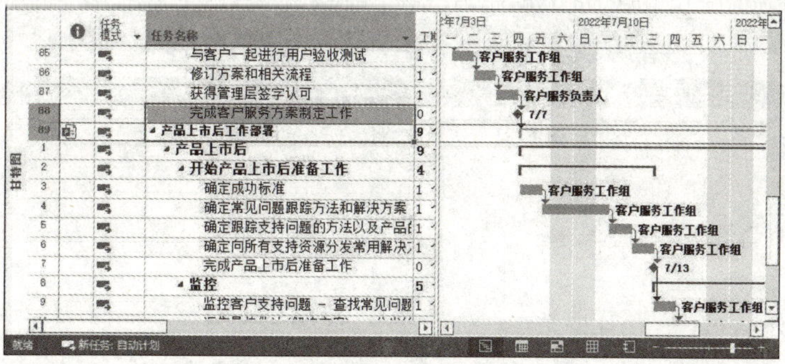

图 6-49 项目链接后的显示

■6.3.3 同步项目信息

插入子项目后，若希望在更改子项目的信息后，主项目信息也同步更改，可以利用多项目的共同性创建信息同步。接下来详细介绍如何创建多项目信息同步。

步骤01 同时打开主项目和子项目文档，打开“视图”选项卡，在“窗口”组中单击“全部重排”按钮，如图6-50所示。

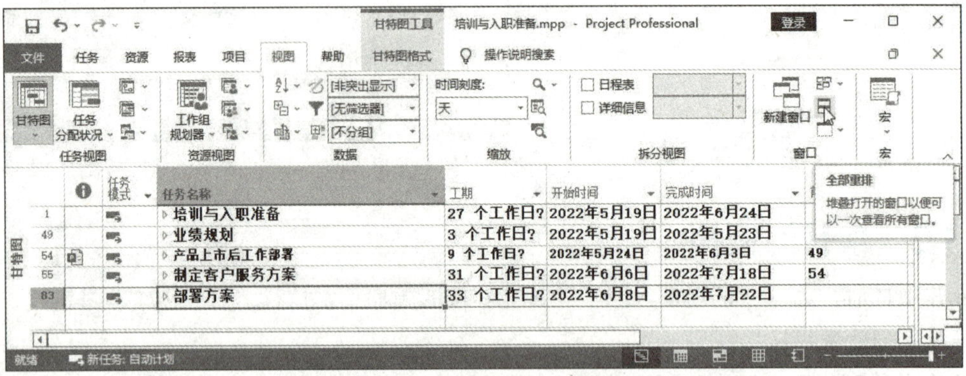

图 6-50 “视图”－“全部重排”操作

步骤02 打开的主项目和子项目随即在同一个窗口中显示。在主项目文档中修改指定任务的工期，按下［Enter］键后，子项目文档中对应任务的工期随之发生改变，如图6-51所示。同理，若修改子项目中的内容，主项目也会同步更改。

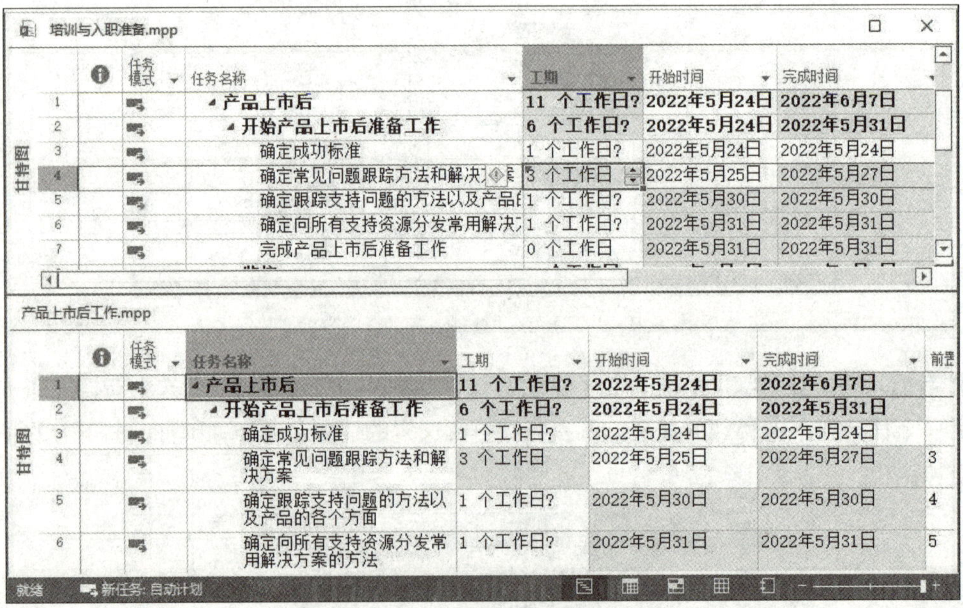

图 6-51 更改工期后任务的显示

实战演练 合并“新产品上市准备”项目

一个大型的项目往往是由多人分别负责项目中的不同环节，为了方便管理项目资源，促使项目在规定的时间内完成，还需要将多个项目合并到一个主项目中。本案例将详细介绍“新产品上市准备”项目的合并方法。

扫码观看视频

1. 合并项目

步骤01 打开项目文档，在甘特图视图组中选择最顶端的摘要任务，打开“项目”选项卡，在“插入”组中单击“子项目”按钮，如图6-52所示。

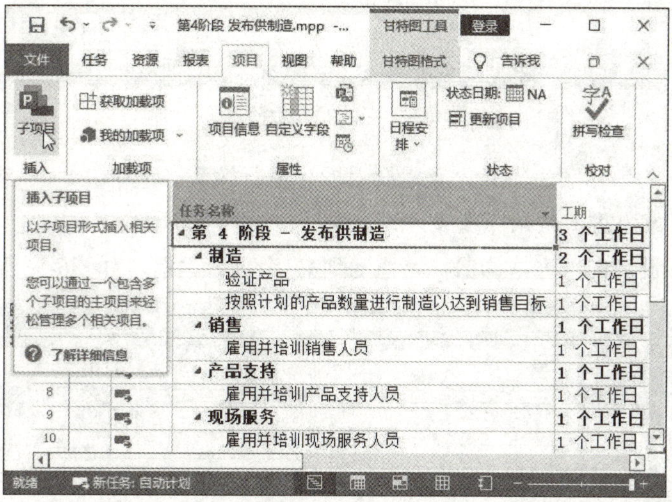

图 6-52 “项目”－“子项目”操作

步骤02 弹出“插入项目”对话框，按住［Ctrl］键，依次单击多个项目，将这些项目同时选中，单击“插入”按钮，如图6-53所示。

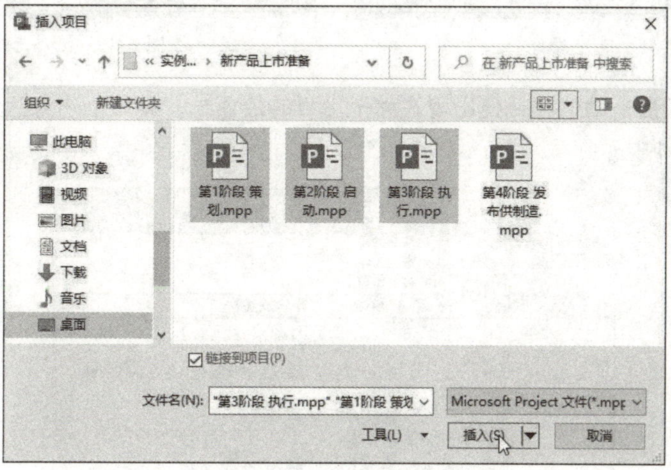

图 6-53 插入多个项目操作

步骤03 视图区域中所选摘要任务的上方随即插入多个新的项目内容，如图6-54所示。

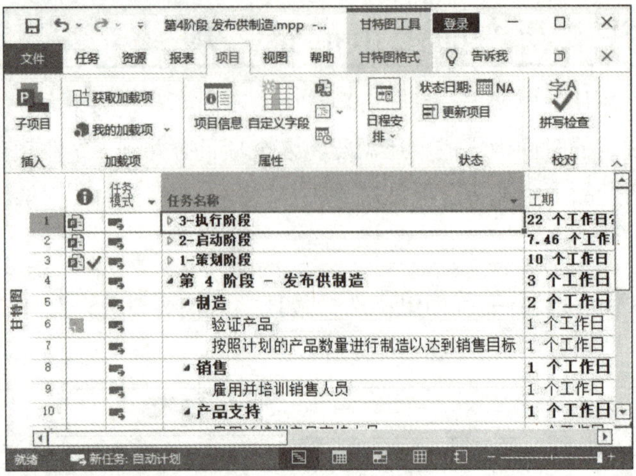

图 6-54　插入项目后的显示

步骤04 此时被插入的项目顺序不对，就需要对顺序进行调整。选中“1-策划阶段”项目，将光标放在所选行的下方边线上，光标变成“✥”形状，如图6-55所示。

步骤05 按住鼠标左键，向上方拖动鼠标，拖动到第1个项目之前，如图6-56所示。

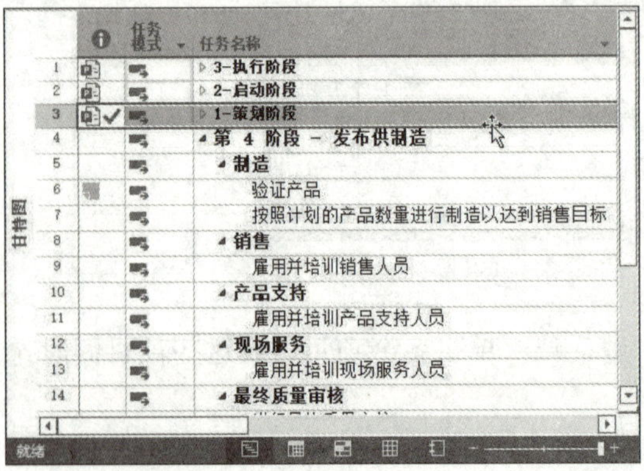

图 6-55　选中项目

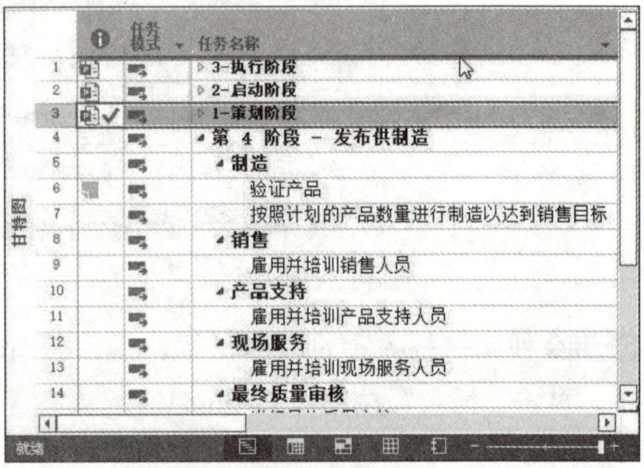

图 6-56　拖动选中项目

步骤06 松开鼠标后被拖动的项目便出现在整个项目的最顶端，参照上述方法继续调整其他插入的项目，如图6-57所示。

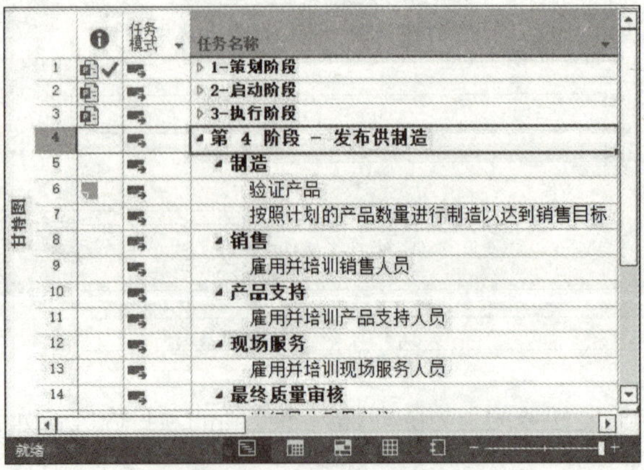

图 6-57　调整项目顺序

2. 插入项目来源域

步骤01 右击“任务名称”域标题，在弹出的菜单中选择“插入列”选项，如图6-58所示。

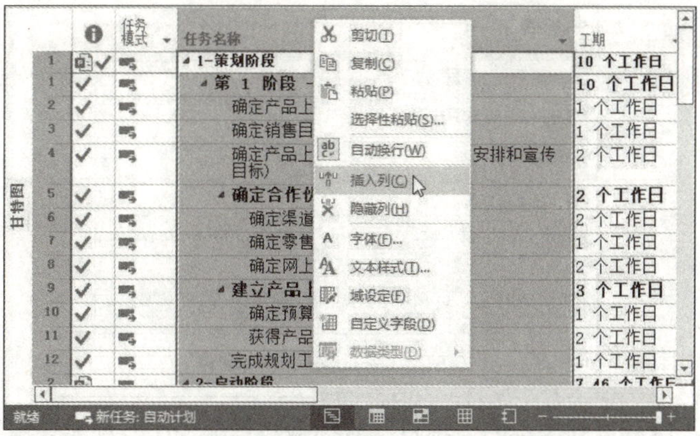

图 6-58 选择“插入列”选项

步骤02 视图中随即出现一个新的列，并展开一个下拉列表，在该列表中选择“项目”选项，如图6-59所示。

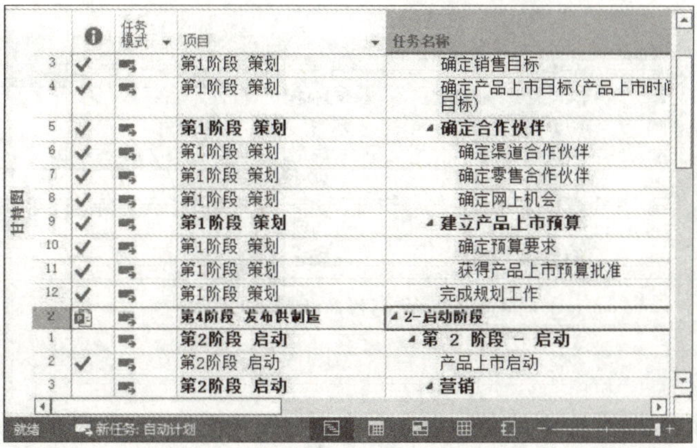

图 6-59 插入“项目”列

步骤03 视图中被插入了一个“项目”域，并显示出每个任务所在的项目名称。右击该“项目”域标题，在弹出的菜单中选择“域设定”选项，如图6-60所示。

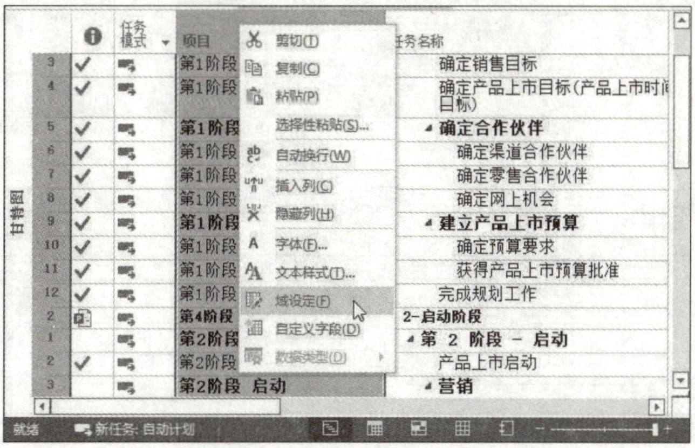

图 6-60 选择“域设定”选项

步骤04 系统随即弹出“字段设置”对话框，在“标题”文本框中输入“项目来源”，单击“确定”按钮，如图6-61所示。

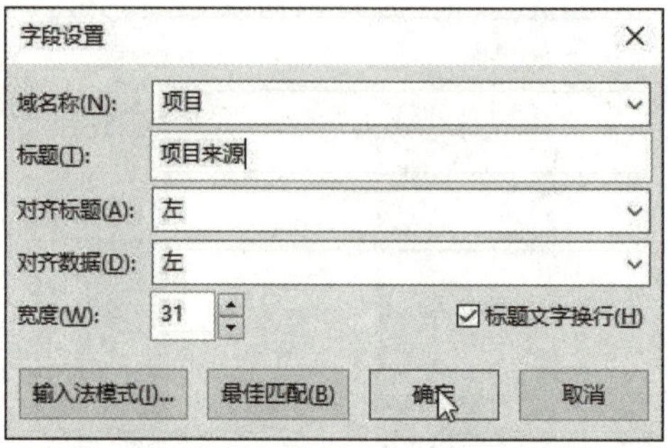

图 6-61 “字段设置”对话框

步骤05 在视图区域可以观察到原本的“项目”域标题被更改为了“项目来源”，如图6-62所示。

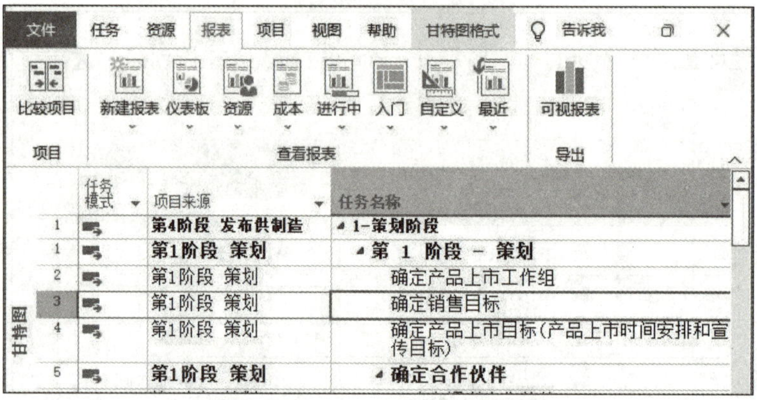

图 6-62 标题修改后的任务显示

3. 链接子程序

步骤01 按住［Ctrl］键同时选中第1阶段的最后一个任务以及第2阶段的第1个任务，打开“任务”选项卡，在“日程”组中单击“链接选定的任务”按钮，如图6-63所示。

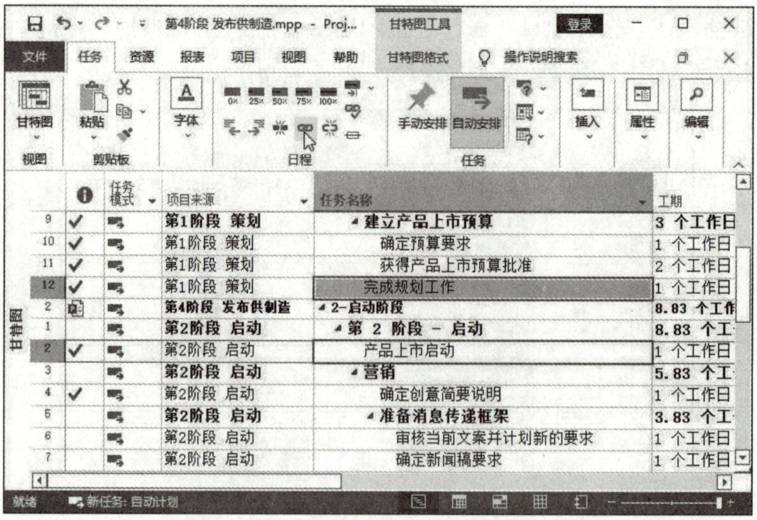

图 6-63 “任务”-“链接选定的任务”操作

步骤02 继续选中第2阶段的最后一个任务以及第3阶段的第1个任务，再次单击“链接选定的任务”按钮，如图6-64所示。最后再以同样的的方法链接第3阶段和第4阶段的任务。

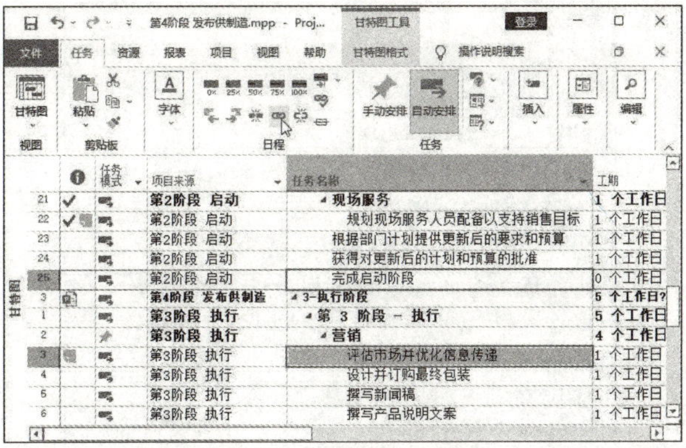

图 6-64 链接任务操作

4. 自动调配资源

步骤01 打开“资源”选项卡，在“级别”组中单击“下一个资源过度分配处”按钮，如图6-65所示。

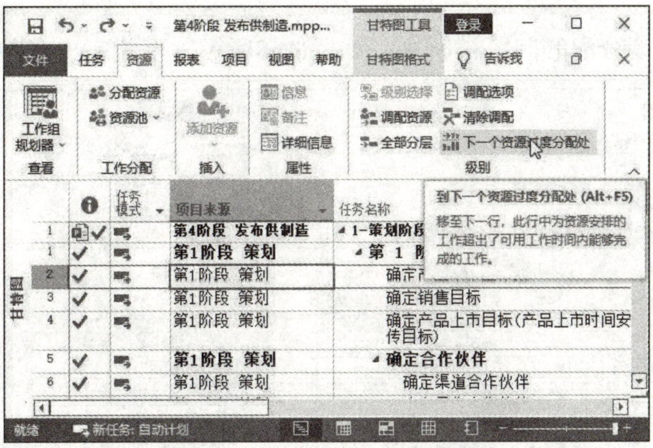

图 6-65 “资源”－“下一个资源过度分配处”操作

步骤02 系统随即选中下方被过度分配的资源，在“级别”组中单击“调配选项”按钮，如图6-66所示。

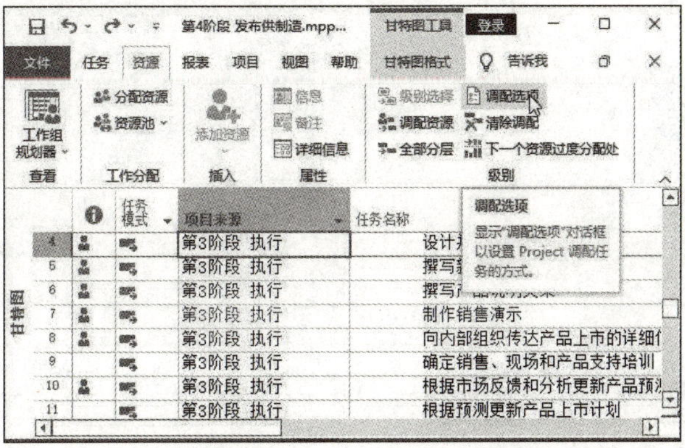

图 6-66 “资源”－“调配选项”操作

步骤03 弹出“资源调配”对话框，设置好调配计算方式、调配范围、解决资源过度分配的方式等，单击“全部调配”按钮，如图6-67所示。

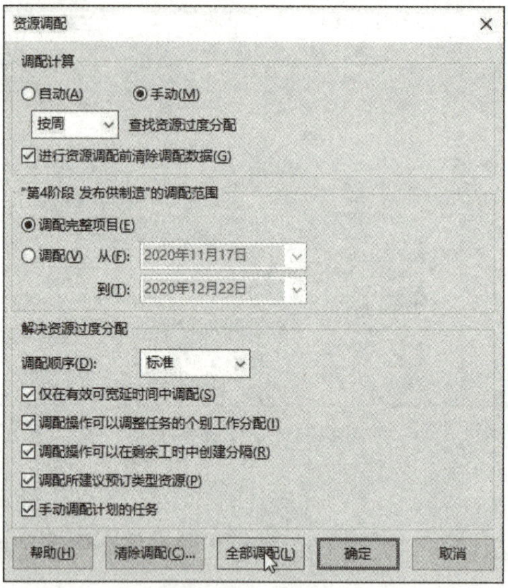

图 6-67　资源调配设置

步骤04 合并项目中过度分配的问题被解决，如图6-68所示。至此完成合并新产品上市准备项目。

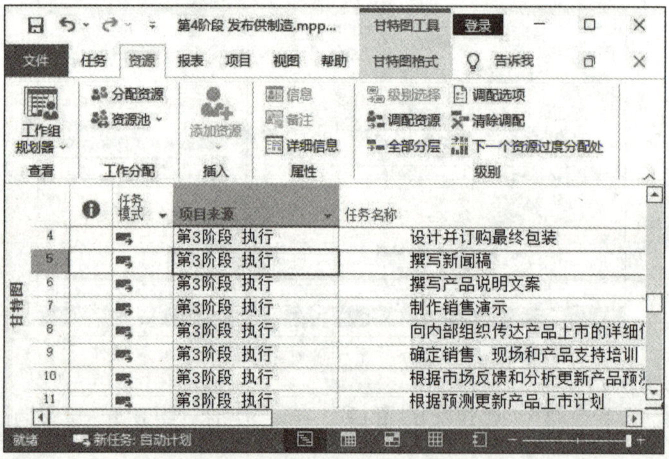

图 6-68　过度分配问题解决后的显示

学习体会

课后作业

本章主要对共享资源的创建、多重资源文件的管理以及项目的合并、链接、项目信息同步等知识进行了详细介绍。下面请合并“体育公园开发项目”，具体操作要求如下。

（1）打开所有需要合并的项目文档，使用“新建窗口”命令合并项目。

（2）保存合并后的项目，设置文件名称为“体育公园开发项目”。

（3）使用“链接选定的任务”命令为合并后的项目创建任务链接，完成效果如图6-69所示。

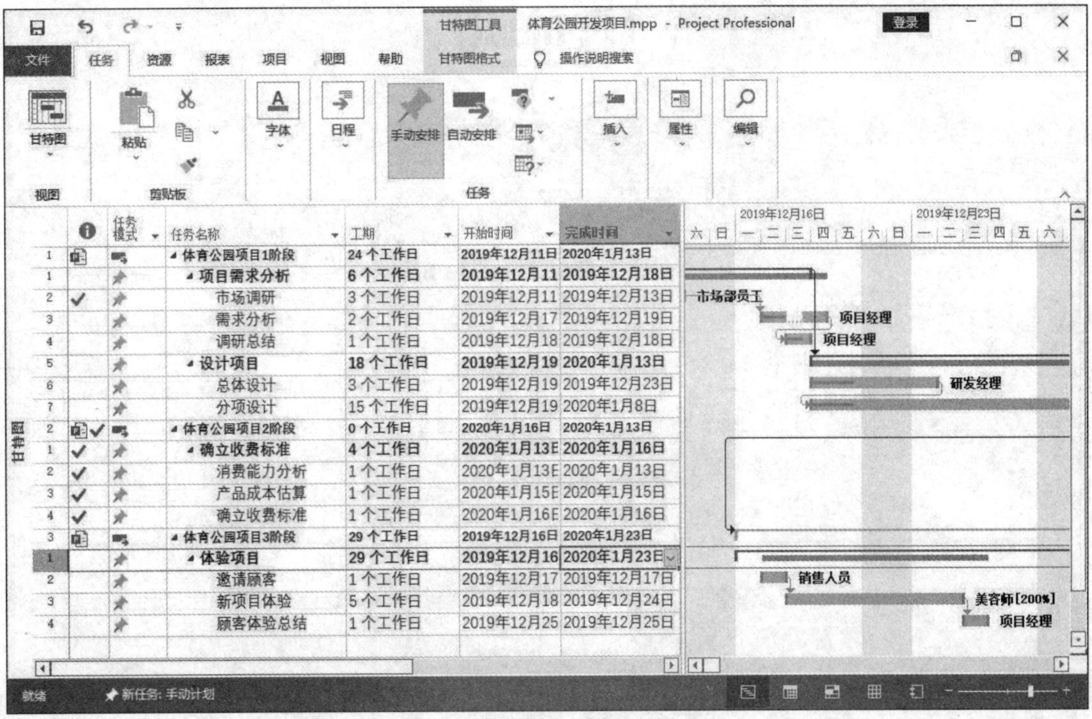

图 6-69　最终效果图

第7章

调整项目问题

内容概要

项目的调整是根据用户的特定要求，使用Project提供的一系列项目调整功能重新对项目信息进行组织，以便查看和分析项目、解决项目中的各种问题。调整项目一般在完成项目规划并设置了项目的基线与中期计划后进行。

数字资源

【本章素材】："素材文件\第7章"目录下

【本章实战演练最终文件】："素材文件\第7章\实战演练"目录下

7.1 修改资源问题

在为任务分配资源的过程中，难免会出现资源过度分配的情况，下面介绍如何检查项目中的过度分配并改善资源冲突。

7.1.1 检查过度分配

资源被重复使用或工作时间过长等因素都有可能造成资源过度分配，当出现资源过度分配的情况时可查看原因，并重新调整资源的分配问题。

步骤01 打开项目文档，在甘特图视图中的“标记”栏中若显示红色的人形图标即说明该任务的资源被过度分配，如图7-1所示。

步骤02 打开“视图”选项卡，在“资源视图”组中单击“其他视图”下拉按钮，选择“其他视图”选项，如图7-2所示。

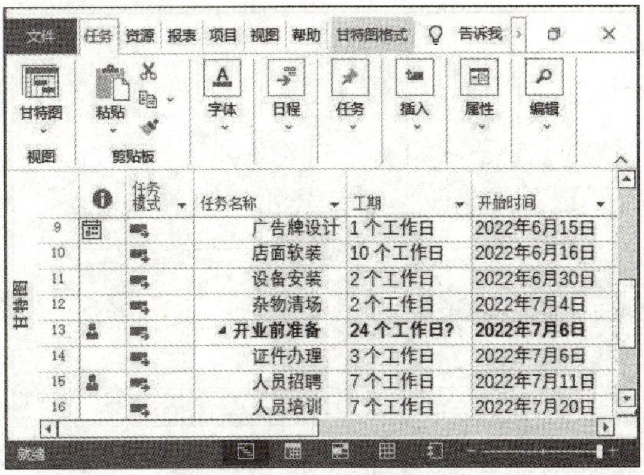

图 7-1 甘特图

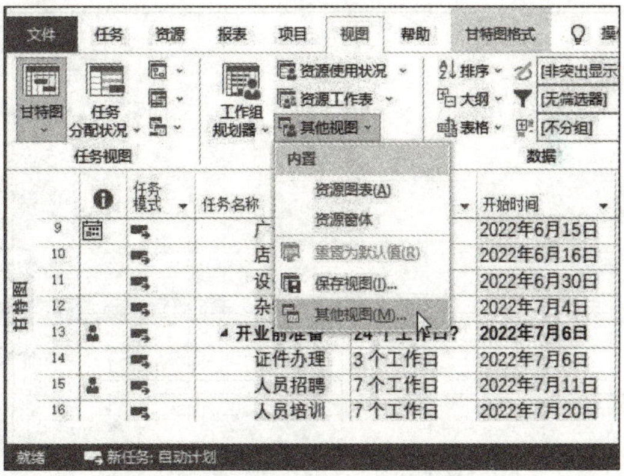

图 7-2 选择“其他视图”选项

步骤03 弹出“其他视图”对话框，选择“资源分配”选项，单击“应用”按钮，如图7-3所示。

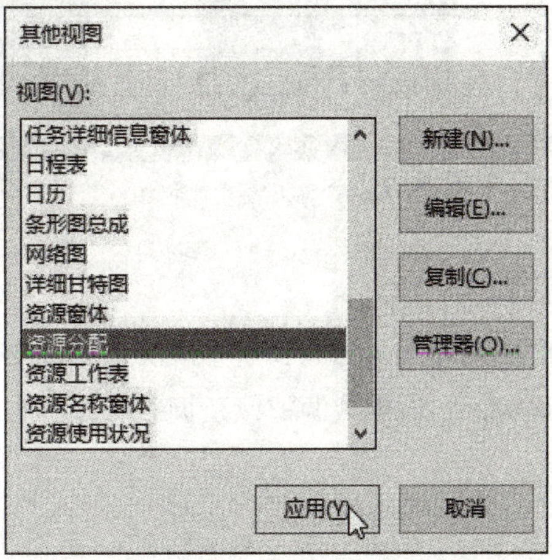

图 7-3 应用“资源分配”操作

步骤04 视图随即分为“资源使用状况”视图和“调配甘特图”视图两部分。在“资源使用状况”视图中选择过度分配的资源，“调配甘特图”视图中即可显示该资源的分配情况，如图7-4所示。

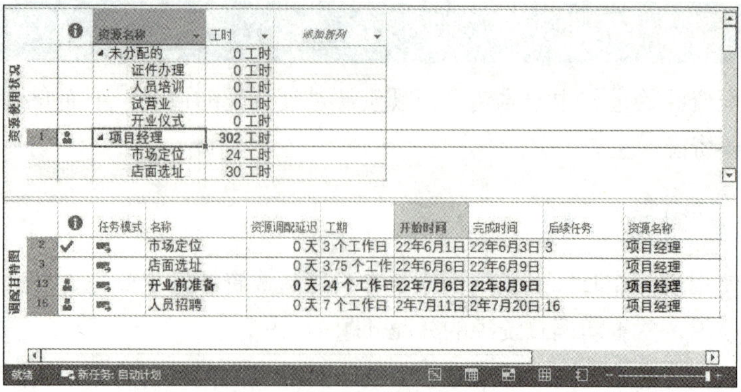

图 7-4　查看过度分配的资源

除了在“资源分配”视图，用户还可以通过“资源使用状况”视图（图7-5所示）、“资源图表”视图（图7-6所示）以及“任务分配状况”视图查看被过度分配的资源。

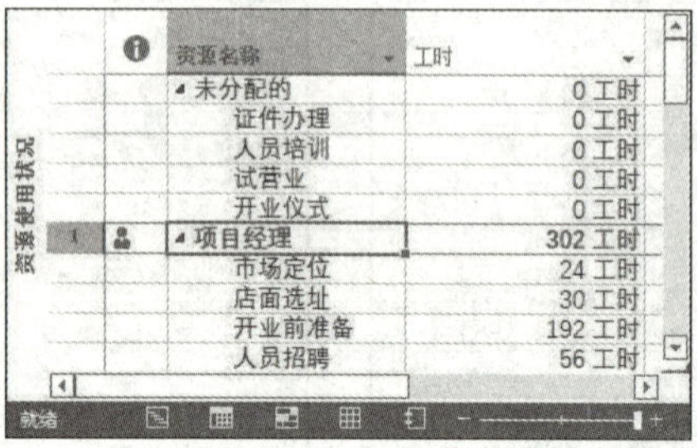

图 7-5　“资源使用状况”视图

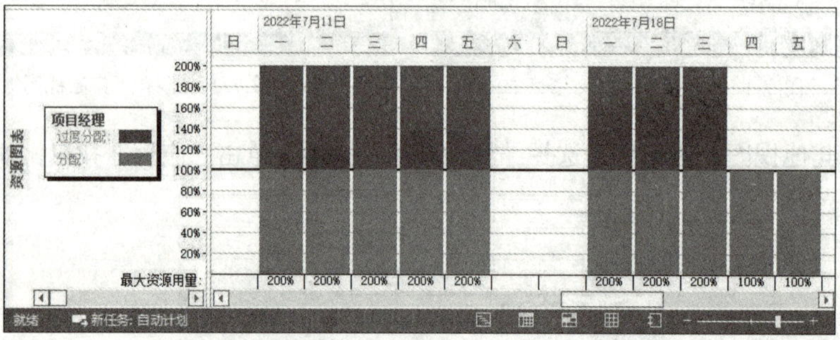

图 7-6　“资源图表”视图

■7.1.2　处理资源冲突

由于资源被过度分配的产生原因不尽相同，用于解决资源过度分配的方法也有所不同，包括调整资源的分配、安排加班时间、调整资源值以及调整资源分布等。用户可根据需要选择不同的方法。

1. 替换资源

添加或替换资源是解决资源被过度分配的最直接有效的方法。下面介绍如何替换被过度分配的资源。

步骤 01 打开“资源工作表”视图。右键单击第2条资源名称，在弹出的菜单中选择“插入资源”选项，如图7-7所示。

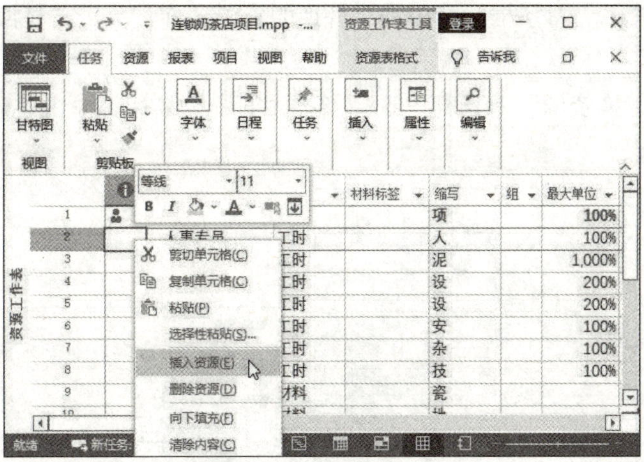

图 7-7 选择“插入资源”选项

步骤02 在新插入的空白行中输入资源名称并设置好其他资源信息，如图7-8所示。

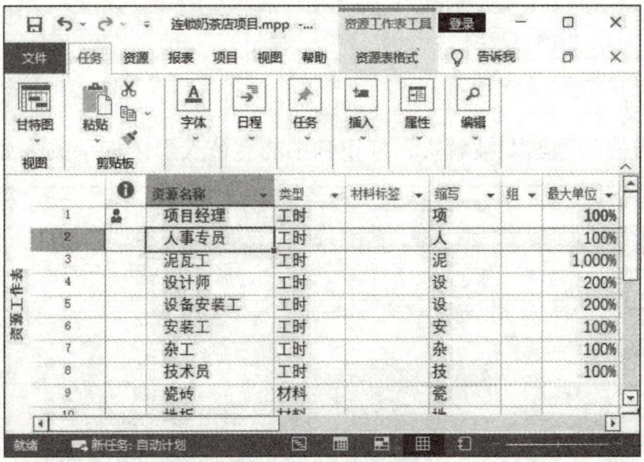

图 7-8 设置各资源信息

步骤03 切换到“甘特图”视图，选中有过度分配的任务，打开“资源”选项卡，在“工作分配”组中单击“分配资源”按钮，如图7-9所示。

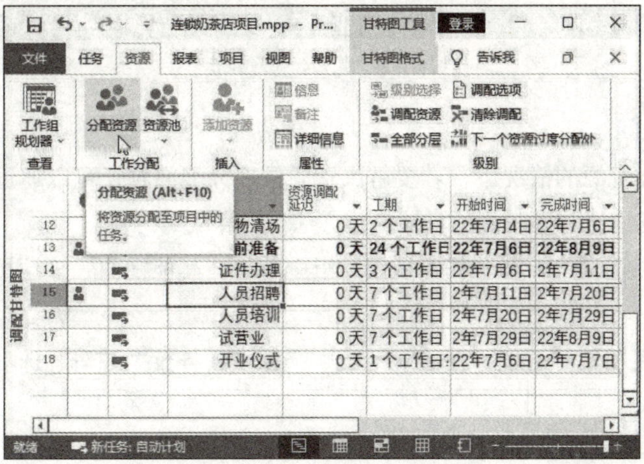

图 7-9 “资源”－“分配资源”操作

步骤04 弹出“分配资源”对话框，选中需要替换的资源名称，单击“替换”按钮，如图7-10所示。

步骤05 随后弹出“替换资源”对话框，选择新插入的资源名称，单击“确定”，如图7-11所示。随后关闭对话框。

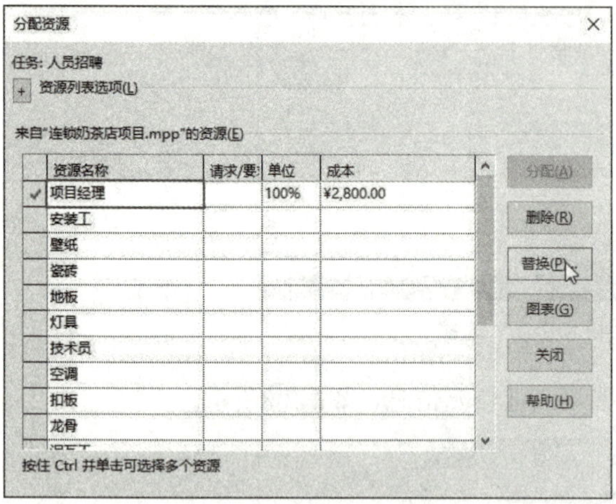

图 7-10　选中需要替换的资源

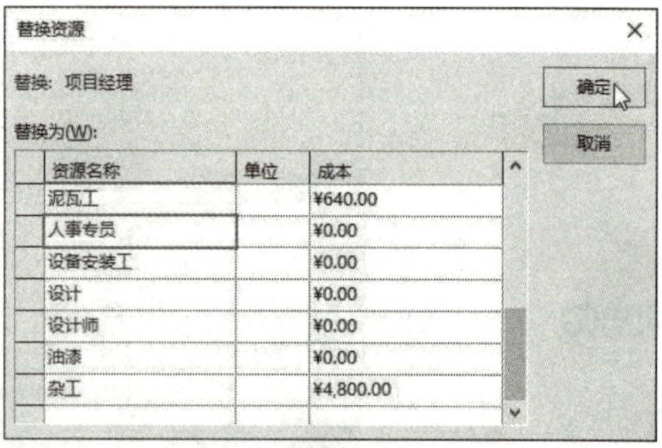

图 7-11　“替换资源”对话框

步骤06 资源过度分配的问题随即被解决，标记列中的红色人形图标消失，如图7-12所示。

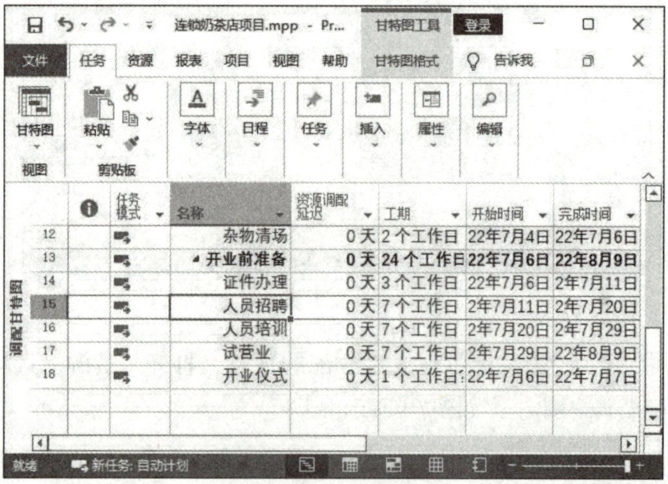

图 7-12　设置后资源显示

2. 增加加班时间

在不替换或增加资源的情况下，若要解决资源过度分配问题，可以通过增加资源的加班时间来实现。下面介绍设置加班时间的具体操作方法。

步骤01 打开“视图”选项卡，在“任务视图”组中单击“其他视图”下拉按钮，选择“其他视图”选项，

步骤02 弹出“其他视图”对话框，在该对话框中选择“任务数据编辑”选项，单击“应用”按钮，如图7-14所示。

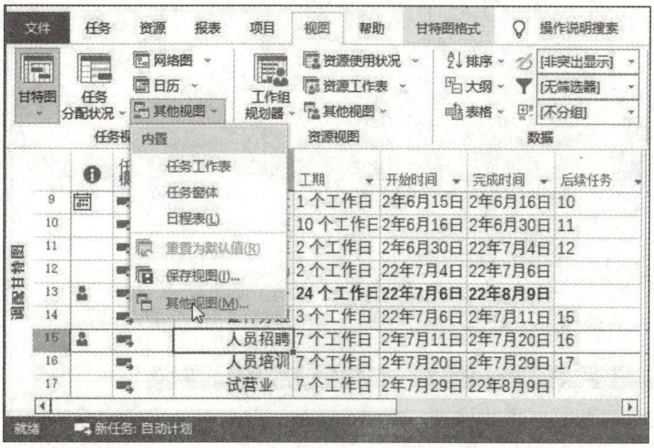

图 7-13 选择“其他视图”选项

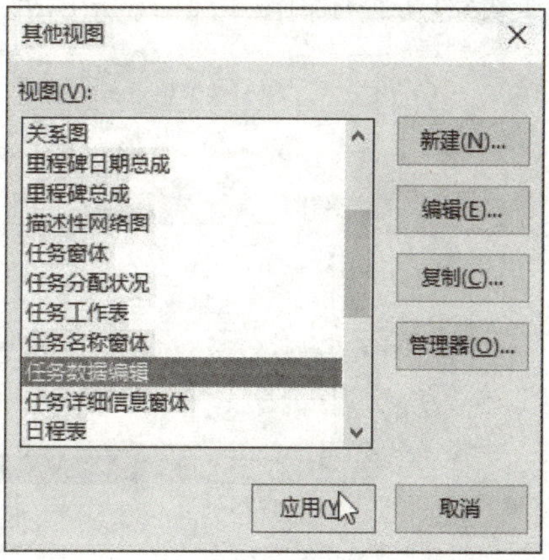

图 7-14 应用“任务数据编辑”操作

步骤 03 此时视图变成上下两部分，上部分是“甘特图”视图，下部分是“任务窗体”视图，如图7-15所示。

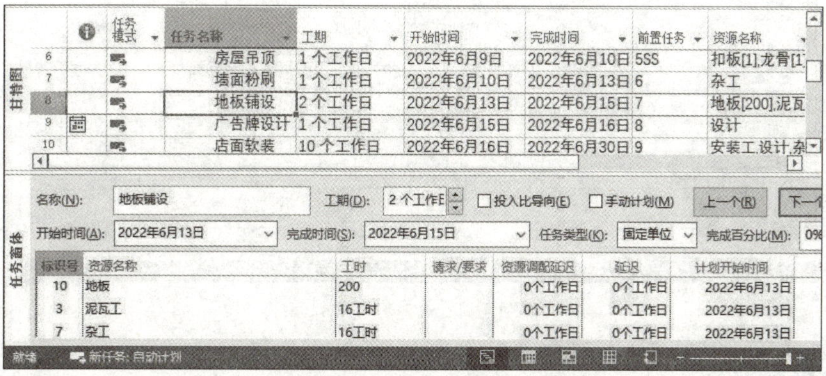

图 7-15 视图变为上下两部分

步骤 04 先在上面的“甘特图”视图中选择有过度分配的任务，随后在下方的“任务窗体”视图中选中资源名称，打开“任务窗体格式”选项卡，在“详细信息”组中单击“工时”按钮，如图7-16所示。

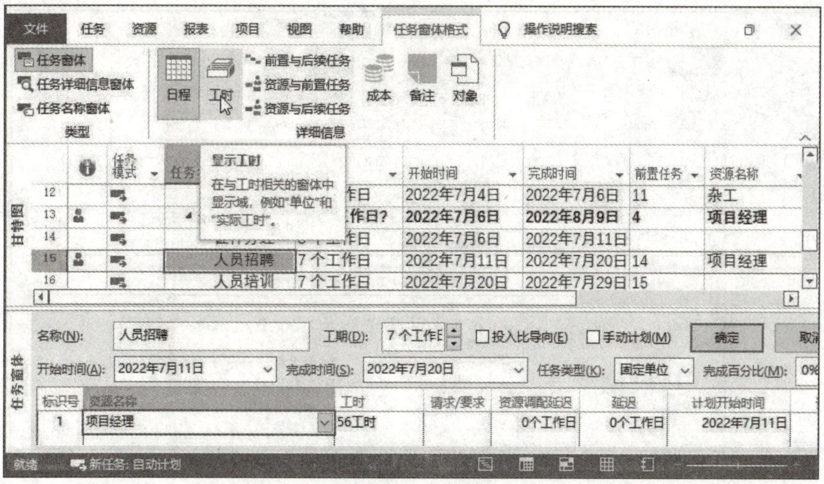

图 7-16 “任务窗体格式”-“工时”操作

步骤05 任务窗体视图中随即显示出单位、工时、加班工时等信息，如图7-17所示。

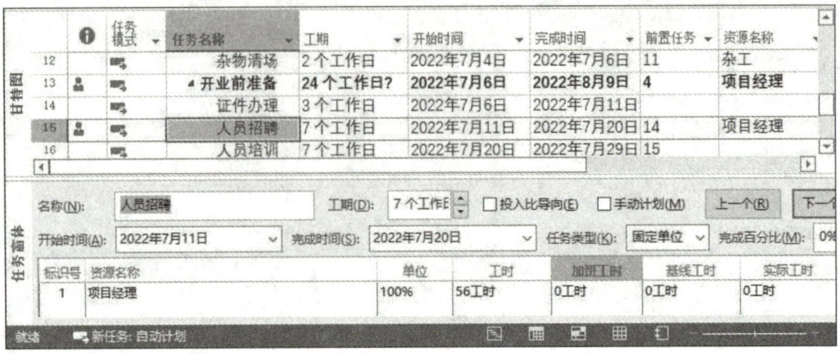

图 7-17 “任务窗体”视图

步骤06 在“加班工时”下方输入“72工时”，随后在甘特图中的任意位置单击，完成加班工时的设置，此时可以看到过度分配图标已经消失，如图7-18所示。

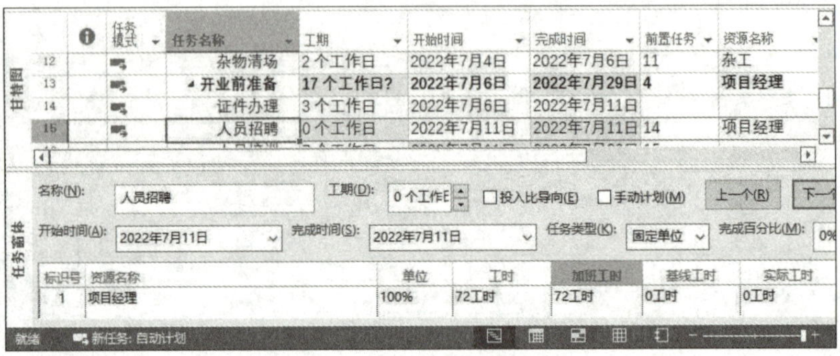

图 7-18 完成加班工时设置

3. 调整资源分布

当项目中有多个过度分配的资源时，可调整资源的工时分布以及单位值来解决此问题。下面介绍具体操作方法。

步骤01 在“任务”选项卡中单击“甘特图”下拉按钮，在下拉列表中选择“资源使用状况”选项，切换到“资源使用状况”视图，如图7-19所示。

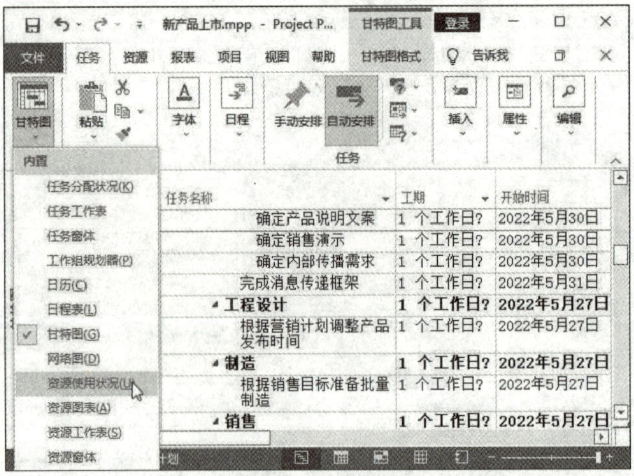

图 7-19 选择“资源使用状况”选项

步骤02 选择包含过度分配的任务，打开“资源使用状况格式”选项卡，在“分配”组中单击“信息”按钮，如图7-20所示。

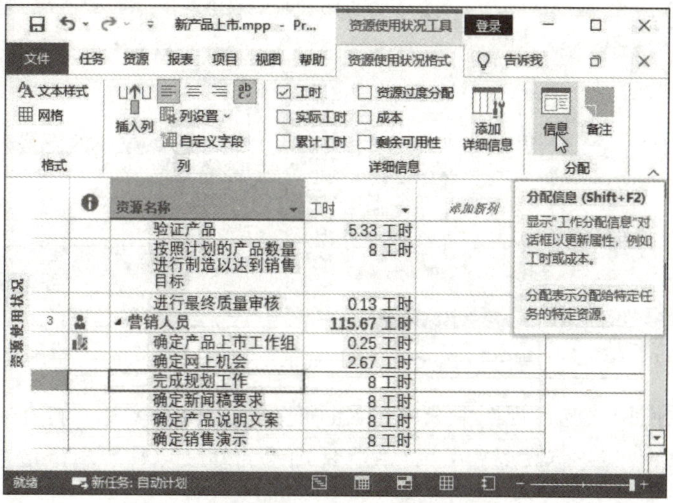

图 7-20 “资源使用状况格式”-“信息”操作

步骤03 弹出“工作分配信息”对话框，在“常规”界面中单击“工时分布图”下拉按钮，在下拉列表中选择需要的工时分布方式，如图7-21所示。

步骤04 随后设置好“单位”，单击“确定”按钮即可，如图7-22所示。

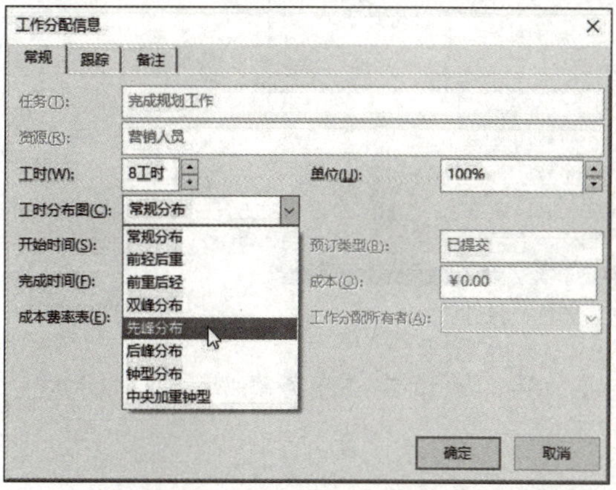

图 7-21 选择工时分布方式

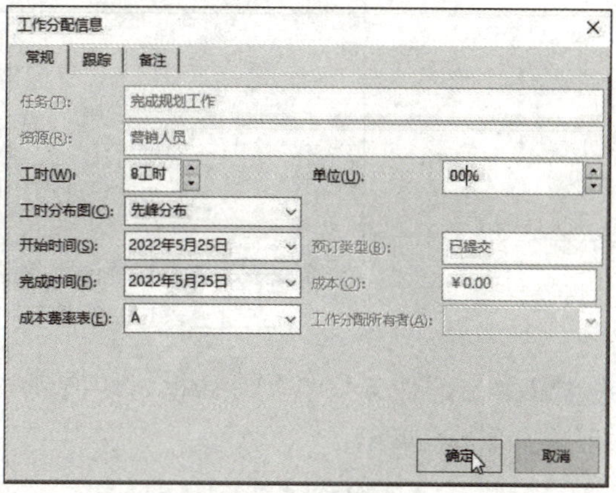

图 7-22 设置单位

4. 调整资源值

重新分配或替换资源都需要项目中有多余的资源可供选择，若不满足这个条件，可通过设置资源的任务类型来解决资源过度分配的情况。

步骤01 在“视图”选项卡中单击“其他视图”下拉按钮，选择“其他视图”选项，如图7-23所示。

步骤02 弹出“其他视图”对话框，选择“资源分配”选项，单击“确定”按钮，如图7-24所示。

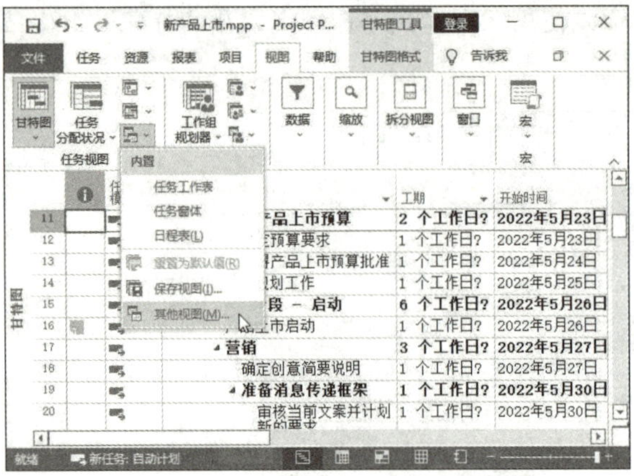

图 7-23　选择“其他视图”选项

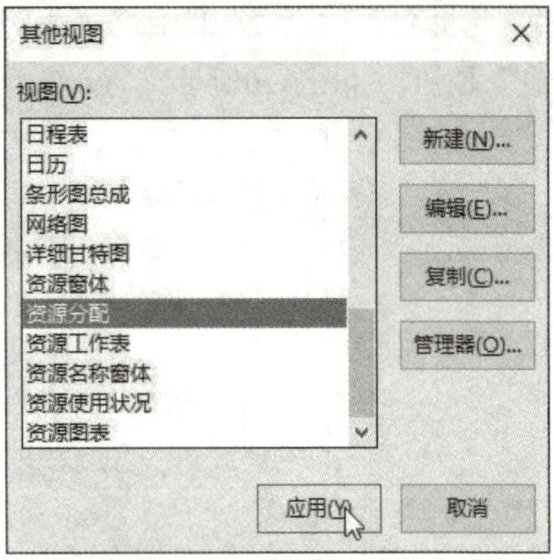

图 7-24　“分配资源”操作

步骤03 先在“资源使用状况”视图中选中包含过度分配的资源名称，再在“调配甘特图”视图中选择过度分配的任务名称，打开“任务”选项卡，在“属性”组中单击“信息”按钮，如图7-25所示。

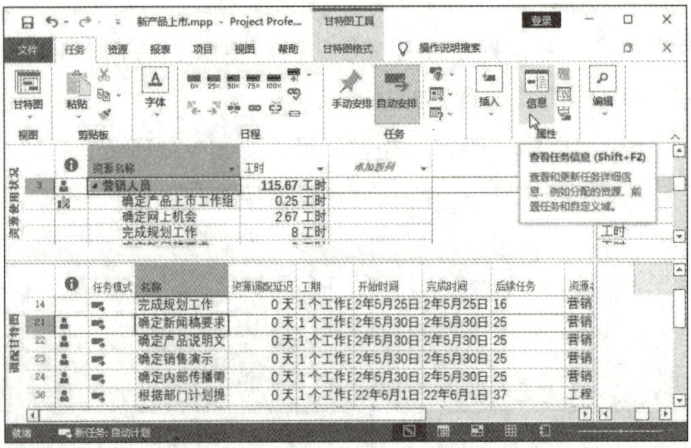

图 7-25　“任务”－“信息”操作

步骤04 弹出“任务信息”对话框，切换到“高级”界面，设置“任务类型”为“固定工期”，如图7-26所示。

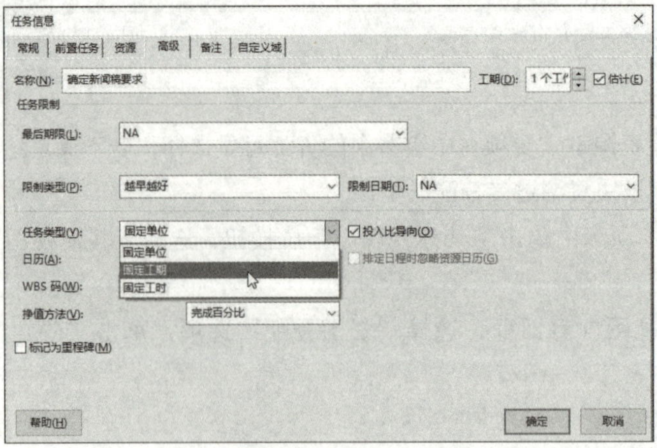

图 7-26　“高级”界面设置

步骤05 返回到“资源使用状况”视图，选择包含过度分配的任务名称，打开“资源使用状况工具—资源使用状况格式”选项卡，在“分配”组中单击“信息”按钮，弹出“工作分配信息”对话框，设置“单位”为“90%”，单击“确定”按钮即可，如图7-27所示。

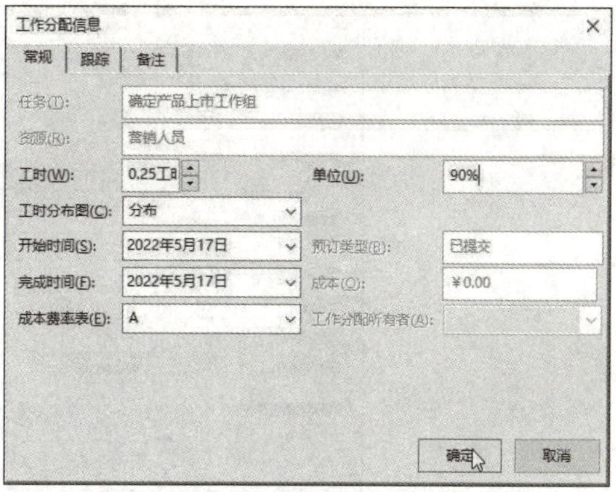

图 7-27 “工作分配信息”对话框

7.2 调整日程安排

若资源的日程安排不合理，也会发生资源过度分配以及项目延迟完成的情况，下面介绍如何改善日程安排的冲突及加速项目日程。

7.2.1 改善日程安排冲突

更改限制或增加时间、添加资源、调整可宽延时间等方法可解决日程安排中的冲突。下面将介绍具体的操作方法。

1. 更改任务限制

步骤01 选择包含资源过度分配的任务名称，打开“任务”选项卡，在“属性”组中单击“信息”按钮，如图7-28所示。

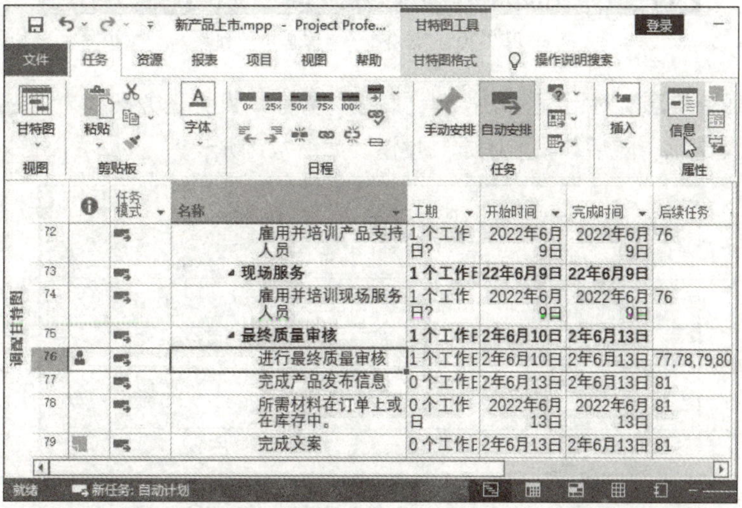

图 7-28 “任务”－“信息”操作

步骤02 弹出“任务信息”对话框，切换到“高级”界面，设置“限制类型”和“限制日期”，设置完成后单击“确定”即可，如图7-29所示。

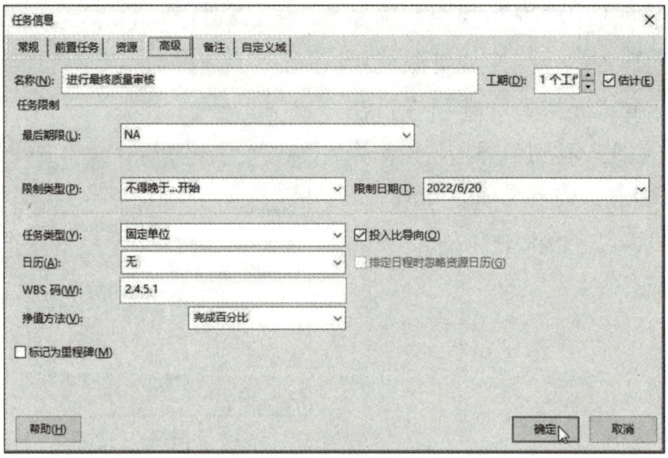

图 7-29　设置任务信息

2. 更换资源

为任务更换资源是解决日程安排冲突最直接最有效的方法。

步骤01 在“甘特图”视图中，选择需要更换资源的任务，打开“任务”选项卡，在“属性”组中单击“信息”按钮，如图7-30所示。

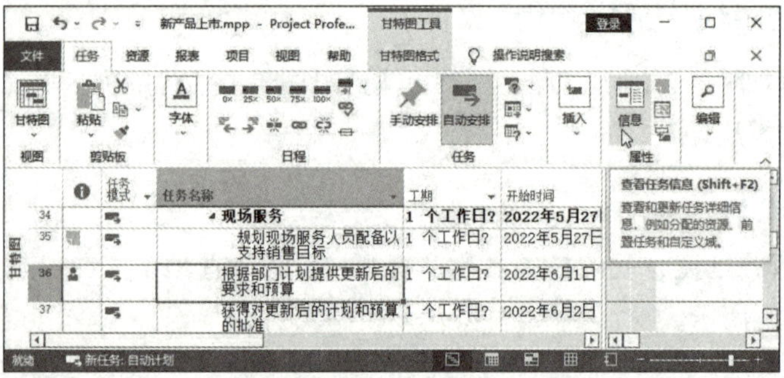

图 7-30　“任务” - “信息”操作

步骤02 弹出“任务信息”对话框，切换到“高级”界面，设置任务类型为“固定单位”，勾选“投入比向导”复选框，随后单击“确定”按钮，如图7-31所示。

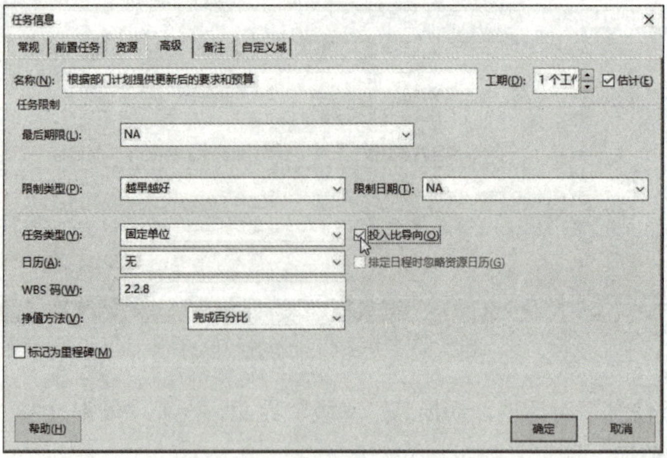

图 7-31　“任务信息”对话框

步骤03 打开“资源”选项卡，在“工作分配”组中单击“分配资源”按钮，如图7-32所示。

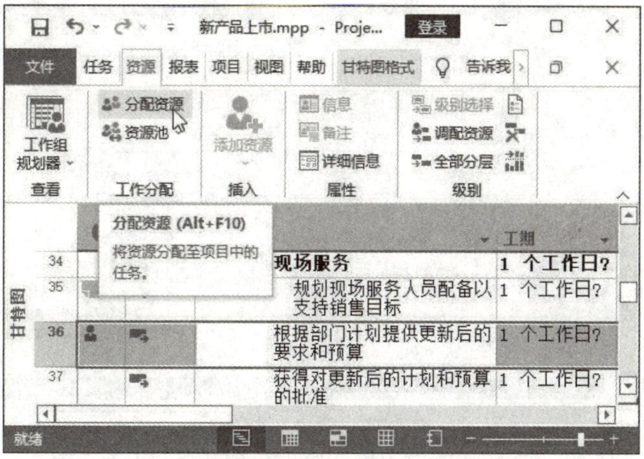

图 7-32 “分配资源”操作

步骤04 弹出“分配资源”对话框，选择需要要删除的资源名称，单击“删除”按钮，删除该资源，如图7-33所示。

步骤05 重新选要使用资源名称，单击“分配”按钮即可为任务重新分配资源，如图7-34所示。

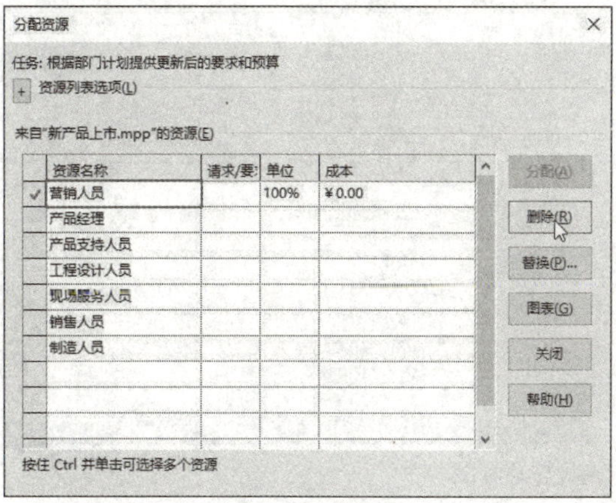

图 7-33 删除资源

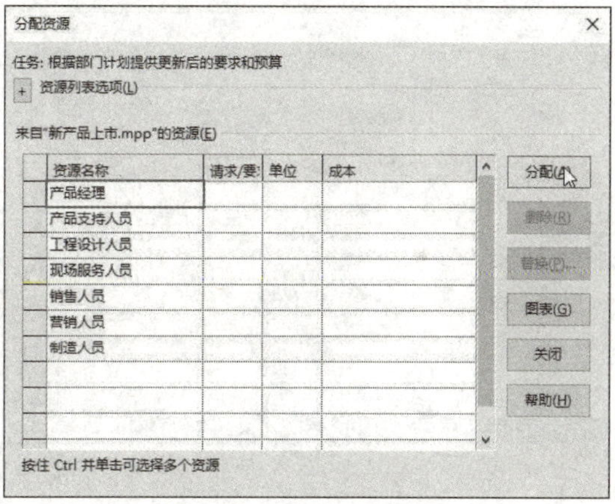

图 7-34 重新分配资源

■7.2.2 加速项目日程

关键任务也称为关键路径，表示项目计划中一些必须按时完成的任务。关键路径是项目中时间最长的活动顺序，决定着项目的最短工期。用户可以通过缩短项目关键任务的方法来解决日程冲突问题。下面详细介绍如何查看关键任务以及缩短关键任务。

1. 查看关键任务

步骤01 在“甘特图”视图中打开“甘特图工具—甘特图格式”选项卡，在“条形图样式”组中勾选“关键”任务复选框，关键路径上的任务随即会改变颜色，如图7-35所示。

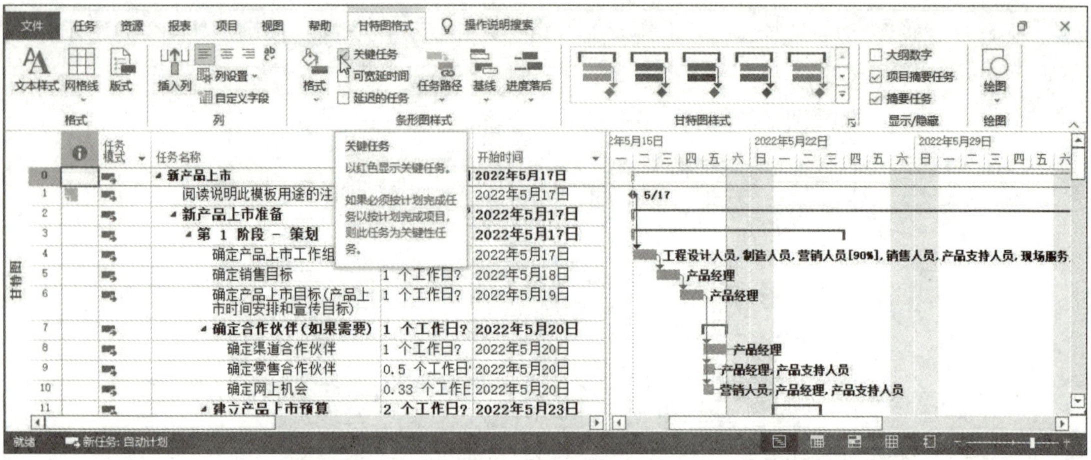

图 7-35　查看关键任务

步骤02 打开“视图”选项卡，在“数据”组内单击“筛选器”下拉按钮，从展开的列表中选择“关键”选项，如图7-36所示。

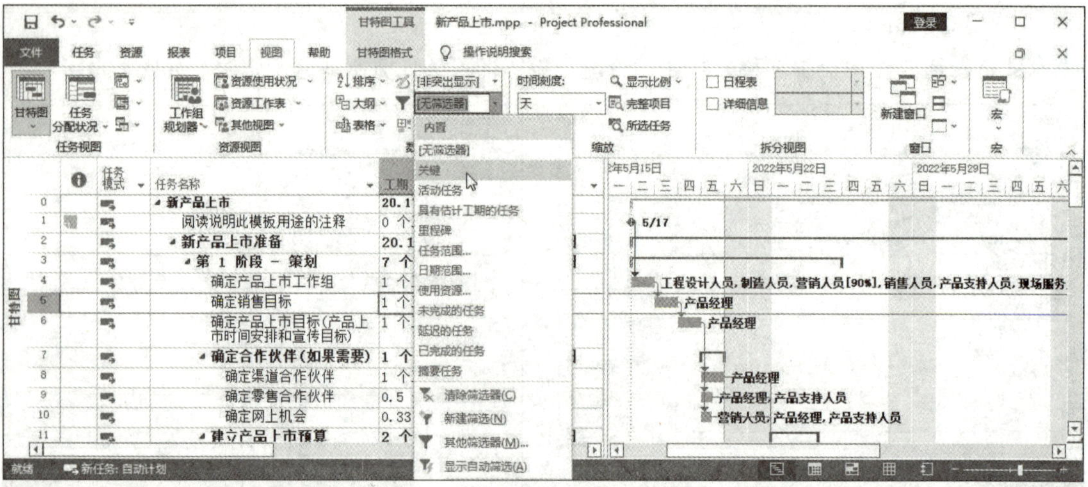

图 7-36　选择“关键”选项

步骤03 在甘特图的条形图中可以观察到，此时只是显示出了关键任务，而不显示其他任务，如图7-37所示。

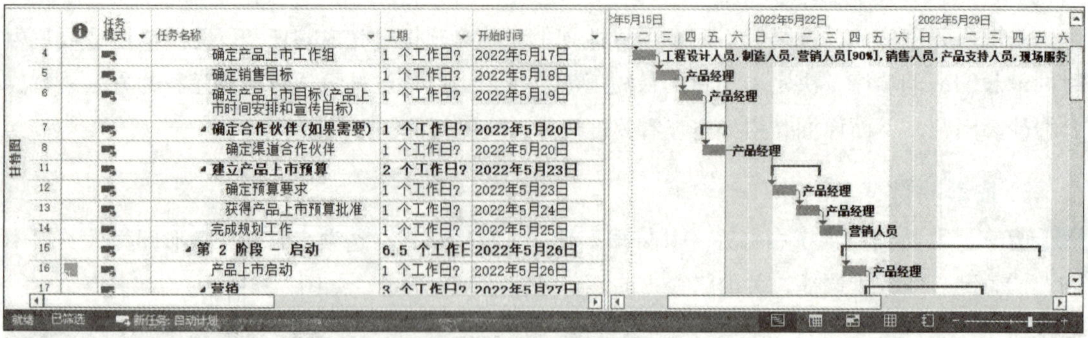

图 7-37　关键任务显示

2. 缩短关键任务

缩短关键任务或者工期的方法，通常有以下几种，包括增加资源、加班、任务并行以及更换资源等。

（1）增加资源。

增加资源一般情况下会缩短工期，通常不是成比例地缩短。但这并不是绝对的，有些时候增加资源并不能缩短工期。

（2）设置加班。

设置每天晚上加班几个小时，或由每周5天工作制变为6天工作制或7天工作制，会对缩短工期有帮助。

（3）任务并行。

通常情况下A任务完成以后B任务才能开始，用户可以设置任务并行，在A任务没完成的时候就让B任务开始，以此缩短关键任务。

（4）更换资源。

让更有效率的资源执行某些任务，例如，用更好的设备或用更熟练的人员等，这个方法在现实中执行起来困难较大，但是值得考虑。

上手操作 替换未完成的任务资源

当需要替换未完成的任务资源时，可以查看任务的“最晚开始时间”和“最晚完成时间”，借此能直观地了解到任务的可宽延程度。下面介绍具体的操作方法。

步骤01 在工作表的域标题处右击，在弹出的菜单中选择“插入列”选项，如图7-38所示。

步骤02 所选域左侧随即插入一个空白列并自动展开下拉列表，从列表中选择“最晚开始时间”选项，如图7-39所示。

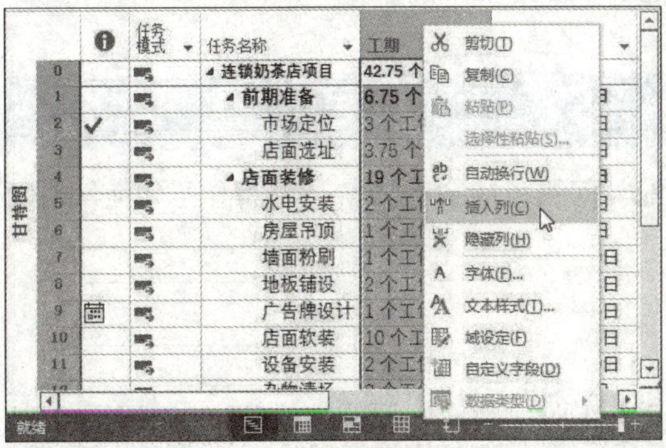

图 7-38 选择“插入列”选项

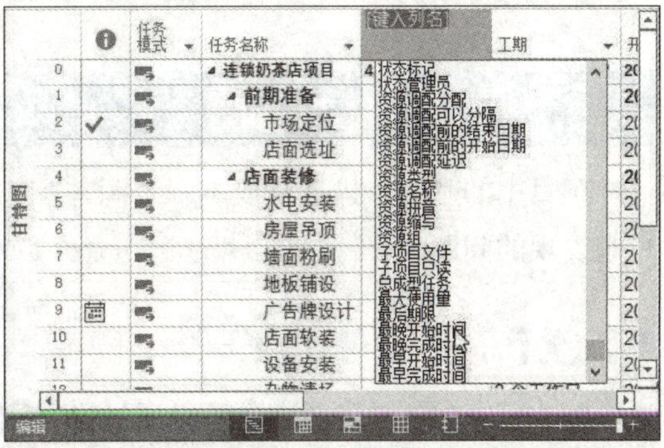

图 7-39 选择“最晚开始时间”选项

步骤03 空白列的域标题随即变为“最晚开始时间”，该列中会自动显示每个任务的最晚开始时间，如图7-40所示。

步骤04 右击“最晚开始时间”右侧的域标题，再次执行“插入列”命令，从弹出的空白列下拉列表中选择“最晚完成时间”选项，如图7-41所示。

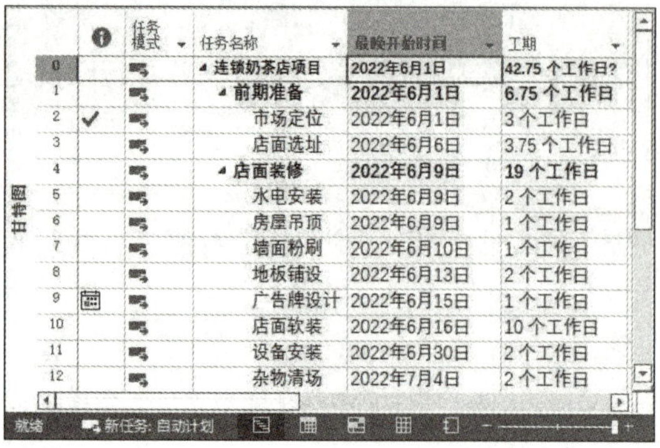

图 7-40　显示任务最晚开始时间

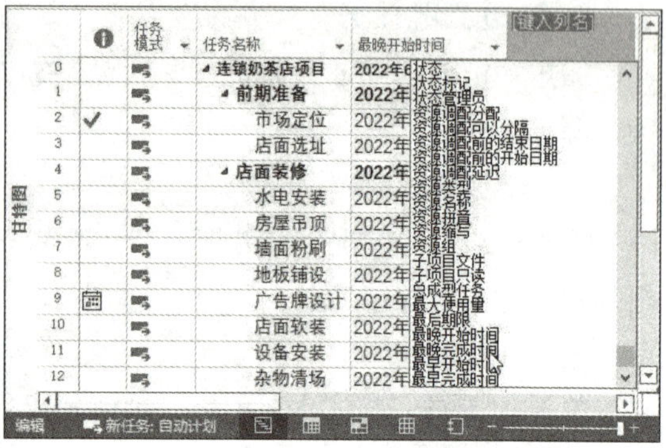

图 7-41　选择“最晚完成时间”选项

步骤05 甘特图中随即被插入“最晚完成时间”列。通过观察“最晚开始时间”与“最晚完成时间”便可清晰地判断出任务可延后的时间，如图7-42所示。

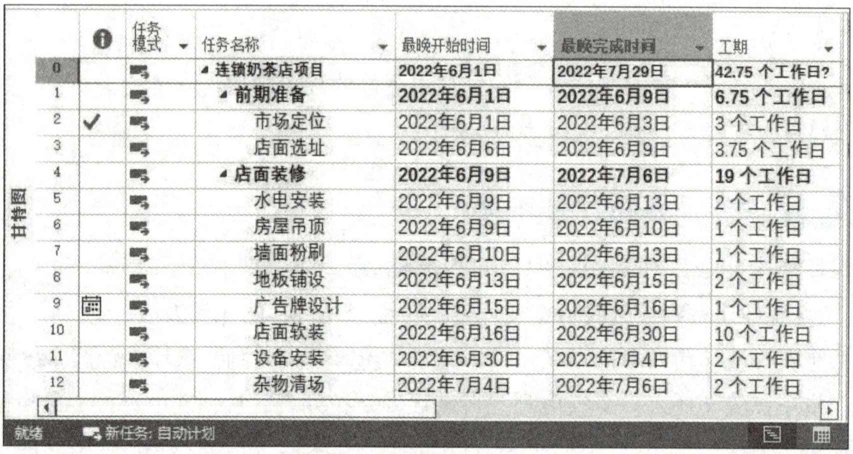

图 7-42　插入“最晚完成时间”列

7.3 解决项目问题

项目中的时间、进度、成本、资源与工作分配等问题可能会有异常，下面介绍如何解决项目中发现的问题。

7.3.1 更改任务工时

Project中成本与资源问题可以通过设置剩余任务工时、替换资源的方法解决。下面介绍具体的操作方法。

步骤01 在甘特图视图中打开“任务”选项卡，单击“甘特图”下拉按钮，在下拉列表中选择“资源工作表”选项，如图7-43所示。

步骤02 在资源工作表视图中打开“视图”选项卡，在“数据”组中单击“表格”下拉按钮，在下拉列表中选择“成本”选项，如图7-44所示。

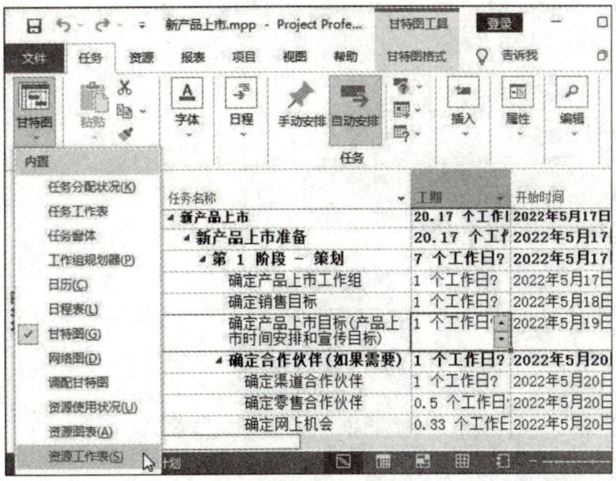

图 7-43 选择“资源工作表”选项

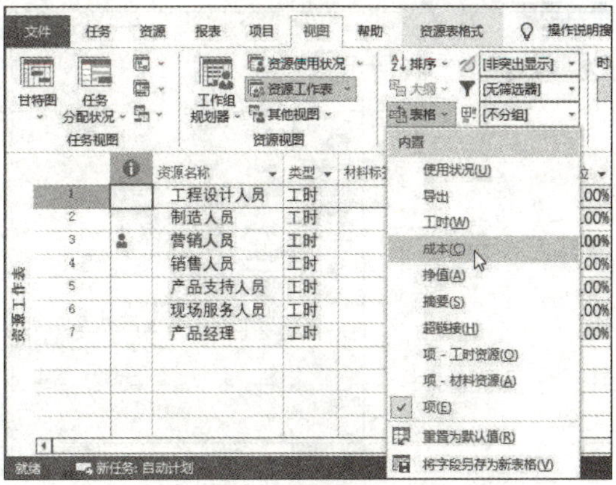

图 7-44 选择“成本”选项

步骤 03 接着在“视图”选项卡中的“资源视图”组中单击“资源使用状况”按钮，如图7-45所示。

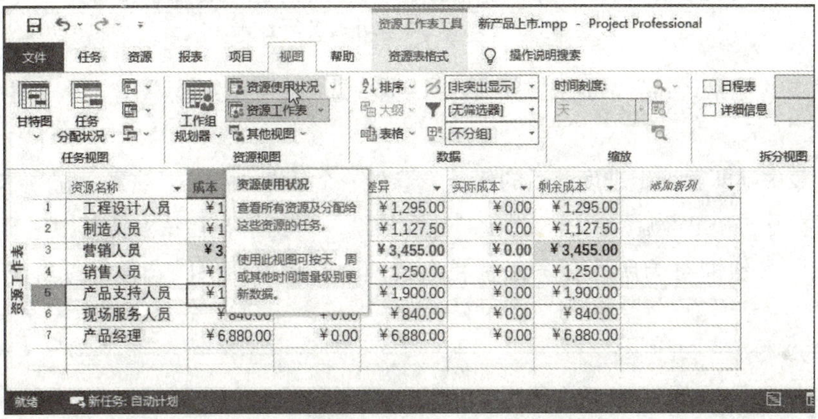

图 7-45 “视图”－“资源使用状况”操作

步骤 04 切换到“资源使用状况”视图。在左侧表格中修改资源的“工时”，便可更改成本以及剩余成本，如图7-46所示。

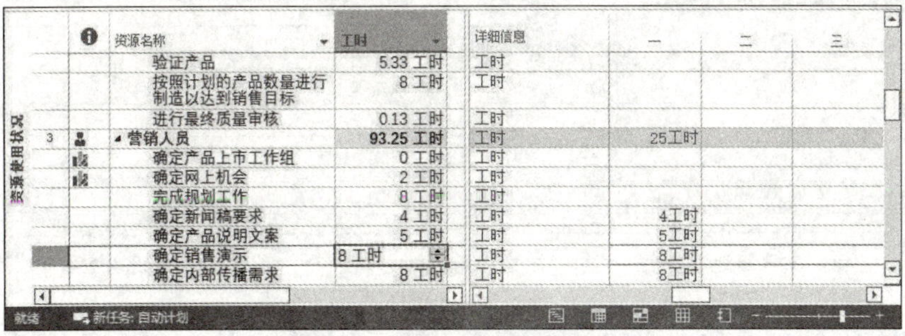

图 7-46 “资源使用状况”视图

■7.3.2 处理进度问题

项目进度落后的问题可以通过限制项目日期与项目基准来解决。解决项目进度问题之前需要先筛选出进度落后的任务。下面介绍具体的操作方法。

步骤 01 打开“视图”选项卡，在“数据”组中单击“筛选器”下拉按钮，选择“其他筛选器”选项，如图7-47所示。

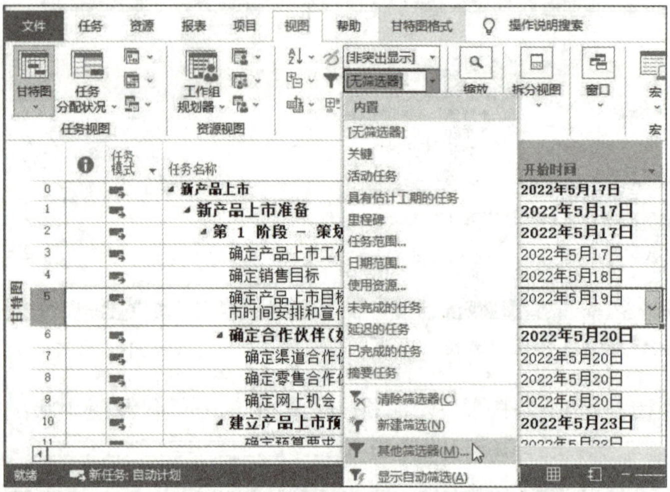

图 7-47 选择“其他筛选器”选项

步骤 02 弹出“其他筛选器”对话框，在该对话框中选择“进度落后”选项，单击“应用”按钮，如图7-48所示。

步骤 03 工作表中随即筛选出进度落后的任务，选择一个任务，打开“资源”选项卡，在“工作分配”组中单击“分配资源”按钮，弹出“分配资源”对话框，在该对话框中选择资源名称，单击“分配”按钮即可为所选任务添加相应资源，日程落后的问题便得以解决，如图7-49所示。

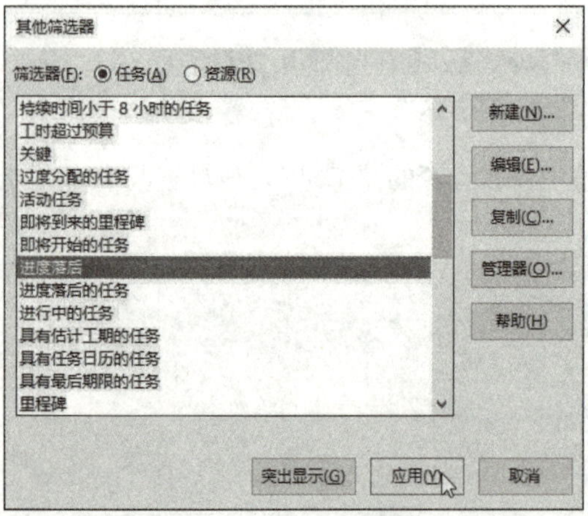

图 7-48 应用筛选器操作

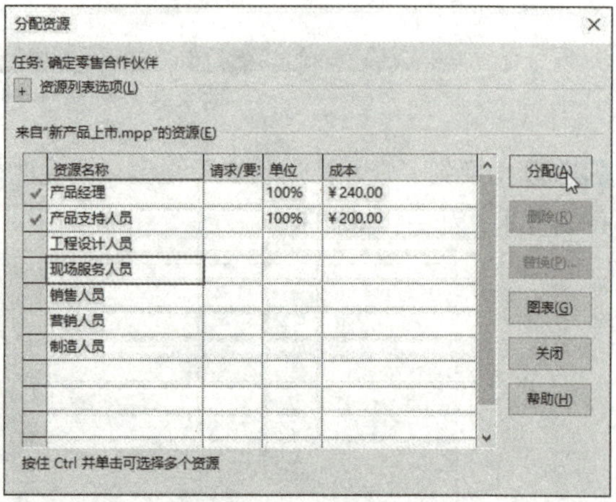

图 7-49 资源分配操作

上手操作 替换未完成的任务资源

为了解决项目的成本与资源问题，项目中未完成的任务可分配其他资源来完成。下面介绍具体的操作方法。

步骤 01 打开“视图”选项卡，在“任务视图”组内单击“任务分配状况”按钮，切换到“任务分配状况”视图，如图7-50所示。

步骤02 在“视图”选项卡中的“数据”组内单击“表格”下拉按钮，选择“工时”选项，如图7-51所示。

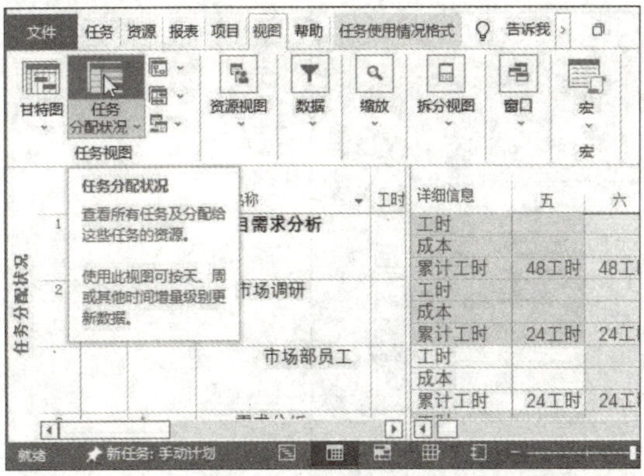

图 7-50 “视图”－“任务分配状况”操作

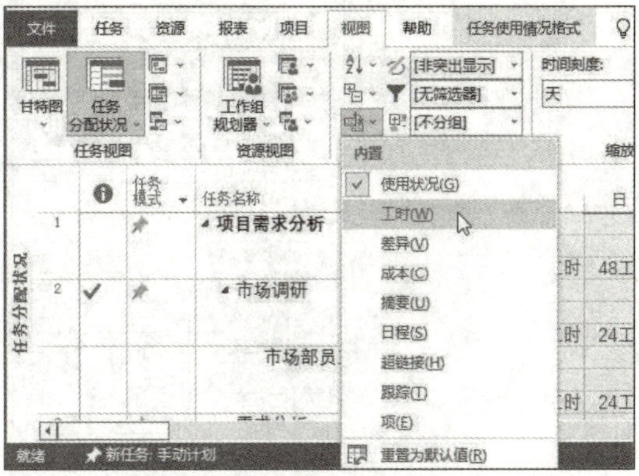

图 7-51 选择“工时”选项

步骤03 打开工时表，在“数据”组中单击“筛选器”下拉按钮，选择“使用资源”选项，如图7-52所示。

步骤04 弹出“使用资源”对话框，输入需要筛选的资源名称，单击“确定”按钮，如图7-53所示。

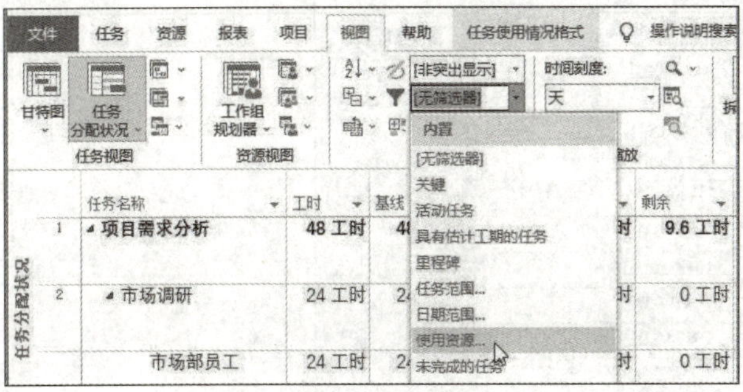

图 7-52 选择“使用资源”选项

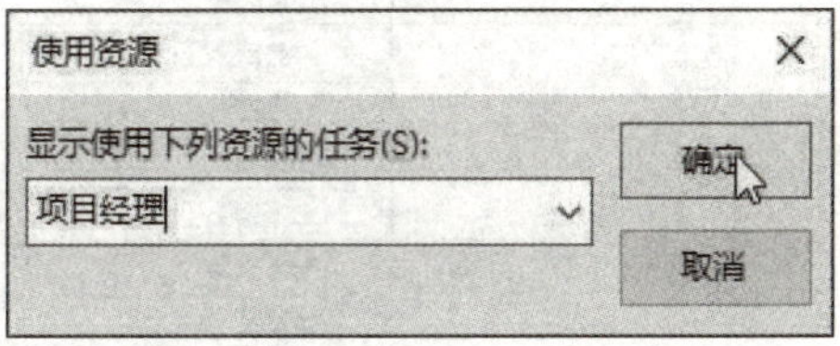

图 7-53 “使用资源”对话框

步骤05 视图中随即筛选出使用了相应资源的所有任务，选择一个尚未完成的任务资源，打开“资源”选项卡，在“分配工作”组中单击“分配资源”按钮，如图7-54所示。

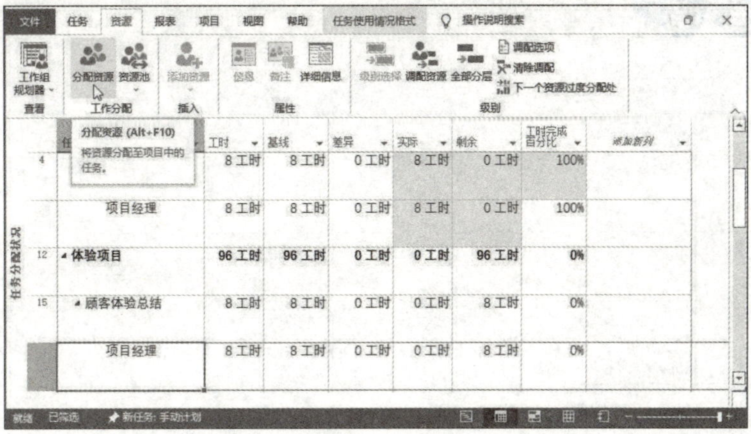

图 7-54 “资源”－“分配资源”操作

步骤06 弹出“分配资源”对话框，选中资源，单击“替换”按钮，如图7-55所示。

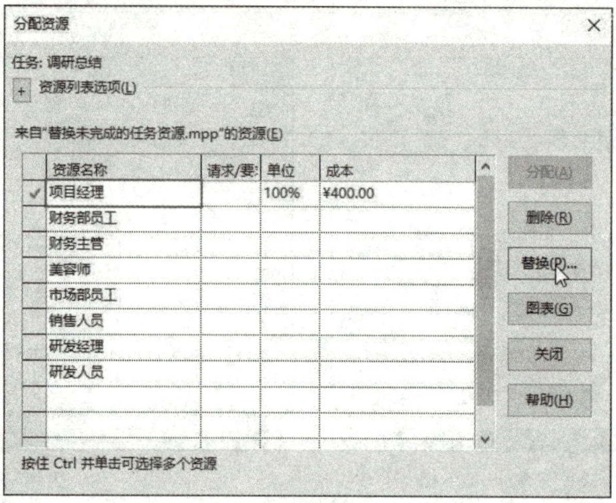

图 7-55 “分配资源”对话框

步骤07 打开“替换资源”对话框，选择需要替换为的资源，单击“确定”按钮，如图7-56所示。任务未完成的工作随即分配给替换为的资源。

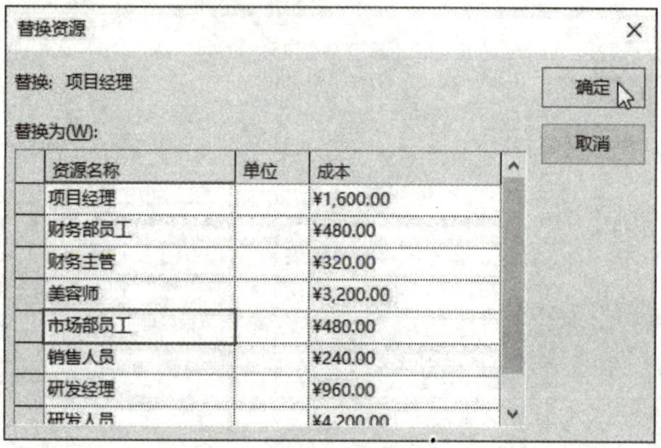

图 7-56 “替换资源”对话框

你学会了吗?

实战演练 “连锁奶茶店项目”分析

在Project中分析任务以及资源成本、查看进度落后的任务、对项目进行调整以及解决资源的过度分配问题，均可以有效节约项目成本，保证项目规划顺利进行。下面对“连锁奶茶店项目”进行分析。

扫码观看视频

步骤01 在“甘特图”视图中，打开“视图”选项卡，在“数据”组内单击“表格”下拉按钮，选择“跟踪”选项，如图7-57所示。

步骤02 打开“跟踪”表，设置“墙面粉刷”任务的“完成百分比”为“100%”，如图7-58所示。

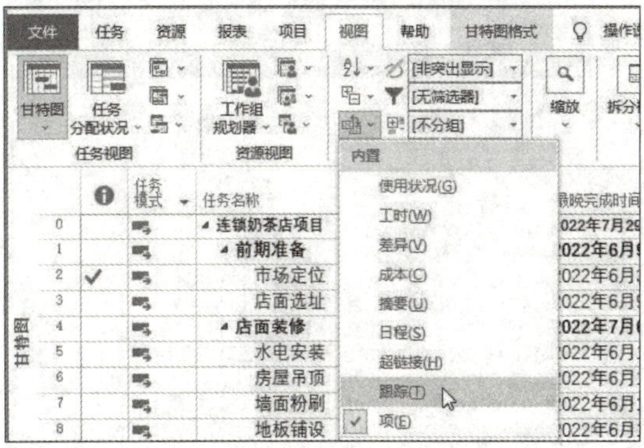

图 7-57 选择“跟踪”选项

	任务名称	实际开始时间	实际完成时间	完成百分比
0	连锁奶茶店项目	2022年6月1日	NA	23%
1	前期准备	2022年6月1日	2022年6月9日	100%
2	市场定位	2022年6月1日	2022年6月3日	100%
3	店面选址	2022年6月6日	2022年6月9日	100%
4	店面装修	2022年6月9日	NA	18%
5	水电安装	2022年6月9日	022年6月13日	100%
6	房屋吊顶	2022年6月9日	022年6月10日	100%
7	墙面粉刷	2022年6月10日	NA	100%
8	地板铺设	NA	NA	0%
9	广告牌设计	2022年6月15日	NA	50%
10	店面软装	NA	NA	0%

图 7-58 设置“完成百分比”

步骤03 输入完成后按下［Enter］键，该任务的摘要的完成百分比随即自动进行重新计算，如图7-59所示。

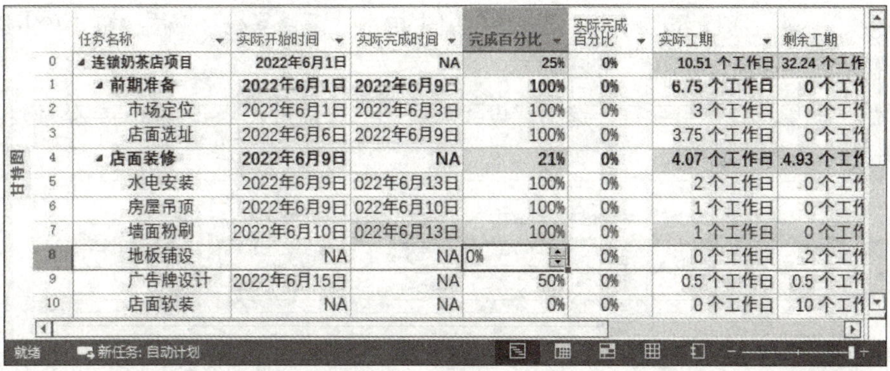

	任务名称	实际开始时间	实际完成时间	完成百分比	实际完成百分比	实际工期	剩余工期
0	连锁奶茶店项目	2022年6月1日	NA	25%	0%	10.51 个工作日	32.24 个工作
1	前期准备	2022年6月1日	2022年6月9日	100%	0%	6.75 个工作日	0 个工作
2	市场定位	2022年6月1日	2022年6月3日	100%	0%	3 个工作日	0 个工作
3	店面选址	2022年6月6日	2022年6月9日	100%	0%	3.75 个工作日	0 个工作
4	店面装修	2022年6月9日	NA	21%	0%	4.07 个工作日	4.93 个工作
5	水电安装	2022年6月9日	022年6月13日	100%	0%	2 个工作日	0 个工作
6	房屋吊顶	2022年6月9日	022年6月10日	100%	0%	1 个工作日	0 个工作
7	墙面粉刷	2022年6月10日	022年6月13日	100%	0%	1 个工作日	0 个工作
8	地板铺设	NA	NA	0%	0%	0 个工作日	2 个工作
9	广告牌设计	2022年6月15日	NA	50%	0%	0.5 个工作日	0.5 个工作
10	店面软装	NA	NA	0%	0%	0 个工作日	10 个工作

图 7-59 任务视图显示

步骤04 在“视图”选项卡中再次单击“表格”下拉按钮，在下拉列表中选择“成本”选项，如图7-60所示。

步骤05 表格随即切换为“成本”表，设置“人员招聘”任务的固定成本为“3000”，如图7-61所示。

步骤06 按下［Enter］键，该任务随即自动显示总成本、差异、以及剩余值，同时该任务的摘要总成本以及其他相关信息也会随之自动重新计算，如图7-62所示。

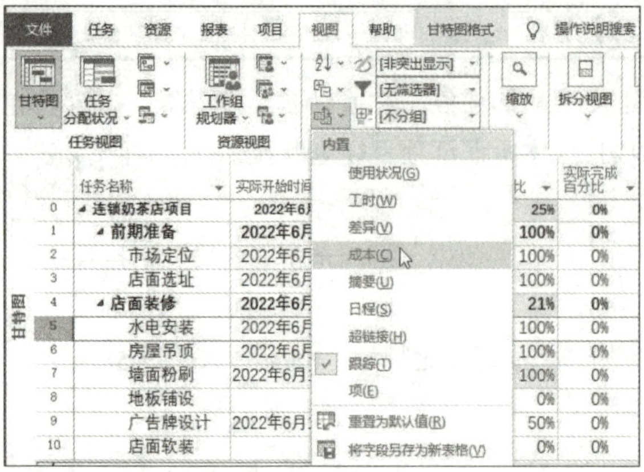

图 7-60　选择“成本”选项

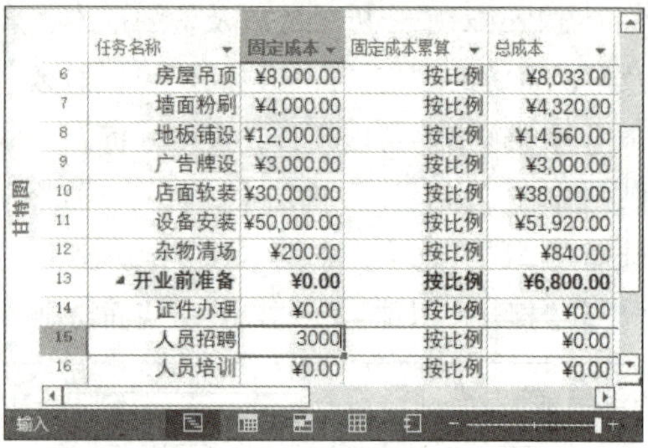

图 7-61　设置固定成本

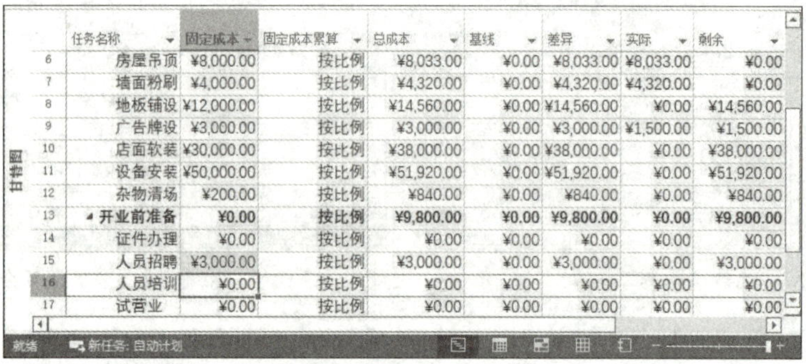

图 7-62　显示任务各项参数

步骤07 打开“项目”选项卡，在“日程安排”组中单击“设置基线”下拉按钮，在下拉列表中选择“设置基线”选项，如图7-63所示。

步骤08 弹出“设置基线”对话框，选中“设置基线”单选按钮，范围选择“完整项目”，单击“确定”按钮，如图7-64所示。

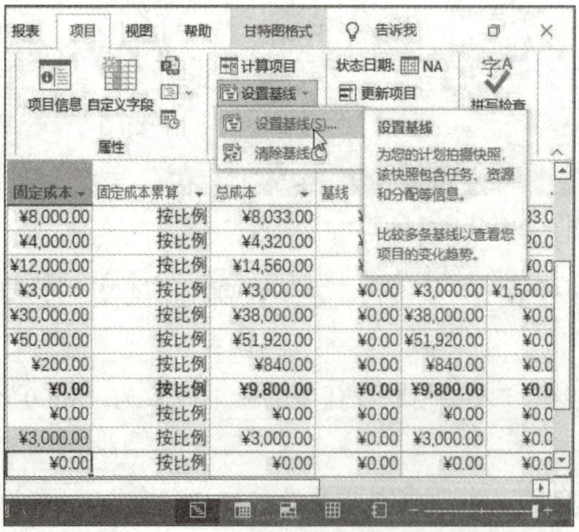

图 7-63　选择“设置基线”选项

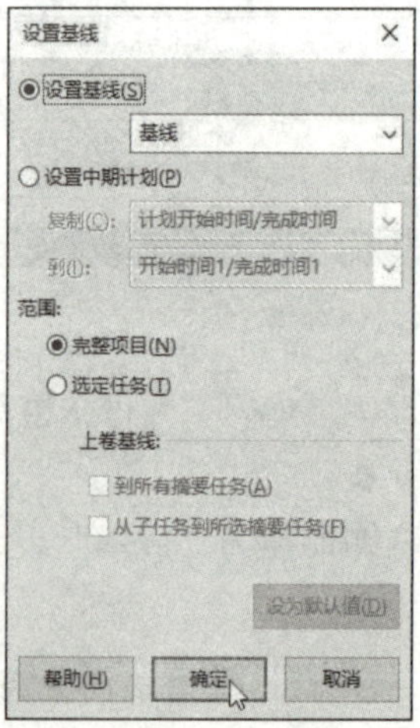

图 7-64　设置基线

步骤09 此时在表格中可以看到任务的固定成本、总成本、基线、实际、剩余等各项成本值，如图7-65所示。

	任务名称	固定成本	固定成本累算	总成本	基线	差异	实际	剩余
0	连锁奶茶店项目	¥0.00	按比例	¥141,493.00	¥141,493.00	¥0.00	¥22,503.00	¥118,990.00
1	前期准备	¥0.00	按比例	¥2,700.00	¥2,700.00	¥0.00	¥2,700.00	¥0.00
2	市场定位	¥0.00	按比例	¥1,200.00	¥1,200.00	¥0.00	¥1,200.00	¥0.00
3	店面选址	¥0.00	按比例	¥1,500.00	¥1,500.00	¥0.00	¥1,500.00	¥0.00
4	店面装修	¥3,000.00	按比例	¥128,993.00	128,993.00	¥0.00	19,803.00	¥109,190.00
5	水电安装	¥5,000.00	按比例	¥5,320.00	¥5,320.00	¥0.00	¥5,320.00	¥0.00
6	房屋吊顶	¥8,000.00	按比例	¥8,033.00	¥8,033.00	¥0.00	¥8,033.00	¥0.00
7	墙面粉刷	¥4,000.00	按比例	¥4,320.00	¥4,320.00	¥0.00	¥4,320.00	¥0.00
8	地板铺设	¥12,000.00	按比例	¥14,560.00	¥14,560.00	¥0.00	¥0.00	¥14,560.00
9	广告牌设	¥3,000.00	按比例	¥3,000.00	¥3,000.00	¥0.00	¥1,500.00	¥1,500.00
10	店面软装	¥30,000.00	按比例	¥38,000.00	¥38,000.00	¥0.00	¥0.00	¥38,000.00

图 7-65 任务成本显示

步骤10 打开“视图”选项卡，在“数据”组中单击“表格”下拉按钮，选择“项”选项，如图7-66所示。

步骤11 表格切换到“项”表，在“资源视图”组中单击“其他视图”下拉按钮，选择“其他视图”选项，如图7-67所示。

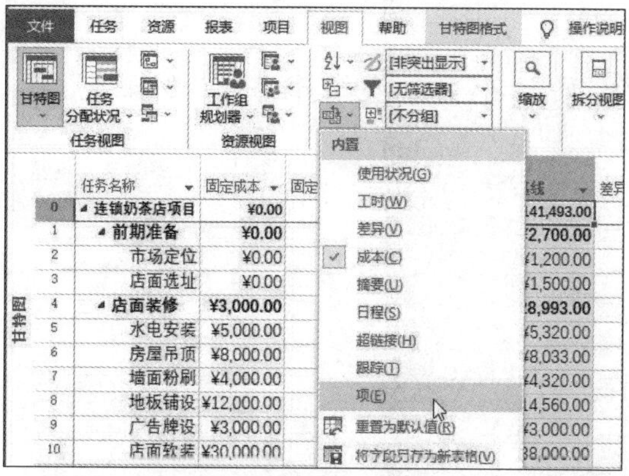

图 7-66 选择“项”选项

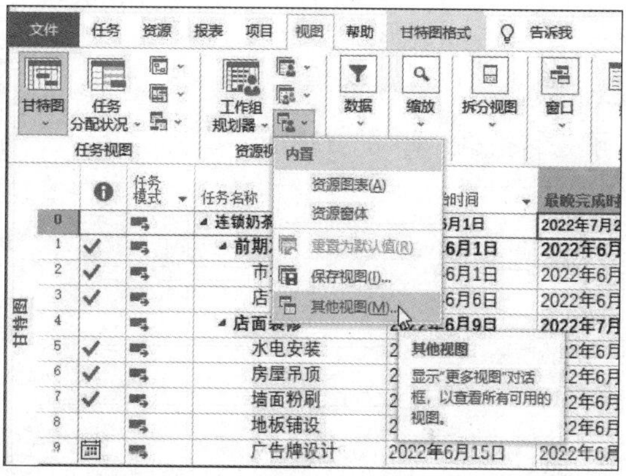

图 7-67 选择“其他视图”选项

步骤12 弹出“其他视图”对话框，选择“资源分配”选项，单击“应用”按钮，如图7-68所示。

步骤13 视图随即自动变为上下两部分，上部分是“资源使用状况”视图，下部分是“调配甘特图”视图，如图7-69所示。

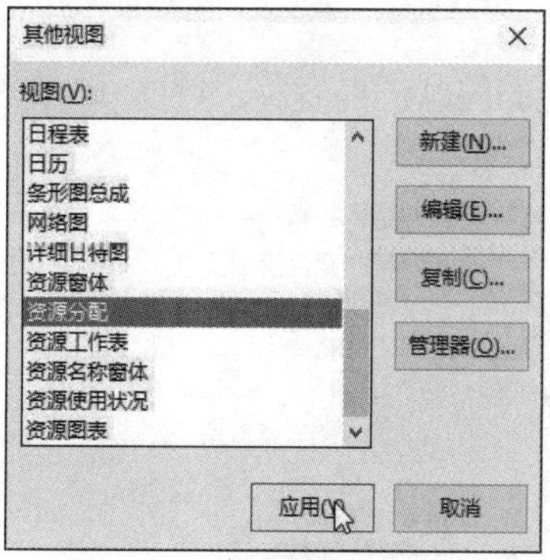

图 7-68 应用资源分配视图

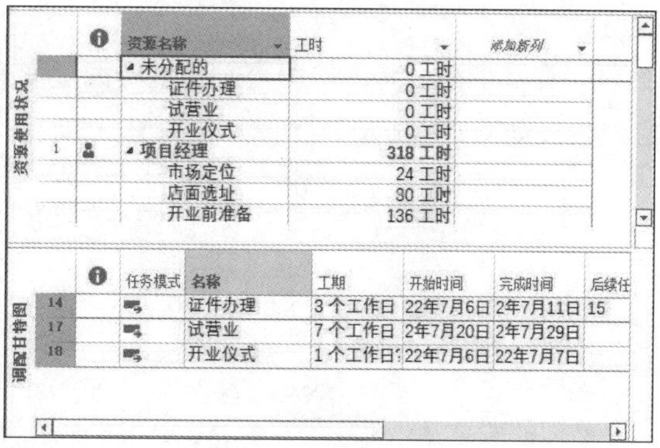

图 7-69 拆分视图显示

步骤14 在“资源使用状况”视图中选择被过度分配的资源，在“调配甘特图”视图中选择包含过度分配的任务，打开“资源”选项卡，在“工作分配”组单击“分配资源”按钮，如图7-70所示。

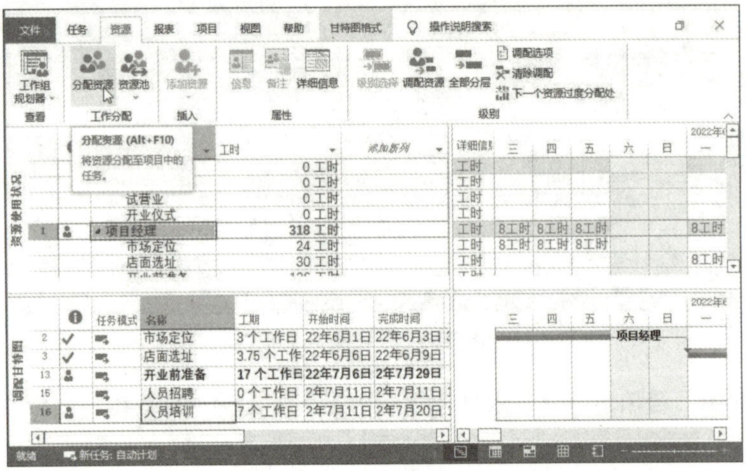

图 7-70 “资源”－“分配资源”操作

步骤15 弹出“分配资源”对话框，选择被任务使用的资源名称，此处选择“项目经理”，单击“替换”按钮，如图7-71所示。

步骤16 打开“替换资源”对话框，选择用于替换的资源名称，此处选择“人事专员”，单击“确定”按钮，如图7-72所示。

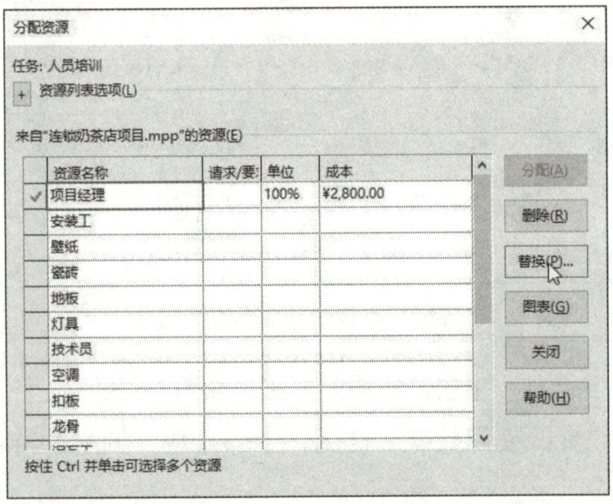

图 7-71 资源替换操作

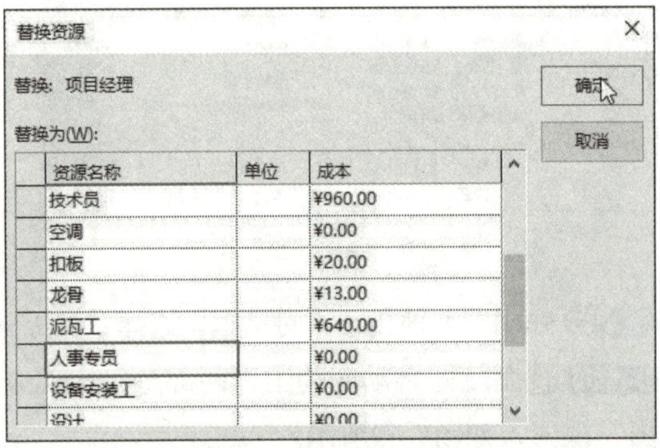

图 7-72 “替换资源”对话框

步骤17 此时，在“调配甘特图”中可以看到资源过度分配的问题已经解决，过度分配的红色图标也随之消失，如图7-73所示。

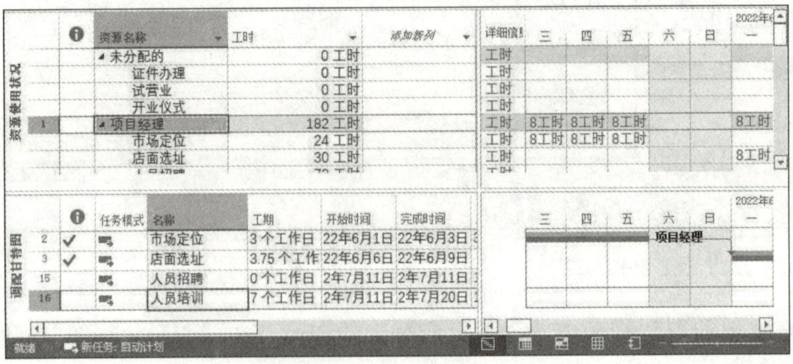

图 7-73 拆分视图显示

课后作业

本章主要对项目中出现的资源过度分配、资源冲突、日程安排冲突、项目进度落后等问题的处理方法进行了详细介绍。下面请处理项目中存在的资源过度分配问题，具体操作要求如下。

（1）使用“资源分配”视图查看被过度分配的资源，如图7-74所示。

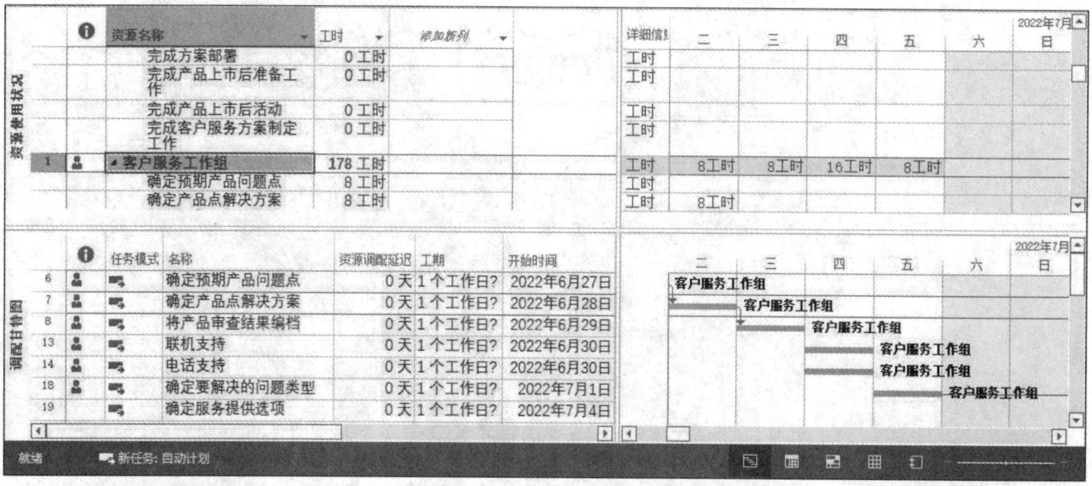

图 7-74 拆分视图显示

（2）替换被过度分配的资源，解决资源过度分配问题。最终效果如图7-75所示。

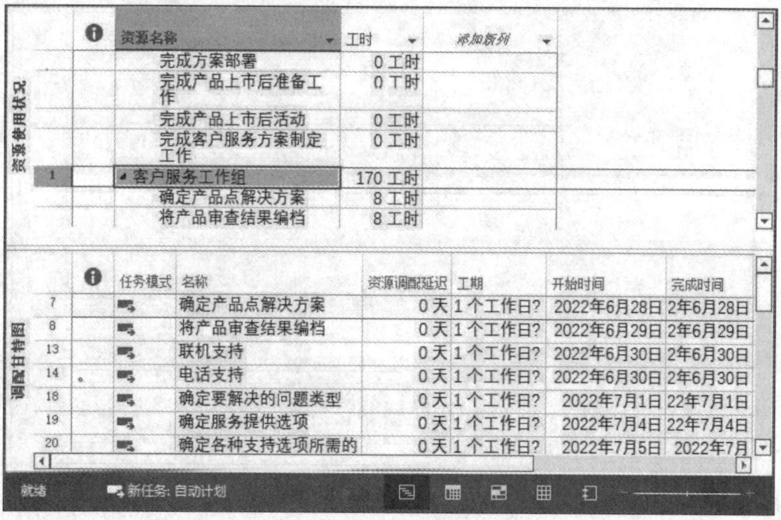

图 7-75 最终效果图

第8章

跟踪项目进度

内容概要

在Project中设置基线、跟踪、监视及更新项目进度等，可以随时掌握计划任务的完成情况，保证项目在预算允许的范围内按时完成。本章介绍跟踪项目进度的具体方法。

数字资源

【本章素材】："素材文件\第8章"目录下

【本章实战演练最终文件】："素材文件\第8章\实战演练"目录下

8.1 更新项目

在项目的执行过程中，为了掌握项目的进度，需要对项目的开始时间、完成时间、项目的整体完成情况以及项目资源等项目信息进行更新。下面介绍更新项目的具体操作方法。

8.1.1 更新整个项目

对整个项目进行更新时可以更新项目的进度信息，为项目中的指定任务重新安排工期。具体操作方法如下。

步骤01 打开“项目”选项卡，在“状态”组中单击“更新项目”按钮，如图8-1所示。

步骤02 弹出“更新项目”对话框，在该对话框中设置好相应选项，单击“确定”按钮即可完成项目更新操作，如图8-2所示。

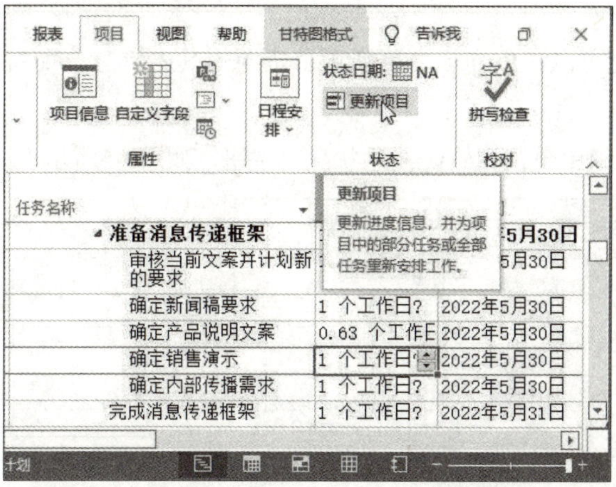

图 8-1 “项目”-“更新项目”操作

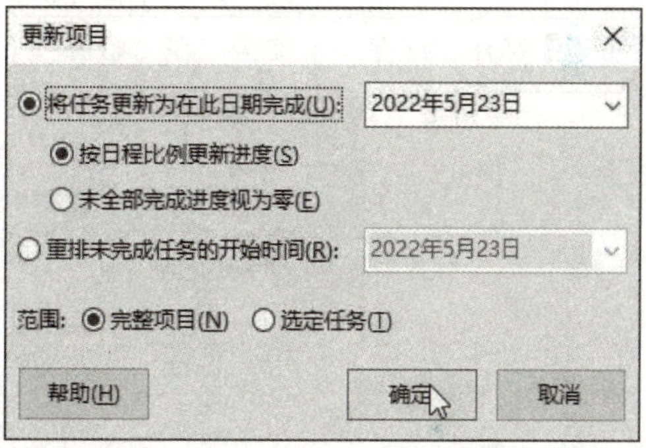

图 8-2 “更新项目”对话框设置

8.1.2 更新指定任务

更新指定任务可对该任务的完成百分比、实际或剩余工期、实际开始日期以及完成日期等任务信息进行重新设置。下面介绍具体的操作方法。

步骤01 在“甘特图”视图中选中需要更新的任务，打开“任务”选项卡，在“日程”组中单击“跟踪时标记”下拉按钮，在展开的列表中选择“更新任务”选项，如图8-3所示。

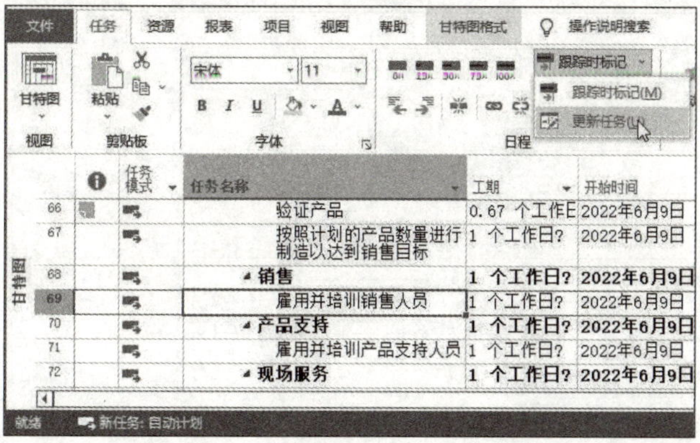

图 8-3 选择“更新任务”选项

步骤02 弹出“更新任务”对话框，在该对话框中设置“完成百分比”值，系统会自动显示实际工期、剩余工期、实际开始时间等信息，如图8-4所示。

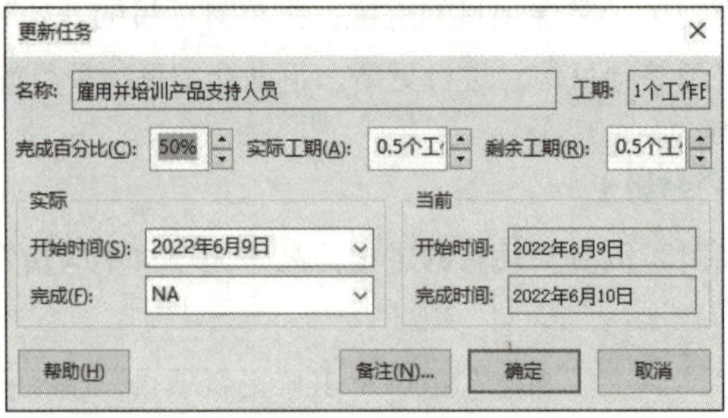

图 8-4 “更新任务”对话框设置

■8.1.3 更新资源信息

除了更新整个项目及指定任务外，用户也可以在Project中更新项目资源的具体信息，如实际以及剩余工时等信息。下面介绍具体的操作方法。

步骤01 打开“视图”选项卡，在“资源视图”组中单击“资源使用状况”按钮，如图8-5所示。

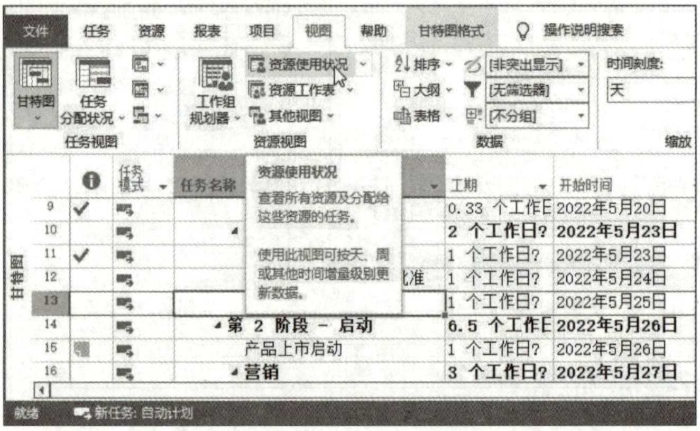

图 8-5 “视图”-“资源使用状况”操作

步骤02 切换到“资源使用状况”视图，选中需要更新信息的资源名称，打开“资源使用状况工具—资源使用状况格式”选项卡，在“分配”组中单击“信息”按钮，如图8-6所示。

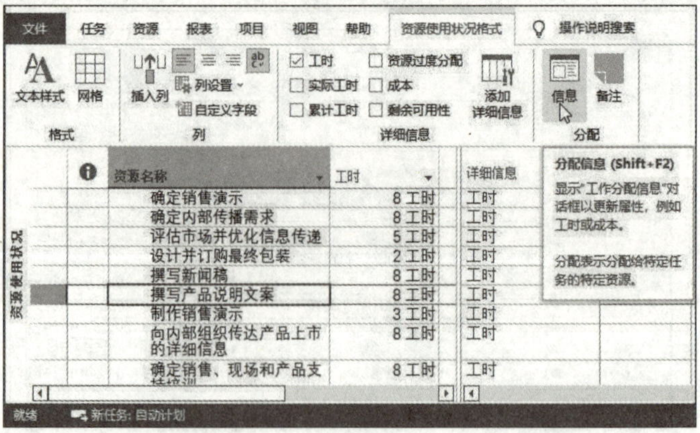

图 8-6 “资源使用状况格式”-“信息”操作

步骤03 弹出“工作分配信息”对话框，切换到“跟踪”选项卡，在该选项卡中设置相关资源信息，设置完成后单击“确定”按钮即可，如图8-7所示。

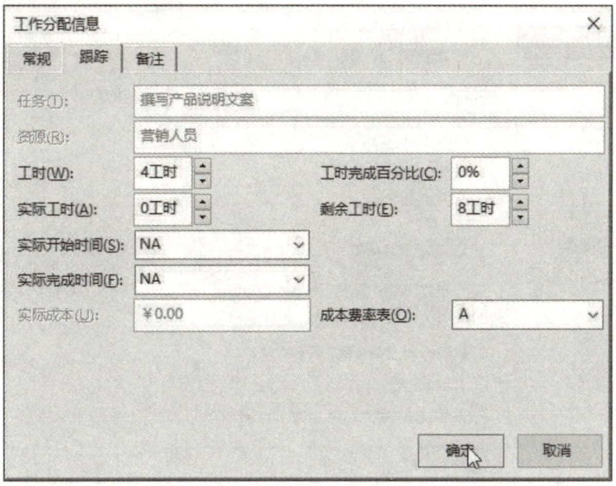

图 8-7 设置工作分配信息

上手操作 设置成本自动更新

Project默认情况下是自动更新实际成本的，若项目中的实际成本不能自动更新，则需要检查是否关闭了自动计算实际成本的功能。具体操作方法如下。

步骤01 打开“文件”菜单，单击“选项”选项，如图8-8所示。

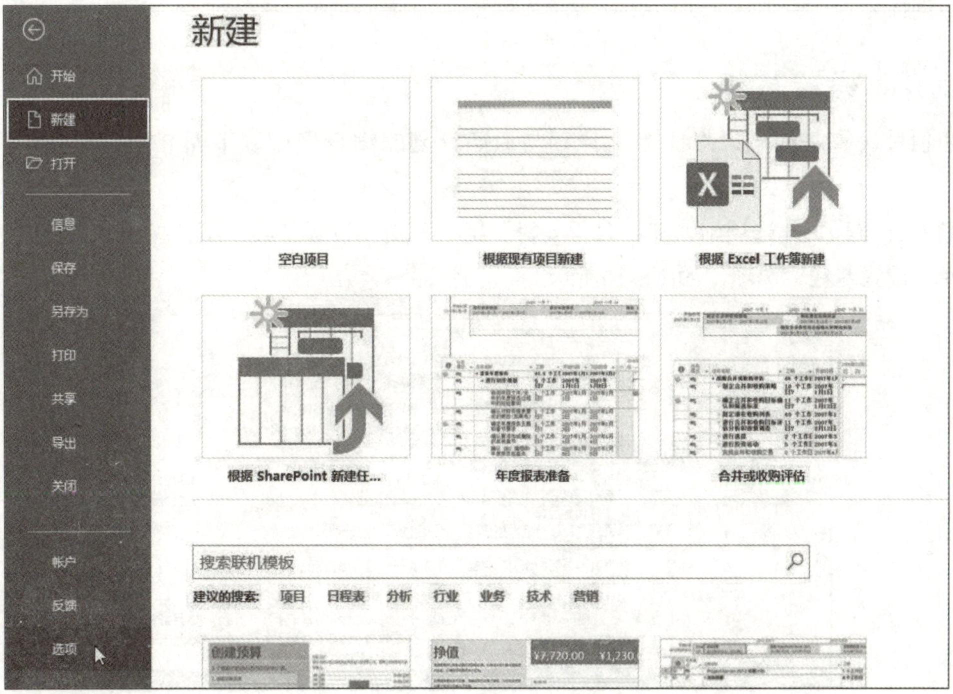

图 8-8 “文件”－“选项”操作

步骤02 打开“Project选项”对话框，切换到“日程”界面，检查“Project自动计算实际成本”复选框是否被勾选，若未勾选，将其勾选即可，如图8-9所示。

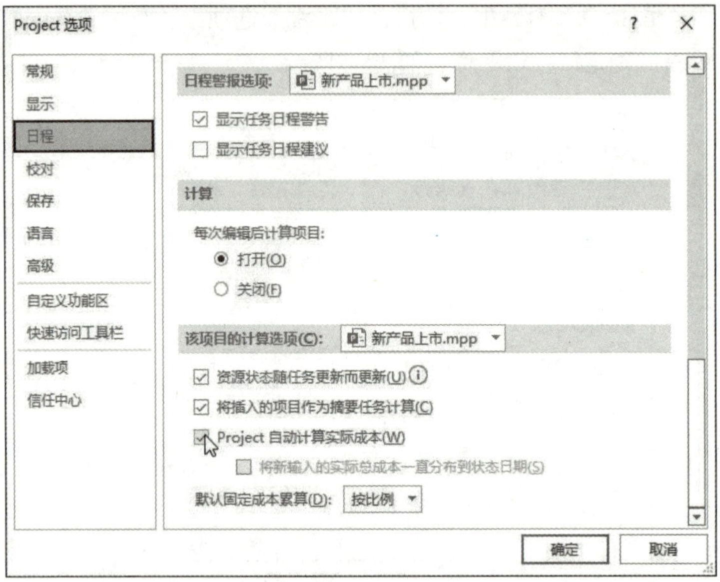

图 8-9　Project 选项设置

8.2　项目跟踪方式的设置

跟踪项目进度是保证项目按时完成、合理安排资源以及节约项目成本的重要措施之一。跟踪项目进度时，需要根据项目计划设置项目的基线计划和中期计划。下面将介绍如何设置基线以及中期计划。

■8.2.1　设置基线

为项目设置基线可以对比当前计划与原始计划的吻合程度。下面介绍设置基线的具体步骤。

步骤01 打开“项目”选项卡，在“日程安排”组中单击“设置基线”下拉按钮，在展开的列表中选择“设置基线”选项，如图8-10所示。

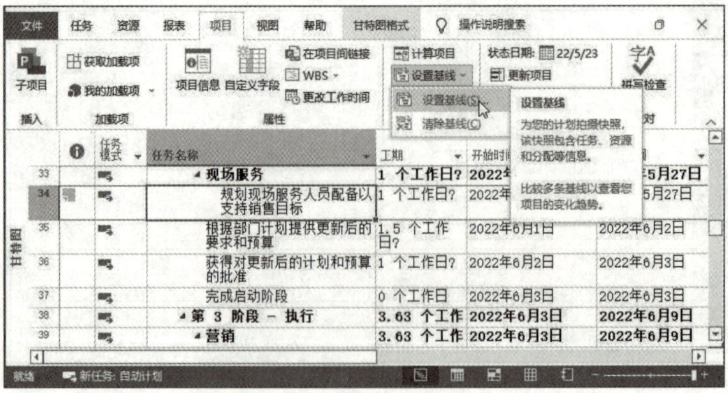

图 8-10　选择“设置基线”选项

步骤02 弹出“设置基线”对话框，在该对话框中设置基线选项，最后单击“确定”按钮即可，如图8-11所示。

步骤03 设置基线后在数据编辑区域中单击“添加新列”域，选择“基线成本”选项，视图中便插入相应域，并显示基线成本值，如图8-12所示。

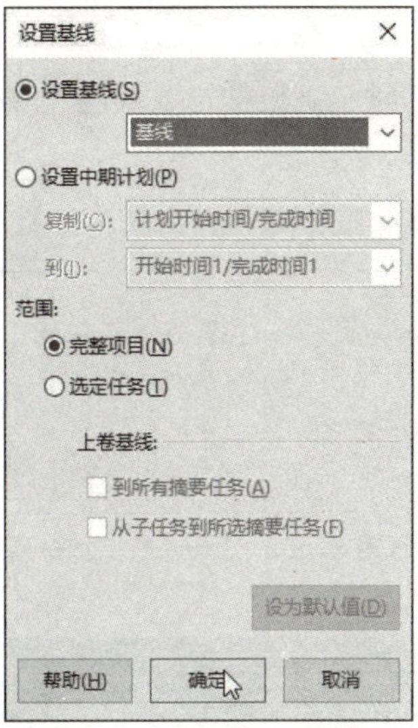

图 8-11 “设置基线”对话框

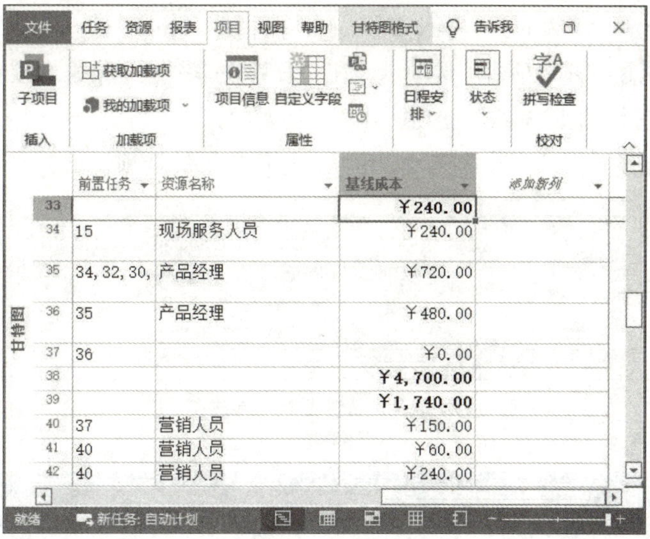

图 8-12 插入域

■8.2.2 设置中期计划

中期计划是指一组当前项目数据在项目开始后保存，并且可以与基线比较以评估项目进度的计划。中期计划仅保存两类信息，即当前开始日期和当前完成日期。下面介绍如何设置中期计划。

步骤01 打开“项目”选项卡，在“日程安排”组中单击“设置基线”下拉按钮，在下拉列表中选择“设置基线”选项，如图8-13所示。

步骤02 弹出“设置基线”对话框，选中“设置中期计划”单选按钮，选择好“复制”与“到”的相应选项，设置“范围”为“完整项目”，最后单击“确定”按钮即可，如图8-14所示。

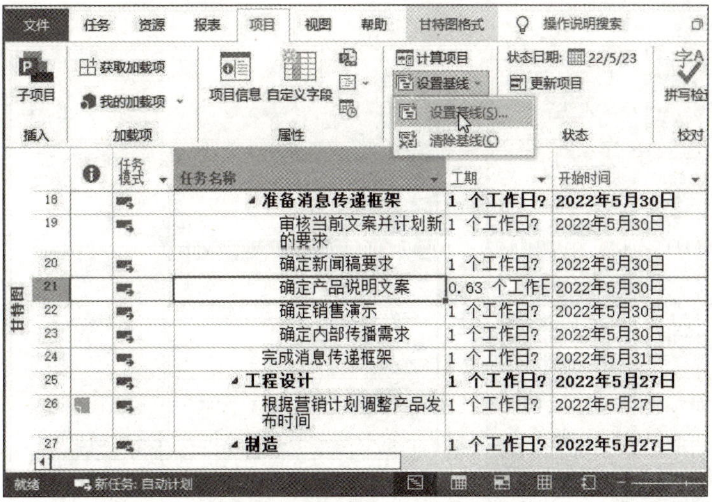

图 8-13 选择“设置基线”选项

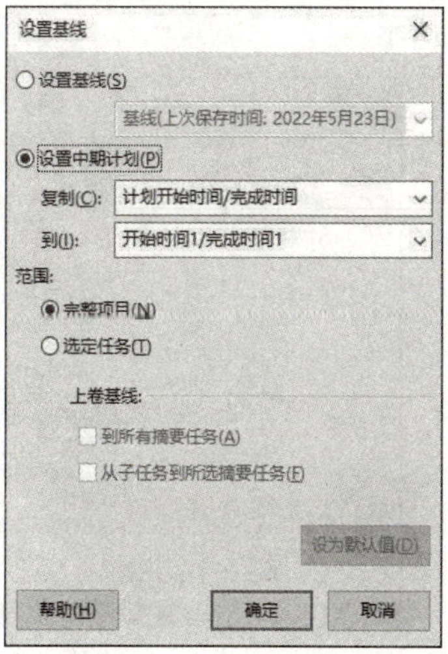

图 8-14 “设置基线”对话框

■8.2.3 清除基线

若项目中设置的基线和中期计划过多，或不再需要基线和中期计划，可以将其删除。下面介绍清除基线的具体操作步骤。

步骤01 打开“项目”选项卡，在“日程安排”组中单击“设置基线”下拉按钮，从展开的列表中选择“清除基线”选项，如图8-15所示。

步骤02 弹出“清除基线”对话框，选中需要的选项，单击“确定”按钮即可，如图8-16所示。

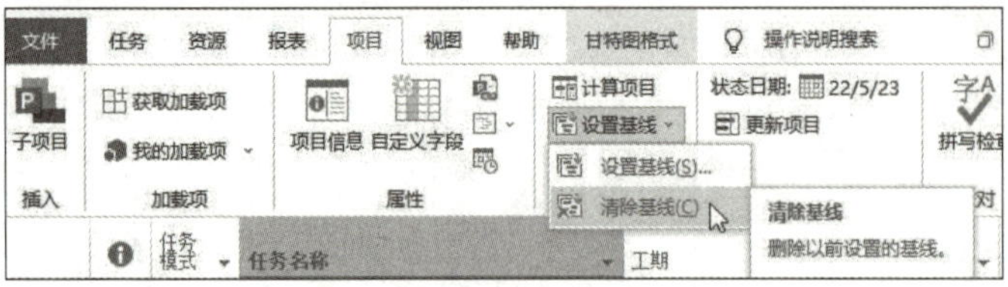

图 8-15 选择“清除基线”选项

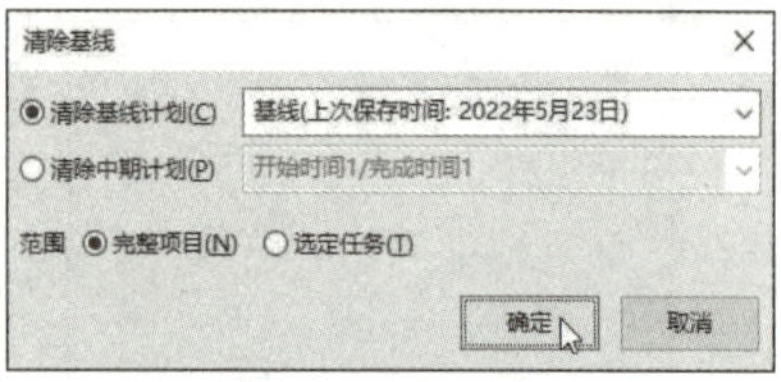

图 8-16 “清除基线”对话框

8.3 跟踪项目情况

项目的跟踪包括日程跟踪、成本跟踪以及工时跟踪。跟踪项目可以掌握项目的变化，及时发现项目在实施工程中所遇到的各种问题，从而根据实际情况调整计划中尚未完成的部分。

■8.3.1 跟踪项目日程

在项目执行过程中，任何一项任务发生延迟都会造成成本的增加以及项目资源不可用，所以，项目日程对整个项目的运行起到至关重要的作用。为了确保项目能够按照计划顺序完成，需要时刻关注项目的日程。下面介绍如何跟踪项目日程。

步骤01 打开“视图”选项卡，在“任务视图”组中单击“其他视图”下拉按钮，在下拉列表中选择“其他视图”选项，如图8-17所示。

步骤02 弹出“其他视图”对话框，选择“跟踪甘特图”选项，单击“应用”按钮，如图8-18所示。

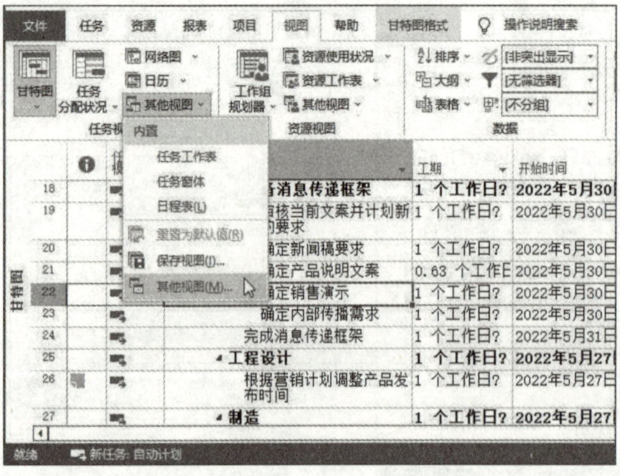

图 8-17 选择“其他视图”选项

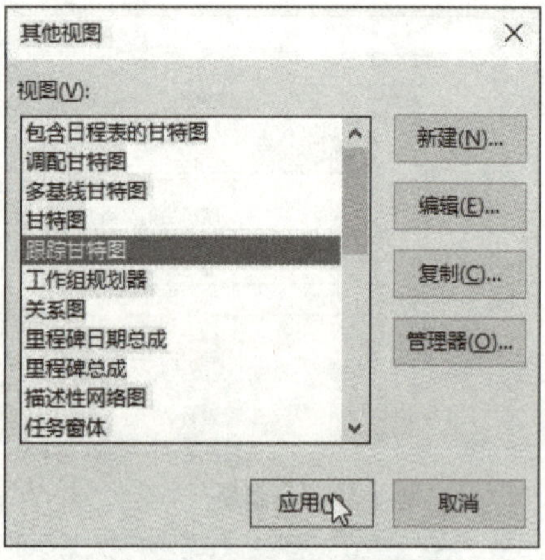

图 8-18 应用跟踪甘特图操作

步骤03 此时甘特图中的条形图上会显示任务的进度与状态，如图8-19所示。

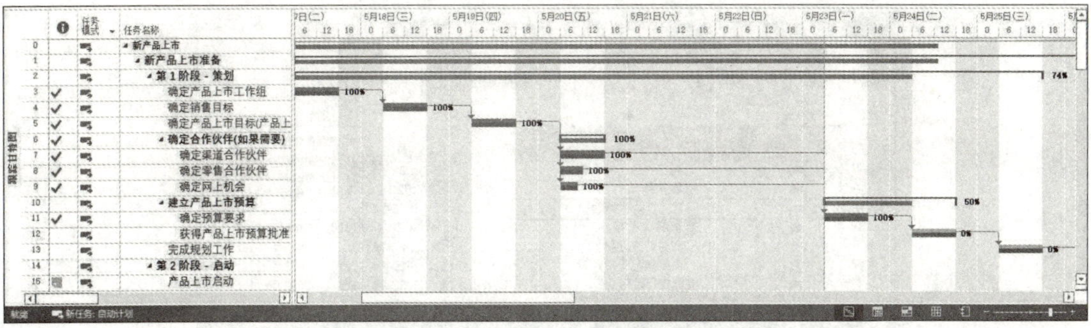

图 8-19　跟踪甘特图显示

■8.3.2　跟踪项目成本

为了确保项目能够在预算成本内完成，可以对项目的固定成本、总成本以及差异成本等信息进行跟踪。下面对跟踪项目成本的具体方法进行详细介绍。

1. 跟踪所有项目成本

步骤01 在“甘特图”视图中打开“视图”选项卡，在“数据”组中单击“表格”下拉按钮，从展开的下拉列表中选择“成本”选项，如图8-20所示。

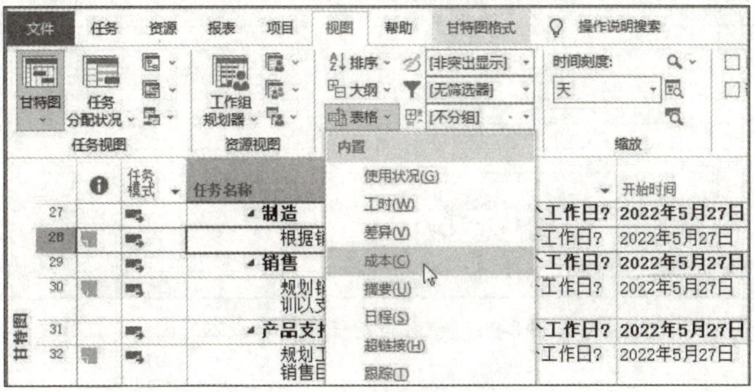

图 8-20　选择“成本”选项

步骤02 在成本表中即可查看所有项目的各种成本值，如图8-21所示。

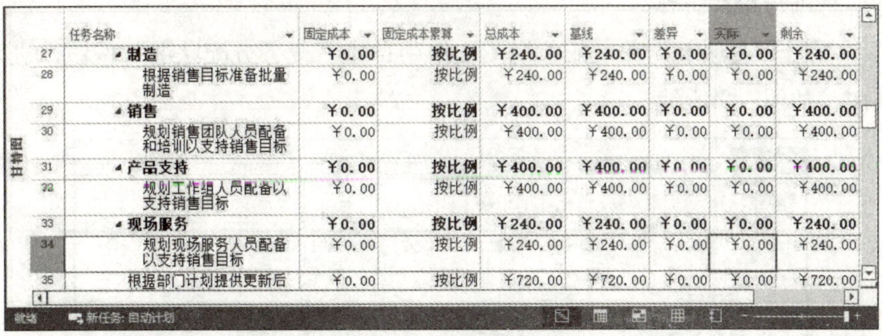

图 8-21　成本表

2. 跟踪指定项目成本

步骤01 在“甘特图”视图中选中指定项目，打开“任务”选项卡，在“属性”组中单击“信息”按钮，如图8-22所示。

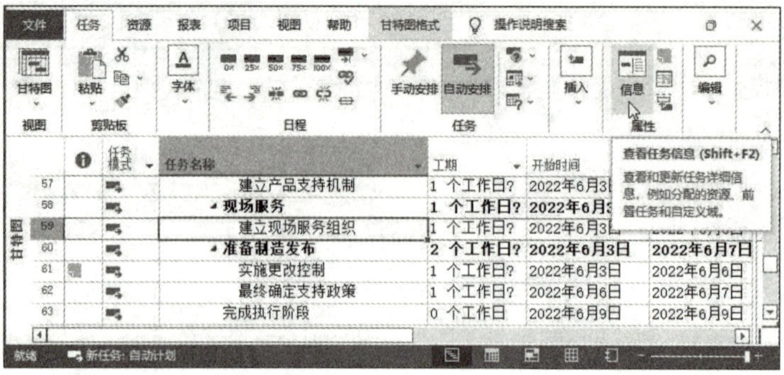

图 8-22 “任务” - “信息” 操作

步骤 02 弹出“任务信息”对话框，切换到“资源”选项卡，在该选项卡中即可查看当前任务的资源成本，如图8-23所示。

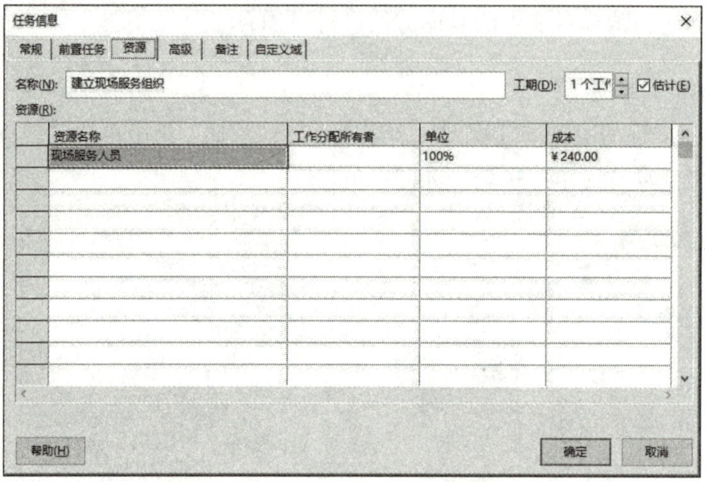

图 8-23 查看当前任务资源成本

■8.3.3 跟踪项目工时

项目预算的成本受工时的直接影响，若想更好地控制项目预算成本，就需要对任务或资源的各种工时信息进行跟踪。

步骤 01 打开“视图”选项卡，在“任务视图”组中单击“任务分配状况”按钮，进入“任务分配状况”视图，如图8-24所示。

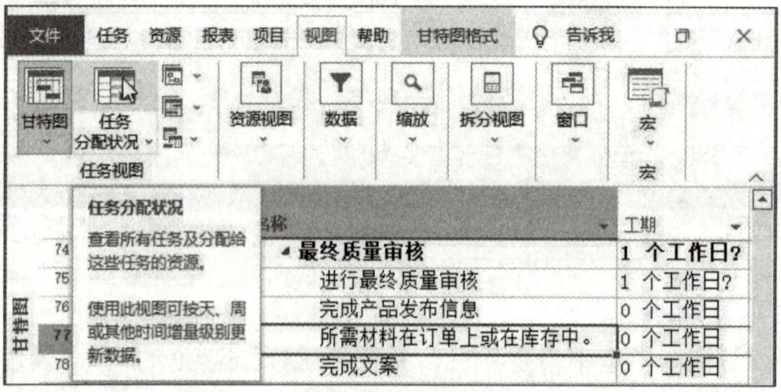

图 8-24 “视图” - “任务分配状况” 操作

步骤02 打开“任务分配状况工具—任务使用情况格式”选项卡，在“详细信息”组中同时勾选工时、实际工时、累计工时、比较基准工时等复选框，在当前视图中即可查看到被勾选上的各种工时信息，如图8-25所示。

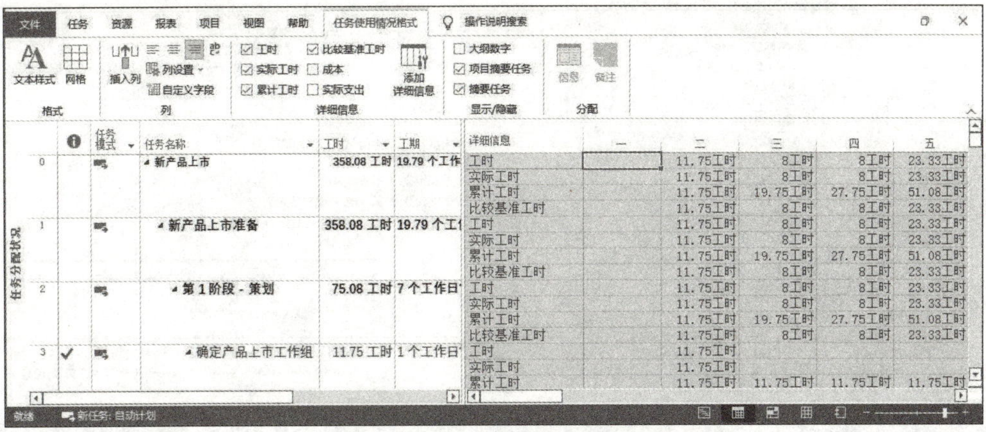

图 8-25　勾选“详细信息”中的复选框

8.4　监视项目进度

对项目的进度情况进行监视是为了确保项目可以根据预计的范围、日程及预算标准顺利进行。监视项目进度有很多种方法，下面分别介绍各种方法。

8.4.1　分组监视

分组监视，便于用户查看工作表视图中的任务、资源以及工作分配的摘要信息等。分组监视的具体操作方法如下。

步骤01 在“甘特图”视图中打开“视图”选项卡，在“数据”组中单击“分组依据”下拉按钮，从下拉列表中选择需要的分组条件，此处选择“状态”，如图8-26所示。

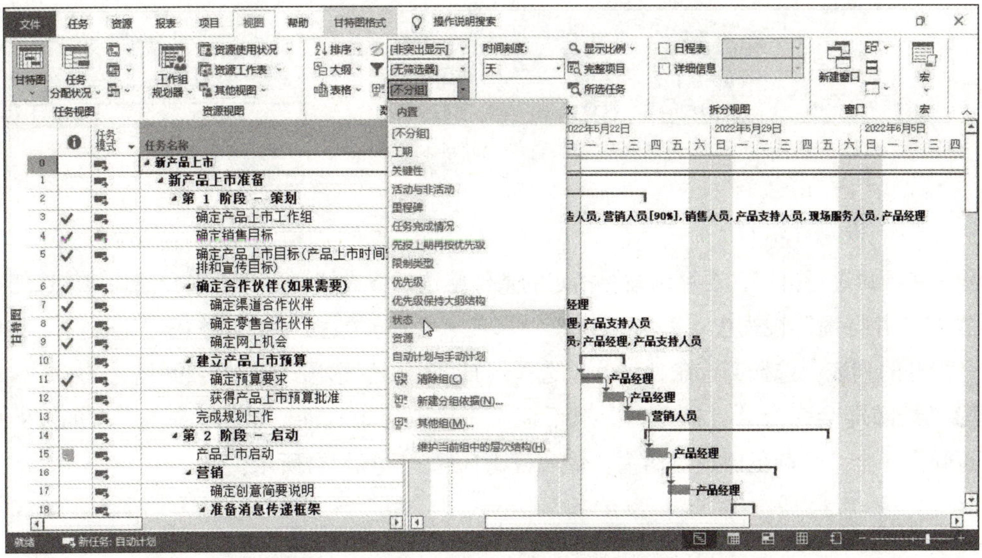

图 8-26　选择“状态”选项

步骤 02 视图中的任务随即按照状态进行分组，显示已完成的、仍未完成的以及剩余的工作，如图8-27所示。

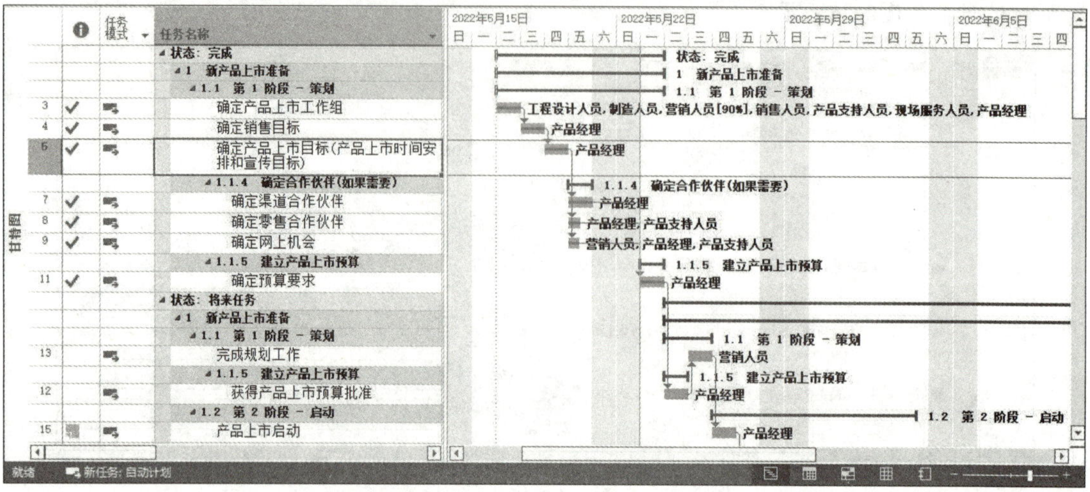

图 8-27　按状态分组显示

■8.4.2　排序任务

对任务的成本值进行排序，可以让其按照一定的顺序展示，从而达到监视项目的目的。下面介绍如何排序任务。

在“甘特图”视图中打开“视图”选项卡，在“数据”组中单击“排序”下拉按钮，从展开的列表中选择“按成本”选项，视图中的项目随即按照成本值降序排序，如图8-28所示。

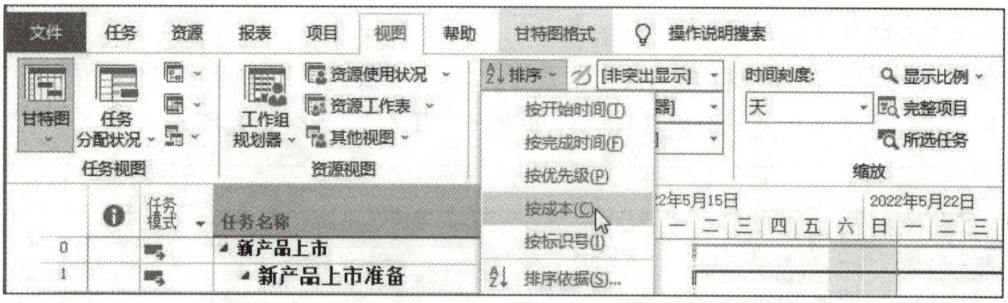

图 8-28　选择“按成本”选项

■8.4.3　筛选任务

除了对项目进行排序，还可以按照指定的条件筛选任务或资源。接下来介绍如何筛选任务。

步骤 01 在“甘特图”视图中，打开“视图”选项卡，在“数据”组内单击“筛选器”下拉按钮，从展开的列表中选择筛选条件，此处选择“日期范围”选项，如图8-29所示。

步骤 02 系统随即会弹出“日期范围”对话框。先输入起始日期，单击“确定”，如图8-30所示，再弹出一个“日期范围”对话框，输入截止日期，如图8-31所示。

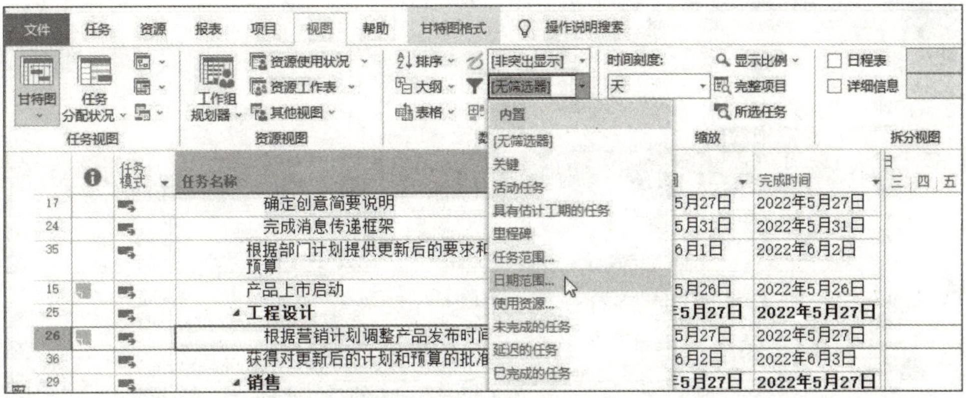

图 8-29　选择“日期范围”选项

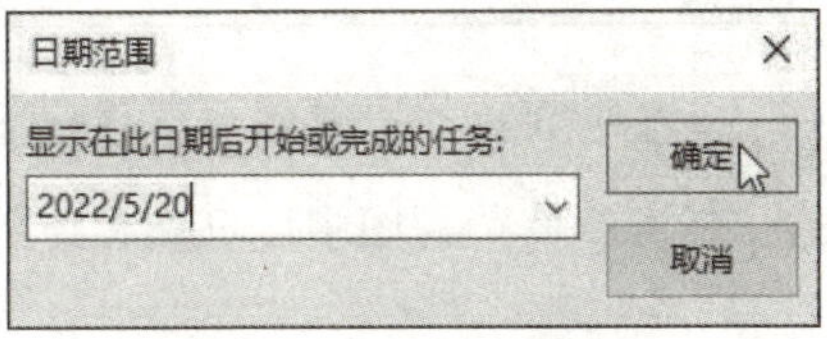

图 8-30　输入起始日期

图 8-31　输入截止日期

步骤03 整个项目中符合日期范围的任务随即被筛选出来，如图8-32所示。

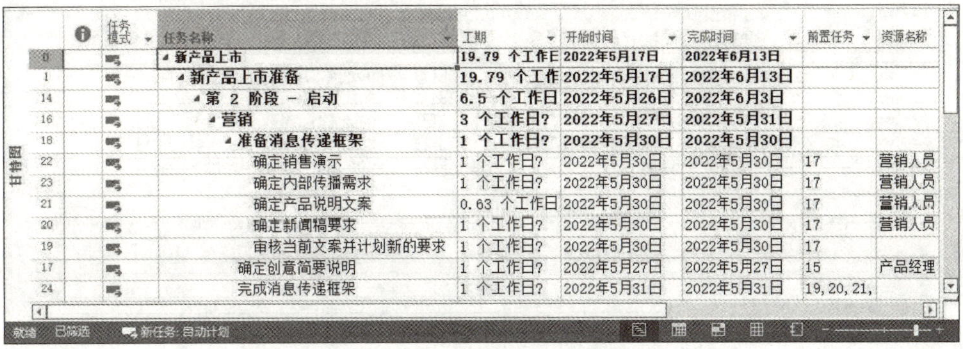

图 8-32　筛选出符合日期范围的任务

8.5　查看项目信息

在执行项目时除了要了解项目的基本信息，还需要经常查看任务的单位信息、允许时差、进度差异等信息。下面介绍如何查看这些信息。

■8.5.1　查看单位信息

所谓“单位”信息，即分配给任务的资源单位值。查看单位信息的具体步骤如下。

步骤01 在“甘特图”视图中打开“视图”选项卡，在“拆分视图”组中勾选“详细信息”复选框，如图8-33所示。

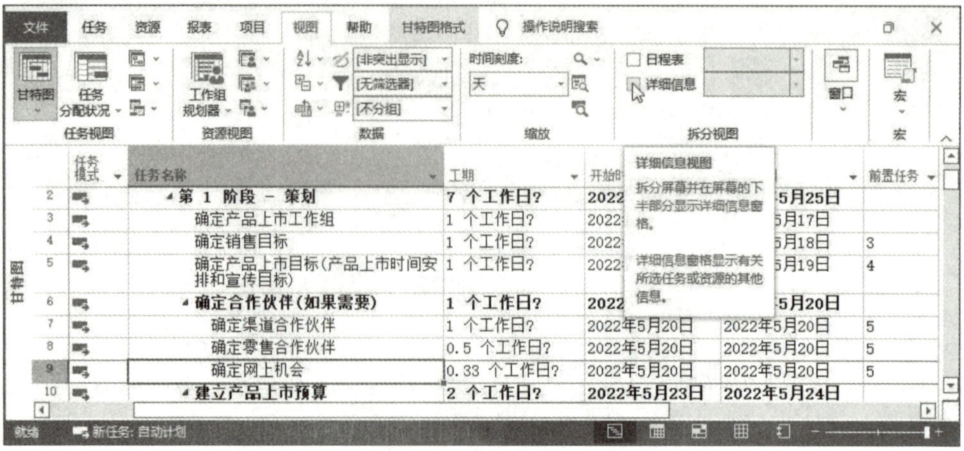

图 8-33 “视图” - “详细信息” 操作

步骤02 视图随即分成上下两部分，上部分仍显示“甘特图”视图，下部分显示“任务窗体”视图。在“甘特图”视图中选中某个任务，在下方的“任务窗体”视图中便可查看到所选任务分配到的资源及单位信息，如图8-34所示。

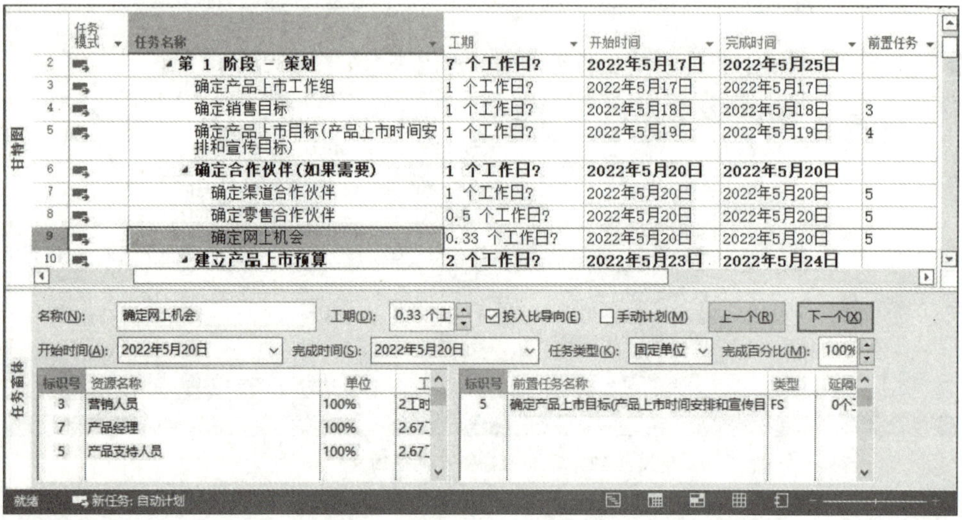

图 8-34 拆分视图中显示相关信息

■8.5.2 查看进度与日程差异

若要在Project中查看项目的进度和日程差异，可以通过“差异”表和“日程表”来实现。下面介绍具体的操作方法。

1. 查看进度差异

步骤01 打开“任务”选项卡，单击“甘特图”下拉按钮，从下拉列表中选择“跟踪甘特图”选项，如图8-35所示。

步骤02 切换到“跟踪甘特图”视图。打开“视图”选项卡，在“数据”组中单击“表格”下拉按钮，从展开的列表中选择“差异”选项，如图8-36所示。在“差异”表中即可查看任务开始时间与完成时间的差异。

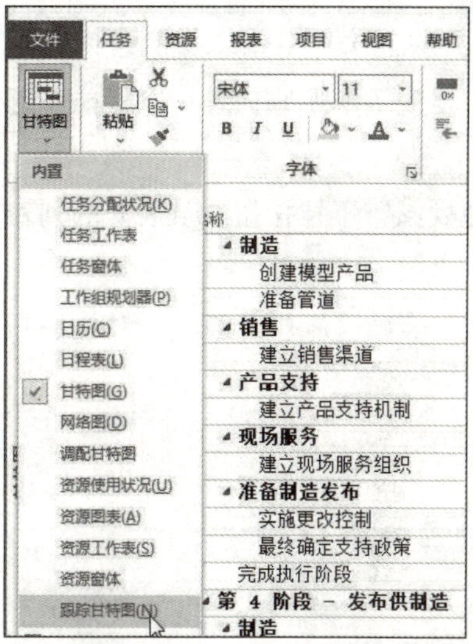

图 8-35 选择“跟踪甘特图”选项

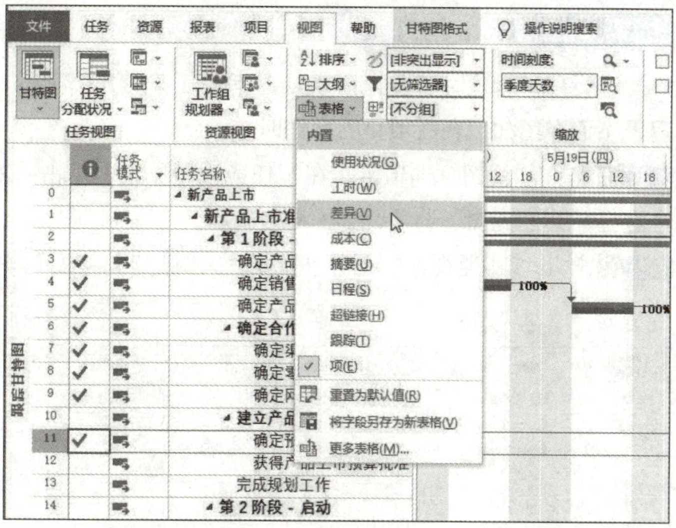

图 8-36 选择“差异”选项

2. 查看日程差异

步骤01 在“甘特图”视图中，打开“视图”选项卡，在“数据”组中单击“表格”下拉按钮，从展开的列表中选择“工时”选项，如图8-37所示。

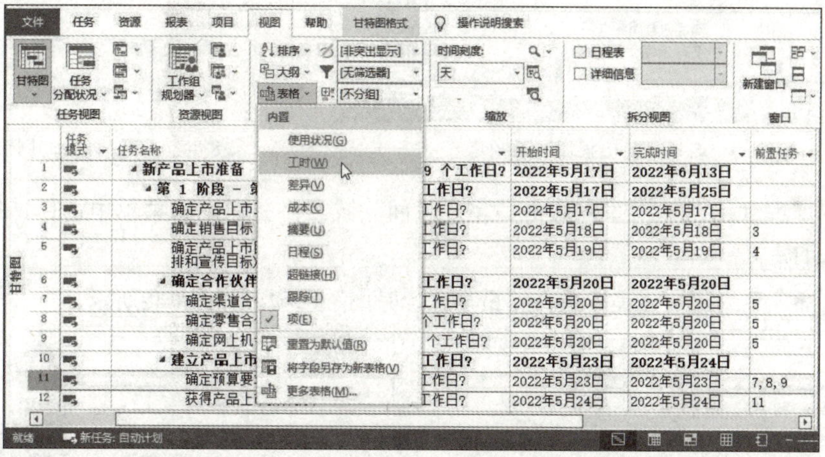

图 8-37 选择“工时”选项

步骤02 表格中随即显示计划工时与实际消耗工时之间的差异，如图8-38所示。

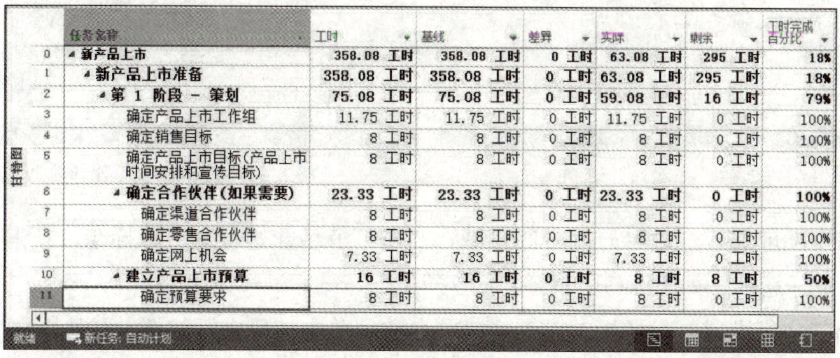

	任务名称	工时	基线	差异	实际	剩余	工时完成百分比
0	新产品上市	358.08 工时	358.08 工时	0 工时	63.08 工时	295 工时	18%
1	新产品上市准备	358.08 工时	358.08 工时	0 工时	63.08 工时	295 工时	18%
2	第 1 阶段 – 策划	75.08 工时	75.08 工时	0 工时	59.08 工时	16 工时	79%
3	确定产品上市工作组	11.75 工时	11.75 工时	0 工时	11.75 工时	0 工时	100%
4	确定销售目标	8 工时	8 工时	0 工时	8 工时	0 工时	100%
5	确定产品上市目标(产品上市时间安排和宣传目标)	8 工时	8 工时	0 工时	8 工时	0 工时	100%
6	确定合作伙伴(如果需要)	23.33 工时	23.33 工时	0 工时	23.33 工时	0 工时	100%
7	确定渠道合作伙伴	8 工时	8 工时	0 工时	8 工时	0 工时	100%
8	确定零售合作伙伴	8 工时	8 工时	0 工时	8 工时	0 工时	100%
9	确定网上机会	7.33 工时	7.33 工时	0 工时	7.33 工时	0 工时	100%
10	建立产品上市预算	16 工时	16 工时	0 工时	8 工时	8 工时	50%
11	确定预算要求	8 工时	8 工时	0 工时	8 工时	0 工时	100%

图 8-38 工时表

上手操作 查看允许时差

进行项目管理时若要提前或延迟指定任务的开始时间，需要先了解哪些任务可以提前或延迟，下面介绍如何查看项目的允许时差。

步骤01 打开“视图”选项卡，在“任务视图”组中单击“其他视图”下拉按钮，从展开的列表中选择“其他视图”选项，如图8-39所示。

步骤02 弹出“其他视图”对话框，选择“详细甘特图”选项，单击“应用”按钮，如图8-40所示。

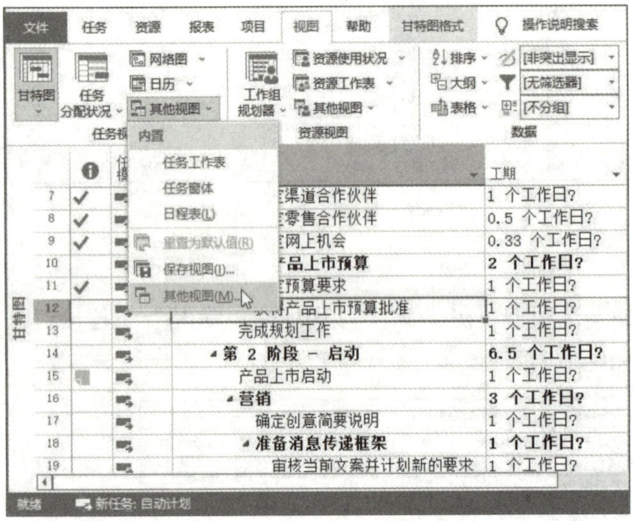

图 8-39 选择“其他视图”选项

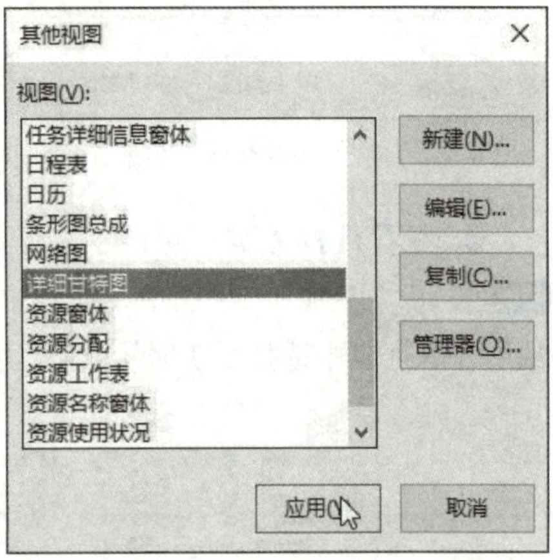

图 8-40 应用“详细甘特图”操作

步骤03 在“详细甘特图”视图中右击“完成时间”域名，在弹出的菜单中选择“插入列”选项，如图8-41所示。

步骤04 从新插入列的下拉列表中选择“最早开始时间”选项，如图8-42所示。

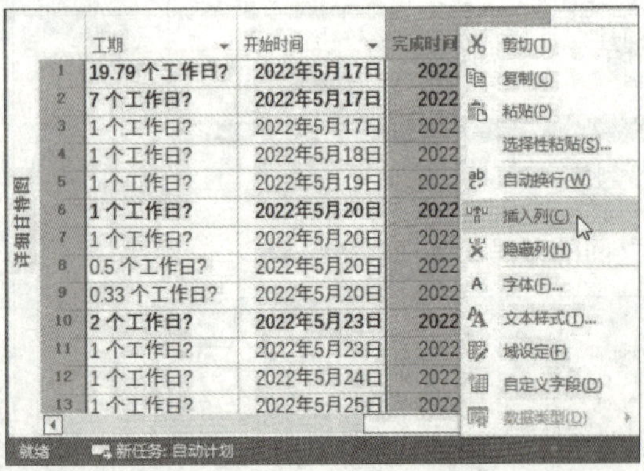

图 8-41 选择“插入列”选项

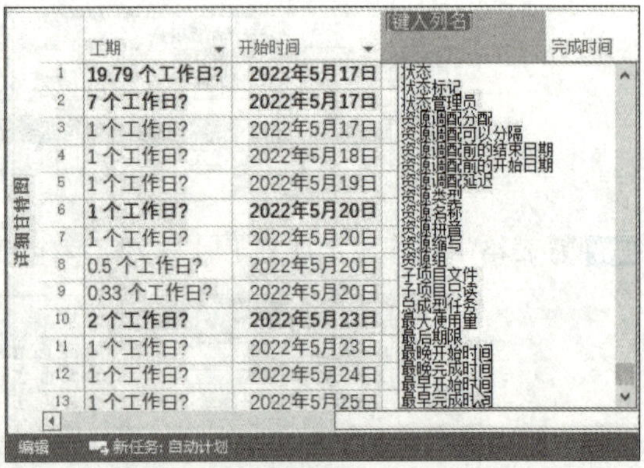

图 8-42 选择“最早开始时间”选项

步骤05 表格中随即插入“最早开始时间”域，右击“最早开始时间”域标题，在弹出的菜单中选择“域设定”选项，如图8-43所示。

步骤06 弹出“字段设置”对话框，设置好标题名称，单击“确定”按钮，如图8-44所示。

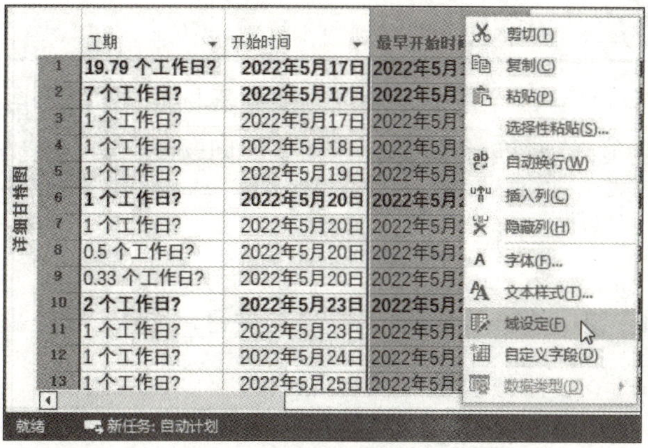

图 8-43 选择“域设定”选项

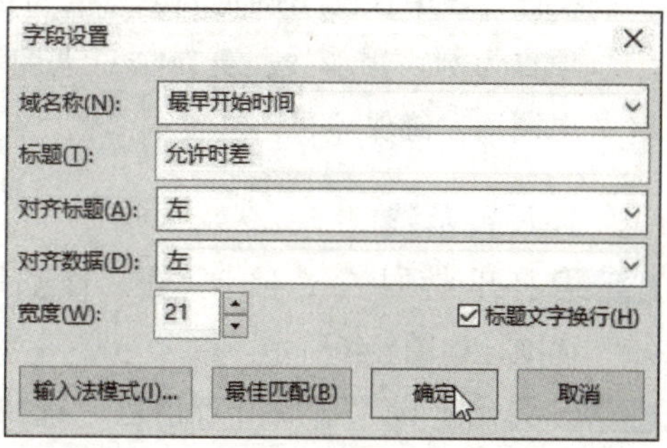

图 8-44 字段设置

步骤07 新插入的域名随即被更改，效果如图8-45所示。

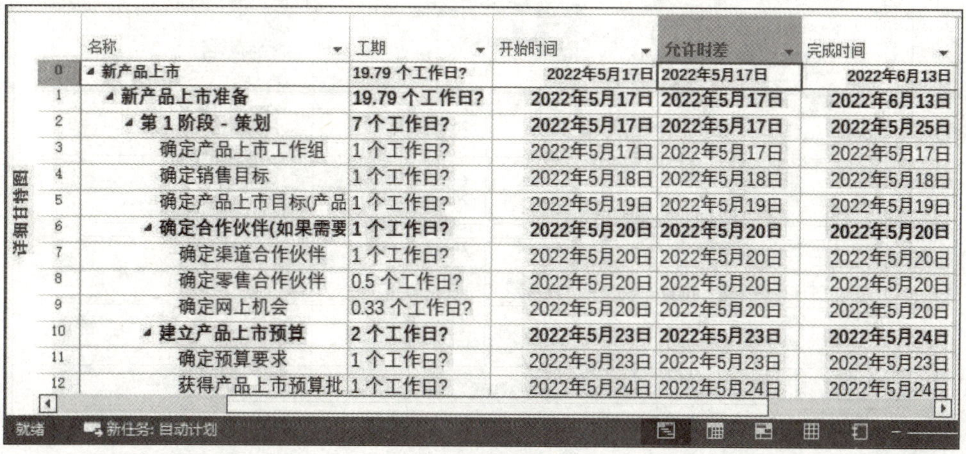

图 8-45 效果图

你学会了吗?

实战演练 跟踪“健身器材推广”项目

项目管理中任何不确定因素都有可能影响任务的完成。下面以“健身器材推广”项目为例，用基线、更新项目进度等功能对项目进行跟踪，以便发现问题及时做出调整，确保项目。

扫码观看视频

1. 设置基线

步骤01 打开“项目”选项卡，在“日程安排”组中单击“设置基线”下拉按钮，选择“设置基线”选项，如图8-46所示。

步骤02 弹出“设置基线”对话框，选中“设置中期计划”单选按钮，选择范围为“完整项目”，如图8-47所示。

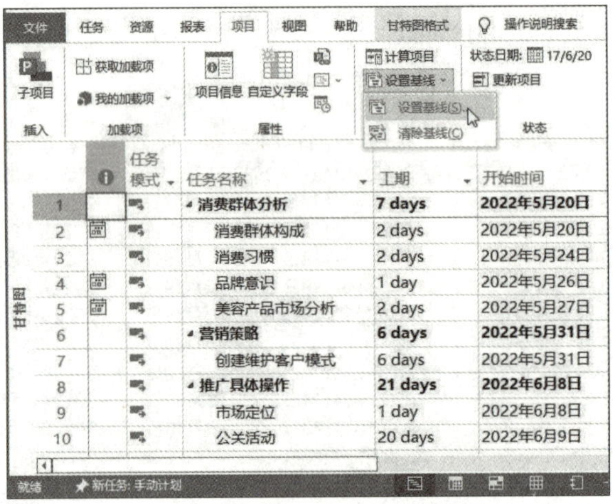

图 8-46 选择“设置基线”选项

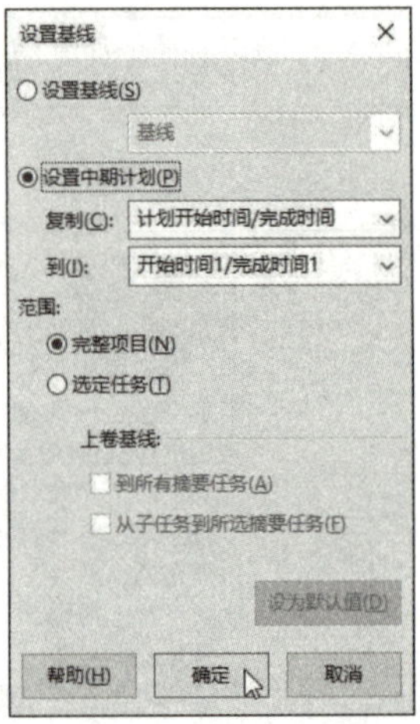

图 8-47 “设置基线”对话框

2. 显示基线成本

步骤01 再次打开“设置基线”对话框，选中“设置基线”单选按钮，随后单击“确定”按钮，关闭对话框，如图8-48所示。

步骤02 在甘特图中单击“添加新列”域标题右侧的下拉按钮，如图8-49所示。

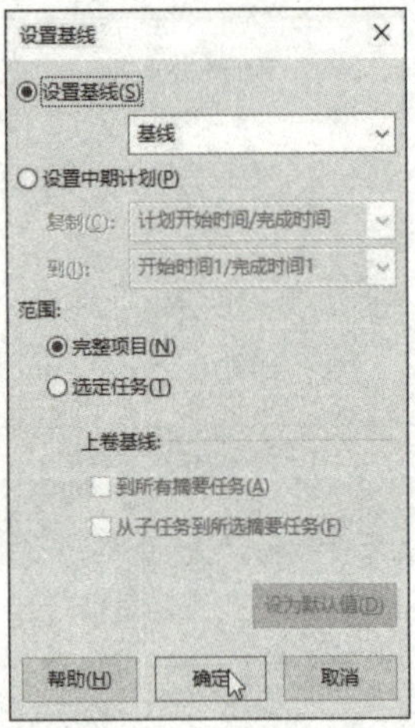

图 8-48 设置基线

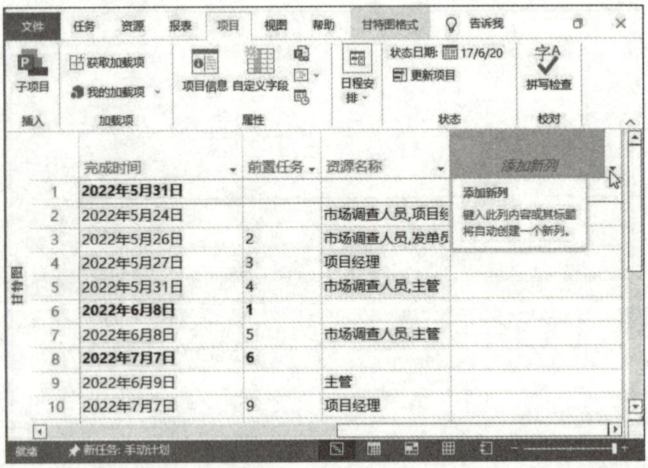

图 8-49 添加新列操作

步骤03 在展开的列表中选择“基线成本”选项，如图8-50所示。

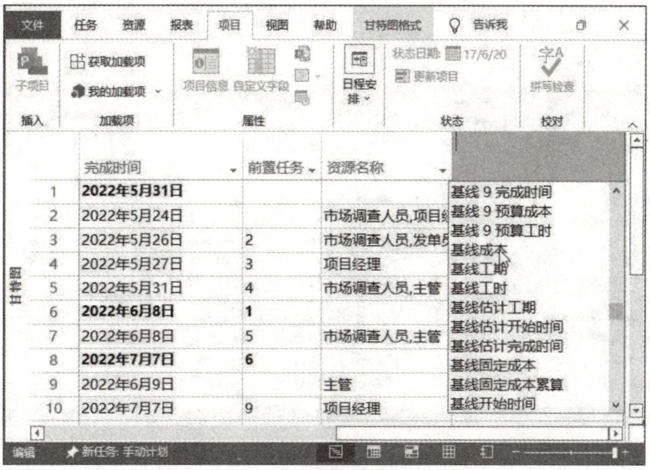

图 8-50 选择“基线成本”选项

步骤04 甘特图中随即添加“基线成本”列并自动计算出各项任务的基线成本值，如图8-51所示。

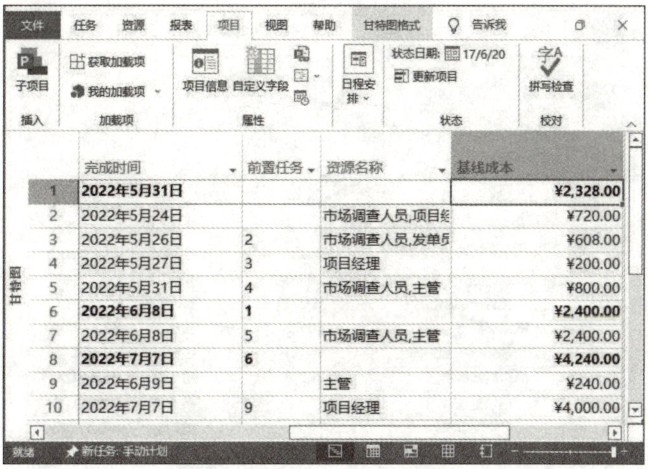

图 8-51 添加“基线成本”列

3. 查看项目成本

步骤01 打开“视图”选项卡，在“数据”组中单击“表格”下拉按钮，选择“成本”选项，如图8-52所示。

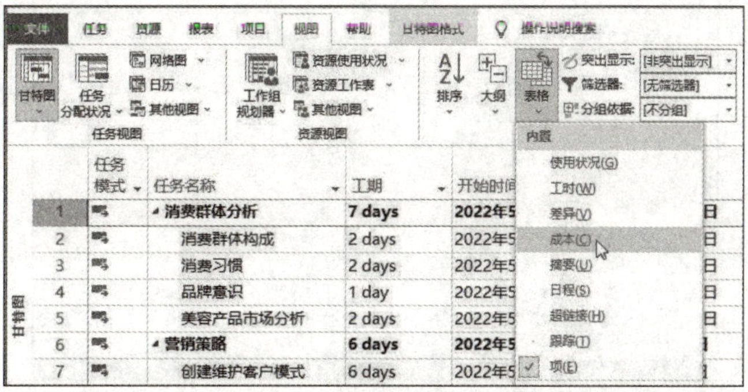

图 8-52 选择“成本”选项

步骤02 在成本表中即可查看到固定成本、总成本、基线、差异、实际及剩余等各项的值，如图8-53所示。

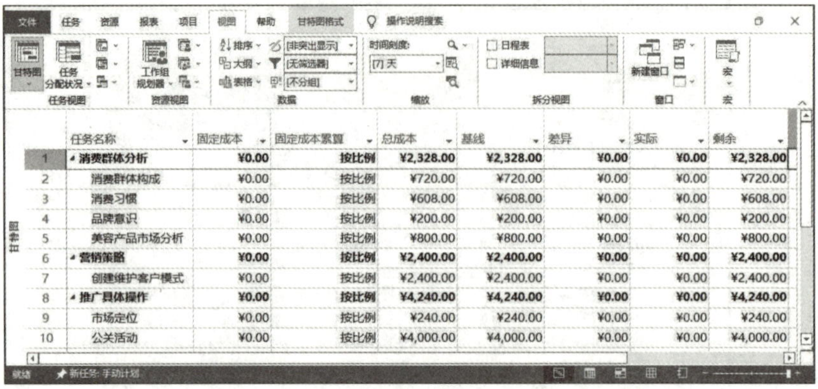

图 8-53　成本表

4. 查看任务详细信息

步骤01 打开“视图”选项卡，在“任务视图”组中单击“任务分配状况”按钮，如图8-54所示。

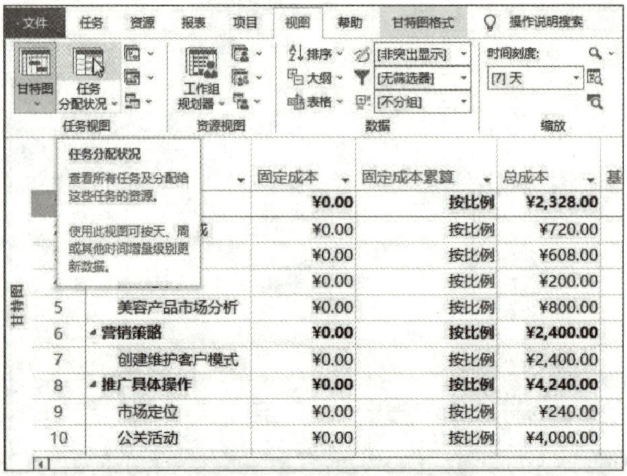

图 8-54　“视图”－“任务分配状况”操作

步骤02 Project界面随即切换到“任务分配状况”视图，如图8-55所示。

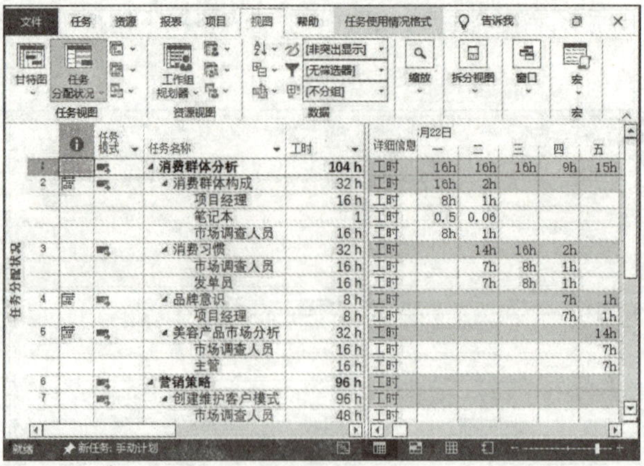

图 8-55　“任务分配状况”视图

步骤03 打开“任务分配状况工具—任务使用情况格式”选项卡，在“详细信息”组中勾选“成本”“工时”和“累计工时”复选框，可查看工时、累计工时与成本的详细情况，如图8-56所示。

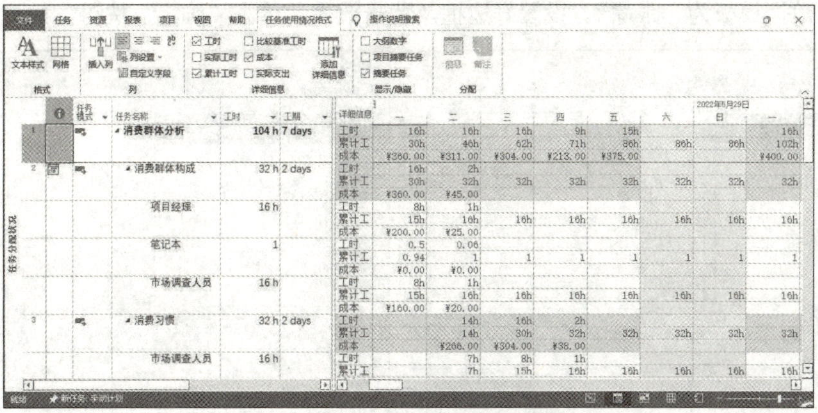

图 8-56　显示成本与工时详细情况

5. 显示网络图

步骤01 打开“视图”选项卡，在“任务视图”组中单击“网络图”按钮，如图8-57所示。

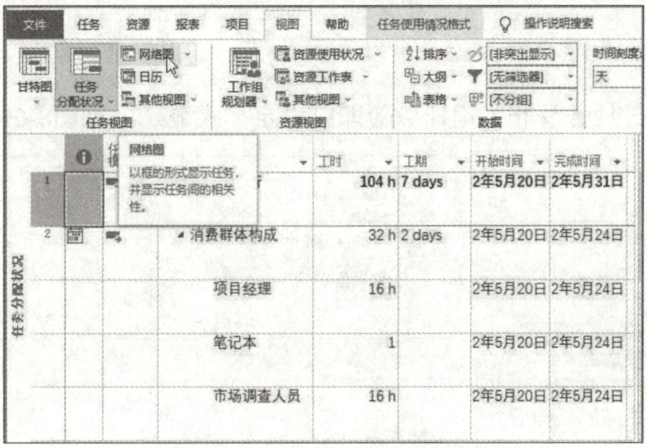

图 8-57　“视图”-“网络图”操作

步骤02 切换到“网络图”视图，打开“网络图工具—网络关系图格式”选项卡，在“样式”组中单击“方框样式”按钮，如图8-58所示。

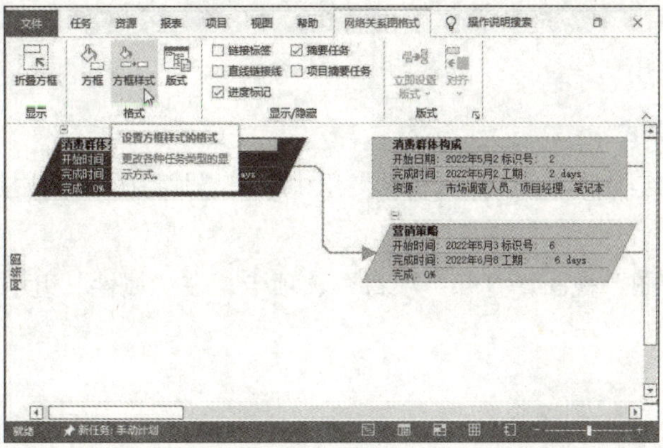

图 8-58　“网络关系图格式”-“方框样式”操作

步骤03 弹出“方框样式”对话框，按住［Ctrl］键选中“关键任务”和“非关键任务”方框类型，如图8-59所示。

步骤04 选择数据模板为“跟踪”，设置好边框及背景效果，单击“确定”按钮，如图8-60所示。

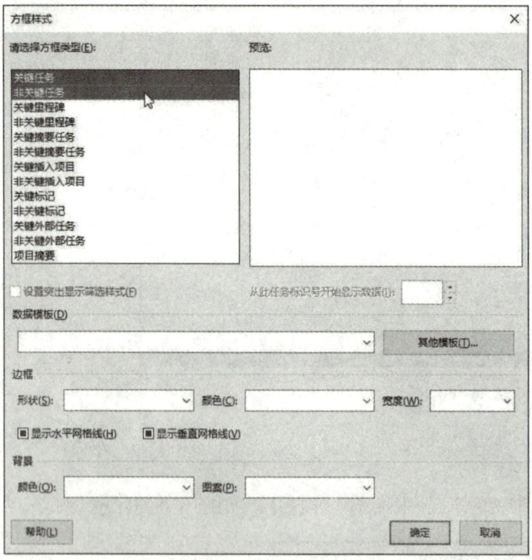

图 8-59　选择方框类型

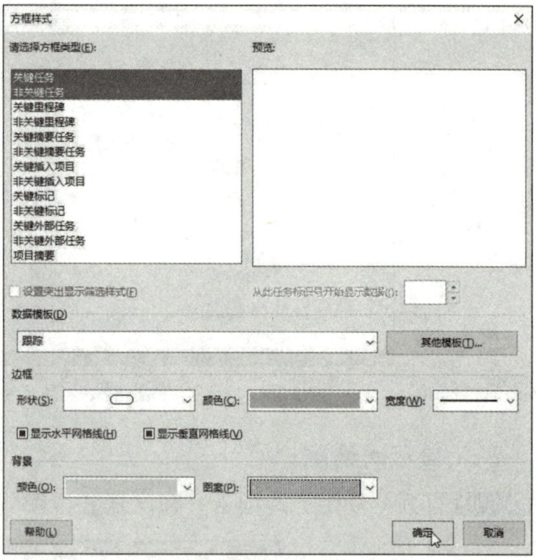

图 8-60　设定数据模板与效果

步骤05 网络图中的关键任务及非关键任务随即以设定样式显示，如图8-61所示。

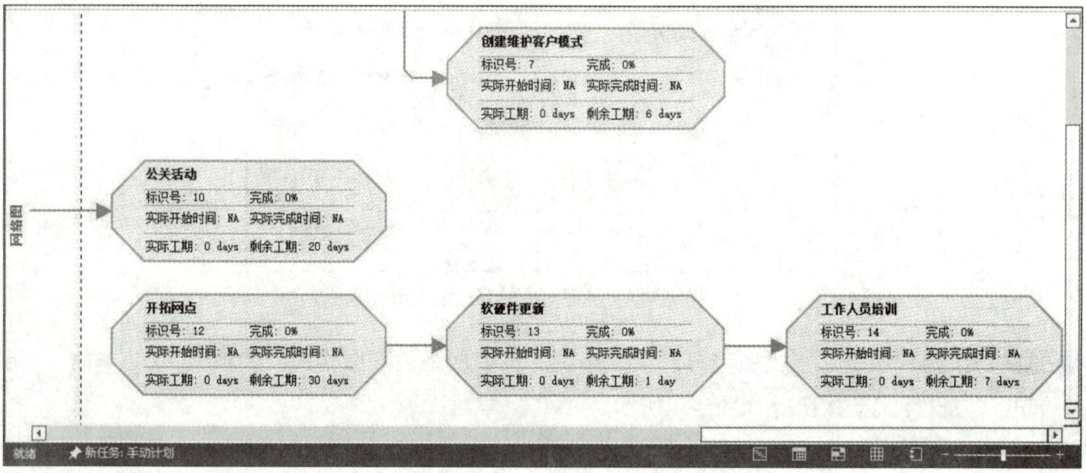

图 8-61　网络图显示

6. 设置甘特图样式

步骤01 打开“视图”选项卡，在“任务视图”组中单击“甘特图”下拉按钮，选择“甘特图”选项，如图8-62所示。

步骤02 切换回“甘特图”视图，打开“项目”选项卡，在“属性”组中单击“项目信息”按钮，如图8-63所示。

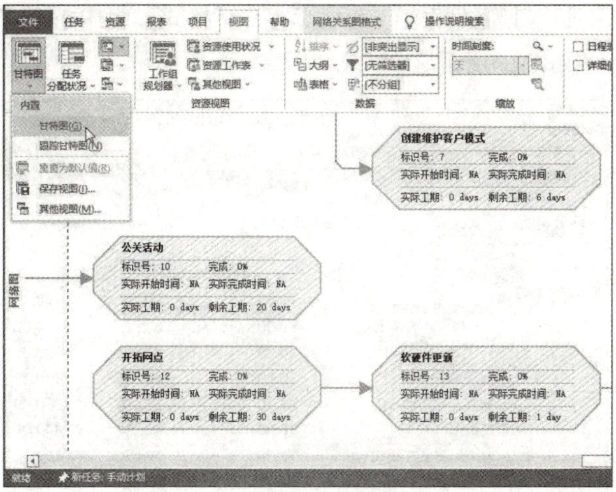

图 8-62 选择“甘特图”选项

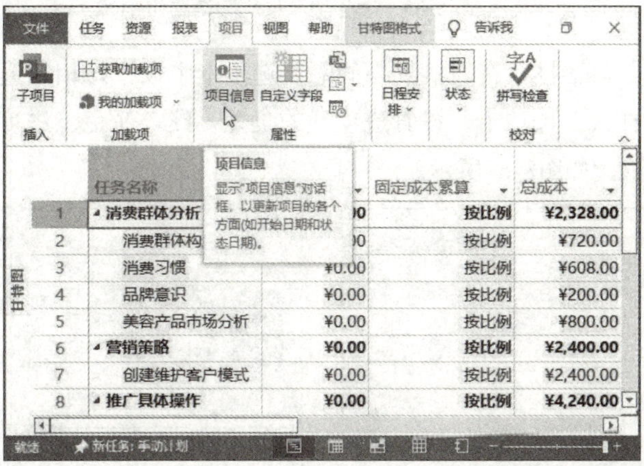

图 8-63 “项目”－“项目信息”操作

步骤03 在随后弹出的对话框中设置好“状态日期”，单击“确定”按钮，如图8-64所示。

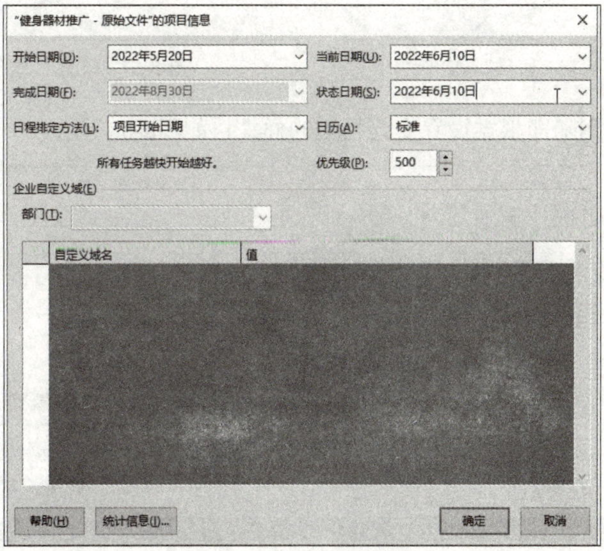

图 8-64 设置状态日期

步骤04 打开“甘特图工具—甘特图格式”选项卡，在“格式”组中单击“网格线”下拉按钮，选择“进度线”选项，如图8-65所示。

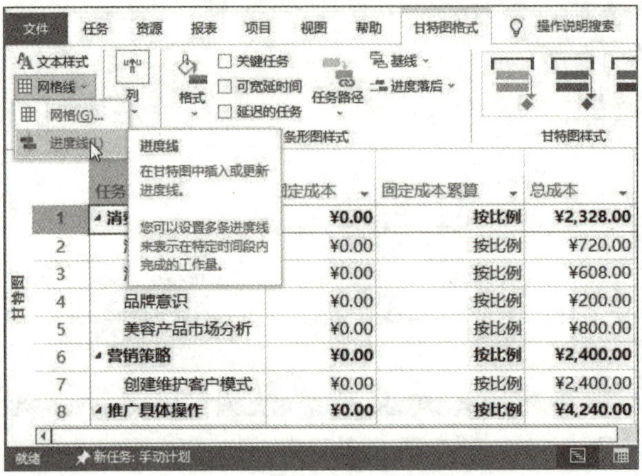

图 8-65　选择“进度线”选项

步骤05 弹出“进度线”对话框，在“日期与间隔”选项卡中设置好相关选项，如图8-66所示。

步骤06 切换到“线条样式”选项卡，设置进度线的类型、线条颜色、进度点形状以及进度点颜色，单击“确定”按钮，如图8-67所示。

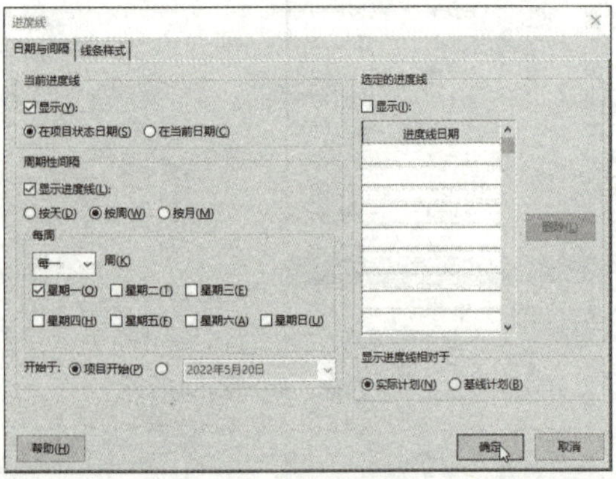

图 8-66　设置“日期与间隔”选项卡

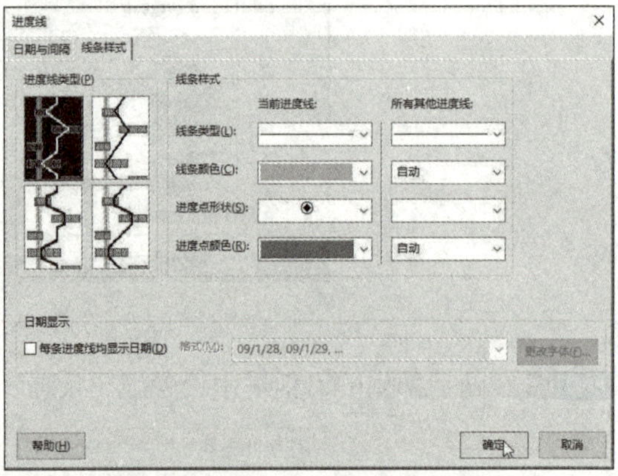

图 8-67　设置“线条样式”选项卡

步骤07 甘特图的条形图随即根据设置变为指定的样式，如图8-68所示。

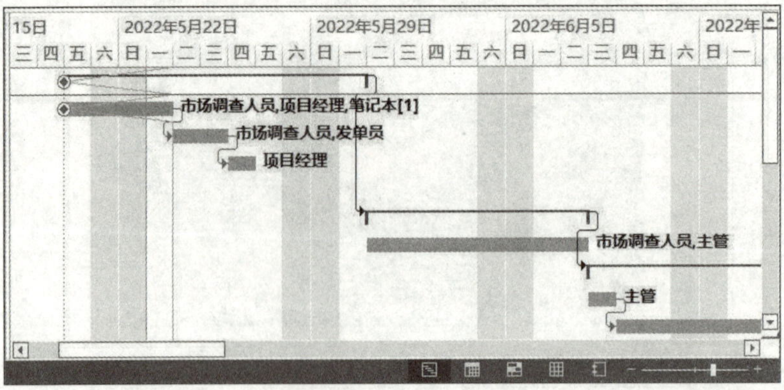

图 8-68　甘特图显示

课后作业

本章主要对项目中资源的更新、项目的跟踪、项目的监视以及项目信息的查看等知识进行了详细介绍。下面请查看“室内装修项目”的基线成本，具体操作要求如下。

（1）使用“设置基线”功能为“室内装修项目”添加基线。

（2）添加“基线成本”域，查看基线成本。完成效果如图8-69所示。

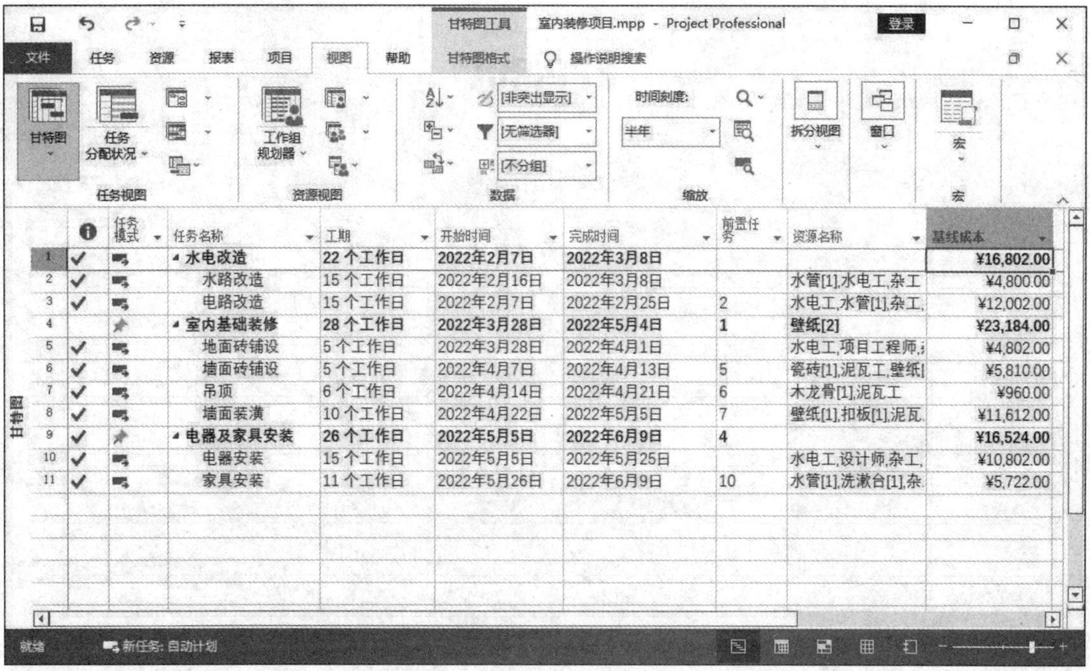

图 8-69 效果图

Project

第9章

使用项目报表

内容概要

在前面的章节中已经详细介绍了如何在不同的视图模式和表中分析项目的成本、资源以及其他信息。本章将使用图表、数据透视表以及组织图等可视报表的形式对项目信息进行管理和分析。

数字资源

【本章素材】："素材文件\第9章"目录下

【本章实战演练最终文件】："素材文件\第9章\实战演练"目录下

9.1 项目报表概述

在学习项目报表的使用方法之前，还需先了解项目报表的具体含义、可视报表的类型。

■9.1.1 预定义报表的类型及作用

预定义报表以表格的形式将项目中的数据以详细、汇总以及有组织的方式进行展示。Project为用户提供了20多种预定义报表，包括仪表板、资源、成本等。这些报表可分为4大类，下面将对这4类报表分别进行介绍。

1. 总览类报表

总览类报表主要用于显示项目的整体情况，包括进度、成本概述、项目概述、即将开始的任务和公式概述5种报表。

2. 资源类报表

资源类报表主要用于显示项目中当前任务的资源使用情况，包括资源概述和过度分配的资源两种报表。

3. 成本类报表

成本类报表主要用于显示项目的成本使用情况，包括现金流量、成本超支、挣值报表、资源成本概述和任务成本概述5种报表。

4. 进行中的报表

进行中的报表又称为进度报告，用于显示项目任务的具体实施情况，主要包括关键任务、延迟的任务、里程碑报表以及进度落后的任务4种报表。

9.1.2 可视报表的类型及作用

可视报表可以将项目以图表、数据透视表或组织图的方式显示，是一种颇具灵活性又非常直观的报表。Project包含了以下6种类型的可视报表。

（1）任务分配状况可视报表。

（2）资源使用状况可视报表。

（3）工作分配使用状况可视报表。

（4）任务摘要可视报表。

（5）资源摘要可视报表。

（6）工作分配摘要可视报表。

9.2 项目报表的创建

为Project中的项目创建项目报表可将项目数据以预定义报表的形式输出，或将项目数据生成Excel图表、数据透视表或Visio图表，以便进行处理与分析。

■9.2.1 创建预定义报表

本章9.1.1节介绍了预定义报表有很多种类型，下面将以创建“挣值报告”预定义报表为例，介绍预定义报表的创建方法。

步骤01 在“甘特图”视图中打开“报表”选项卡，在“查看报表”组中单击“成本”下拉按钮，从展开的列表中选择“挣值报告”选项，如图9-1所示。

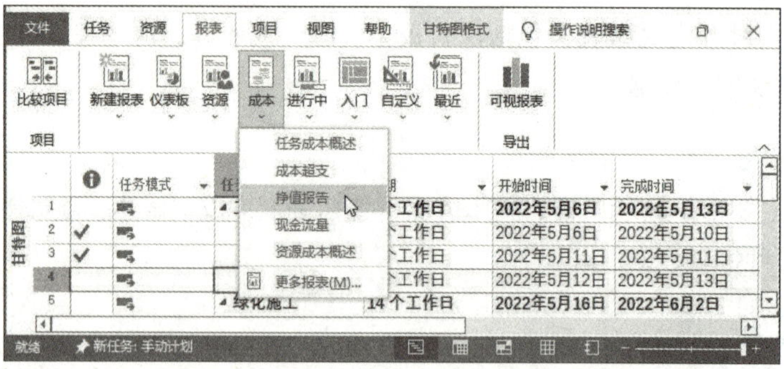

图 9-1 选择“挣值报告”选项

步骤02 Project界面随即切换到“挣值报告”视图，视图中显示成本类型中的“挣值报告”预定义报表，如图9-2所示。

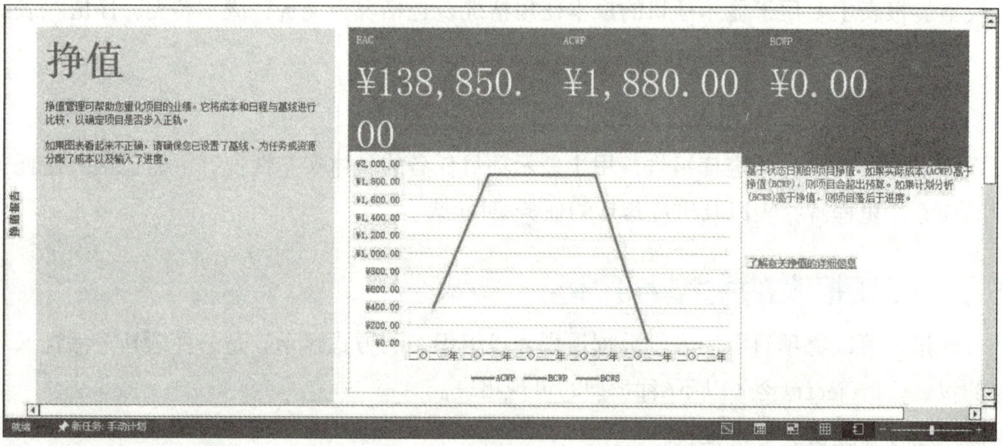

图 9-2 “挣值报告”视图

■9.2.2 自定义预定义报表

当预定义报表不能满足分析需求时，用户可以选择自定义预定义报表。自定义报表的类型包括4种，分别为空白报表、图表报表、表格报表以及比较报表。下面分别介绍这4种自定义报表的设置方法。

1. 自定义空白报表

自定义空白报表即创建一个空白画布，用户可根据需要在画布中插入图像、形状、表格、图表等。下面在空白报表中插入表格，具体操作方法如下。

步骤01 打开“报表”选项卡，在“查看报表”组中单击“新建报表”下拉按钮，选择“空白”选项，如图9-3所示。

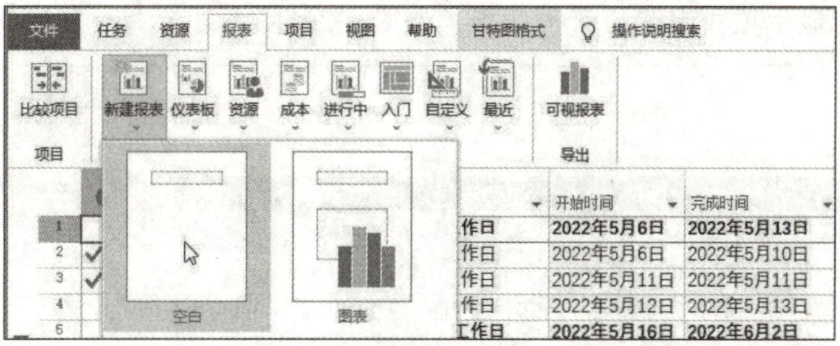

图 9-3　新建空白报表操作

步骤02 系统随即弹出“报表名称”对话框，设置好名称，或使用默认的名称，单击“确定”按钮，如图9-4所示。

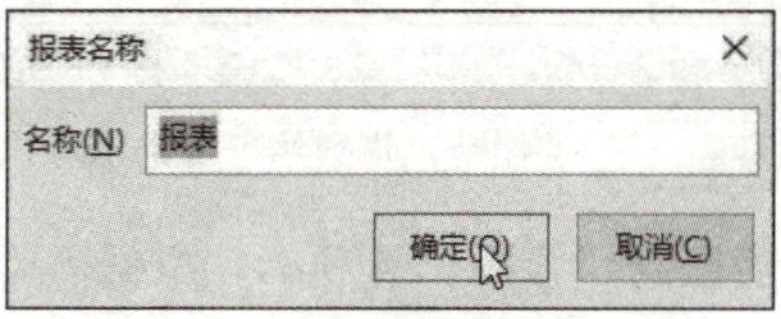

图 9-4　设置报表名称

步骤03 系统随即自动生成一个只包含标题的空白报表。打开“报表工具—报表设计”选项卡，在“插入”组中单击“表格”按钮，如图9-5所示。

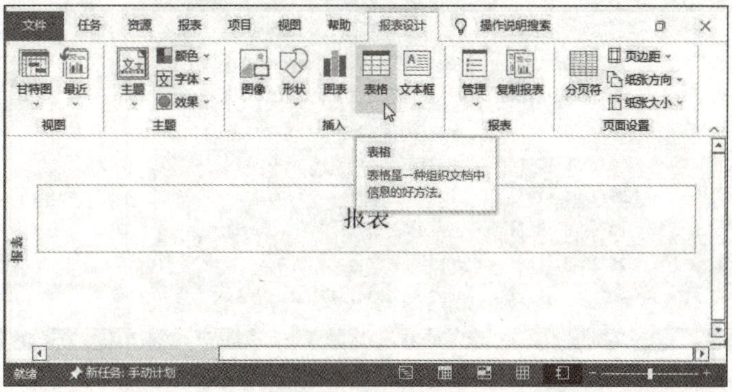

图 9-5　插入表格操作

步骤04 此时，系统会显示一个表格，默认情况下表格中只显示项目摘要。在窗口右侧的“字段列表”窗格中单击“大纲级别”下拉按钮，展开的列表中选择“所有子任务”选项，如图9-6所示。

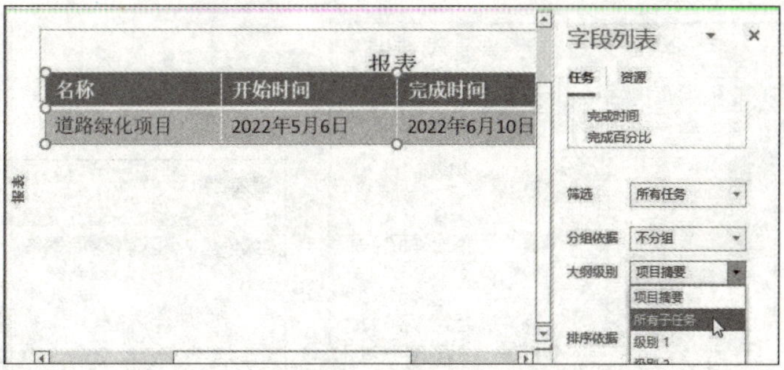

图 9-6　选择“所有子任务”选项

步骤05 表格中即可显示项目中的所有子任务，如图9-7所示。

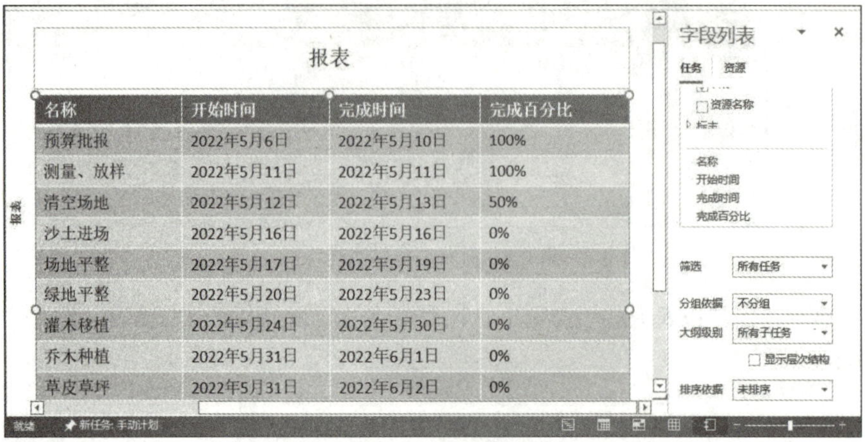

图 9-7　报表显示

步骤06 在“字段列表”窗格中切换到“资源”选项卡，根据需要在“选择域”列表中勾选复选框，此处勾选“剩余成本”，表格中随即被添加相应字段，如图9-8所示。

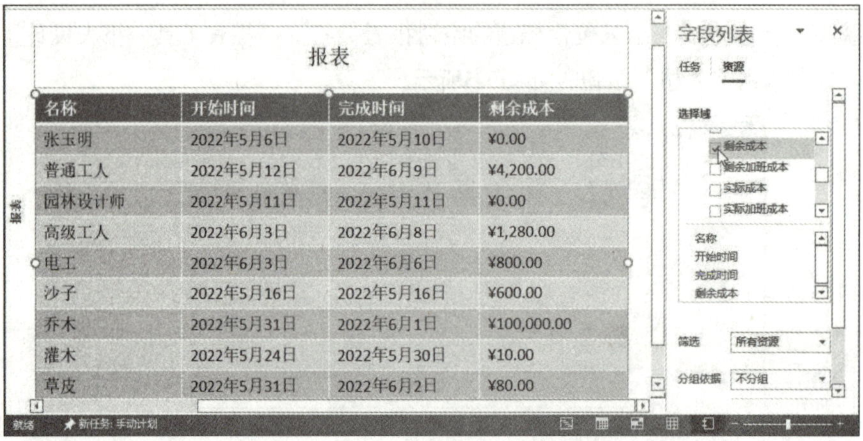

图 9-8　添加“剩余成本”字段

2. 自定义图表报表

步骤01 打开“报表”选项卡，在“查看报表”组中单击“新建报表”下拉按钮，在展开的列表中选择“图表”选项，如图9-9所示。

步骤02 弹出“报表名称”对话框，输入名称，单击“确定”按钮，如图9-10所示。

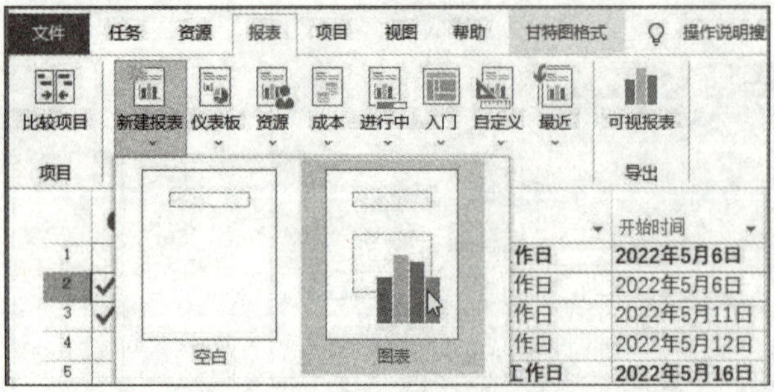

图 9-9　“新建报表”-“图表”操作

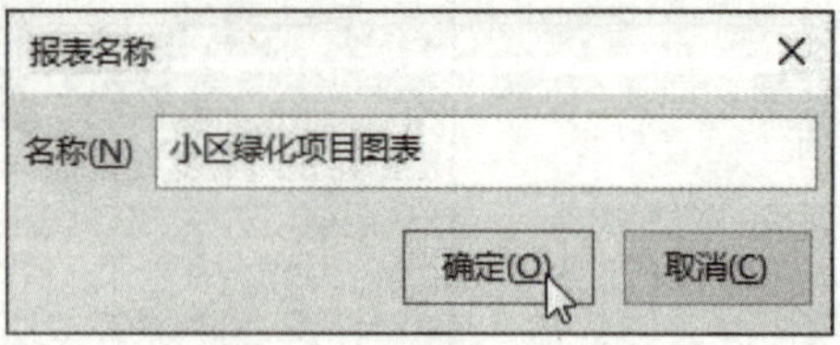

图 9-10　设置报表名称

步骤03 视图中随即创建图表，在右侧的“字段列表”窗格中勾选或取消勾选指定复选框，可向图表中添加或删除相应字段，如图9-11所示。

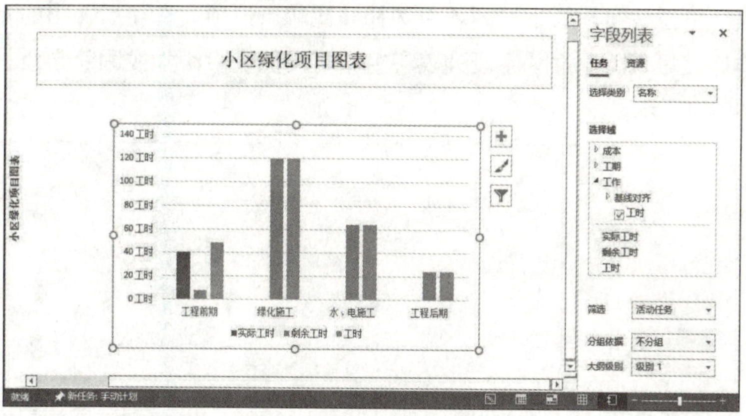

图 9-11 图表显示

3. 自定义表格报表

步骤01 在“报表”选项卡中的“查看报表”组中单击“新建报表”下拉按钮，从展开的列表中选择“表格”选项，如图9-12所示。

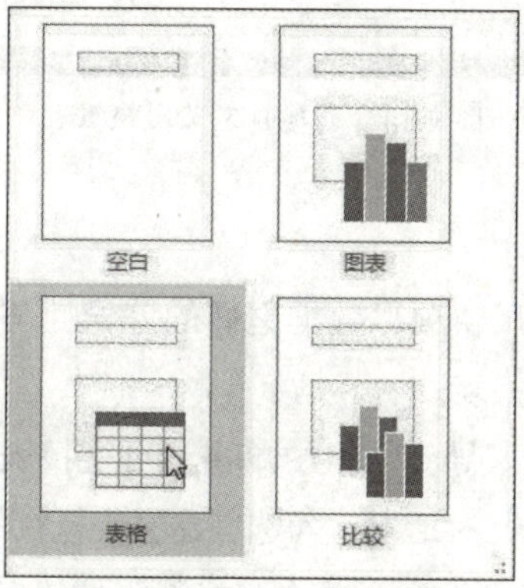

图 9-12 选择“表格”选项

步骤02 在弹出的“报表名称”对话框中设置好报表的名称，单击“确定”按钮，即可创建自定义报表。通过窗口右侧的“字段列表”窗格中的选项控制表格中内容的显示，如图9-13所示。

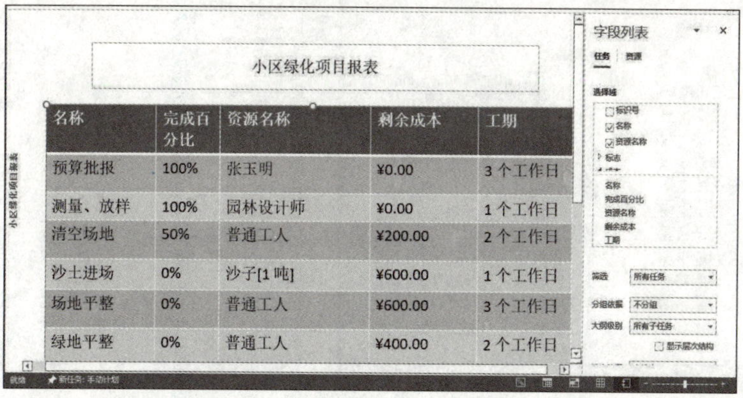

图 9-13 创建自定义表格报表

4. 自定义比较报表

自定义比较报表的方法和另外3种预定义报表的创建方法基本相同。在“报表”选项卡中单击“新建报表”下拉按钮，从下拉列表中选择“比较”选项，在随后弹出的对话框中设置好名称，即可创建比较报表。通过“字段列表”窗格可向图表中添加或删除字段、调整布局、执行筛选等，如图9-14所示。

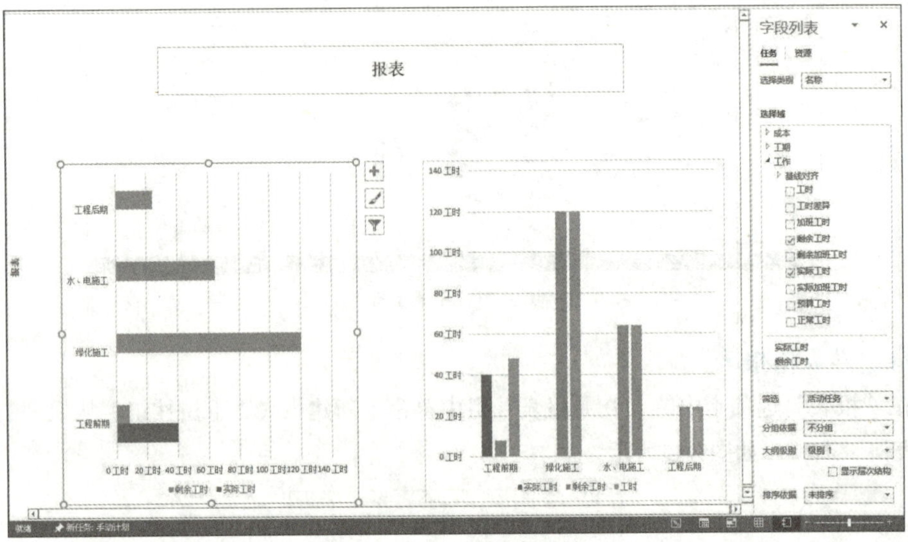

图 9-14　创建自定义比较报表

■9.2.3　创建可视报表

Project中的可视报表可直观反映项目数据之间的差异性与变化性，主要以图形或图表的样式显示。下面介绍如何创建可视报表。

步骤01 打开“报表”选项卡，在“导出”组中单击“可视报表”按钮，如图9-15所示。

步骤02 弹出“可视报表-创建报表”对话框，勾选创建报表模板的应用程序，此处勾选“Microsoft Excel”复选框，随后选择一种报表类型，单击“查看”按钮，如图9-16所示。

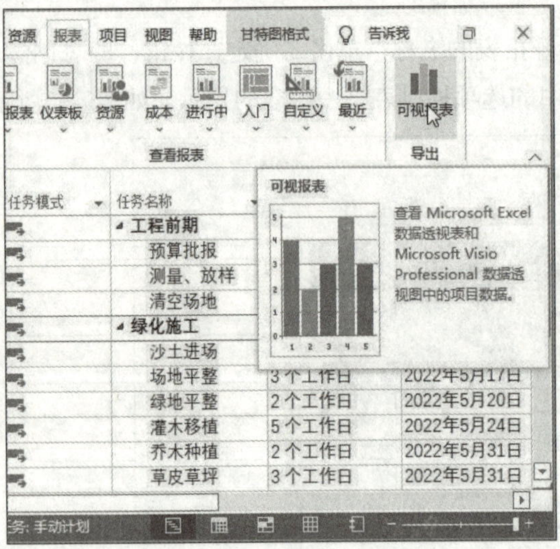

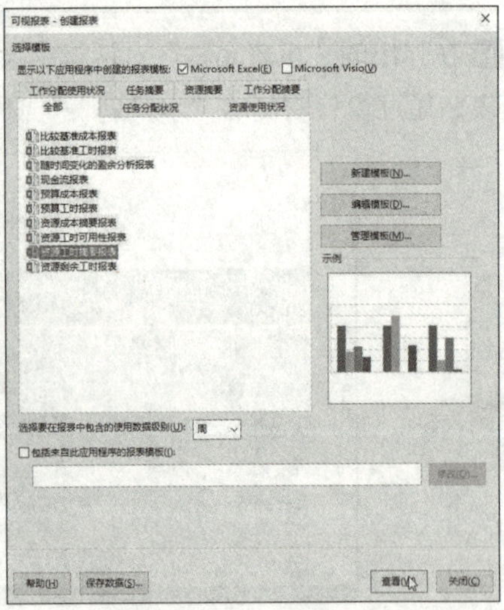

图 9-15　“报表”-“可视报表”操作　　图 9-16　设置创建报表的参数项

步骤03 所选择的报表即可在指定程序中打开，在该Excel文件中包含两张工作表，一张工作表中包含图表，另一张工作表中包含资源使用状况，如图9-17所示。

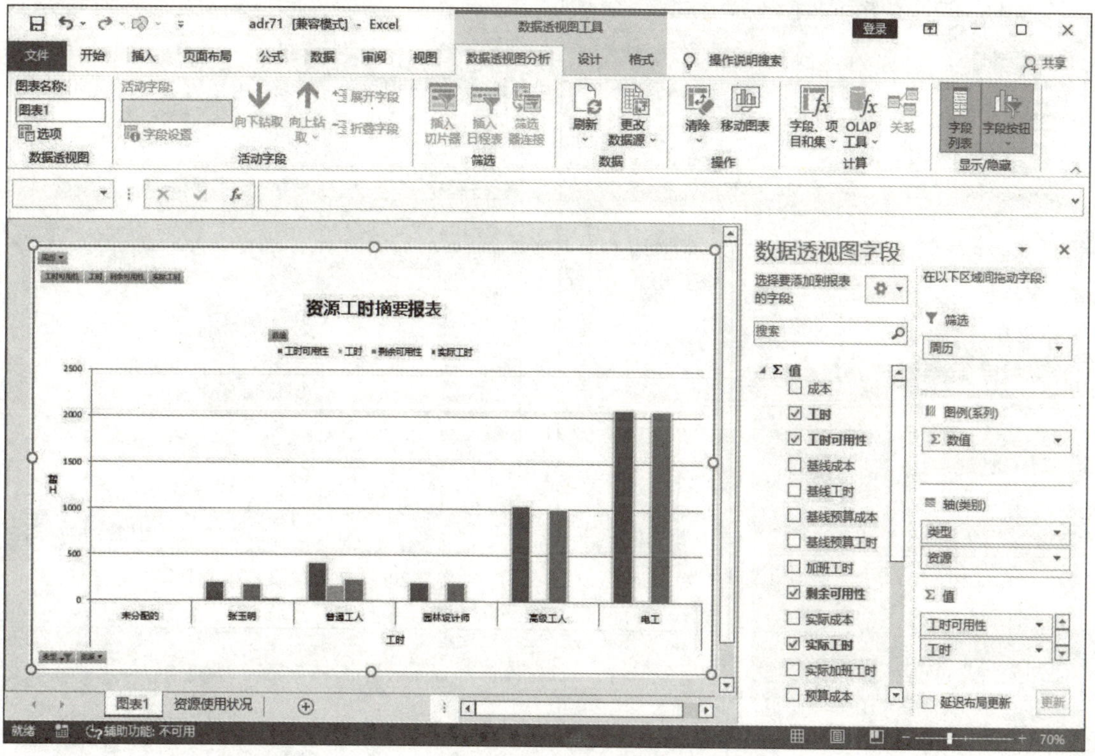

图 9-17 可视报表显示

■9.2.4 自定义可视报表

自定义报表可以从多方位分析项目数据，并可以编辑或新建符合分析需求的预定义报表和可视报表。下面介绍如何自定义可视报表。

步骤01 打开“报表”选项卡，在“导出”组中单击“可视报表”按钮，如图9-18所示。

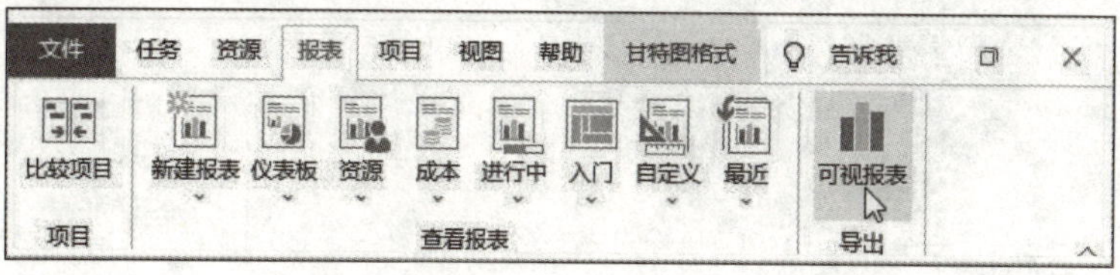

图 9-18 “报表”－“可视报表”操作

步骤02 弹出“可视报表-创建报表”对话框，勾选用于创建报表模板的程序，此处选择“Microsoft Excel”，在“全部”选项卡界面中选择一个报表模板，单击“编辑模板”按钮，如图9-19所示。

步骤03 打开“可视报表-域选取器”对话框，根据需要将“可用域”中的选项添加到“选择的域”列表中，随后单击“编辑模板”按钮，如图9-20所示。

步骤04 Excel程序中随即创建相应的图表，以及该项目的资源使用状况工作表，如图9-21所示。

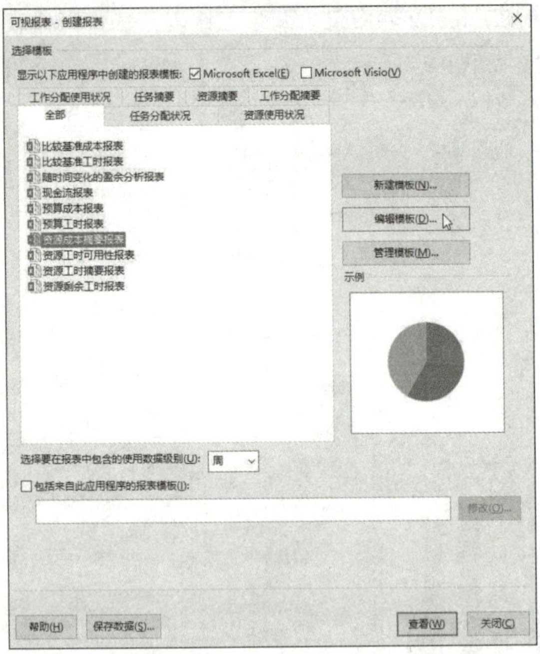

图 9-19 “可视报表 – 创建报表”对话框

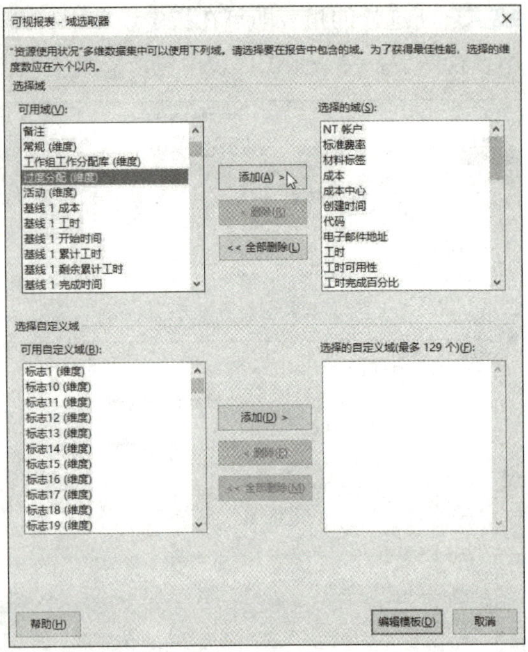

图 9-20 “可视报表 – 域选取器”对话框

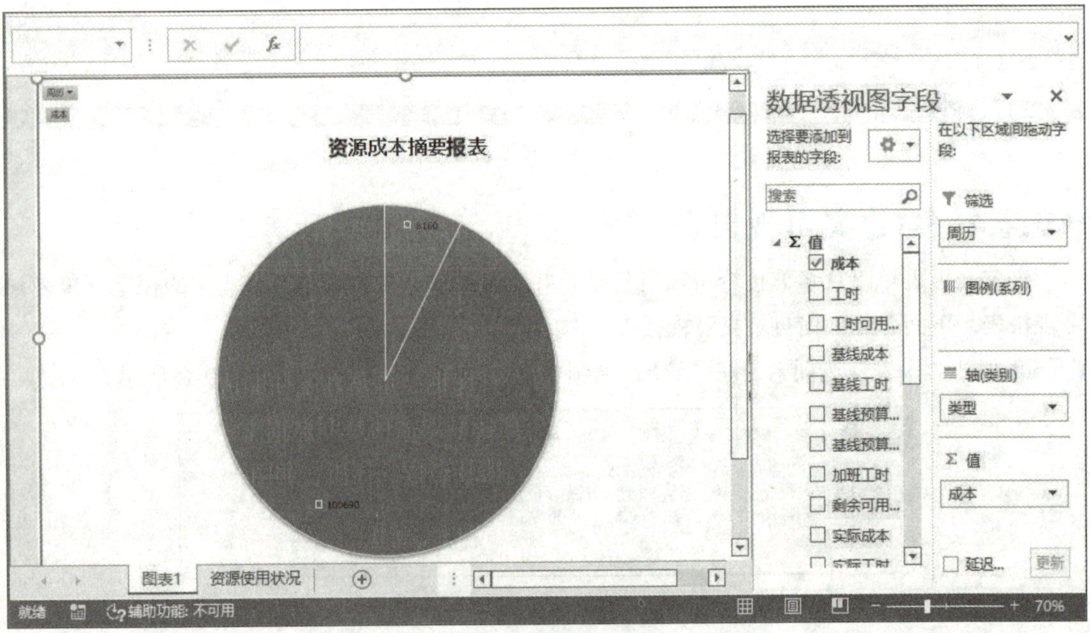

图 9-21 创建的图表显示

上手操作 将报表数据保存到Access数据库

Project项目文档中的数据可以导出为其他文件类型，以便对数据进行进一步分析或在其他环境中使用。下面介绍如何把项目数据保存为Access文件。

步骤01 打开“报表”选项卡，在“导出”组中单击“可视报表”按钮，如图9-22所示。

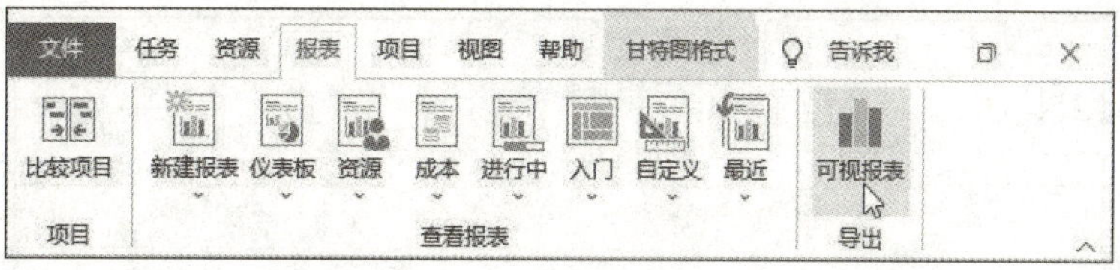

图 9-22 “报表” - “可视报表” 操作

步骤 02 弹出“可视报表-创建报表”对话框，单击“保存数据”按钮。如图9-23所示。

步骤 03 打开“可视报表-保存报表数据”对话框，选择好需要保存的数据类型，单击“保存数据库”按钮，如图9-24所示。随后会弹出“另存为”对话框，设置好文件的保存路径及文件名称即可。

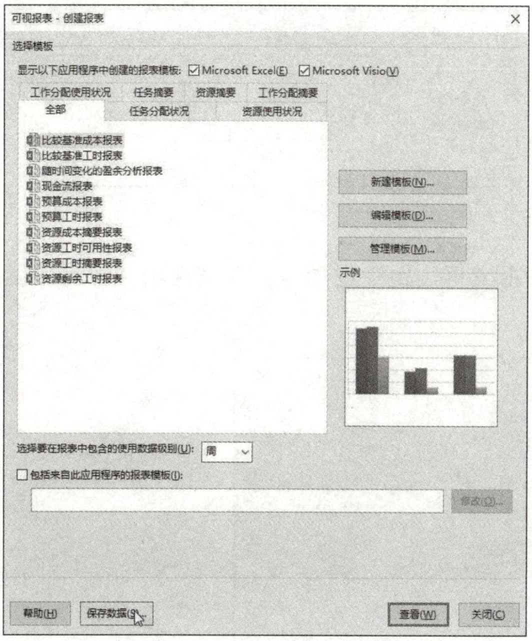

图 9-23 “保存数据” 操作

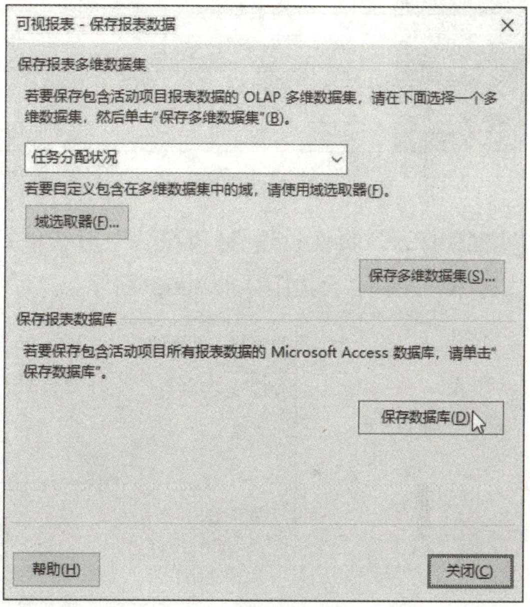

图 9-24 “可视报表 - 保存报表数据” 对话框

9.3 打印项目报表

预定义报表以及可视报表可以打印成纸质文件在不同的场合使用。下面对报表的打印技巧进行详细介绍。

9.3.1 打印预定义报表

在打印报表之前可以设置打印份数、并对页面进行设置，下面介绍具体的操作方法。

步骤 01 打开“文件”菜单，切换到“打印”界面，窗口的右侧是打印预览区域，在该区域可预览报表的打印效果。在窗口左侧可以设置打印份数、打印的范围、纸张方向、纸张大小等。单击最底部的“页面设置”按钮，如图9-25所示。

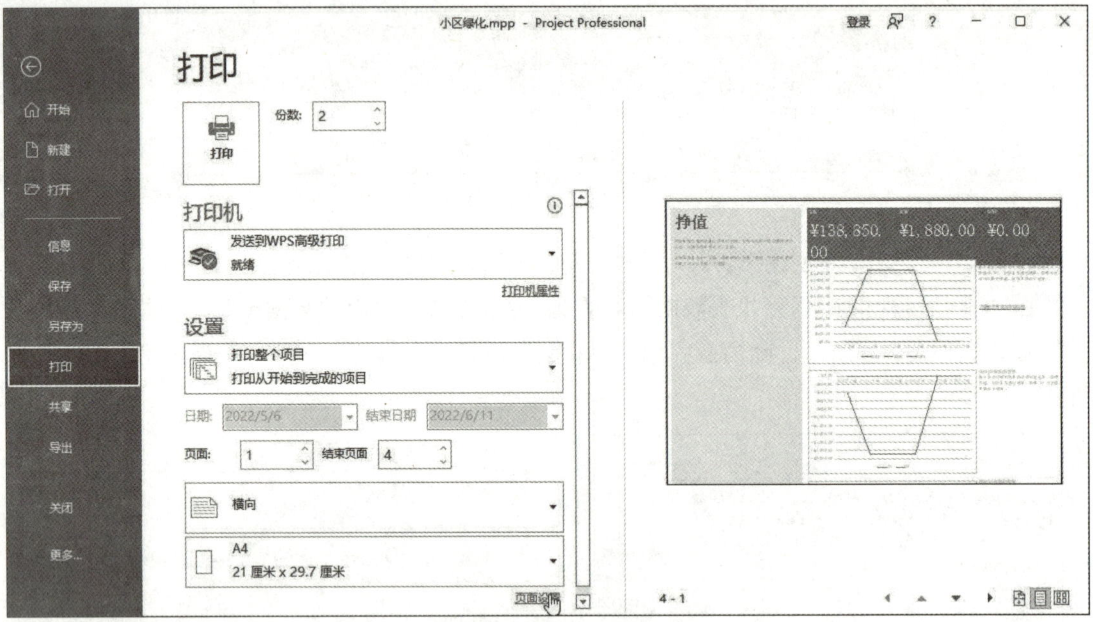

图 9-25　打印界面

步骤02 打开“页面设置-净值报告”对话框，单击“页边距”选项卡，在该选项卡中可设置上、下、左、右页边距，如图9-26所示。

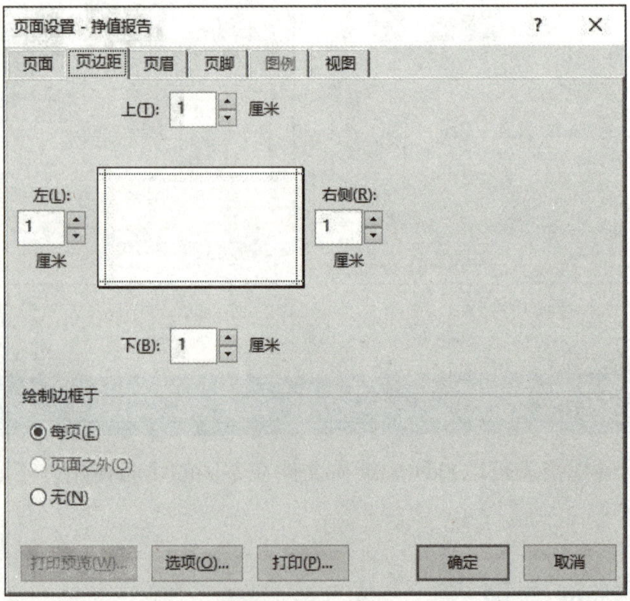

图 9-26　设置页边距

■9.3.2　分类打印可视报表

Project项目文档可以生成Excel和Visio两种类型的可视报表。生成的是什么类型的报表就需要在对应类型的软件中打开才能打印此报表，下面介绍如何在Excel中打印可视报表。

步骤01 根据Project项目内容生成Excel报表后，在Excel报表中单击“文件”按钮，如图9-27所示。

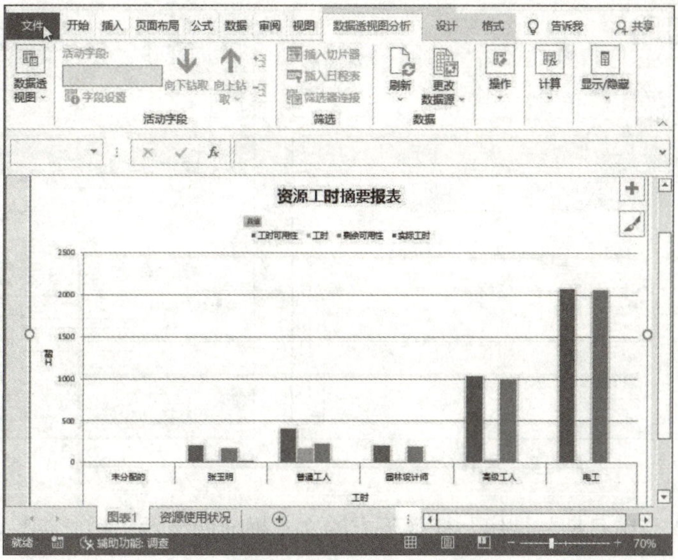

图 9-27 单击“文件”按钮

步骤02 在“文件”菜单中打开“打印”界面，通过界面左侧的各选项可设置打印份数、打印范围、缩放打印、打印方向、纸张大小以及页边距等效果，如图9-28所示。

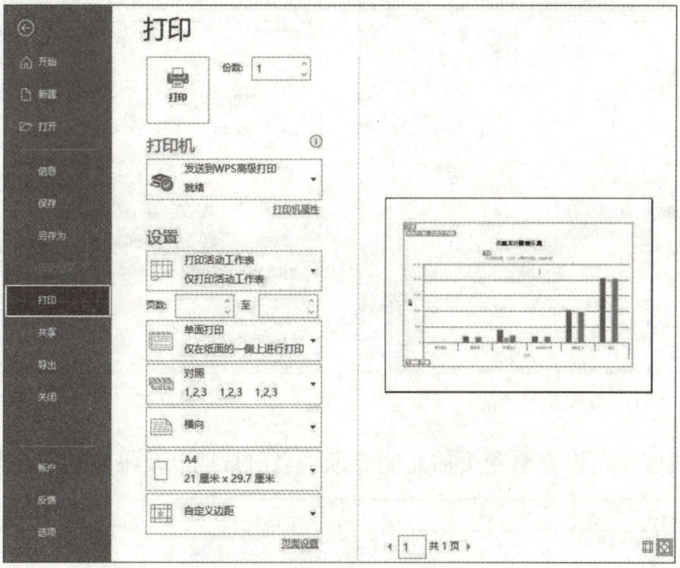

图 9-28 “打印”界面设置

上手操作 显示打印日期和报表名称

打印项目文档时，可以在页眉或页脚处显示打印时间以及报表名称等信息，下面介绍具体的操作方法。

步骤01 为项目生成挣值报告后进入“文件”菜单，打开“打印”界面，在窗口底部单击“页面设置”选项，如图9-29所示。

步骤02 弹出“页面设置-挣值报告”对话框，打开“页眉”选项卡，单击“左”标签（表示在页眉左侧插入内容），如图9-30所示。

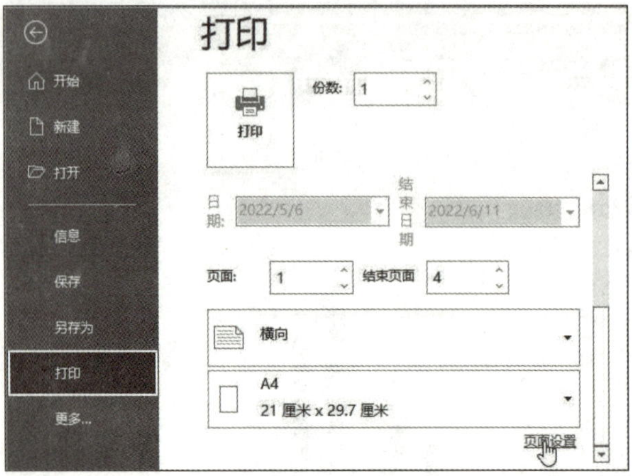

图 9-29 “页面设置”操作

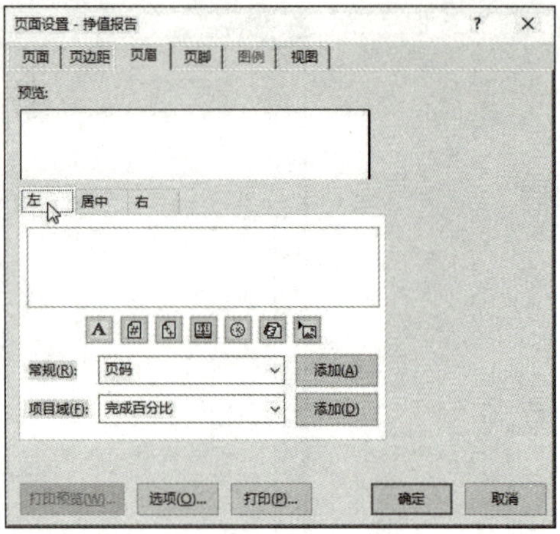

图 9-30 页眉设置

步骤03 单击“插入当前日期”按钮，标签下方的文本框随即显示“&[日期]”，如图9-31所示。

步骤04 单击“常规”右侧的下拉按钮，在列表中选择“报表名称”选项，单击“添加”按钮，向页眉左侧添加报表名称，最后单击“确定”按钮，如图9-32所示。

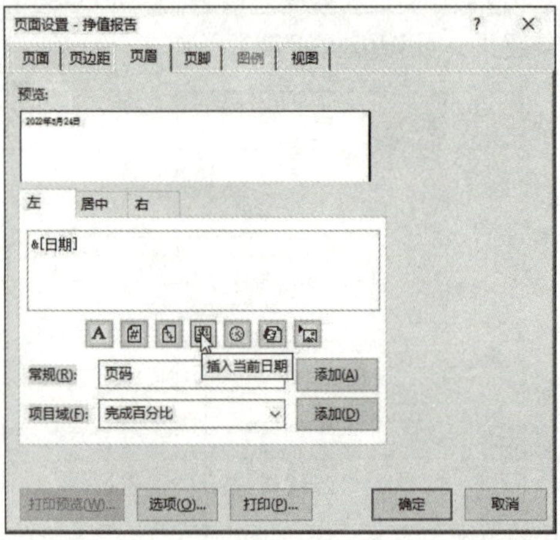

图 9-31 插入当前日期

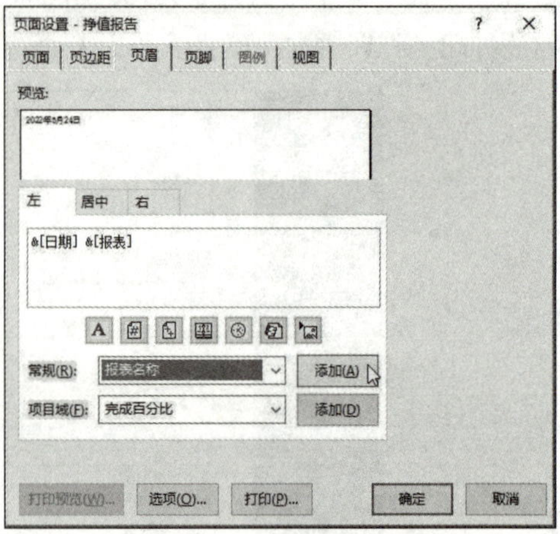

图 9-32 添加报表名称

步骤05 在打印预览区域可以查看到页眉左侧显示了当前日期以及报表名称，如图9-33所示。

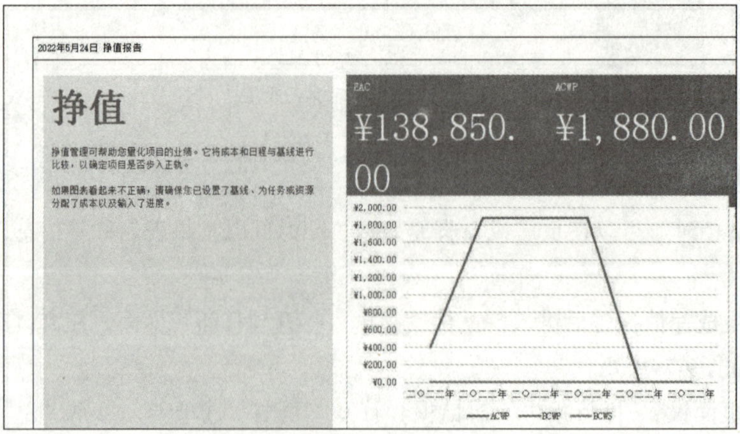

图 9-33 预览显示

实战演练 创建“龙湖私人住宅设计”项目报表

在项目进行的过程中应及时交流、分析与审核项目信息，也可以将项目信息生成报表或可视报表并进行打印。

扫码观看视频

1. 生成项目进度图表

步骤01 打开“报表”选项卡，在“查看报表”组中单击“仪表板”下拉按钮，在展开的列表中选择“进度”选项，如图9-34所示。

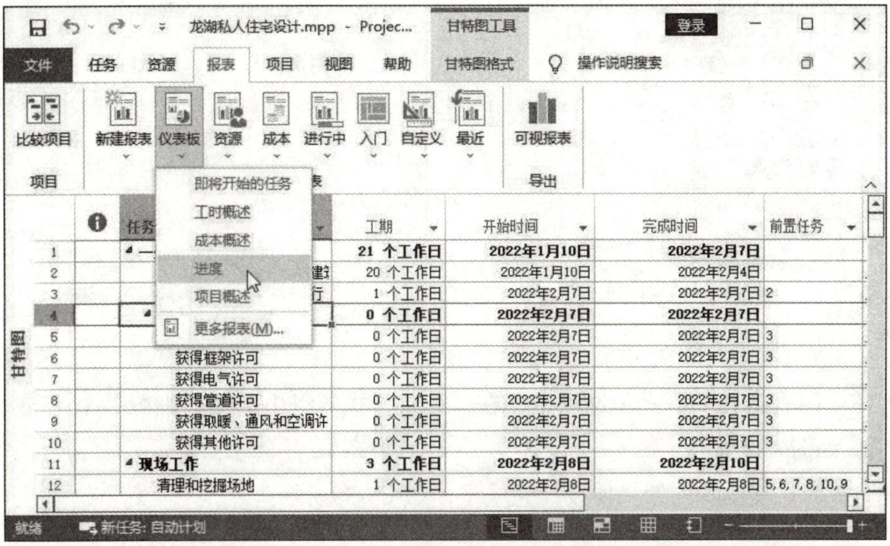

图 9-34 选择“进度选项”

步骤02 Project界面随即切换到“进度”视图，窗口中显示“工时进度”以及“任务进度”图表，如图9-35所示。

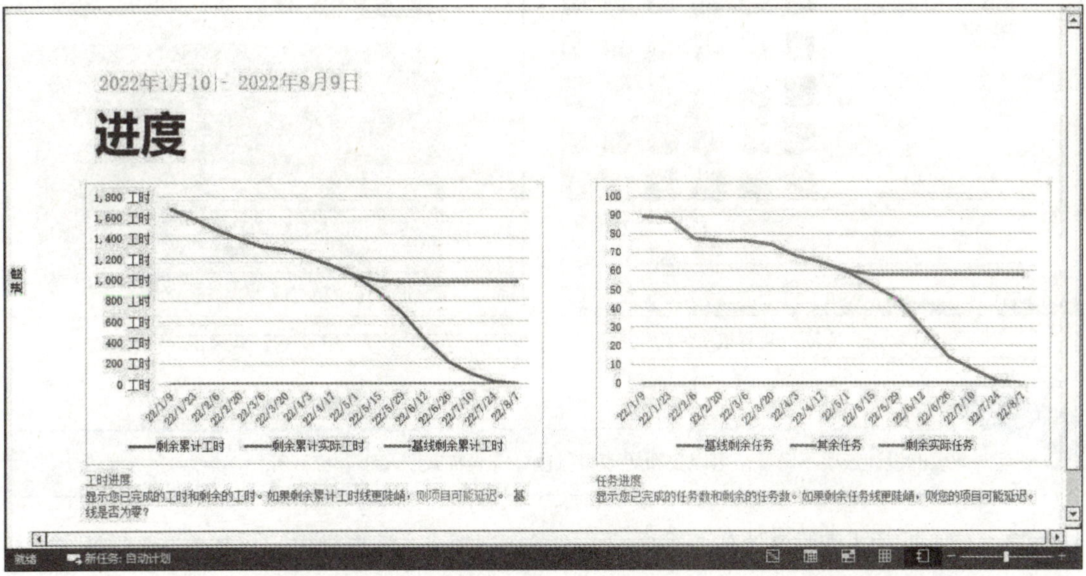

图 9-35 “进度”视图

步骤03 选中“工时进度”图表，打开“图表工具—图表设计”选项卡，单击“更改颜色”下拉按钮，选择“彩色调色板2”选项，修改图表系列的颜色，如图9-36所示。

步骤04 在“图表样式”组中选择“样式12”，为图表应用该样式，如图9-37所示。

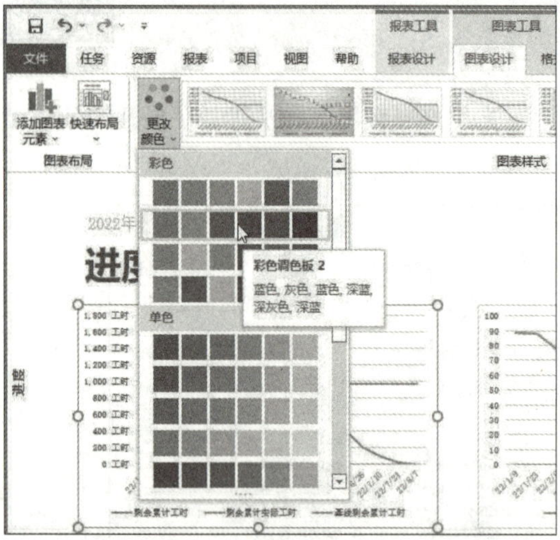

图 9-36 修改图表颜色

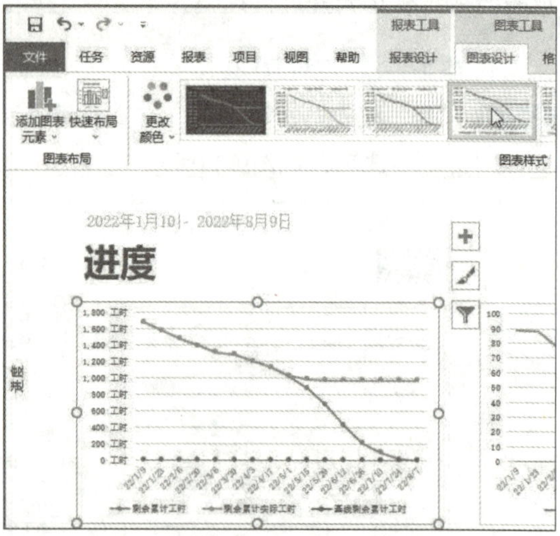

图 9-37 应用样式

步骤05 打开“图表工具—格式”选项卡，在“形状样式”组中选择“细微效果-橙色，强调颜色2”选项，如图9-38所示。

步骤06 此时工时进度图表的效果便设计完成了，如图9-39所示。

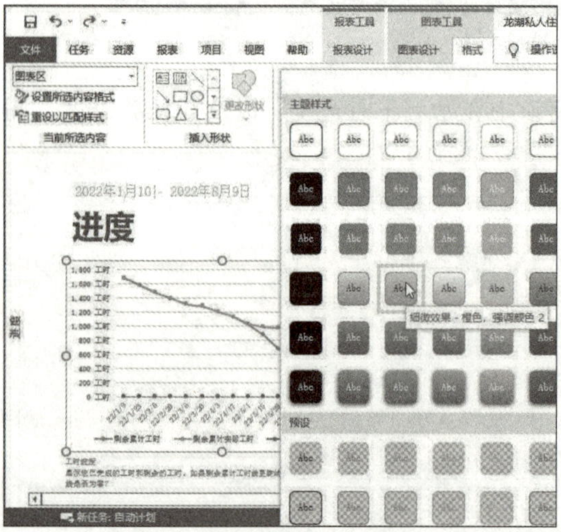

图 9-38 选择形状样式

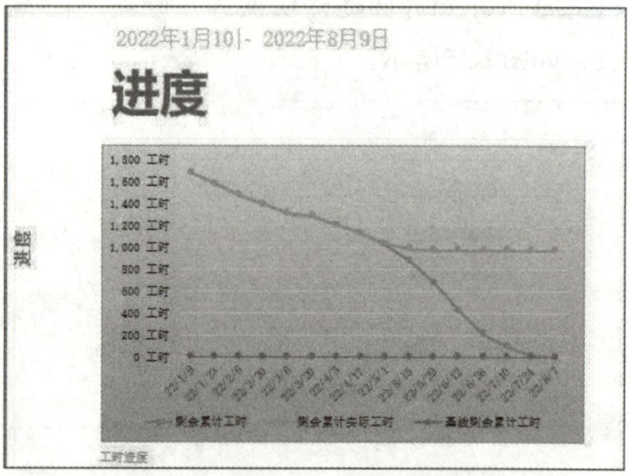

图 9-39 效果图

知识点拨

若对图表的设计效果不满意，可以重新更改其颜色、图表样式以及主题样式等。

步骤07 参照前面的步骤继续为任务进度图表设置系列颜色、图表样式、背景效果等，最终效果如图9-40所示。

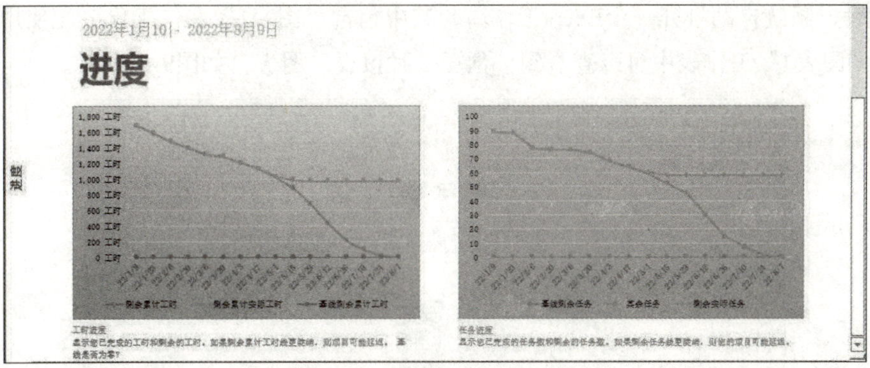

图 9-40　最终效果图

2. 生成项目可视报表

步骤01 打开“报表”选项卡，在“导出”组中单击“可视报表”按钮，如图9-41所示。

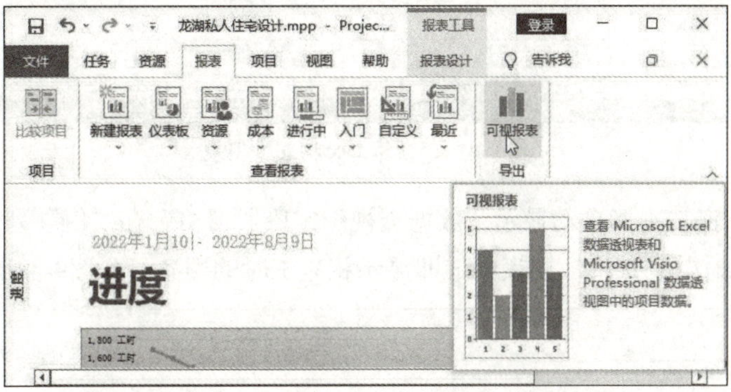

图 9-41　“导出”－“可视报表”操作

步骤02 弹出“可视报表-创建报表”对话框，取消“Microsoft Visio”复选框的勾选，打开“工作分配使用状况”选项卡，选择“预算工时报表”选项，单击“查看”按钮，如图9-42所示。

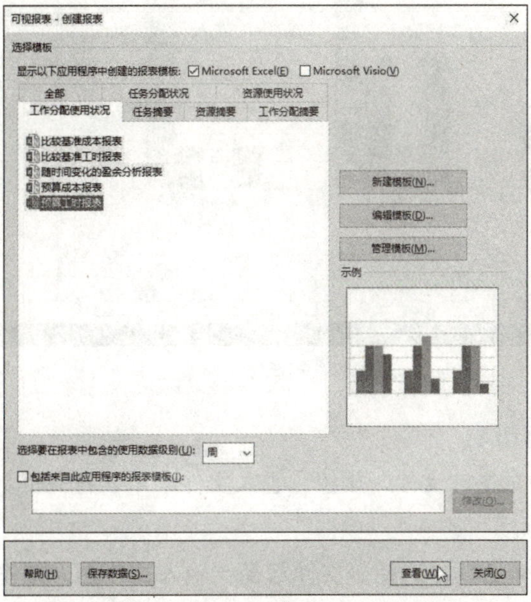

图 9-42　“预算工时报表”查看操作

步骤 03 此时，系统自动打开一个Excel工作簿，其中包含“图表1”和“工作分配使用状况”工作表。在“图表1”工作表中可以查看到“预算工时报表”图表，如图9-43所示。

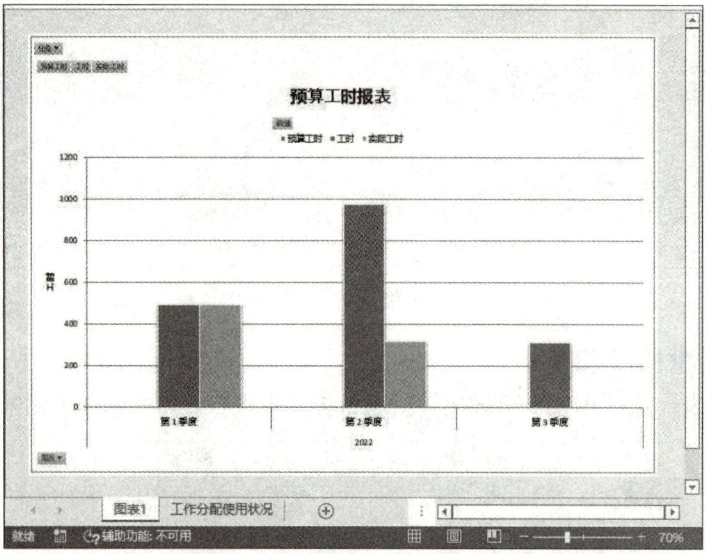

图 9-43 “预算工时报表”图表

步骤 04 选中图表，窗口右侧自动显示“数据透视图字段”窗格，在“值”列表中再勾选“正常工时”和“累计工时”复选框，图表中随即显示相应工时的图条，如图9-44所示。

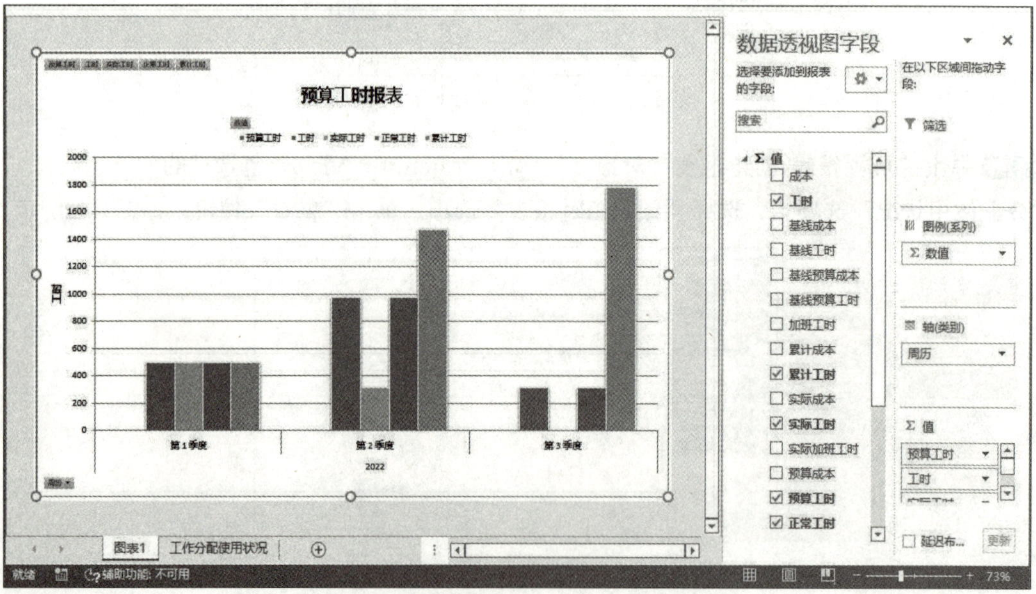

图 9-44 预算工时报表显示

3. 保存及打印项目报表

步骤 01 在Excel工作簿中单击“文件”按钮，进入文件菜单，打开“另存为”界面，单击“浏览”选项，如图9-45所示。

步骤 02 弹出“另存为”对话框，选择好文件路径，输入文件名，单击“保存”按钮，保存该Excel报表，如图9-46所示。

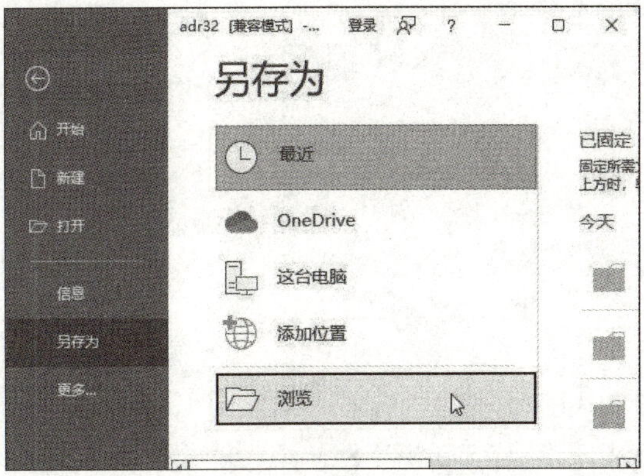

图 9-45 “另存为”界面

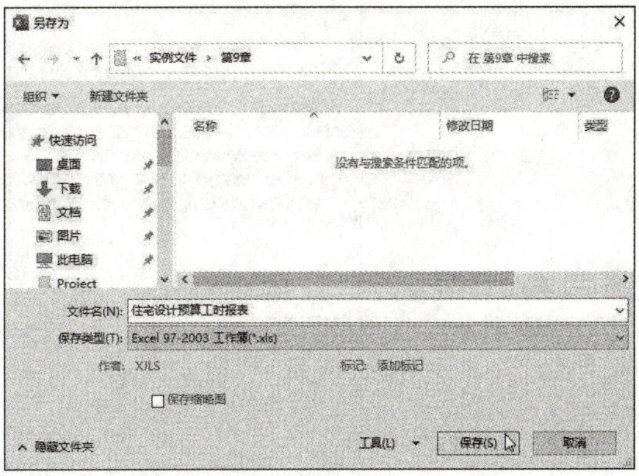

图 9-46 保存项目报表

步骤03 在文件菜单中打开“打印”界面，单击最底部的“页面设置”选项，如图9-47所示。

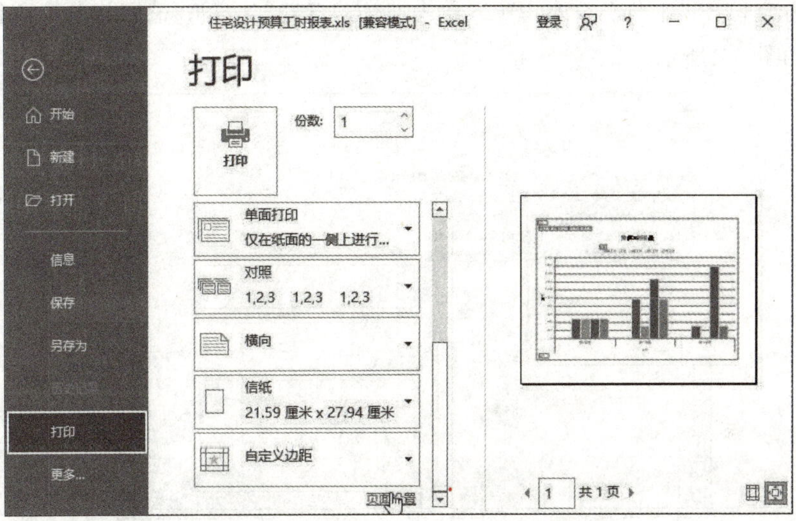

图 9-47 “打印”–“页面设置”选项

步骤04 弹出“页面设置”对话框，打开“图表”选项卡，勾选“按黑白方式”复选框，如图9-48所示。

步骤05 切换到“页眉/页脚”选项卡，单击“自定义页眉”按钮，如图9-49所示。

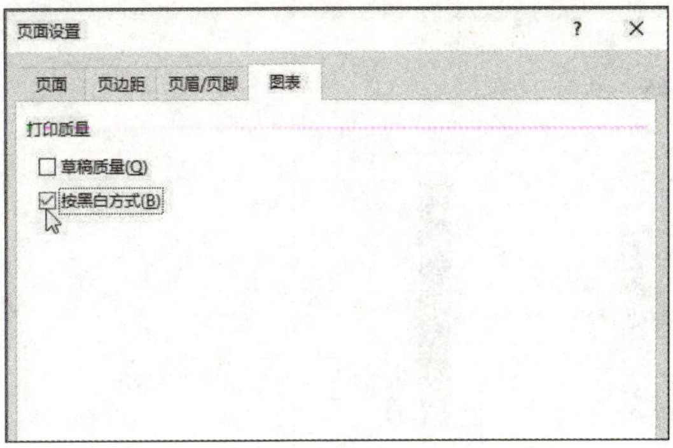

图 9-48 设置“图表”选项卡

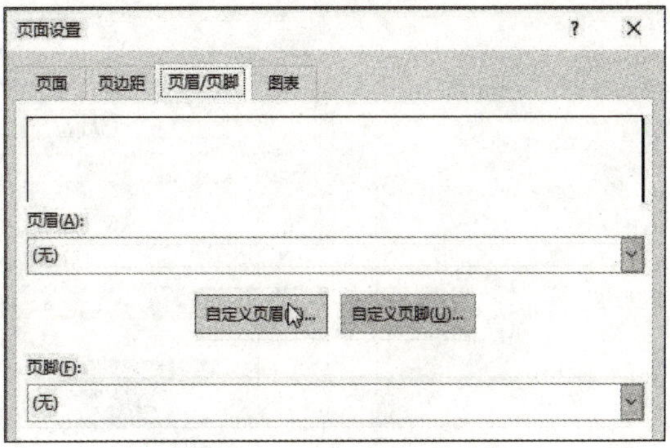

图 9-49 “自定义页眉”操作

步骤06 打开“页眉”对话框，在中间的文本框中输入“德胜设计公司”，如图9-50所示。

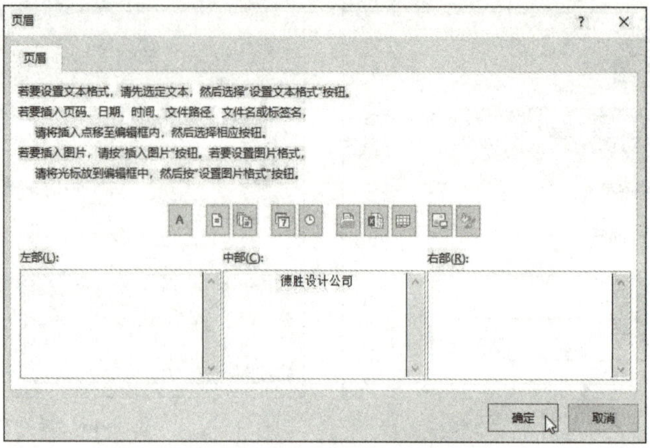

图 9-50　设置页眉

步骤 07 将光标定位在“右部”文本框中，单击“插入日期”按钮，最后单击“确定”按钮，关闭对话框，如图9-51所示。

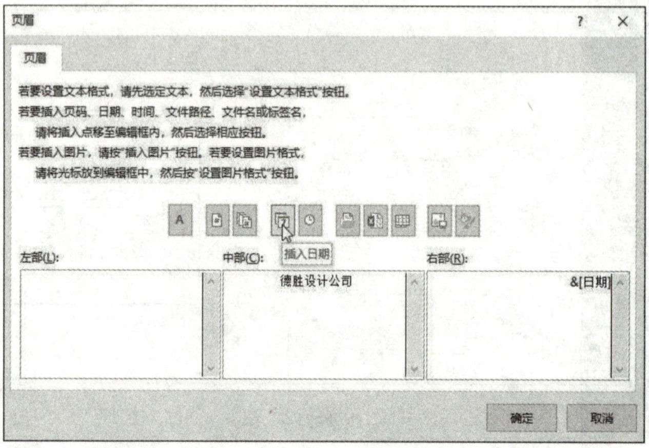

图 9-51　插入日期操作

步骤 08 Excel图表即可以黑白形式打印，并且在页眉中间位置显示公司名称，在页眉右侧显示打印日期，效果如图9-52所示。

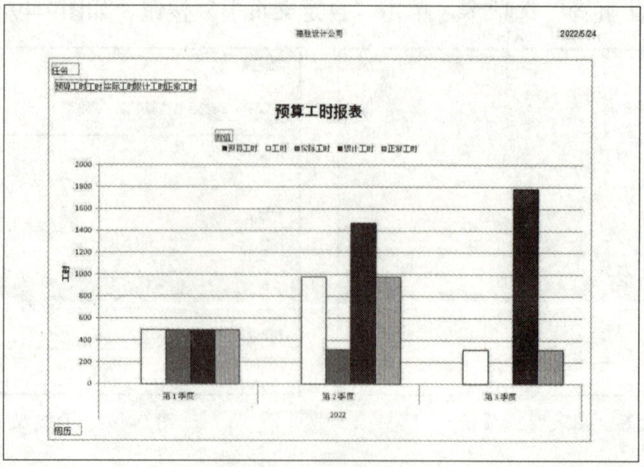

图 9-52　打印效果图

课后作业

本章主要对项目报表的概念、多种项目报表的创建、项目报表的自定义、项目报表的打印等知识进行了详细介绍。下面请为“连锁奶茶店项目”创建可视报表，具体操作要求如下。

（1）使用“可视报表”功能，创建“资源成本摘要报表”。

（2）选择生成Excel报表，随后保存Excel文件，完成效果如图9-53所示。

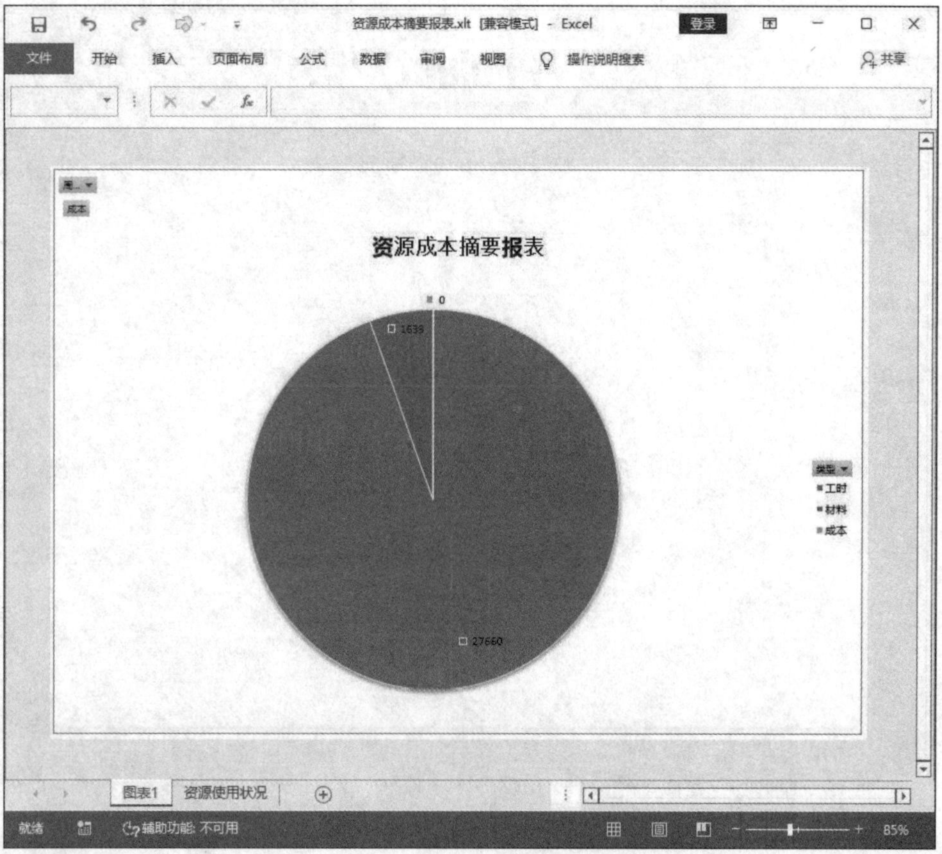

图 9-53　完成效果图

第10章

美化项目文档

内容概要

为了增加项目数据的可读性，让文档更便于阅读和分析，同时让Project文档看起来更美观，可以对文档的视图区、组件、工作区等进行美化。本章将详细介绍项目文档的美化技巧。

数字资源

【本章素材】："素材文件\第10章"目录下

【本章实战演练最终文件】："素材文件\第10章\实战演练"目录下

10.1 数据编辑区域的美化

Project的数据编辑区域中包含项目的任务、资源等信息，用户可以通过设置文本、背景以及网格线等组件的格式来美化数据编辑区域。

■10.1.1 设置文本格式

文本格式的设置包括字体、字号、字体颜色以及字体效果的设置，下面详细介绍如何设置文本格式。

1. 设置所选内容的文本格式

在“甘特图”视图中选择需要设置文本格式的任务，打开“任务”选项卡，通过“字体”组中的“字体”“字号”以及“字体颜色”等选项即可设置所选任务的文本格式，如图10-1所示。设置完成的效果如图10-2所示。

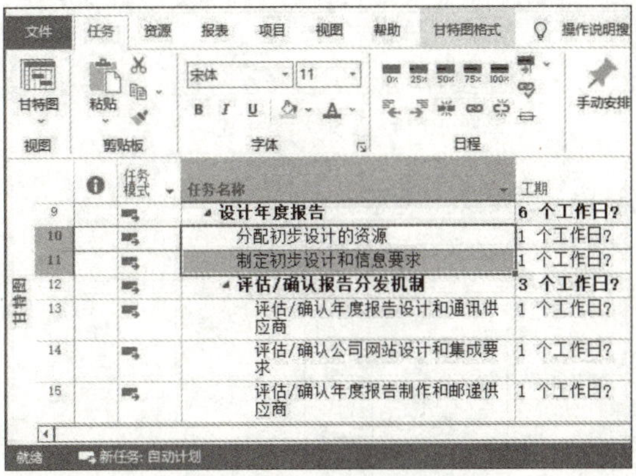

图 10-1 设置所选任务文本格式

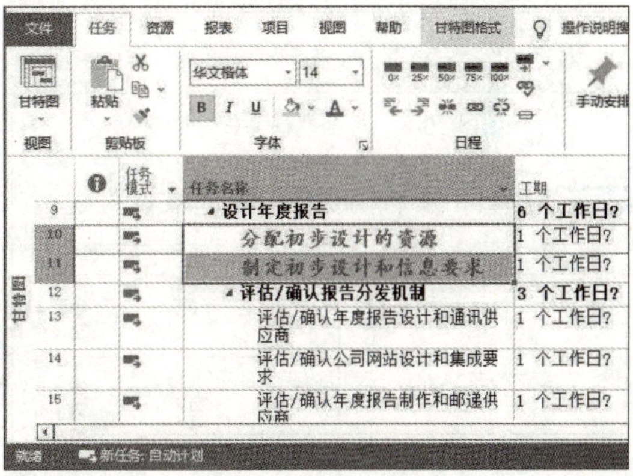

图 10-2 设置完成后的效果

2. 设置指定内容的文本格式

除了在数据编辑区域中手动选择要设置格式的内容，也可以通过“文本样式”对话框为项目中的指定内容设置格式，例如，为摘要任务、行列标题、里程碑任务以及项目中的所有内容等设置格式。下面以如何设置所有摘要任务的格式为例进行介绍。

步骤01 打开“甘特图工具—甘特图格式”选项卡，在“格式”组中单击“文本样式”按钮，如图10-3所示。

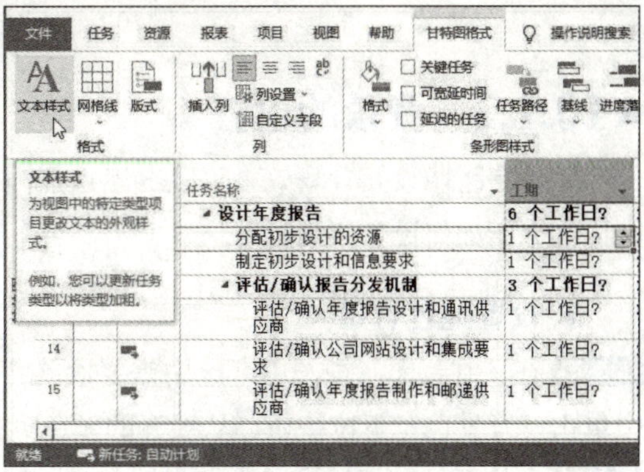

图 10-3 “文本样式”操作

步骤02 弹出“文本样式”对话框，单击“要更改的项”下拉按钮，从展开的列表中选择“摘要任务”选项，如图10-4所示。

步骤03 随后在对话框中设置好字体、字形、字号、颜色等，单击“确定”按钮，如图10-5所示。

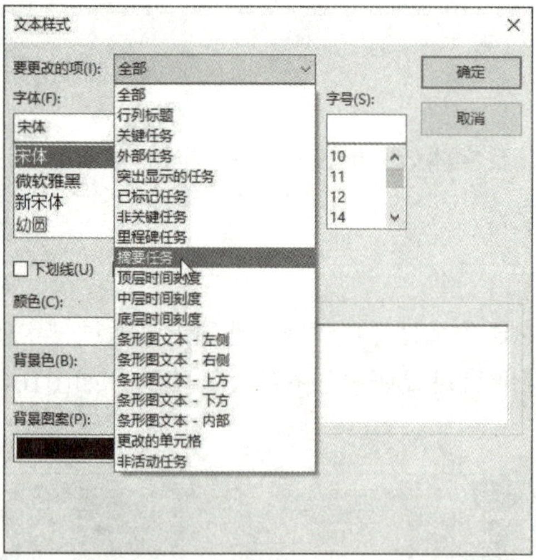

图 10-4　选择“摘要任务”选项

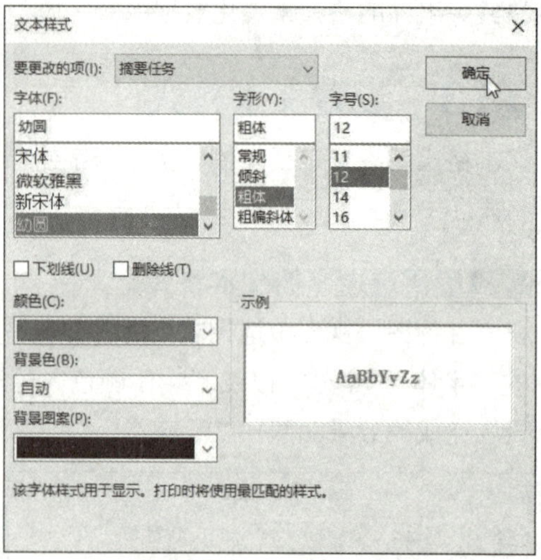

图 10-5　设置文本样式

步骤04 项目中所有摘要任务随即被设置成相应的格式，如图10-6所示。

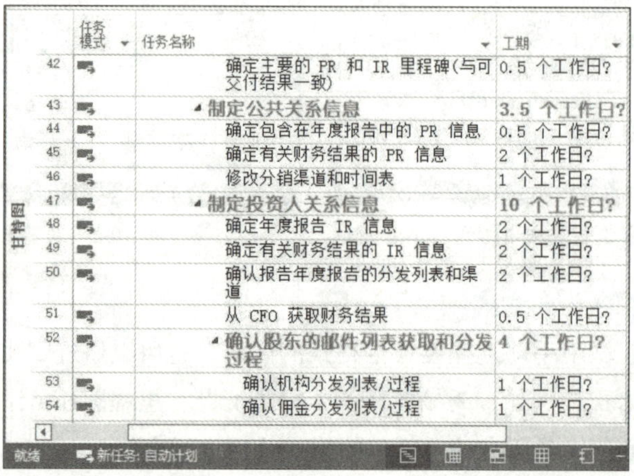

图 10-6　摘要任务格式设置效果

■10.1.2　背景的设置

为指定区域设置背景效果可以突出重点内容，另外也可以起到美化工作界面的效果。接下来详细介绍如何设置背景效果。

1. 设置纯色背景

步骤01 在“甘特图”视图中，选中需要设置背景的区域，打开“任务”选项卡，在“字体”组中单击“背景色”下拉按钮，从展开的颜色列表中选择需要的颜色，如图10-7所示。

步骤02 所选区域随即被设置成相应颜色，如图10-8所示。

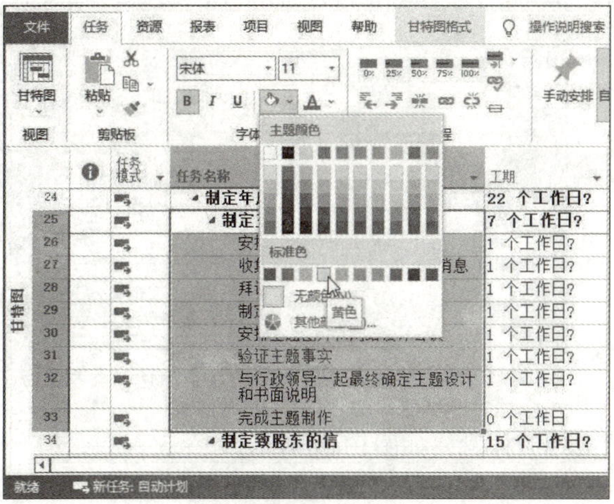

图 10-7 选择背景色

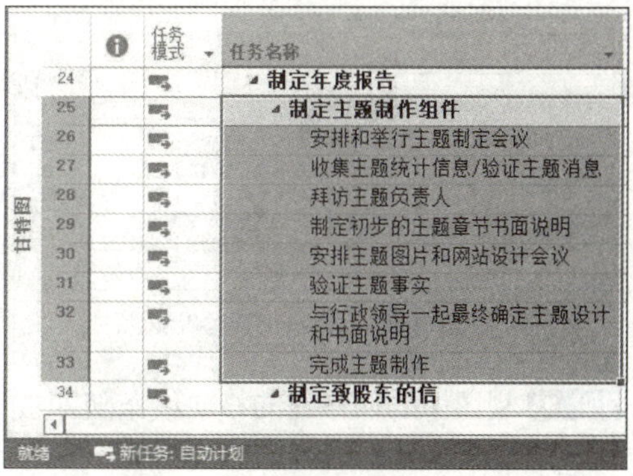

图 10-8 背景色设置后的效果

2. 设置图案背景

步骤01 在“甘特图”视图中选择需要填充图案的区域，打开“任务”选项卡，在“字体”组中单击对话框启动器按钮，如图10-9所示。

步骤02 弹出“字体”对话框，设置好“背景色”以及“背景图案”，单击“确定”按钮，所选区域即可显示相应效果的图案背景，如图10-10所示。

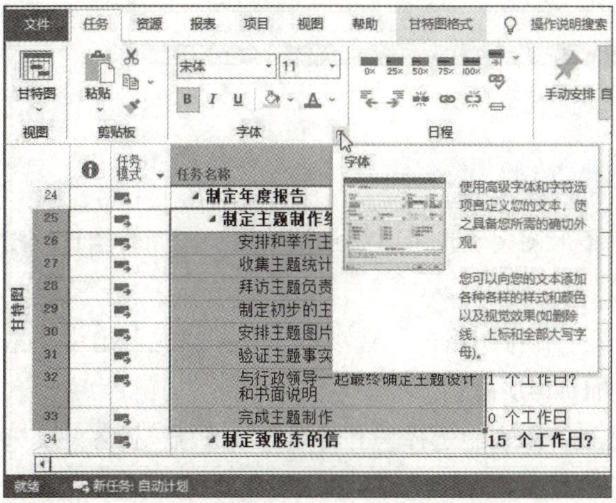

图 10-9 启动“字体”对话框

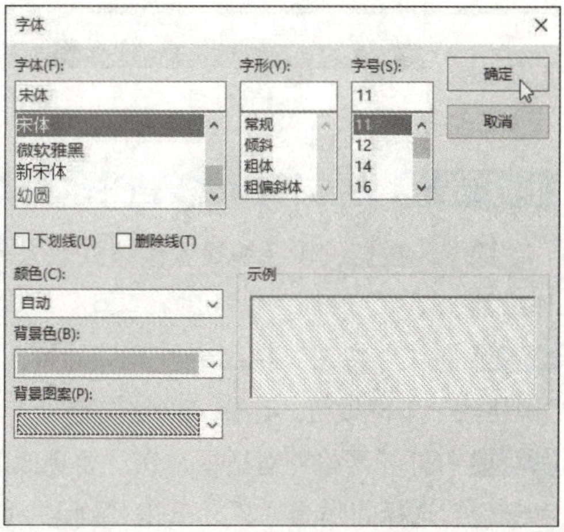

图 10-10 设置“背景色”与“背景图案”

■10.1.3 网格线的设置

网格线即视图中横向和纵向的灰色的网格形线条，设置网格线效果可以提高视图的美观性，增强视图的清晰效果。下面介绍网格的设置方法。

步骤01 在“甘特图”视图中打开“甘特图工具—甘特图格式”选项卡，在“格式”组中单击“网格线”下拉按钮，选择“网格”选项，如图10-11所示。

步骤02 弹出“网格”对话框，选择好需要更改的线条，此处选择“工作表行”选项，随后设置线条的类型、颜色等，单击“确定”按钮，如图10-12所示。

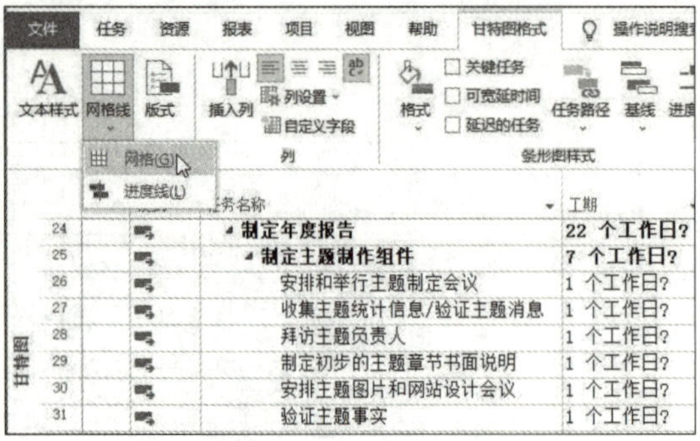

图 10-11　选择“网格”选项

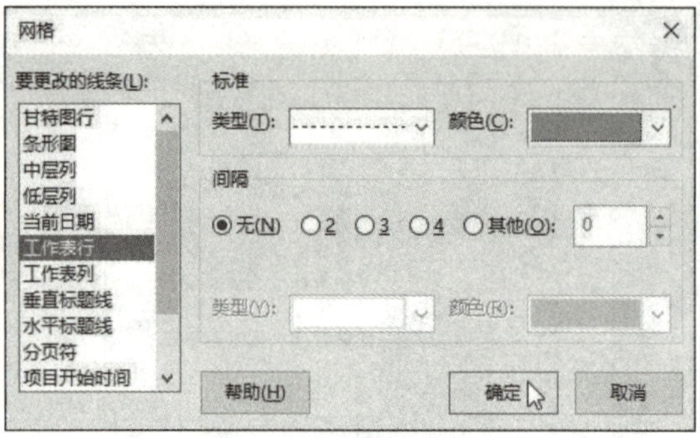

图 10-12　设置工作表行的线条颜色、类型

步骤03 视图中的网格线的横向线条随即被设置成相应样式，如图10-13所示。

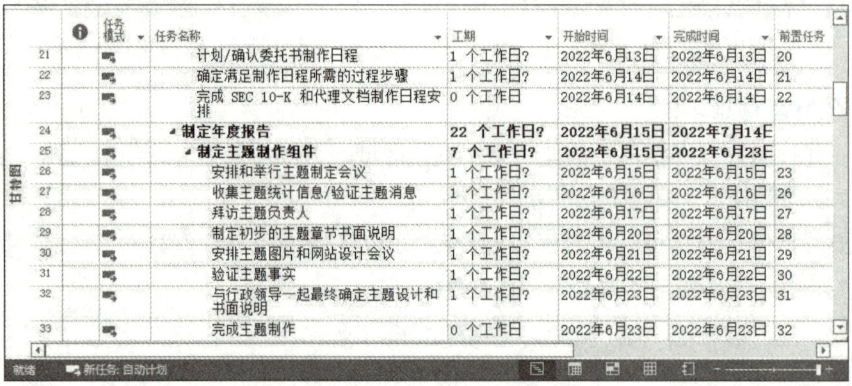

图 10-13　设置后效果

上手操作 为甘特图的条形图区域添加网格线

除了为数据编辑区域设置网格线效果外，条形图区域也可以添加网格线，下面介绍具体操作方法。

步骤01 在“甘特图”视图中打开“甘特图工具—甘特图格式”选项卡，在“格式”组中单击“网格线”下拉按钮，选择“网格”选项，如图10-14所示。

步骤02 打开“网格”对话框，在“要更改的线条”列表中选择“甘特图行”选项，设置好类型和颜色，选择间隔为“4”，单击“确定”按钮，如图10-15所示。

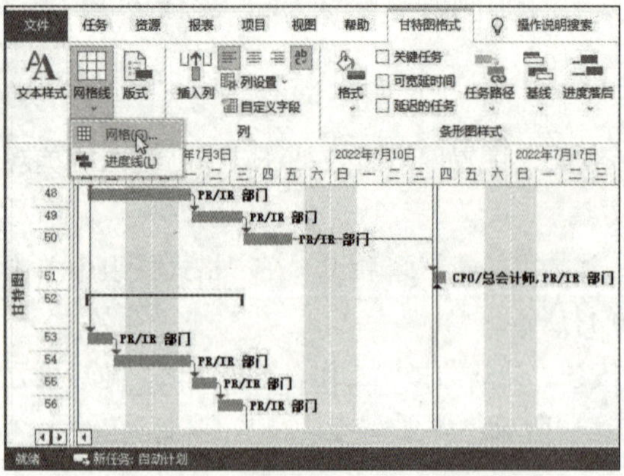

图 10-14　选择“网格”选项

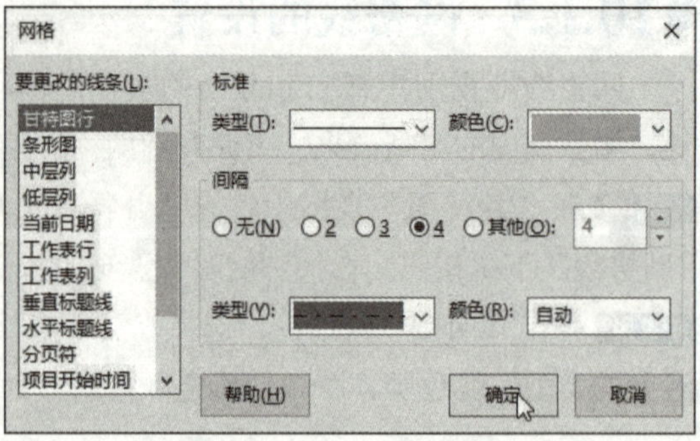

图 10-15　设置甘特图行的线条样式

步骤03 甘特图的条形图区域中随即显示相应效果的网格线，如图10-16所示。

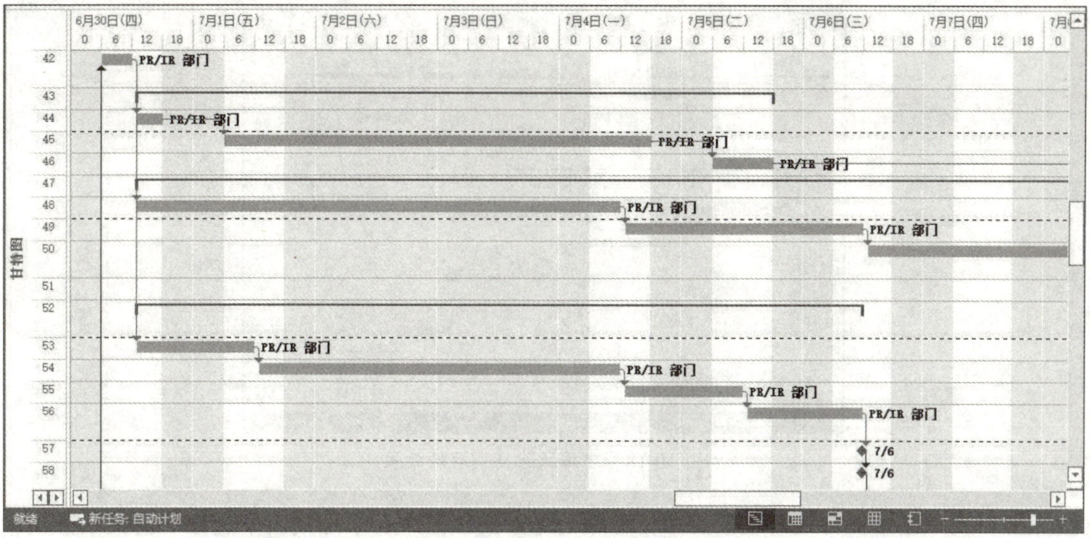

图 10-16　设置后甘特图显示效果

10.2　设置图表视图区

甘特图中的条形图默认为简单的蓝色条形，随着资源的分配、任务的进度变化和任务的调整等因素的变化，条形图会慢慢发生变化。为了让条形图看起来更清晰明了，可以对条形图的样式进行设置。

■10.2.1　快速设置条形图样式

图表视图区主要用于显示甘特图的条形图。Project中提供了“计划中的样式”和“演示文稿样式”两种类型的甘特图样式，每种类型又包含12种各具特色的样式。下面介绍设置方法。

步骤01 在“甘特图工具—甘特图格式”选项卡中的“甘特图样式”组内单击“其他”下拉按钮即可查看到所有样式，在需要的样式上方单击，如图10-17所示。

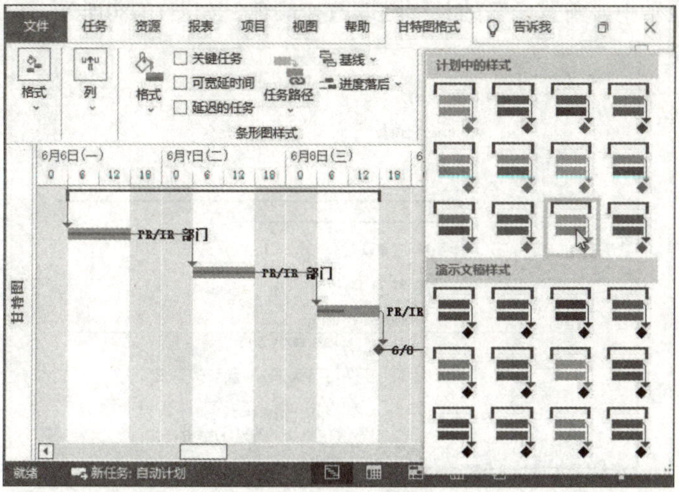

图 10-17　选择甘特图样式

步骤02 甘特图的条形图随即应用所选样式，如图10-18所示。

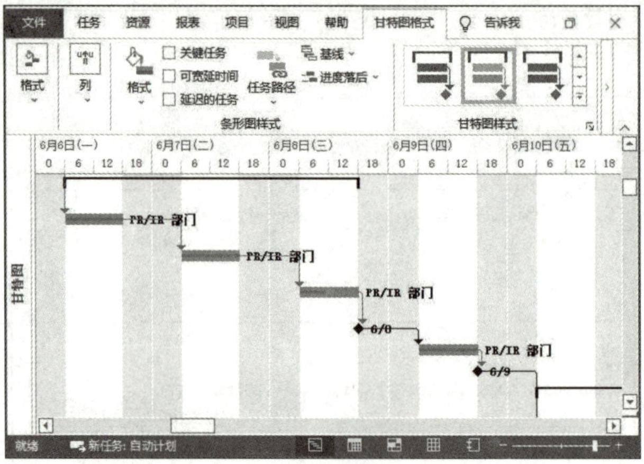

图 10-18　应用所选样式后的效果

步骤03 单击“条形图样式”组中的“任务路径”下拉按钮，在下拉列表中选择“前置任务”选项，如图10-19所示。

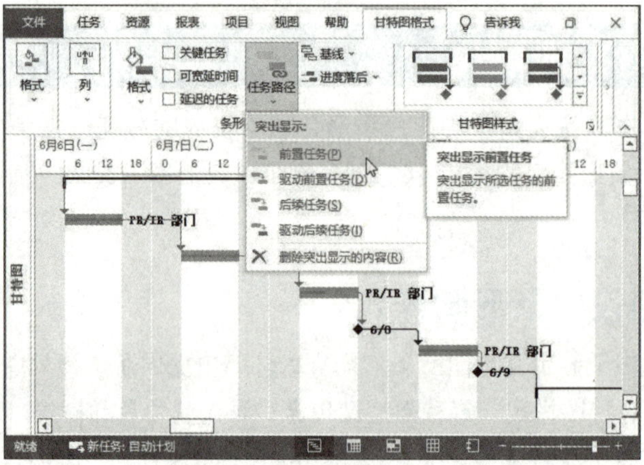

图 10-19　选择“前置任务”选项

步骤04 在条形图显示中，前置任务的条形随即改变颜色，如图10-20所示。

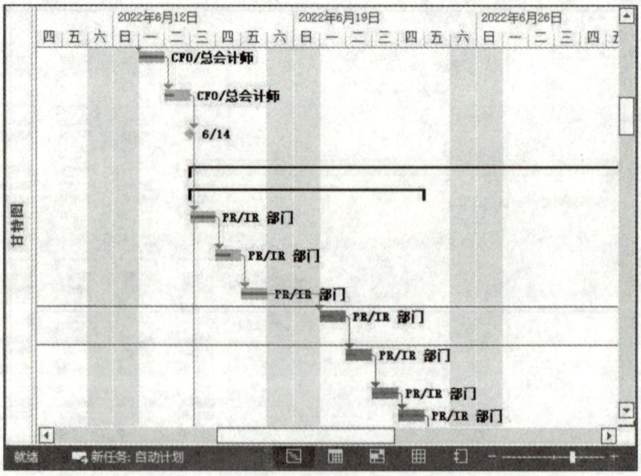

图 10-20　改变颜色显示的条形图

2. 设置版式

条形图的链接线、条形高度、日期显示等都可以进行设置。下面介绍具体的操作方法。

步骤01 打开“甘特图工具—甘特图格式”选项卡，在“格式”组中单击“版式”按钮，如图10-21所示。

步骤02 弹出“版式”对话框，选择一种链接样式，设置好日期格式及条形的高度，单击“确定”按钮，如图10-22所示。

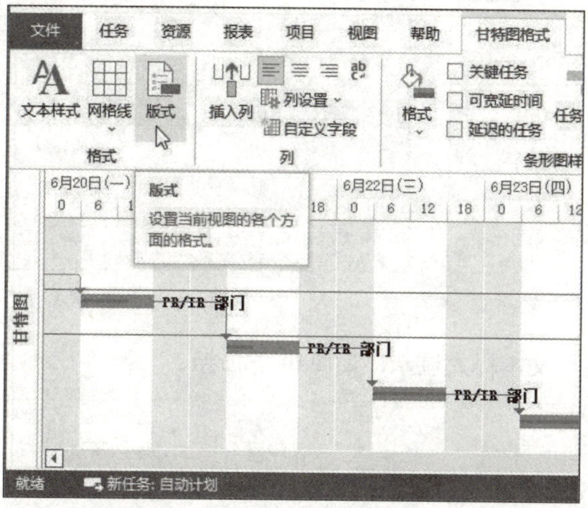

图 10-21 “甘特图格式” - “版式” 操作

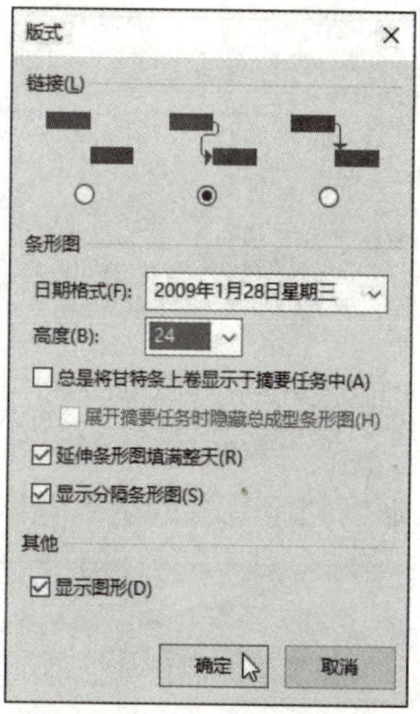

图 10-22 设置版式

步骤03 条形图中随即显示相应样式的链接线，里程碑的日期格式以及条形的高度也发生了相应变化，如图10-23所示。

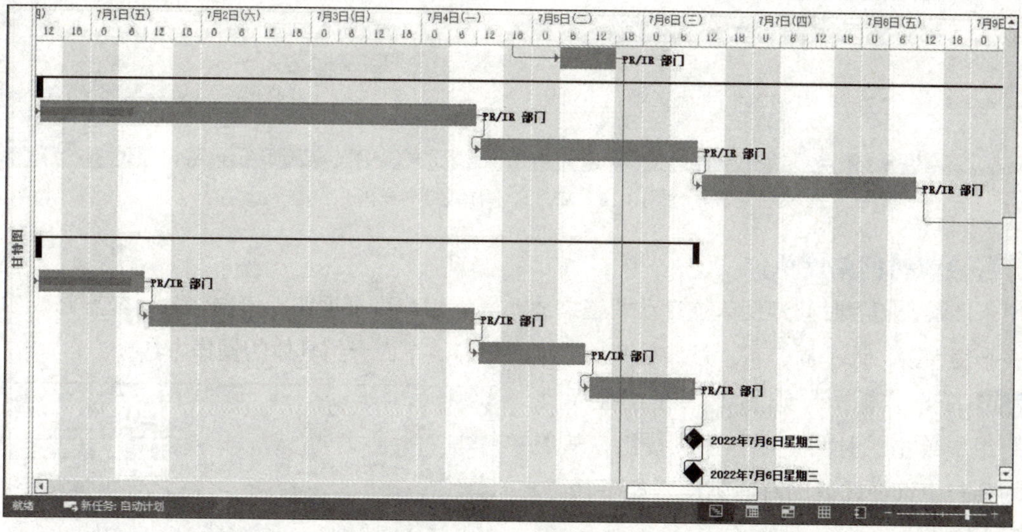

图 10-23 条形图显示

3. 设置条形图文本样式

条形图中的文本样式也可以单独设置。具体设置方法如下。

步骤01 打开“甘特图工具—甘特图格式”选项卡，在“格式”组中单击“文本样式”按钮，如图10-24所示。

步骤02 弹出“文本样式”对话框，在“要更改的项”下拉列表中选择条形图文本的位置，随后再设置好“字体”“字形”“字号”以及“颜色”，单击“确定”按钮，如图10-25所示。

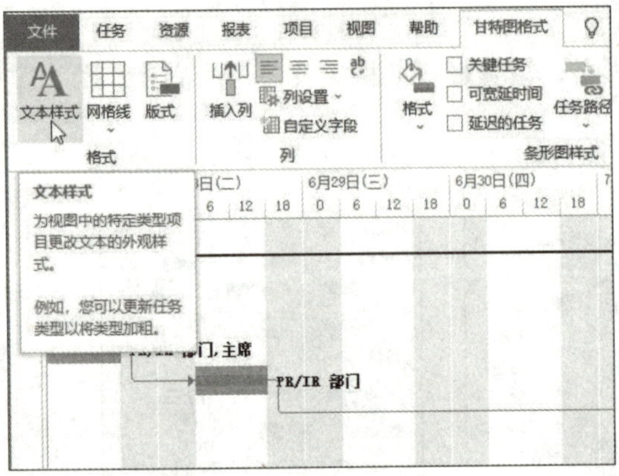

图 10-24 “甘特图格式”-“文本样式”操作

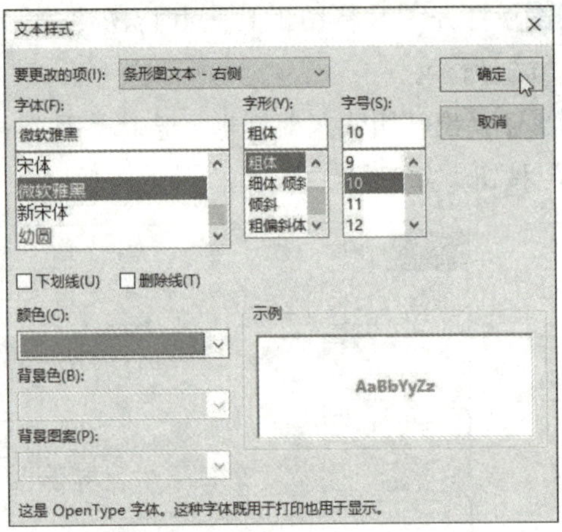

图 10-25 设置文本样式

步骤03 条形图指定位置的文本随即应用文本样式显示，如图10-26所示。

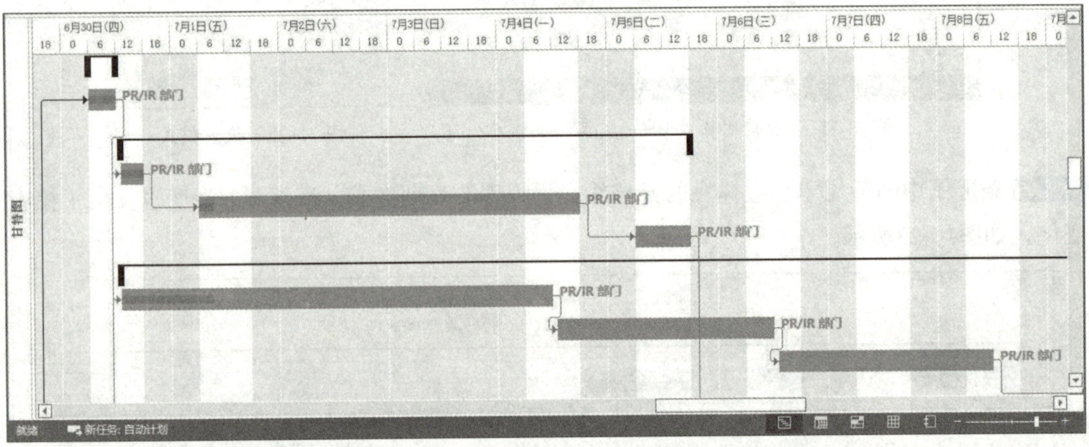

图 10-26 应用文本样式后的效果

4. 更改时间刻度单位

条形图会随着时间刻度单位自动调整缩放比例，用户可根据实际情况将时间刻度修改成小时、季度天数、天、周、旬、月、季度、半年、年等。下面介绍具体的操作方法。

步骤01 打开“视图”选项卡，在“显示比例”组中单击“时间刻度”下拉按钮，从展开的列表中选择需要的时间刻度，如图10-27所示。

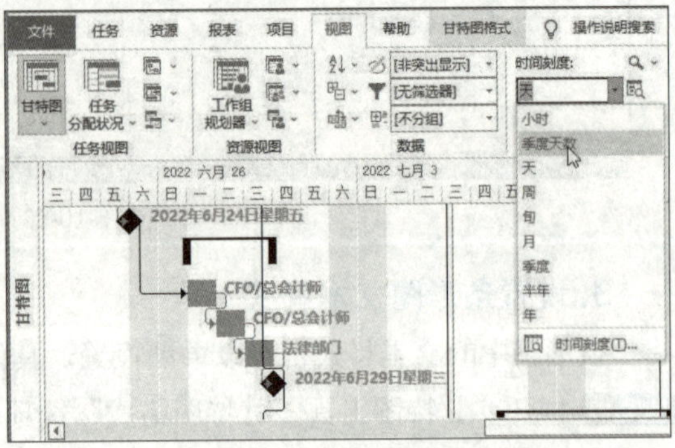

图 10-27 选择所需时间刻度

步骤02 条形图顶部的时间刻度随即被更改，条形图的比例也随之调整，效果如图10-28所示。

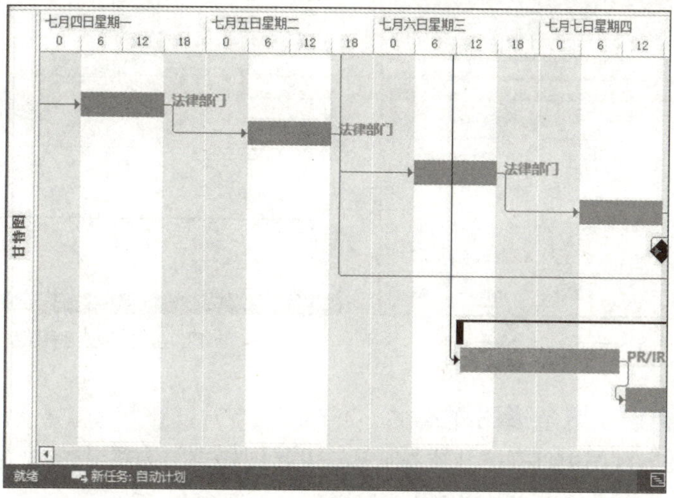

图 10-28　调整后效果图

■10.2.2　自定义条形图样式

除了使用内置的条形图样式，用户也可以根据需要自定义条形图样式。下面介绍具体操作方法。

1. 设置所选任务的条形图样式

步骤01 选择需要设置条形图样式的任务，打开“甘特图工具—甘特图格式”选项卡，在“条形图样式”组中单击“格式”下拉按钮，选择“条形图”选项，如图10-29所示。

步骤02 弹出“设置条形图格式”对话框，在“条形图形状”界面中设置条形图的头部以及尾部形状样式，如图10-30所示。

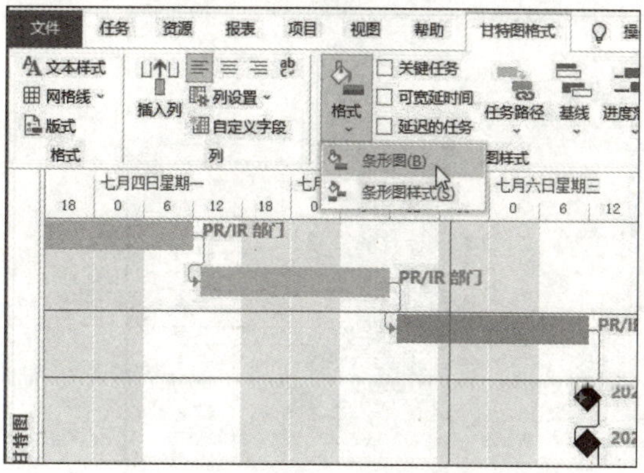

图 10-29　选择“条形图”选项

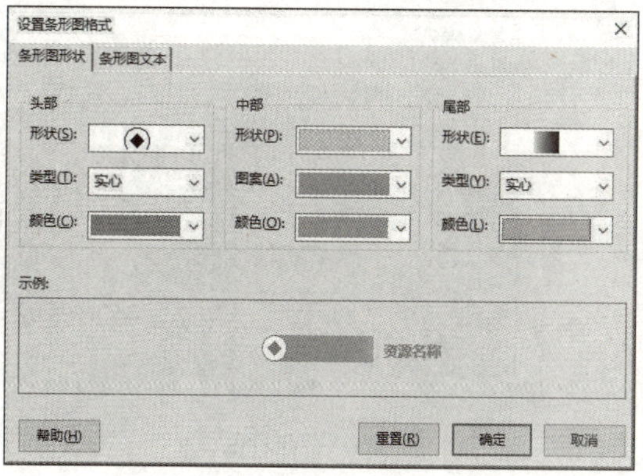

图 10-30　设置条形图形状样式

步骤03 切换到“条形图文本”选项卡，在该界面中可以设置条形图不同位置所显示的内容，设置完成后单击“确定”按钮，如图10-31所示。

步骤04 所选任务对应的条形图随即变成相应的样式，如图10-32所示。

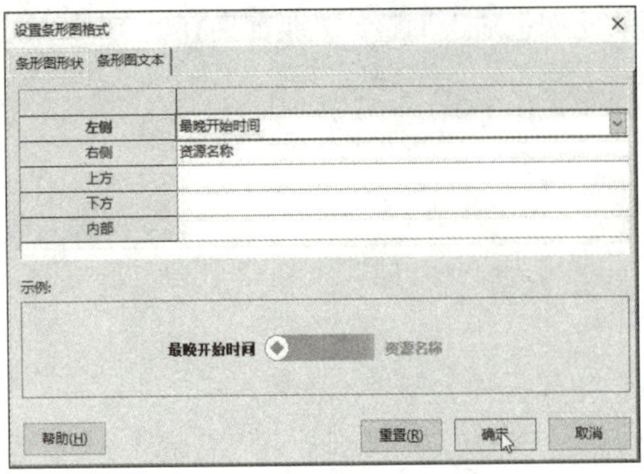

图 10-31　设置条形图文本样式

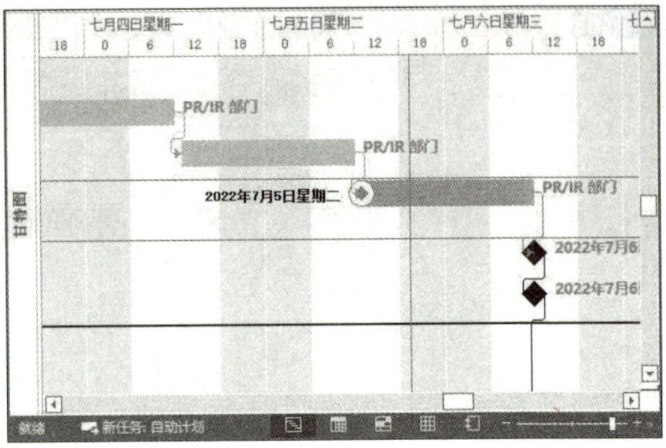

图 10-32　应用样式后的效果

2. 根据任务类别设置条形图样式

步骤01 在“甘特图”视图中打开“甘特图工具—甘特图格式”选项卡，在“条形图样式”组中单击“格式”下拉按钮，选择“条形图样式”选项，如图10-33所示。

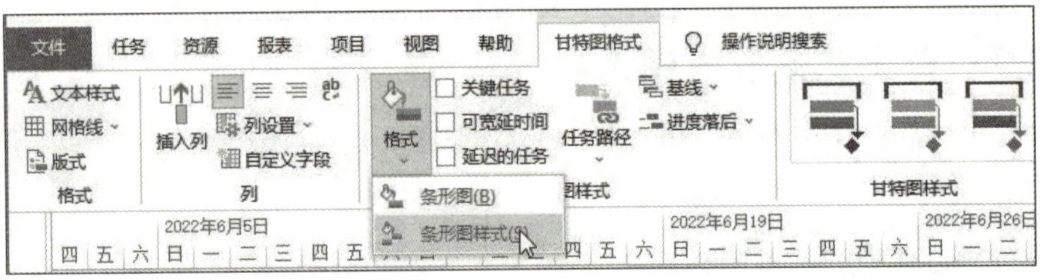

图 10-33　选择“条形图样式”选项

步骤02 弹出“条形图样式”对话框，选择好任务名称，分别设置头部、中部以及尾部的样式，此处分别设置好“里程碑”和“摘要”任务的条形图样式，最后单击“确定”按钮，如图10-34所示。

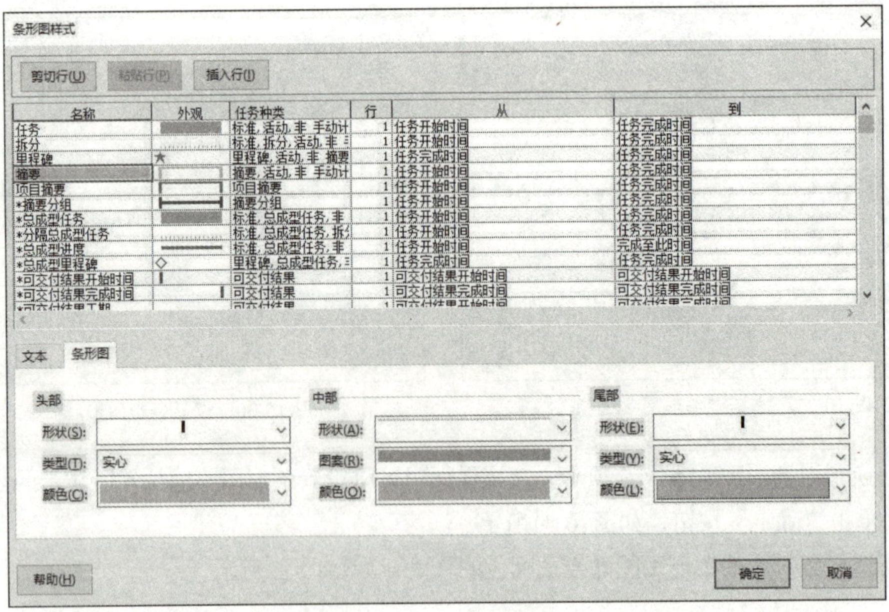

图 10-34　设置条形图样式

步骤03 条形图中的里程碑以及摘要图形随即发生相应变化，如图10-34所示。

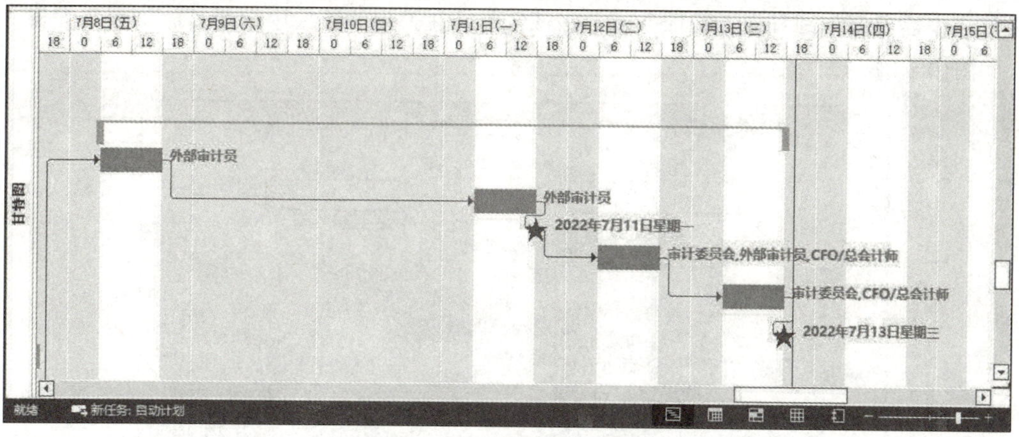

图 10-35 设置后显示效果

10.3 设置日程表

日程表可以清晰地显示项目的开始时间和完成时间，以及重要的任务时间。下面对日程表的添加和设置方法进行详细介绍。

10.3.1 日程表的显示或隐藏

默认情况下，新建的项目文档会自动显示日程表，用户可通过设置使其隐藏或显示，操作方法非常简单。

打开“视图”选项卡，在“拆分视图”组中，勾选“日程表”复选框即可显示日程表。反之，取消勾选“日程表”复选框，则会隐藏日程表，如图10-36所示。

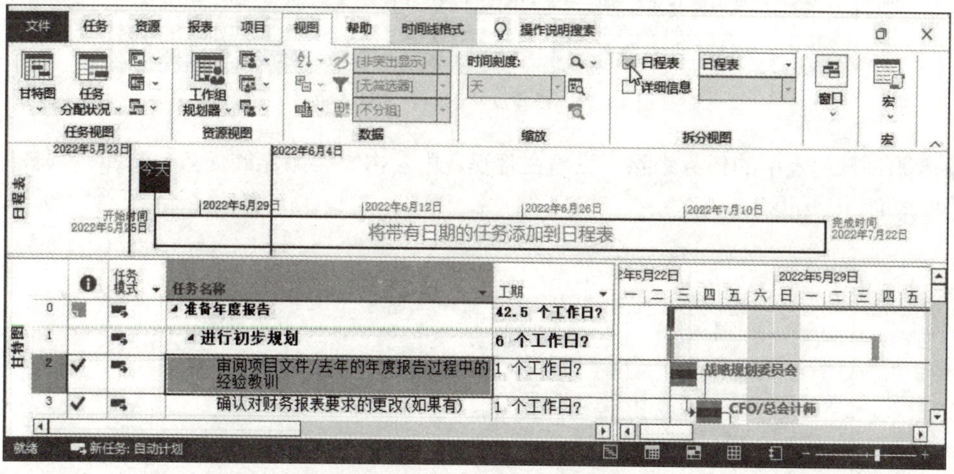

图 10-36 日程表的显示或隐藏

10.3.2 日程表的设置

用户可以将项目中的重要日期添加到日程表中，另外，还可对日程表的日期范围、日期格式、文本样式等进行设置。

1. 日程表中任务的添加与删除

步骤01 选中需要添加到日程表的任务，右击该任务，在弹出的菜单中选择“添加到日程表”选项，如图10-37所示。

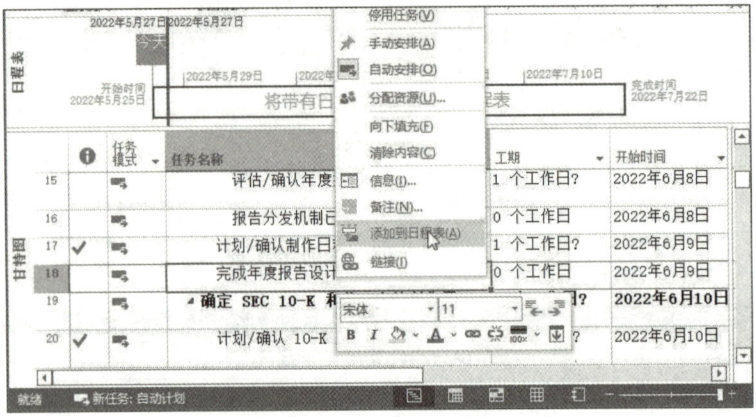

图 10-37 选择“添加到日程表”选项

步骤02 所选任务随即被添加到日程表中，如图10-38所示。

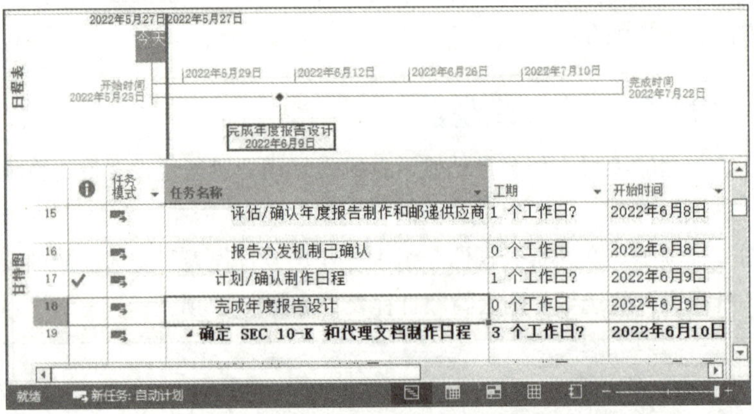

图 10-38 任务成功添加到日程表中

步骤03 若想将日程表中的任务删除，只需在日程表中右击需要删除的任务，选择“从日程表中删除”选项即可，如图10-39所示。

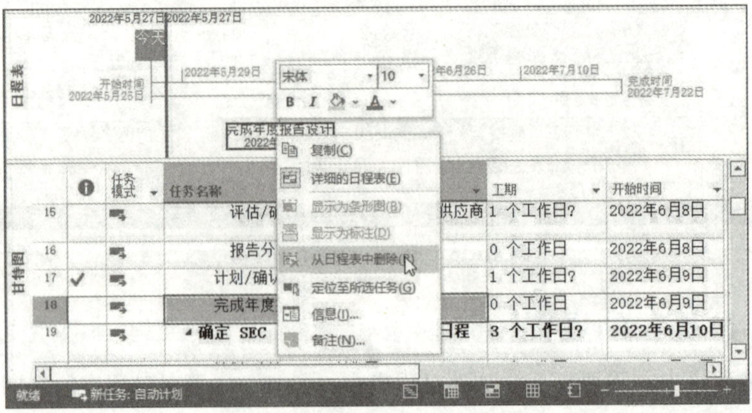

图 10-39 从日程表中删除任务

2. 更改日程表中任务的显示形式

向日程表中添加任务后，除了摘要任务之外，其他任务默认以条形图的样式显示，工期越长，条形越长；反之，工期越短，条形越短。当遇到工期较短的任务时，在条形图中将无法完整显示项目信息，如图10-40所示。此时用户可根据需要将其更改为以标注形式显示。

图 10-40　日程表条形图显示

步骤01 在日程表中右击指定任务，在弹出的菜单中选择“显示为标注”选项，如图10-41所示。

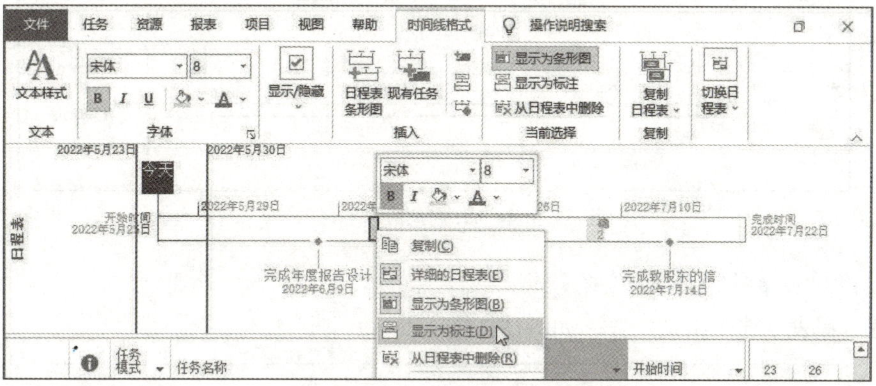

图 10-41　选择“显示为标注”选项

步骤02 所选任务随即以标注形式显示，如图10-42所示。

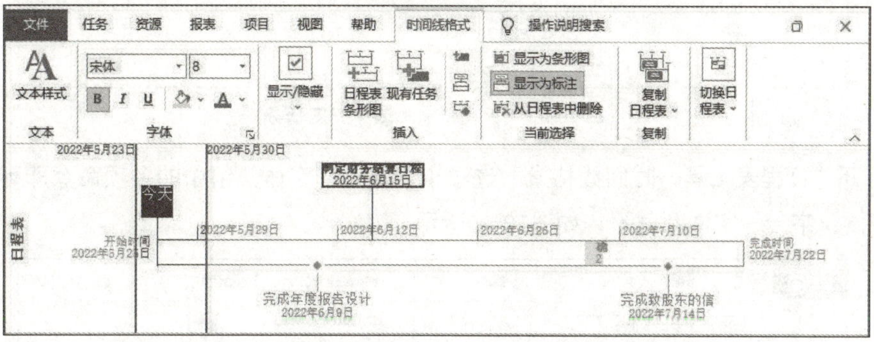

图 10-42　任务以标注显示效果图

3. 调整日期范围

日程表默认日期范围为项目的开始日期和完成日期，下面介绍如何自定义日程表的日期范围。

步骤01 在日程表中双击“开始时间”或“完成时间”，打开“日程表工具—格式”选项卡，选中“设置自定义日期”单选按钮，随后设置好开始以及完成日期，单击“确定”按钮，如图10-43所示。

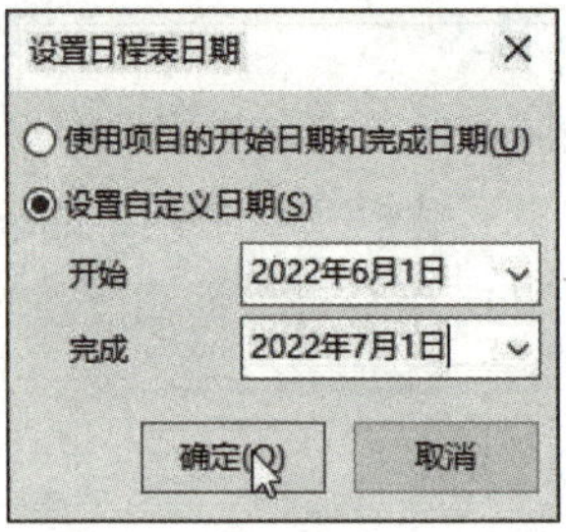

图 10-43　设置开始与完成日期

步骤02 日程表的日期范围随即得到相应调整，如图10-44所示。

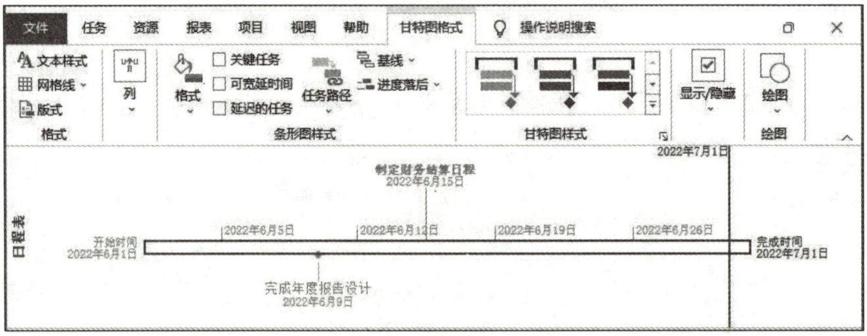

图 10-44　日期范围调整结果

4. 设置日程表中文本的样式

步骤01 在日程表上选中指定任务，如图10-45所示。

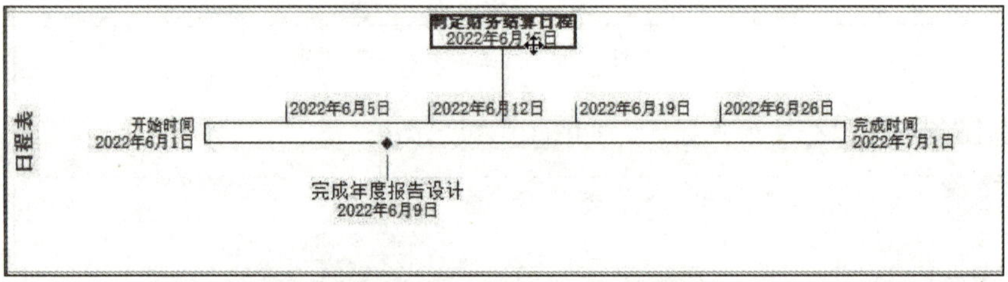

图 10-45　在日程表上选中指定任务

步骤02 打开“日程表工具—时间线格式”选项卡，通过“字体”组中的各项命令即可设置所选任务的字体、字号、字体颜色等，如图10-46所示。

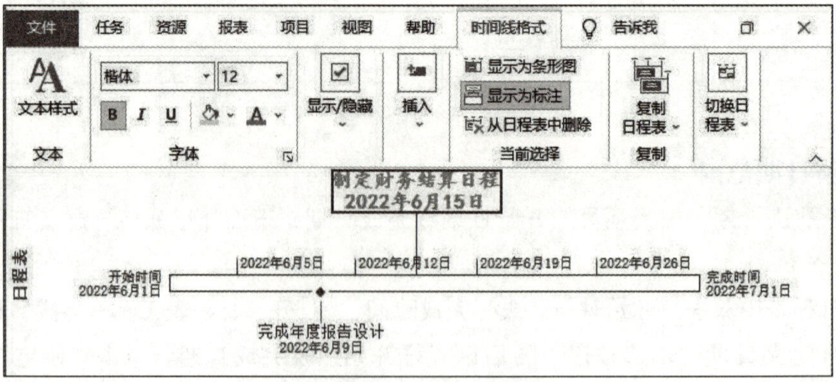

图 10-46　设置字体各项参数

上手操作 设置日程表的日期格式

Project提供了非常多的日期格式，用户可更改日程表中的日期格式，下面介绍具体的操作方法。

步骤01 打开“日程表工具—时间线格式”选项卡，在“显示/隐藏”组中单击“日期格式”下拉按钮，从展开的列表中选择需要的日期格式，如图10-47所示。

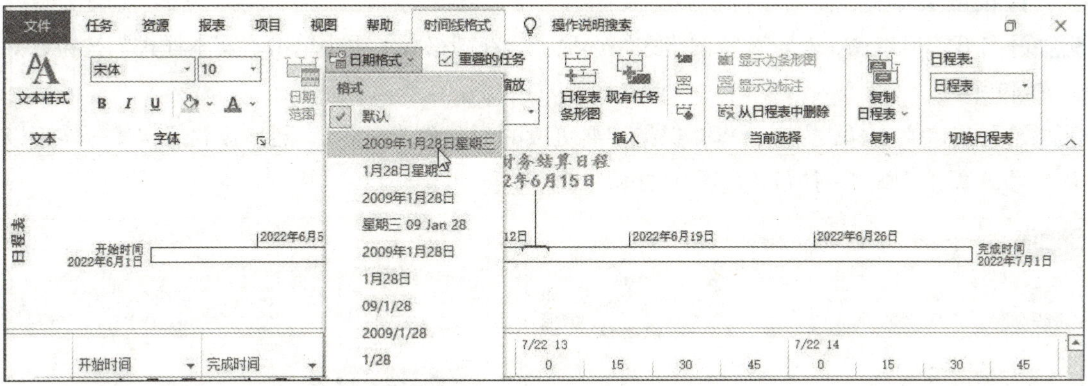

图 10-47 选择日期格式

步骤02 日程表中的日期格式随即发生相应更改，如图10-48所示。

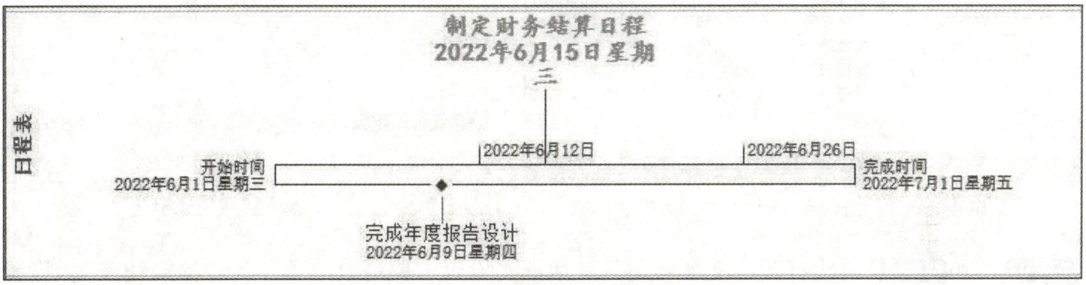

图 10-48 日期格式更改后的效果

你学会了吗？

实战演练 美化“连锁奶茶店项目”

利用Project中的设置组件、整体格式等功能对项目中的文本、图形、版式等进行美化，可以达到突出特殊项目任务，提高文档整体美观度的目的。本案例对“连锁奶茶店项目”进行美化。

扫码观看视频

1. 设置文本样式

步骤01 打开“甘特图工具—甘特图格式”选项卡，在“格式”组中单击“文本样式”按钮，如图10-49所示。

步骤02 弹出“文本样式”对话框，保持“要更改的项”为“全部”，随后设置好字体、字形以及字号，单击“确定”按钮，如图10-50所示。

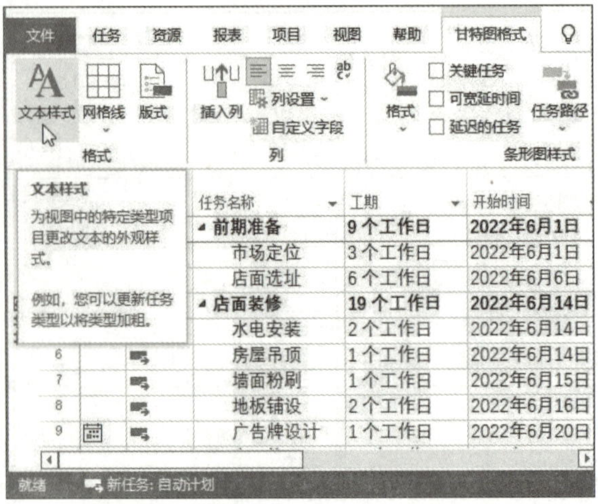

图 10-49 “甘特图格式”-“文本样式”操作

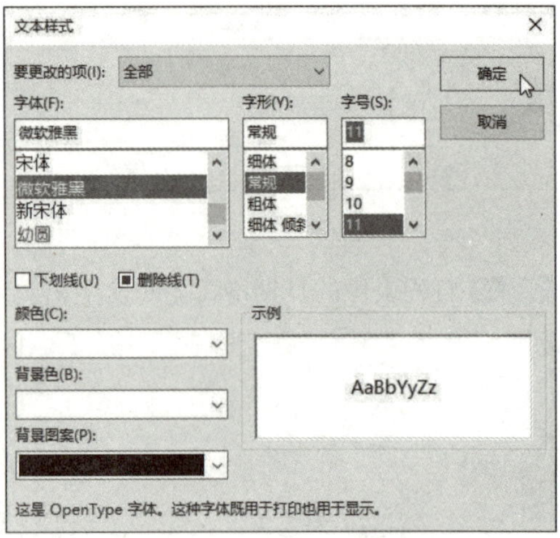

图 10-50 设置文本样式

步骤03 参照**步骤01** 再次打开“文本样式”对话框，设置“要更改的项”为“摘要任务”，设置好摘要任务的字体、字形、字号以及颜色，再单击“确定”按钮，如图10-51所示。

步骤04 在数据编辑区域中可以查看到各项任务的文本效果，如图10-52所示。

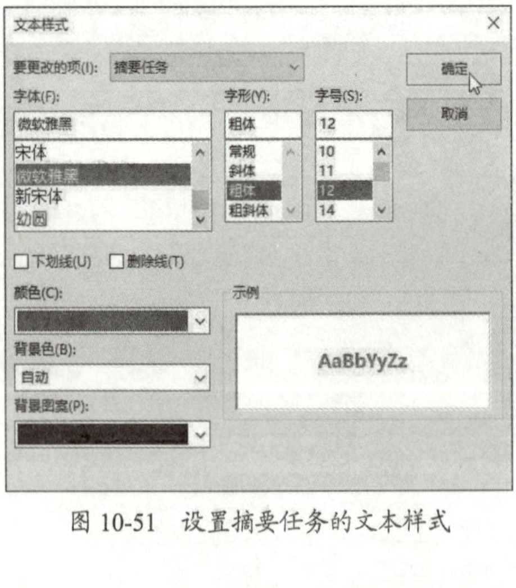

图 10-51 设置摘要任务的文本样式

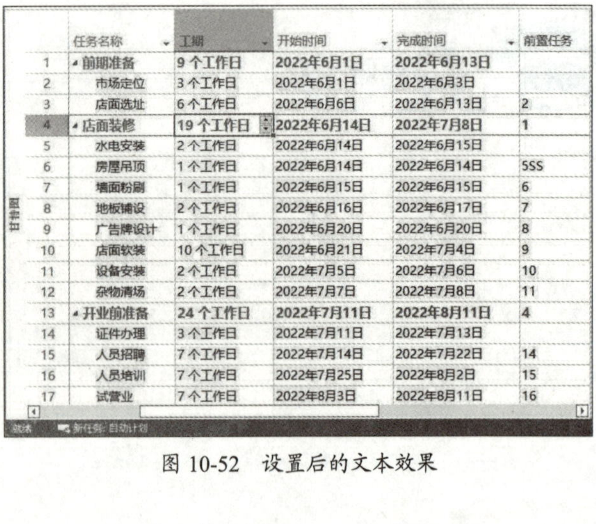

图 10-52 设置后的文本效果

2. 设置条形图样式

步骤01 打开“甘特图工具—甘特图格式”选项卡，在“条形图样式”组中单击“格式”下拉按钮，选择“条形图样式”选项，如图10-53所示。

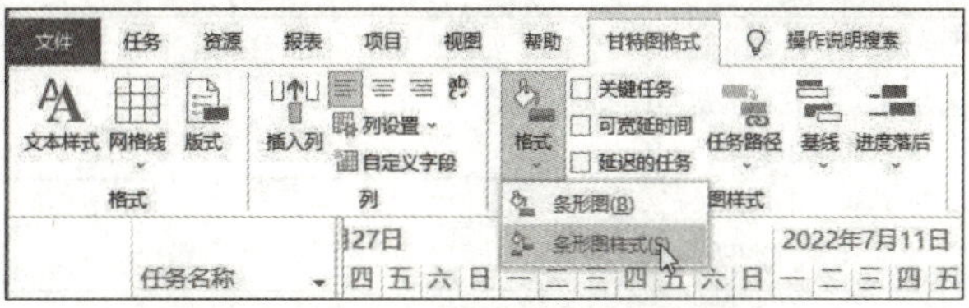

图 10-53 选择“条形图样式”选项

步骤02 弹出“条形图样式”对话框，在“名称”列表中选择“任务”选项，打开对话框下方的“文本”选项卡，单击“左侧”的文本框中的下拉按钮，在下拉列表中选择“名称”选项，如图10-54所示。

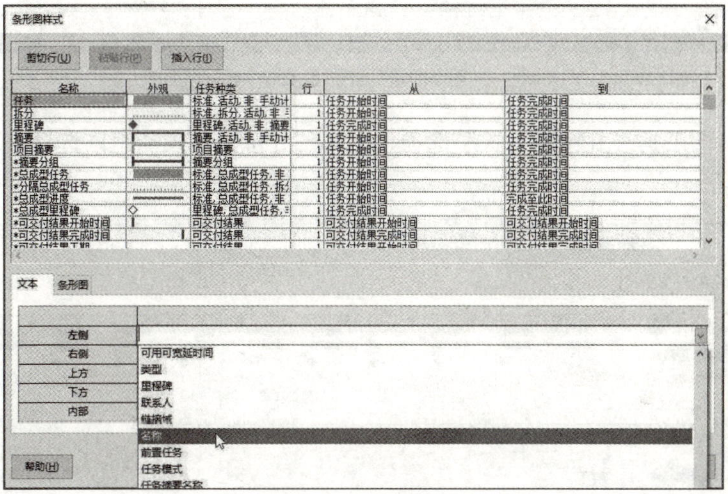

图 10-54 设置文本框内容

步骤03 继续设置“右侧”文本框中的内容为“资源名称”，“下方”文本框中的内容为“成本”，单击“确定”按钮，如图10-55所示。

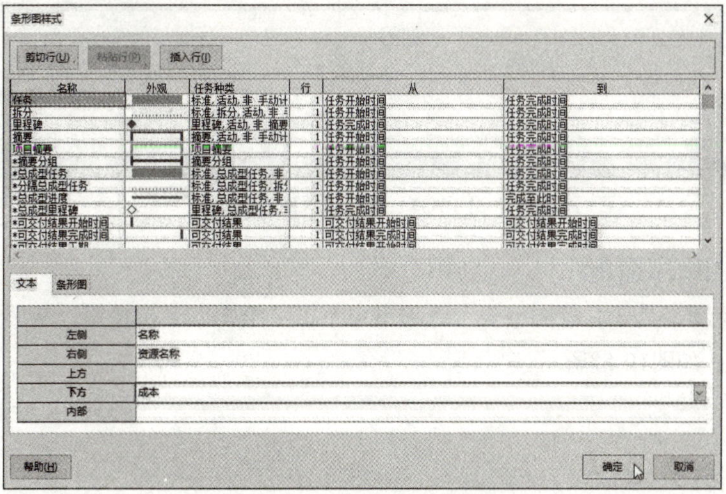

图 10-55 设置文本框内容

步骤04 甘特图的条形图中随即在对应位置显示相应的内容，如图10-56所示。

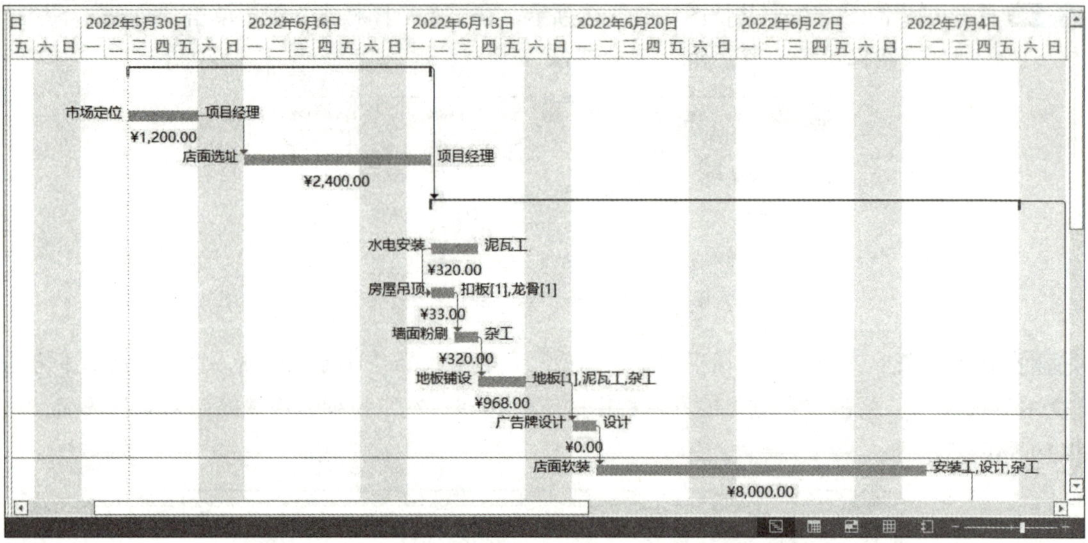

图 10-56　甘特图显示

步骤05 在“甘特图工具—甘特图格式”选项卡中的“甘特图样式”组内选择一款满意的样式，如图10-57所示。

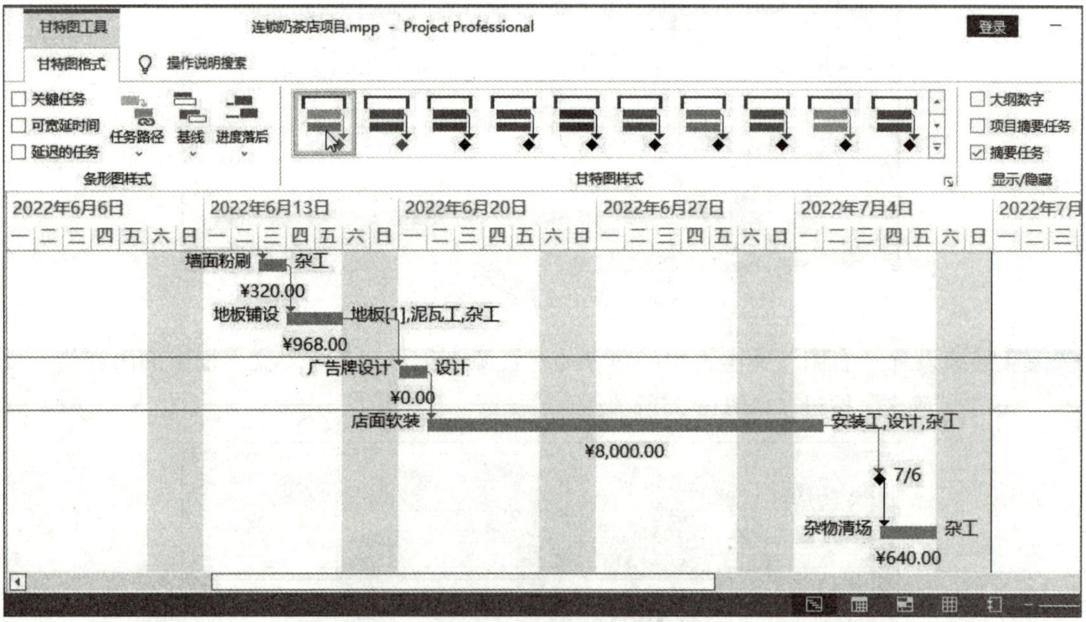

图 10-57　选择甘特图样式

3. 在条形图中添加备注

步骤01 在“甘特图工具—甘特图格式”选项卡中单击“绘图”下拉按钮，从展开的列表中选择“文本框”选项，如图10-58所示。

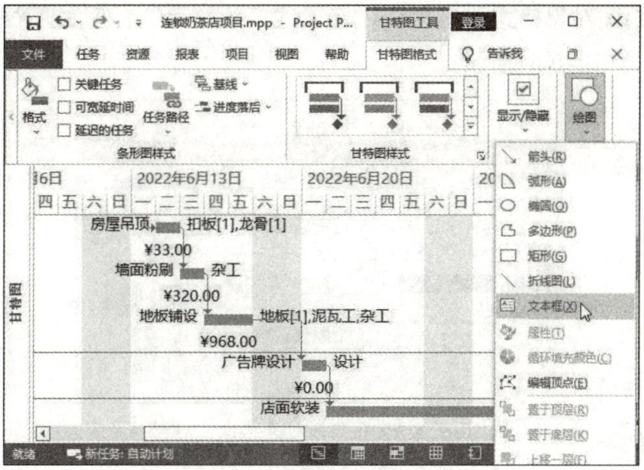

图 10-58 选择“文本框”选项

步骤02 按住鼠标左键同时拖动鼠标，在条形图合适的位置绘制文本框，如图10-59所示。

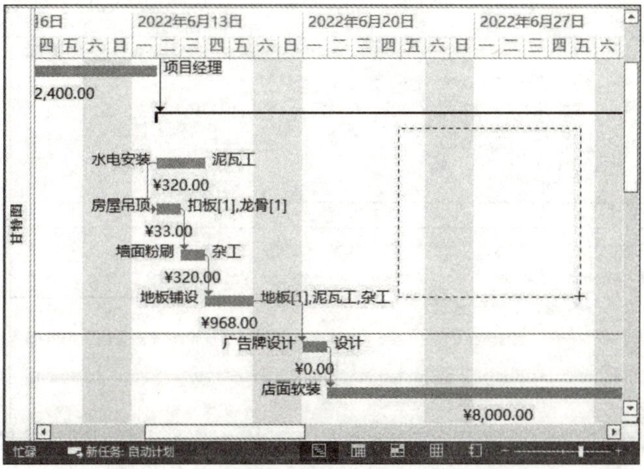

图 10-59 绘制文本框

步骤03 在文本框中输入内容，调整好文本框大小，随后右击文本框，在弹出的菜单中选择“属性”选项，如图10-60所示。

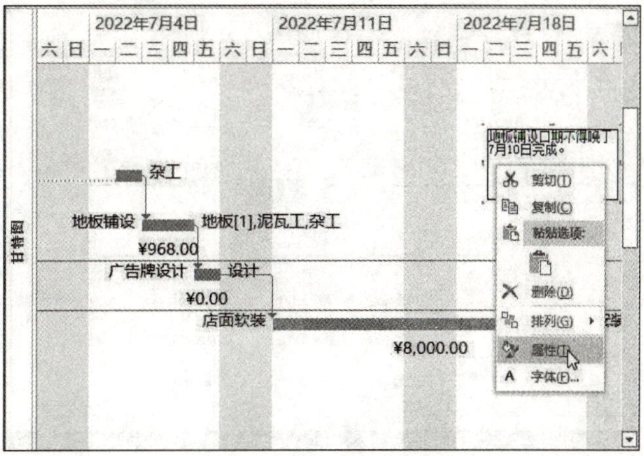

图 10-60 选择“属性”选项

步骤04 弹出“设置绘图对象格式”对话框，选择线条为“无”，随后设置好填充颜色和图案，单击“确定”按钮，如图10-61所示。

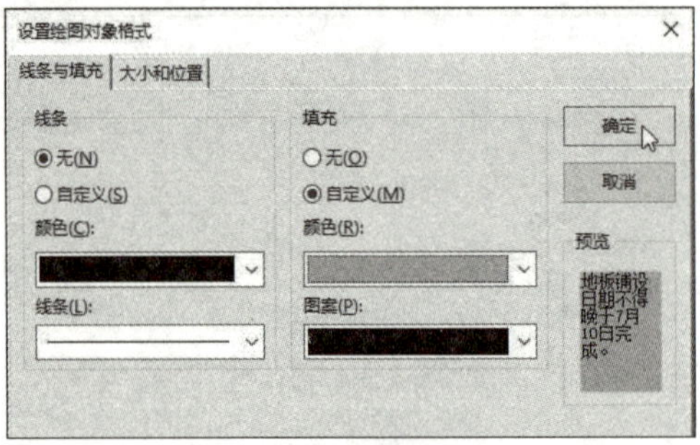

图 10-61　“设置绘图对象格式”对话框

4. 设置日程表

步骤01 打开“视图”选项卡，在“拆分视图”组中勾选“日程表”复选框，显示出日程表视图，如图10-62所示。

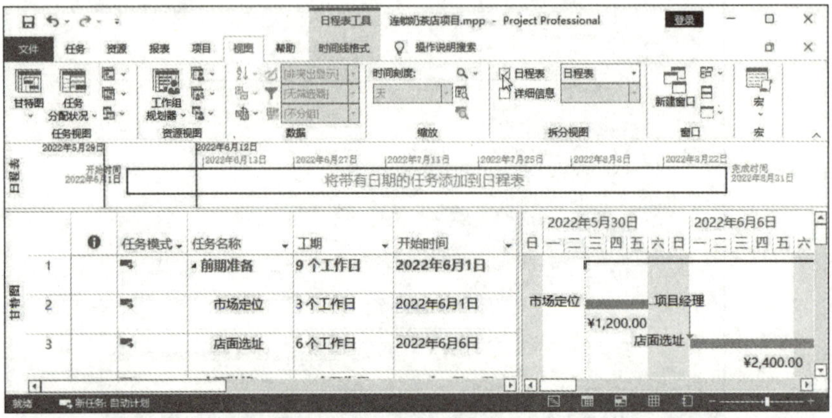

图 10-62　日程表视图显示

步骤02 在“日程表”中的任意位置单击，激活“日程表工具—时间线格式”选项卡，在“插入”组中单击“现有任务”按钮，如图10-63所示。

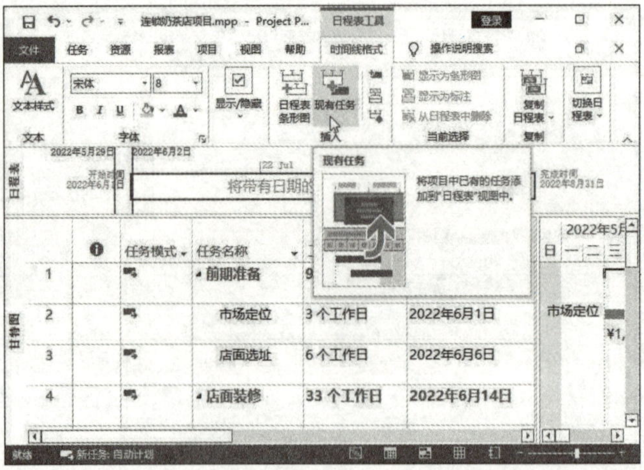

图 10-63　“时间线格式”–“现有任务”操作

步骤03 打开“将任务添加到日程表”对话框，在该对话框中勾选多个需要添加到日程表中的任务，随后单击“确定”按钮，如图10-64所示。

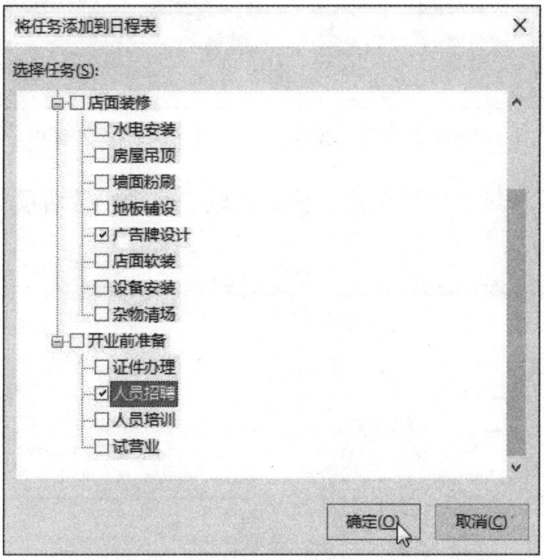

图 10-64　勾选多个任务并添加

步骤04 勾选的任务随即被添加到日程表中，在日程表上选中其中一个任务，在“日程表工具—时间线格式”选项卡中单击“显示为标注”按钮，如图10-65所示。

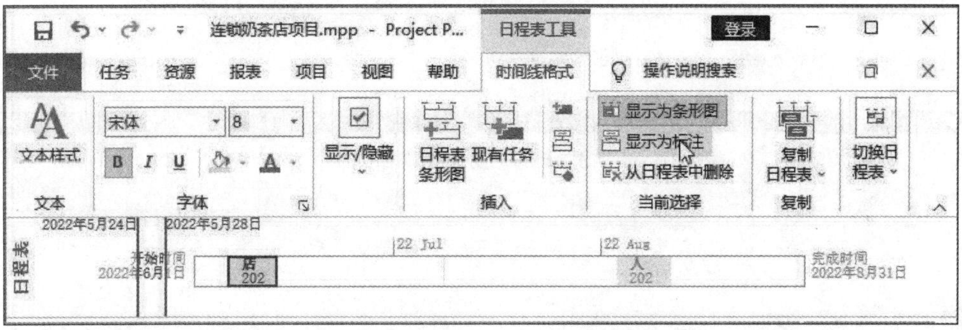

图 10-65　“时间线格式”－“显示为标注”操作

步骤05 所选任务随即转换为以标注形式显示，参照上述方法继续将其他任务也更改为以标注形式显示，如图10-66所示。

图 10-66　更改为标注形式显示效果

步骤06 在“日程表工具—时间线格式”选项卡中的“显示/隐藏”组中单击“条形图标签”按钮，如图10-67所示。

步骤07 弹出“更新栏名称”对话框，输入名称，单击“确定”按钮，如图10-68所示。

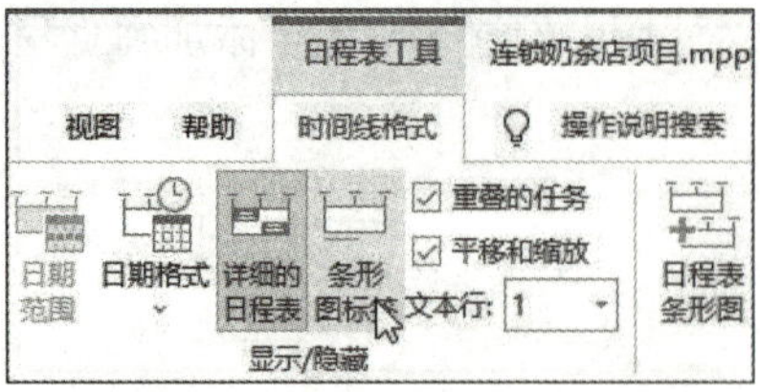

图 10-67 “时间线格式”－“条形图标签”操作

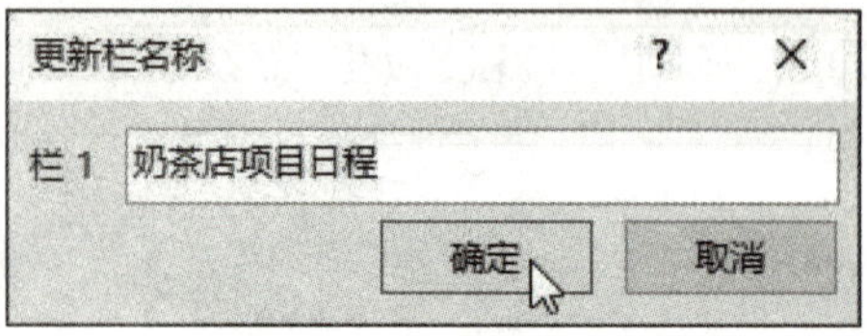

图 10-68 “更新栏名称”对话框

步骤08 日程表的左下方随即显示出栏名称，至此完成“连锁奶茶店项目”的美化，最终效果如图10-69所示。

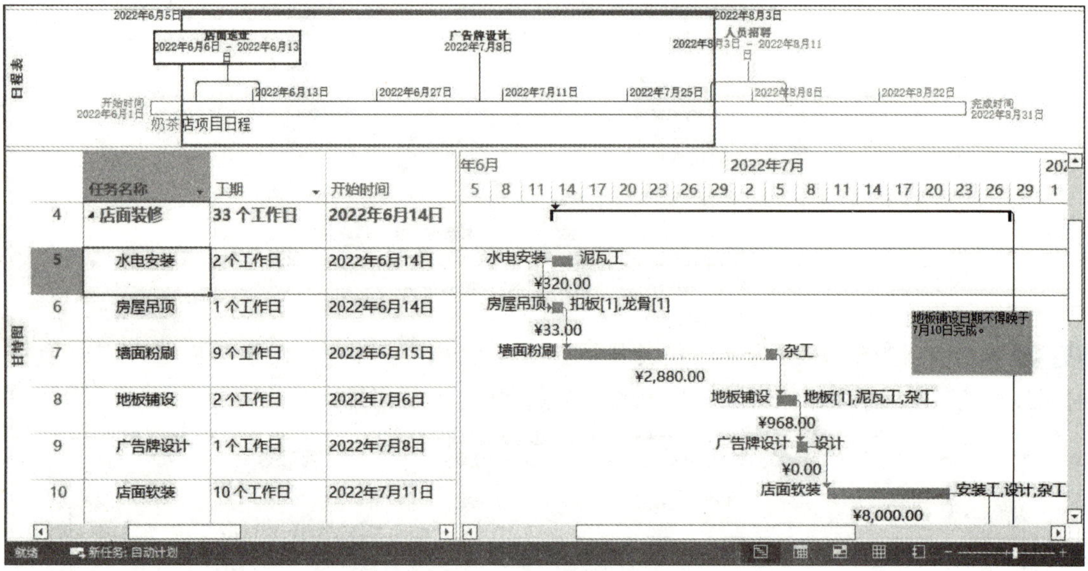

图 10-69 最终效果图

学习体会

课后作业

本章主要对项目文档的字体、背景、网格线、图表区、日程表等的美化操作进行了详细介绍。下面请对“健身器材推广”项目的文档进行美化，具体操作要求如下。

（1）设置表格中所有任务的字体为“方正姚体”。

（2）将所有摘要任务的文本颜色设置为绿色。

（3）为甘特图应用一个满意的样式，完成效果如图10-70所示。

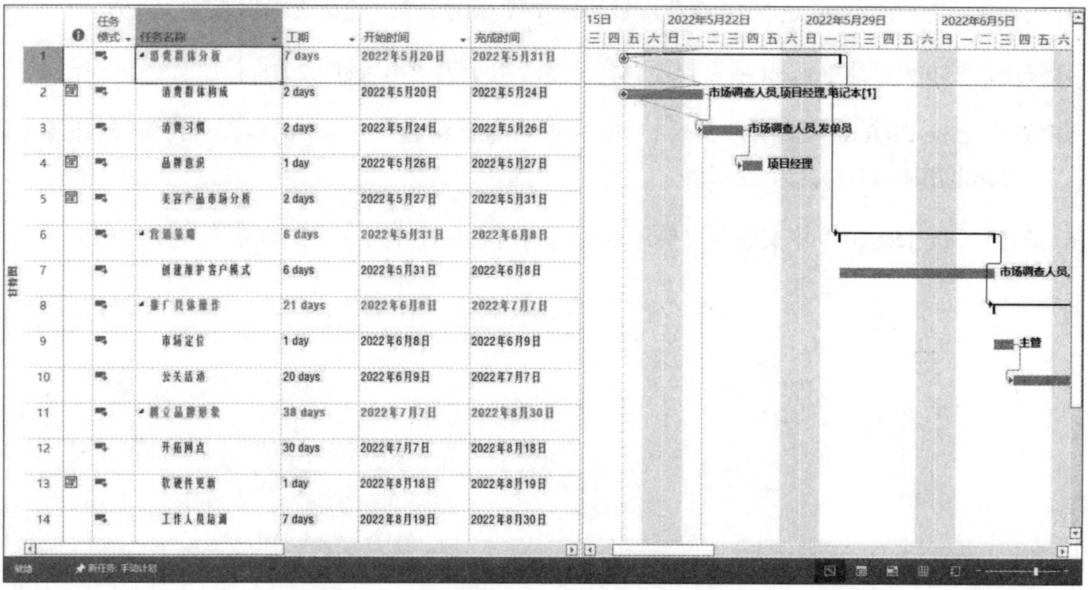

图 10-70　效果图

参考文献

[1] 甘琤 . Project 项目管理软件标准教程 [M]. 北京 : 清华大学出版社 , 2021.

[2] 张立铭 , 卫琳 . Project 2019 项目管理实例教程 [M]. 北京 : 清华大学出版社 , 2021.

[3] 张会斌 , 董方好 . Project 2019 企业项目管理实践 [M]. 北京 : 北京大学出版社 , 2020.

[4] 张连永 . 10 天精通 Project 项目管理 [M]. 北京 : 电子工业出版社 , 2018.

[5][美]Bonnie Biafore. 项目管理实战 : Microsoft Project 精髓与方法 [M]. 刘吉熙 , 等译 . 北京 : 人民邮电出版社 , 2013.

[6] 张芳芳 . Project 2019 中文版项目管理从入门到精通 [M]. 北京 : 中国青年出版社 , 2019.